KB189574

독일인 부부의 한국 신혼여행 1904

008
그들이 본 우리
Korean Heritage Books

독일인 부부의

한국 신혼여행

1904

저널리스트 차벨,
러일전쟁과 한국을 기록하다

루돌프 차벨 지음
이상희 옮김

살림

'그들이 본 우리' — 상호 교류와 소통을 위한 실측 작업

우리는 개화기 이후 일방적으로 서구문화를 수용해왔습니다. 지금 세계는 문화의 일방적 흐름이 극복되고 다문화주의가 자리 잡는 등 세계화라는 다른 물결 속에 있습니다. 이제 우리가 주체적으로 우리의 문화를 타자에게 소개함에 있어 진정한 의미에서의 상호 소통을 통한 상호 이해가 필요함은 주지의 사실입니다. 그리고 타자와 소통하기 위한 첫걸음은 그들의 시선에 비친 자신의 모습에 대한 진지한 탐색입니다. 번역은 바로 상호 교류를 통해 자신의 정체성을 확보하기 위한 작업이며, 이는 당대의 문화공동체, 국가공동체 경영을 위해 중요한 과제 중의 하나입니다. 우리가 타자에게 한 걸음 다가가기 위해서는 타자와 우리의 거리를 정확히 인식하여 우리의 보폭을 조절해야 합니다. 그런 의미에서 서구가 바라보았던 우리

근대의 모습을 '번역'을 통해 되새기는 것은 서로의 거리감을 확인하면서 동시에 서로에게 다가가기 위한 과정입니다.

한국문학번역원이 발간해 온 〈그들이 본 우리〉 총서는 바로 교류와 소통의 집을 짓기 위한 실측 작업입니다. 이 총서에는 서양인이 우리를 인식하고 표현하기 시작한 16세기부터 20세기 중엽까지의 우리의 모습이 그들의 '렌즈'에 포착되어 기록되어 있습니다. 그들이 묘사한 우리의 모습을 지금 다시 읽는다는 것에는 이중의 의미가 있습니다. 우선 우리는 그들이 묘사한 우리의 근대화 과정을 통해 과거의 우리를 확인할 수 있습니다. 하지만 이 작업은 다른 면에서 지금의 우리가 과거의 우리를 바라보는 깨어 있는 시선에 대한 요청이기도 합니다. 지금의 우리와 지난 우리의 거리를 간파할 때, 우리가 서 있는 현재의 입지에 대한 자각이 생긴다고 할 수 있습니다. 이런 의미에서 이 총서는 시간상으로 과거와 현재, 공간상으로 이곳과 그곳의 자리를 이어주는 매개물입니다.

이 총서를 통해 소개되는 도서는 명지대-LG연암문고가 수집한 만여 점의 고서 및 문서, 사진 등에서 엄선되었습니다. 한국문학번역원은 2005년 전문가들로 도서선정위원회를 구성하고 많은 논의를 거쳐 상호 이해에 기여할 서양 고서들을 선별하였으며, 이제 소중한 자료들이 번역을 통해 일반인들에게 다가감으로써 우리의 문화와 학문의 지평을 넓혀줄 것으로 기대합니다. 한국문학번역원은 이 총서의 발간을 통해 정체성 확립과 세계화 구축을 동시에 이루고 자 합니다. 우리 문학을 알리고 전파하는 일을 핵심으로 하는 한국 문학번역원은 이제 외부의 시선을 포용함으로써 상호 이해와 소통 이 현실적으로 가능하도록 더욱 노력하겠습니다.

끝으로 이 총서가 세상에 나오게 힘써주신 여러분들께 감사드립 니다. 특히 명지학원 유영구 이사장님과 명지대-LG연암문고 관계자 들, 도서 선정에 참여하신 명지대 정성화 교수님을 비롯한 여러 선 생님들, 번역자 여러분들, 그리고 출판을 맡은 살림출판사에 감사드 립니다.

2009년 5월

한국문학번역원장 김주연

원서의 표지

마음 깊이 사랑하는 아내에게
이 책을 바친다

옮긴이 서문

『러일전쟁 중에 떠난 나의 한국 신혼여행Meine Hochzeitsreise durch Korea während des Russisch-japanischen Krieges』이 원제인 이 책은, 대한제국 시절인 1904년 독일 출신의 여행가이자 언론인인 루돌프 차벨Rudolf Zabel이 갓 결혼한 아내와 함께 이 땅을 여행한 뒤 1906년 책으로 펴낸 것이다. 서양인들의 숱한 구한말 견문록 중에서 이 책이 유독 눈에 띈다면 그것은 '신혼여행'이라는 제목 덕일 것이다. 누군가의 신혼여행기를 펼칠 때 우리는 이중으로 설레기 마련이다. 아마도, 인생의 길에서 영원한 동행을 약속한 두 남녀가 그 여정의 첫발을 내딛는 순간을 함께 경험한다는 설렘, 나아가 그들의 사랑이 종국에는 여행지에 대한 따스하고 감동적인 시선으로 변모하리라는 기대 때문이리라. 그러나 이 젊은 부부가 새 출발을 준비하고 새 미래를 꿈꾸는 바로 그 순간, 우리 민족은 바야흐로 망국이라는 막다른 골목을 향해 치닫는 중이었으니, 참으로 슬픈 대조가 아닐 수 없다.

그렇다면 이들 벽안의 신혼부부는 어떤 연유로 한국 땅까지 신혼여행을 오게 된 것일까? 사실 그것은 우연한 계기에서였다. 결혼을 앞둔 저자는 갑작스레 러일전쟁을 취재해 달라는 청탁을 받으면서, 부득이 신혼여행을 겸한 취재여행을 떠나게 된다. 그렇게 일단 일본에 도착했으나 곧 전장에 가리라는 당초 기대와는 달리 일본 당국의 허가가 계속 미루어지면서 이들은 기다리는 동안에 가까운 한국을 다녀오기로 결정한 것이다.

1904년 2월 8일 일본의 기습공격으로 러일전쟁이 발발한 가운데, 이들이 독일을 떠나 일본으로 향한 것도 그 2월의 일이었다. 이탈리아 북부항구 트리에스테에서 기선을 탄 이들은 수에즈 운하를 통과하여 페낭, 싱가포르, 홍콩 등지를 지나 마침내 일본 요코하마에 도착한다. 일본에 머물던 그들이 한국 여행을 위해 요코하마 항을 떠난 것은 '화창한 5월 어느 날'. 부산에 도착한 그들은 2주를 더 기다린 뒤 기선을 타고 동해를 거쳐 육로 여행의 출발지로 삼은 원산으로 간다. 원산에서 다시 보름가량을 머문 이들은 짐꾼들과 함께 안변, 추가령, 평강, 철원을 거치는 등 한반도를 가로질러 9일간을 여행한 끝에 드디어 서울에 도착한다. 하지만 애당초 두서너 달을 예정했던 한국 여행은 저자의 갑작스런 병으로 중단되고, 일본으로 귀환한 이들 부부는 7월 23일 독일 기선에 몸을 싣고 귀향길에 오른다.

이 책의 저자 루돌프 차벨에 관해서는 아쉽게도 남아있는 기록이 많지 않다. 1876년 태어난 저자는 자신이 택한 직업을 '학술적 탐구와 육체적 도전에 매혹되어 부단히 세상 미지의 땅을 찾아나서는 일'이라고 소개한다. 한국을 찾기 전 이미 수차례 극동 지역을 여행한 바 있는 저자는 '의화단 난'이 일어나던 당시에는 독일 신문의 전쟁특파원으로 중국에서 기사를 써 보내기도 했다. 그때의 경험을 담은 책들이 『중국 속의 독일』(1902), 『만주와 시베리아 기행기』(1902) 등이다. 이어 1903년에는 모로코를 여행했고 그곳의 정세와 풍물, 지리 등에 관한 일기 형식의 책을 펴내기도 했다(1905). 이밖에도 터키(1916), 멕시코의 타라후마라 인디언(1928)에 관한 여행기 등을 썼다. 한편 한국에서 돌아간 뒤에는 독일 청중들을 상대로 한국과 일본에 관한 슬라이드 강연을 했다는 기록이 전해지기도 한다.

이렇듯 저자는 한국에 왔을 때 이미 경험 많은 여행가로서 동아시아에 대한 식견도 상당했던 터였다. 따라서 그의 신혼 여행기가 단순한 인상기에 그치지 않으리라는 점은 익히 예상이 가는 일이다. 이 책의 눈에 띄는 점도 한반도를 비롯해 중국, 일본 등을 둘러싼 정세에 관한 저자의 날카로운 관찰과 논평이다. 더구나 그것이 후발 산업국으로서 뒤늦게 식민지 경쟁에 뛰어든 독일의 입장에서 바라본 정세란 점에서 더욱 흥미를 자아낸다. 특히 러일전쟁을 중심으로 이전 10여 년간 한반도를 둘러싼 열강들의 각축을 상론한 마지막 장은 흡사 국제정세에 관한 한편의 치밀한 보고서를 방불케 한다.

그럼에도 이 책이 한 편의 신혼여행기라는 사실에는 변함이 없다. 스무 살 신부와 스물여덟의 새신랑이 낯선 땅에서 겪고 느끼는 일들이 때로는 잔잔하게 때로는 흥미진진하게 그려지고 있다. 이들 여행의 최고 순간을 꼽으라면 단연 한국 내륙을 여행하며 아름다운 자연을 만끽하던 그 시간이었으리라. 반면 일본인 밀정과 한국인 짐꾼들은 이 여행의 최대 훼방꾼이었다. 저자는 특히 한국인들의 '게으름, 탐욕, 우둔함'에 대해 가혹한 평가를 서슴지 않는다. 물론 예외도 있다. 호랑이 사냥꾼이며 물대기에 열심인 농부를 만났을 때와 같은 경우인데, 이를 묘사하는 대목에서는 드물게 경탄의 눈길이 느껴지고 있다. 그리고 저자는 이 모든 이야기를 특유의 익살과 풍자 가득한 필치로 풀어 나가고 있다. 물론 그 희화화 대상이 한국인인 경우에 우리로서는 마냥 따라 웃기가 곤혹스러운 것도 사실이다.

또 하나 인상적인 것은 당시 한반도에서 진행되던 일본 식민지화의 실상을 저자의 눈을 통해 생생하게 경험할 수 있다는 점이다. 그 관찰의 객관성은 공교롭게도 일본에 대한 저자의 반감 어린 시선에서 기인한다. 그 태도가 아시아인 전체를 무시하는 우월감에서 비롯된 것이든, 아니면 식민지 쟁탈전에서 서구 열강의 무서운 맞수로 등장한 아시아 나라에 대한 경계와 질투에서 비롯된 것이든, 일본의 침략 행위를 가감 없이 전하고 그 부당성을 지적하는 데 유리한 조건임에는 틀림없다.

이미 눈치 챘겠지만 이 책의 저자는 자국의 권익 추구에 철저한 독일인으로서 이른바 서구 제국주의자의 면모를 고스란히 간직한 인물이었다. 적자생존과 약육강식의 제국주의 논리에 충실했던 그는 '국제정치에서 감상은 금물'이라는 신념 아래 쇠약한 한국인들이 겪는 시련을 자업자득이라 판단했다. 아울러 문명과 야만이라는 잣대로 서양과 동양을 비교하고 평가하는 서구 우월주의적 사고방식에서도 크게 벗어나지 못하고 있었다. 이 점에서 그는 시대의 충실한 아들이었다. 저자의 그런 태도에 이 책을 읽는 우리가 불편함을 느끼는 것은 당연하지만, 그것조차도 시대를 증언하는 하나의 귀중한 기록으로 생각한다면, 오히려 더욱더 꼼꼼히 그 말을 살필 필요가 있을 것이다.

비록 기대했던 '신혼여행기'의 미덕이 고스란히 발휘되지는 않았다 할지라도, 이 책은 한 세기 전 우리의 역사와 생활상에 관해, 또 당시 서구인의 역사 인식에 관해 귀중한 통찰을 전해 준다. 아울러 함께 실린 사진들을 통해 우리는 그들의 눈에 비친 우리의 모습들을 직접 눈으로 확인할 기회도 갖게 될 것이다. 머지않아 나라를 잃게 될 백성들과 그 산천이 한 서양인의 카메라를 통해 여기 기록으로 남겨졌다. 책 속에서는 듣지 못한 목소리였지만, 사진 속의 모습은 그 어떤 말보다도 훨씬 많은 것을 우리에게 들려 주는 듯하다. 그 희미하고 빛바랜 사진들에 한번 조용히 귀를 기울여보자.

되도록 흠 없는 번역을 독자에게 바치고 싶은 마음은 모든 번역자들의 한결같은 소망이겠지만 역시 아쉬움이 남는다. 무엇보다도 옮긴이의 천학 탓에 여기 언급된 숱한 역사적 내용들에 관해 일일이 주를 달아 설명하고 논평하지 못한 점이 마음에 걸린다. 아울러 정확한 이름을 확인 못한 지명들에 대해서는 원문의 알파벳 표기를 역주에 밝히고 역자 임의로 옮겨놓았음을 밝힌다. 이는 저자가 애초에 지명을 잘못 받아 적은 것이거나, 일관성 없는 표기법 탓에 제대로 확인이 힘든 경우였다. 모쪼록 독자 여러분들의 너그러운 이해를 구한다. 끝으로 출간된 지 한 세기가 흐른 지금, 이 책이 한국의 독자들을 만날 수 있도록 도와주시고 애쓰신 모든 분들께 고마움을 드린다.

옮긴이 이상희

차례

제물포에서 부산까지 • 집으로!

일러두기

1. 이 책은 Rudolf Zabel, Meine Hochzeitsreise durch Korea während des Russisch
   -japanischen Krieges(Altenburg, S.-A.: Stephan Geibel Verlag, 1906)을 완역한 것이
   다. 단, 원서에는 저자가 한국과 일본에서 수집한 공예품 및 민속학 자료들의 도판을 비롯
   해 2백만 분의 1 한반도 지도가 수록되어 있으나, 여기서는 지면 사정으로 함께 싣지
   못했음을 밝혀둔다.
2. 원문은 우리나라를 'Korea'로 표기하고 있는데, 여행의 배경이 대한제국 시대라는 점을
   고려하여 국호를 '한국'으로 통일한다. 마지막 장에서는 대한제국 수립(1897) 이전의 역사
   도 언급되지만 마찬가지로 모두 '한국'으로 표기한다.
3. 당시 중국의 공식 호칭은 '청'이지만 이 책에서는 '중국'과 '청'을 같이 사용한다.
4. 중국과 일본의 지명 및 인명은 외래어 표기법에 기초하여 현지음을 따른다. 단, 중국어
   고유명사의 경우 혼선을 피하기 위해 한자를 병기한다.
5. 각주에서 원주는 †로 역주는 *로 구별하였다.

1. 출발

세상 끝까지

잘 알다시피 신혼여행을 가려면 적어도 두 사람은 있어야 한다. 둘보다 많을 필요는 없다. 그 이상 되지 말라는 법은 없으나 그다지 바람직한 일은 아니다. 혹 여러분 중에서 '신부'의 얼굴이 궁금한 분이 있다면 속표지를 참고하길 바란다. '신랑'의 얼굴에도 호기심이 간다면 그가 쓴 여행기 『만주와 시베리아 기행』 표지 사진을 찾아보시라. '신랑'은 당시 허영심에 이끌려 사진기 앞에 섰으니 여기서 굳이 그 일을 되풀이할 필요는 없으리라.

우리 부부가 결혼한 지도 어느덧 사흘이 지났다. 사실 우리는 피로연 자리에서 곧바로 신혼여행을 떠날 만큼 경우 없는 사람들은

아니었다. 러일전쟁만 터지지 않았던들 서둘러 결혼식을 올리는 일
도 없었을 테고, 꽃망울이 일제히 터지는 5월에야 부부가 되었을
것이다. 결혼은 급작스레 결정되었다. 서류들은 전신으로 도착하였
고, 내무대신께서 우리를 위해 친히 허가서에 서명한 덕에 사흘 만
에 사랑의 굴레를 쓰게끔 허락을 받을 수 있었다.

먼 옛날, 지구가 둥글다는 사실을 모르던 시절이라면 이럴 때 이
렇게 말했을 것이다. "내 사랑이여, 세상 끝까지 당신과 함께 가리
라!" 하지만 누구나 지구가 둥글다는 걸 인정하고, 세상 끝 따위는
없다는 게 명백해진 오늘날에는 고작 이렇게 말할 수 있을 뿐이다.
"내 사랑이여, 그대와 함께 세계를 일주하리라!" 그렇더라도 이런
약속은 대개가 심한 과장으로 그치게 마련인데, 그 이유는 첫째 이
말을 입에 올린 숱한 사람들이 실제로는 세계 일주를 할 마음이 전
혀 없기 때문이다. 둘째로는 막상 그 순간이 닥치면 약속을 어길
게 뻔하며, 셋째로 그 같은 여행을 걸어서* 한다는 일은 감히 꿈도
꿀 수 없기 때문이다. 세 번째 경우라면 우리도 과장하기는 마찬가
지였다. 하지만 우리는 몸소 검증해 보기로 했다. 세상 끝까지는 아
닐지라도, 지구의 반을 돌아 한국까지 가는 신혼여행을 감행키로

---

* '세계 일주를 하다.'의 독일어 표현에는 '걷다'의 뜻이 담긴 동사가 들어 있다.

한 것이다.

제아무리 지독한 시샘꾼이라 하더라도 이 점만은 인정할 것이다. 즉, 스무 살 아가씨가 그 많은 남자 중 하필 나를 신랑감으로 택한 것은 대담한 결정이 아닐 수 없다는 사실 말이다. 내가 택한 직업은 학술 탐구와 육체적 도전에 매혹되어 부단히 세상 미지의 땅을 찾아 나서는 일이었던바, 아내는 "당신이 가시는 곳이라면 나도 함께 가리오."라는 룻*의 신조를 충실히 따르기로 한 것이다. 남편은 늘 먼 이국땅을 떠돌고, 아내는 방구석에서 남편이나 기다리며 눈물짓는 결혼 생활이란 우리에게는 어울리지 않았다. 우리는 처음부터 일체의 고락을 함께하기로 약속했다. 둘 중 하나라도 딴 마음이었다면 아마도 이 결혼은 힘들었으리라.

이제 모든 일은 눈 깜짝할 새에 진행되었다. 종군기자직을 청탁받은 나는 일본군 진영에서 러일전쟁을 취재할 예정이었다. 그렇다고 종군기자라는 직업에 특별한 매력을 느낀 것은 아니었다. 다만 전쟁과 같은 상황 속에서 한 나라의 정치경제적 실상이 훨씬 적나라하게 드러난다는 점, 마찬가지로 평시보다는 전시에 그 국민성을 쉽게 간파할 수 있다는 점을 나는 경험으로 체득하고 있었다. 이는 연구

---

* 구약성서 「룻기」에 등장하는 모압 여인.

자의 눈을 가로막고 있던, 이른바 쇄국 사회의 해묵은 법과 관습의 장벽이 전쟁으로 인해 절묘하게 제거되기 때문이었다. 그리하여 나는 이번에도 종군기자직을 일종의 수단으로 삼아, 극동 지역을 새롭게 관찰함으로써 그에 대한 견문을 넓혀 볼 작정이었다.

우리의 신혼여행이 여타 밀월여행보다 길어지리라는 점은 애초부터 의심의 여지가 없었다. 아울러 흔히 신혼여행에서 부닥치는 것보다 훨씬 심각한 일들이 이 여행 중에 발생하리라. 어차피 한 번의 밀월여행으로 성에 차기란 힘든 만큼 우리는 결혼 생활 전체를 신혼처럼 보내리라 다짐했다. 어느덧 꽤 많은 짐들이 단단히 포장된 채 역으로 실려 가기만을 기다리고 있었다. 다행인 것은 대대로 물려받아 온 세간들로 골치를 앓을 일은 없다는 점이었다. 따라서 집을 비운 동안 귀중품들이 좀이며 녹 같은 적들의 밥이 되리라는 염려는 놓아도 좋았다. 말하자면 전 재산이 짐 꾸러미와 지갑 속에 들어 있는 셈이었다. 우리가 탈 급행열차는 오늘 밤 10시에 출발해, 내일 아침엔 빈, 모레는 트리에스테Trieste*에 도착할 예정이었다. 내게는 빨리 출발할 의무가 있었다. 하지만 우리는 그만 출발이 가장 빨랐던 제노바발 독일 우편선을 놓치고 말았다. 이때 우리를 구해 준

---

* 슬로베니아와 접경한 이탈리아 북부의 항구도시.

것은 다름 아닌 함부르크아메리카 해운사의 총지배인이었다. 그는 우리가 북독 로이드의 우편선과 동일한 속력을 내는 8000톤급 화물 기선 아르테미시아호를 포트사이드_{Port Said}*에서 탈 수 있게끔 주선 한 것은 물론, 여행 목적을 참작해 내 몫의 극동행 배표를 결혼 선물 로 전해 주는 값진 호의를 베풀었던 것이다.

더구나 아르테미시아호는 인도의 여러 항구들을 거치지 않고서 포트사이드에서 말레이 반도 남단의 섬 풀라우 페낭까지의 노선을 항해하는 이점이 있었다. 또 중국이나 다른 일본 항구에 입항하지 않고 홍콩에서 요코하마로 직항했다. 우편선에 견주면 입항 때마다 정박 시간이 좀 길어지기는 하겠지만, 그래도 우리가 놓친 우편선보 다 조금 늦게 도착할 뿐이었다. 이런 장점이 있는 아르테미시아호였 지만, 우리가 유럽의 항구에서 그 배에 승선할 길은 없었다. 배는 앤트워프 항을 떠난 뒤로 유럽에는 일절 들르지 않았던 것이다. 결 국 우리는 일단 오스트리아 로이드 해운의 클레오파트라호를 타고 트리에스테에서 알렉산드리아까지 간 다음, 다시금 연안기선을 이 용해 포트사이드로 가는 수밖에 없었다. 그리고 거기서 아르테미시 아호를 기다리는 것이다. 그런데 우리는 그 배의 유일한 승객이 될

---

* 수에즈 운하 북단에 위치한 이집트 항구도시.

공산이 컸다. 자연히 승무원 악대가 하루 세 차례 유치한 방식으로 우리를 성가시게 하는 일도 없을 것이다. 나는 지난 모로코 여행에 관한 지리학 연구를 아직 끝내지 못하고 있던 참이었는데, 화물을 가득 실은 큰 배라 얌전히 항해할 게 분명하고, 평온한 그곳 분위기도 내 작업을 완성하는 데 안성맞춤이리라.

빈 도착

뭔가 일이 뜻대로 풀리지 않는 것도 신혼여행의 빠질 수 없는 요소이다. 아는 사람 하나는 얼마 전 신혼여행 중에 이런 일이 있었다. 집에 부칠 엽서가 제법 많아지자, 우표 값을 아낀다며 그 엽서들을 큼직한 봉투에 한데 모았는데, 그 봉투 속에 신부와 함께 딴 꽃, 그 아래서 뜨거운 키스를 나눈 너도밤나무 가지 외에도, 믿기지 않겠지만 실수로 두 사람의 왕복 배표까지 함께 넣어 버린 것이다. 그에 비할 바는 아니었지만, 우리 부부도 나름대로 낭패를 맛보았다. 아내는 빈으로 가는 도중 이가 아파 오기 시작했고, 내 경우는 짐 가운데 하필 핵심 장비인 사진 건판*을 비롯한 여타 도구들이

---

* 감광 유제를 유리판에 입혀 건조시킨 것으로 셀룰로이드필름이 일반화되기 전에 널리 사용되었다.

든 상자가 사라진 것이다. 가게 점원이 상자를 포장해 기차 출발 시각에 맞춰 역으로 보내기로 되어 있었는데, 칠칠맞지 못한 그가 그만 밤 10시를 다음 날 오전 10시로 착각해 버렸으니 그때는 벌써 우리가 떠나고도 한참이 지난 뒤였던 것이다. 게다가 점원은 내용물이 담긴 상자를 함께 가지라는 쓸데없는 전보를 보내오기도 했다.

빈에 도착한 우리는 설상가상으로 트리에스테행 급행열차마저 놓쳐 버리는 바람에 두 가지 선택에 직면하게 되었다. 하나는 빈에서 사진 장비를 구입해 알프스를 넘는 야간열차를 잡아타는 경우, 아니면 보통열차로 여유 있게 브루크Bruck*까지 간 다음 거기서 건판 구입을 시도하는 것이었다. 나중에 현명한 선택으로 밝혀졌지만, 아내의 치통이 눈 덮인 알프스의 위용 앞에서 꼬리를 감추리라 기대한 우리는 결국 덜컹거리는 오스트리아 통근 열차에 몸을 실었고, 환한 백색으로 펼쳐진 알프스의 절경을 낮 동안 만끽할 수가 있었다. 빈 남부역에서는 이런 일이 있었다. 우리 짐을 날라 주던 짐꾼이 팁 욕심 가득한 눈길로 금세 우리가 신혼여행 중임을 알아채고는, 젊은 신랑이 귀족 출신이리라 짐작하고 아내를 '공작 영애', 나를 '백작님' 이라 부른 것이다. 아니면 정말로 젊은 공작 영애가 신분의 벽을

---

* 오스트리아 남동부에 있는 도시로 정확한 이름은 브루크안데어무어Bruck an der Mur.

무시하고 수수한 백작과 결혼한 것이라고 생각했을까? 아무튼 그 의도가 뻔히 보였지만 기분은 나쁘지 않았기에, 나는 짐꾼에게 팁을 건네주었다. 그 순간 그는 '공작 영애'와 '백작님'의 팁이 평민의 팁보다 결코 많지 않다는 사실을 실감했을 것이다.

브루크

초반이 워낙 흥미진진했기에 갈수록 따분함도 늘어만 갔던 기차 여행을 뒤로한 채, 우리는 오후 녘에 브루크에 도착했다. 슈타이어마르크Steiermark 지방에 속한 이 작은 도시는 깔끔하면서 수수했고, 독일과 오스트리아의 여느 소도시에서 볼 수 있음 직한 상점들이 즐비했다. 변변한 카페 같은 것은 찾아보기 힘들었고, 대신 어디에 무슨 레스토랑이 있다는 식의 안내문만이 수차례 눈에 띄었다. 아내는 약국에서 팅크제를 조제해 받았지만 지독히 화끈거리기만 했을 뿐, 쑤셔 오는 통증을 물리치기에는 역부족이었다. 한편 우리는 물어물어 유일하게 사진 건판을 구할 수 있는 어느 철물점을 알아냈다. 과연 거기에는 출처가 다양한 수십 종의 건판이 구비되어 있었다. 닥터 슐로이스너, 뤼미에르, 스티리아, 게르마니아 등의 상표를 단 건판들이 상자째 쌓여 있었다. 그런데 사진 건판을 구분하는 중요한 차이가 제품 자체보다는 오히려 회사들의 선전에 있다는 점이 눈에 띄었다. 물론 차이가 없지는 않았다. 그러나 이를테면 게르마니아 건판으로는 흑백 예술사진을 만들어 내지 못하는데, 슐로이스너 건판으로는 가능하다는 정도는 아니라는 것이다.

우리는 이제 남은 저녁 시간을 브루크의 한 레스토랑에 앉아 최고의 치통약을 쓰면서 보냈다. 그 약이란 뵈스라우산産 스파클링 와인 한잔을 곁들여 근사한 커틀릿 요리를 먹고는, 유쾌한 수다와 함께 치통을 잊는 것이었다. 자정 무렵, 빈 급행열차가 우리를 아늑한 침대칸으로 맞아 주었을 때조차 원칙상 이 치료법은 계속되었다. 다만 커틀릿과 뵈스라우산 와인과 환담 대신에 모르페우스* 신이 그 자리를 대신했다는 것이 차이라면 차이였다. 모르페우스 신은 곧 우리를 품에 안아 잠으로 인도하셨고, 그 일이 마음에 드셨던지 아침 녘 트리에스테에 닿을 때까지도 좀체 그 자세를 바꾸는 법이 없으셨다.

트리에스테

트리에스테 도착을 앞두고선 커피가 나왔다. 우리는 기분 좋게

---

* 그리스 신화에 등장하는 꿈 또는 잠의 신.

커피를 홀짝였다. 잘 있거라, 맛좋은 고향의 커피여! 애석하게도 저 너머에서 네 이름으로 대접받게 될 음료는 ─ 수에즈 운하 건너편에서는 더욱더 ─ 그 영예로운 이름값을 못 하고 있단다. 어느덧 치통은 사라졌고, 우리가 기차에서 내릴 즈음에는 폭우가 쏟아지고 있었다. 하지만 남국의 공기가 우리 볼을 부드럽게 쓰다듬어 주었다. 북국의 겨울이 남긴 얼음 장갑의 감촉이 여전히 생생한 터라 우리는 그저 감지덕지할 따름이었다. 곧 마음을 누그러뜨린 하늘이 구름을 뚫고 조심스레 그 자태를 드러냈다. 꼭 푸른색 바지 한 벌을 재단할 크기였다. 기상청은 오후에는 날씨가 갤 것이라고 예보했다.

출항 시각까지는 여유가 없었다. 도중에 기차를 놓쳤다면 틀림없이 늦었을 것이다. 트리에스테 ─ 알렉산드리아 항로는 트리에스테 ─ 봄베이* 항로와 더불어 오스트리아 로이드 해운의 가장 인기 있는 여객 항로였다. 우리가 승선할 클레오파트라호는 알렉산드리아 노선을 운항했는데, 혹독한 겨울을 피해 이집트 땅으로 피난처를 찾아 떠나는 독일인들이 즐겨 이용했다. 우리 일행 역시 3분의 2 정도는 이집트로 가는 독일인이었다. 대부분 항해 경험이 전무한

* 뭄바이의 옛 이름.

승객들로서, 시로코*가 거세게 불어오는 가운데, 아드리아_{Adria} 해**
의 파도가 긴 방파제와 충돌하면서 솟구쳐 흩날리고, 내리쬐는 햇빛
이 물보라 속에서 무지개 빛깔로 산산조각 나는 광경들이 펼쳐지는
데도 전혀 주눅 든 기색을 보이지 않았다.

마지막 짐 꾸러미들이 배로 실려 들어왔다. 관세자유항 내의 로이
드 부두는 각양각색의 마차와 인파로 들끓었다. 널따란 산책 갑판도
이리저리 밀쳐 대는 사람들로 복작댔다. 작별을 고하는 친척, 친구,
지인들의 손에는 수많은 꽃다발이 쥐어져 있었다. 왁자지껄한 갑판
에서는 어느 한군데 떠밀리거나 밟히지 않는 곳을 찾기가 힘들었다.
짐꾼과 승무원까지 이리저리 뛰어다니며 각종 짐들을 객실 혹은 창
고로 옮기고 있었다. 이때, 큼직한 종을 든 갑판 승무원의 등장과
함께 마침내 운명의 시간도 찾아왔다. 귀청이 찢어져라 종을 울린
그는 승객을 제외하고는 모두 배에서 내리라고 지시했다. 한순간
석별의 탄식이 절정으로 치달으면서 숱한 키스와 포옹이 이어졌다.
사람들은 하나둘씩 가파른 계단을 타고 산책 갑판에서 주갑판으로
내려가더니, 어느덧 기선을 떠나 부두에 자리를 잡기 시작했다. 선
상의 승객들은 난간에 몸을 기댔다. 증기 권양기가 세차게 돌기 시

---

* 아프리카에서 지중해 연안을 향해 부는 열풍.
** 지중해 북부 이탈리아 반도와 발칸 반도 사이에 있는 좁고 긴 해역.

작했다. 처음에는 아주 느리게 움직이던 배가 점점 속도를 내며 부두에서 멀어져 갔다. 예인선이 기선의 뱃머리를 육지로부터 멀찍이 떼어 냈다. 내항이 협소한 탓에 스스로 몸을 돌리기가 어려웠던 것이다.

부두에 운집한 환송객들의 모습도 차츰 희미해져 갔다. 흩날리는 손수건만이 겨우 눈에 잡히자 난간에 서 있던 승객들은 망원경을 집어 들었다. 배는 방파제로 경계가 그어진 항구 어귀를 천천히 지나고 있었다. 감상에 젖어 있던 승객들은 다시 들려온 종소리에 퍼뜩 정신을 차렸다. 두 번째 종소리가 울리자 모두들 오로지 한 가지 느낌에 사로잡히면서 남아 있던 마지막 눈물마저 쏙 들어가 버렸으니, 그것은 이른바 배고픔이라는 것이었다. 아침 식사를 알리는 두 번째 신호에, 북적거리며 떠들던 갑판 위 승객들이 일순 대식당으로 모여들었다. 서로가 첫인사를 나누었다. 물론 우리가 유일한 신혼여행객은 아니었다. 식사가 제공되자 너나없이 부리나케 음식들을 집어 들었다.

배는 어느덧 항구 어귀를 벗어나 드넓은 아드리아 해를 달리고 있었다. 시로코가 배 쪽으로 세차게 불어왔고, 방파제 안의 내항과는 딴판으로 파도도 얌전하지만은 않았다. 자연히 대화 소리도 잦아들었다. 여러 승객들이 난간에 서서 한 번 더 손수건을 흔들고 싶어했다. 그러나 식사를 마치고 갑판으로 나오자 일부는 이미 손수건을 다른 용도에 쓰고 있었다. 이별의 순간에는 전혀 울지 않던 사람들이 이제야 눈물을 훔쳐 댔다. 모진 운명에 필사적으로 맞서듯, 맹렬한 기세로 갑판 위를 뛰어다니는 승객들도 있었다. 하지만 달음박질을 멈추고선 난간 위로 몸을 숙인 채 돌고래를 보았다고 우기거나, 산책 갑판의 긴 나무 벤치에 눕는 사람들도 눈에 띄었다. 이야말로 어쩌면 지금 같은 상황에서 자살을 떠올리지 않게 하는 최선책일지도 몰랐다.

브린디시

바다는 미친 듯이 날뛰며 제물을 요구했다. 우리를 못살게 구는 이 바다는 여전히 유럽의 해역에 속했다. 배는 다시금 유럽 항에 정박했다. 브린디시Brindisi*였다. 이별을 앞두고서 유럽 땅은 한 번 더 목가적인 면모를 뽐냈다. 잠에서 덜 깬 둥지, 그것이 바로 브린디시였다. 일하는 사람들은 통 찾아보기가 힘들었다. 이곳 주민들은 '달콤한 무위도식'의 실천을 주업으로 삼은 듯했다. 갑판의 승객들이

---

* 이탈리아 반도 최남단, 나폴리 만에 위치한 항구도시.

동전을 던져 주기가 무섭게 거리 소년들은 떨어진 동전들을 줍느라 몸을 뒹굴며 싸웠고, 부두 경찰관 하나는 곤봉으로 그들의 성미를 돋우며 희희낙락거렸다. 소년들은 이렇듯 어릴 적부터 몸소 밥벌이의 어려움을 배워 갔던 것이다. 거기에는 한 무리의 이탈리아 거리 가수들도 서 있었다. 물론 '푸니쿨리 푸니쿨라'와 '아름다운 나폴리'의 연주가 빠질 리 없었으니, 그 가락들은 팁에 후한 독일 관광객들의 심금을 자극했고, 관광객들은 평소보다 더 깊숙이 주머니를 털어서 앞다퉈 우산 쪽으로 동전을 던져 주었다. 가요계의 디바와는 비교 불가인 한 여가수가 동전을 받는답시고 뒤집힌 우산을 쳐들고 있었던 것이다. 브린디시에서 두 시간을 보내자 어느덧 출항을 바라는 마음이 꿈틀댔다. 이탈리아에 대한 동경도 이제는 한풀 꺾인 셈이었다. 배가 움직이기 시작했다. 배가 나폴리 만에 다시 정박한다거나 팁을 더 받으리라는 기대도 완전히 사라졌을 즈음에 가수들은 후한 팁에 대한 답례로 또 한 번 '아름다운 나폴리'를 연주했지만, 우리는 그 어떤 감흥도 느낄 수가 없었다.

알렉산드리아를 지나 포트사이드로

사흘만 참으면 알렉산드리아였다. 독일 선박이 제공하는 '일급'

숙식에 익숙한 여행객에게 오스트리아 배로 여행하는 일은 고역이었다. 특히 클레오파트라호는 불평 거리들의 집합소였다. 질 나쁜 커피, 상한 우유, 오래된 아침 빵, 용케 멀미를 피해 간 이들에게는 백발백중 멀미를 일으킬 기름 투성이의 점심 및 저녁 식사 등 한두 가지가 아니었다. 이집트로 가는 독일 관광객들이 이 노선을 이용하는 이유는 잘 모르기 때문인 듯했다. 또 독일의 극동행 우편선들의 여객 운임에 대면 이 노선은 더 비싸기까지 했다. 그 우편 노선을 이용하는 경우에 승선 장소는 제노바나 나폴리였다. 특히 제노바는 트리에스테에 견주어 독일 어느 도시에서 출발하더라도 거의 비슷한 시간대에, 단연 더 편하게 도달할 수 있는 항구였다. 독일 우편선을 코앞에서 놓치지만 않았던들 우리는 클레오파트라호를 탈 이유가 없었다. 화물이 적은 클레오파트라호는 출렁거림이 심했다. 반면 제노바 – 포트사이드를 운항하는 독일 우편선은 대개 극동으로 가는 육중한 화물을 싣고 있었다. 이 밖에도 몇 가지 이점들이 더 있었는데, 그 진가는 나중에 비슷한 상황에 처했을 때 그 아쉬움을 경험하고 나야만 실감할 수 있을 것이다.

우리는 나흘 만에 알렉산드리아에 도착했다. 이 거대한 도시는 외견상 유럽의 여느 도시와 별 차이가 없어서, 검은 피부의 주민들이 처음에는 마치 엉뚱한 곳에 쓰인 엑스트라들처럼 느껴질 정도였다. 현대식 호텔들이 들어서 있었고 편의시설도 잘 갖춰져 있었지만, 물가 또한 터무니없이 높았다. 그런데 대부분의 승객들에게 알렉산드리아는 기착지에 불과했다. 이들은 계속 카이로로 향한 뒤 나일 강을 따라 아스완Aswan*까지 갔다. 우리의 여로도 여기서 갈라지는 셈이었다. 마침 우리는 포트사이드행 기선이 이날 오후 출항한다는 반가운 소식을 듣게 되었다. 이탈리아 루바티노 해운사의 연안기선인 그 배는 팔레스타인과 시리아 및 소아시아 노선을 운항하고 있었다. 저녁 식탁에 모인 우리는 선장을 포함해 총 일곱 명에 불과했다. 나무랄 데 없는 식사가 클레오파트라호에서 보았던 것과 꽤 대조를 이루어 나는 기분이 흐뭇했다.

다음 날 아침 일찍, 우리는 수에즈 운하의 지중해 쪽 항구인 포트사이드에 도착했다. 먼저 함부르크아메리카 해운사 지점으로 발길을 옮긴 우리는 아르테미시아호가 며칠 뒤에나 도착한다는 소식을 듣게 되었다. 항해 중 악천후를 만나 이틀이 늦어졌다는 것이다. 우리는 별수 없이 호텔을 잡았는데, 창밖으로 항구가 보이는 곳이었다. 여기선 일인당 하루 10마르크면 호텔의 모든 서비스를 누릴 수 있었다. 다만 음료수는 포함되지 않은 가격이었는데 가장 싼 게 탄

---

* 나일 강 상류에 있는 이집트 남동부의 도시.

산수로 75상팀*이었다. 물에다 나무딸기주스 시럽을 섞으면 역시 75상팀이 추가되어 합계 1.50프랑이었다. 더 비싼 음료들의 가격은 미루어 짐작할 수 있을 것이다.

수에즈 운하 어귀에서 바라본 포트사이드(괴르츠 망원 사진기로 촬영).

* 1상팀은 1프랑의 100분의 1.

사기꾼 소굴

포트사이드는 세계적으로 유명한 항구 가운데 하나였다. 수에즈
운하를 통과하는 기선들은 예외 없이 포트사이드에 정박했고, 승객
들은 자연히 이 특별한 신설 도시를 찾게 마련이었다. 말하자면 포
트사이드의 움직임 전체가 이 방문객들에 맞춰 돌아가는 셈이었다.
하지만 잠깐 머물다 가는 여행객들에게 포트사이드는 순전히 사기
꾼 소굴로 기억될 공산이 컸다. 사람들은 이곳에서 도박으로 돈을
날리거나, 시몬 아르츠Simon Arzt* 가게에서 이집트 담배를 강매당하
고, 성가신 흑인들 무리에 둘러싸였다. 관광 가이드, 엽서 판매원,
타조 깃털 상인, 각종 상점들의 호객꾼을 자칭한 흑인들은 외지인들
이 육지에서 보내는 몇 시간을 최대한 정신없이 만들어 놓았다. 사
실 포트사이드에서 그 이상의 볼거리란 없었다. 이곳 자체가 수에즈
운하의 개통 뒤 신설된 도시였기 때문이다. 포트사이드는 사주 위에
세워진 도시로서, 그 좁다란 사주는 넓게 퍼진 석호를 두고 내륙
지방과 절연되어 있었다. 석호의 일부는 늪지였다. 포트사이드에서
녹지대는 손가락으로 셀 정도로 드물었다. 주민들이 꽃이 필요한

---

* 담배 사업가인 시몬 아르츠는 1869년 첫 공장을 포트사이드에 설립했다.

경우가 생기면 카이로에서 기차로 수송해 와야 할 형편이었다.

상륙하자마자 장사꾼과 알선업자, 호객꾼 따위의 온갖 무리들에게 시달린 것은 우리도 예외가 아니었다. 갈색 피부의 한 청년이 유독 끈질기게 달라붙었는데, 안내할 만한 명소 하나 없는 이 도시에서 굳이 안내자를 자청하고 나선 것이다. 떼어 내려고 지팡이를 휘둘러도 소용없었다. 우리가 진열장 앞에라도 멈춰 서면, 어느새 나타나 그 진열된 물건을 설명하려 들었다. 그러고는 마치 이 외국

포트사이드 거리.

손님들을 데려온 게 자기인 양 주인 앞에서 거들먹거렸다. 주인이 응분의 팁으로써 그 서비스에 화답한 것은 물론이었다. 그러나 무리들은 이날 벌써 우리가 호텔 투숙객임을 알아차렸다. 다음 날 그들은 우리를 더는 괴롭히지 않았는데, 뜨내기용 작전이 통하지 않는 장기체류자임을 간파한 것이다.

마침 우리가 묵은 호텔은 부두 옆이라 배가 입항할 때 벌어지는 부산함과 다채로움을 발코니에서 관찰하기가 좋았다. 평상시, 그러니까 정박한 여객선이 없을 때의 포트사이드는 유유한 도시라는 인상마저 풍겼다. 하지만 기선이 나타나기가 무섭게 사람들의 물결이 골목골목에서 항구로 쇄도했다. 갈색의 아랍인들 사이로, 카프탄* 차림에 관자놀이께로 긴 고수머리를 늘어뜨린 늙은 유대인들이 합세했다. 이들은 모두가 두려워하는 고리대금업자로서 3마르크 값어치도 없는 타조 깃털을 두고서 더없이 진실한 표정으로 태연스레 영국 돈 4파운드를 요구하고 있었다. 승객들은 육지에 발을 내딛자마자 2~7명의 무리에 빙 둘러싸여 한가운데로 떠밀렸다. 너무도 급작스러운 상황이라 대부분은 그 성가신 무리를 따돌릴 엄두조차 내지 못했다. 큰길 어귀에서는 호객꾼 패거리들이 진을 치고 있었

---

* 여기서는 정통 유대인이 입는 검은 프록코트를 가리킨다.

다. 그중에서도 특히 시몬 아르츠의 호객꾼이 돋보였는데, 그는 이렇게 목청을 높였다. "자, 신사 여러분. 여기요. 시몬 아르츠 담배입니다. 시몬 아르츠 담배!" 용기를 내 큰길로 들어오는 이방인이 보이면, 수많은 상점 주인들이 각국의 언어를 총동원해 그에게 소리쳤다. 심지어 어떤 자들은 길을 막고서 중동의 호객꾼들에게서나 볼 수 있는 전형적인 몸짓으로 길가에 진열된 이런저런 근사한 물건들을 보고 가라며 물고 늘어졌다. 그러면 그 불쌍한 이방인은 난처하여 어쩔 줄을 몰라 했다. 마치 장터의 즐비한 가게들을 통과할 때, 곳곳에서 쏟아져 나온 경쟁자들이 돈 많은 고객을 붙잡기 위해 한바탕 싸움이라도 벌이려 드는 듯한, 아니 그보다도 훨씬 고약한 상황이었다.

여객선이 떠난 포트사이드는 언제 그랬냐는 듯 평화롭기 그지없었다. 심지어 잠에 취한 분위기마저 풍기고 있었다. 통과 여객이라면 두 시간 정도 머무는 동안에 악착같이 뜯어내려 했을 테지만, 그렇지 않은 외부인이나 현지인이 가게에 들어서면 좀 전까지 그렇게 부산을 떨던 점원도 무관심으로 일관했다. 게다가 포트사이드 주민이나 장기 체류자의 경우, 사기꾼 소굴과도 같은 이 가게에서 뜨내기 승객들보다 훨씬 싼 값에 물건을 살 수 있다는 게 일종의 암묵적 합의였다. 이곳 주민들에게 통과 여객들이란 그저 두 시간

동안 최대한 돈을 뜯어내고 사기 칠 대상에 불과했던 것이다.

수에즈 운하

앞서 말한 대로 포트사이드는 수에즈 운하*로 말미암아 건설되
었고 존속되는 도시였다. 수에즈 운하 회사의 직원들은 거의가 프랑
스 사람들이었는데 포트사이드 사회에서도 첫째가는 지위를 누리고
있었다. 적어도 그들은 그런 양 행동했다. 수에즈 운하 회사는 현재
최고 수익을 내는 기업으로 꼽히고 있다. 창업자 레셉스가 한때 회
사 주식을 사 달라고 프랑스 국민들 앞에 무릎 꿇고 애원했다는 이
야기는 유명하다. 주식들은 이제 모두 제 임자를 만났고, 사람들은
창업자를 기려 포트사이드에 두 개의 기념상을 세웠다. 그중 하나는
저 바닷가의 거대한 방파제 위에 세워진 덕에, 바다 쪽에서 오는
경우 멀리서부터 포트사이드의 상징물로 사람들의 눈길을 사로잡았
다. 이곳에 상주하는 기업들 가운데 수에즈 운하 회사와 나란히 수
위를 차지하고 있는 것은 독일 석탄창고 회사였다. 독일의 선박 회
사와 탄광 회사가 합작 운영하는 그 회사는 독일 선박은 물론 수많

---

* 수에즈 운하 회사를 창설한 프랑스인 레셉스Ferdinand - Marie de Lesseps(1805~1894)의 주
도로 1859년 공사가 시작되어 1869년 개통되었다.

은 타국 선박들에게까지 석탄을 공급하기 위해 프랑스 및 영국의 석탄창고와 치열한 경쟁을 벌여야 했다. 세계 최대의 선박 교통량을 자랑하는 이곳이 지금까지는 영국과 프랑스 회사들의 손아귀에 놓여 있었던 것이다.

포트사이드에 – 이런 표현을 써도 무방할 텐데 – 어쩔 수 없이 오래 머물러야 하는 사람의 운명은 그다지 부러워할 것이 못 되었다. 관광객들의 저급한 욕구를 노린 도박장과 뮤직홀이 있긴 했지만, 사실상 포트사이드에서는 여가시설이 전무하다시피 했기 때문이다. 따라서 우리가 독일 석탄창고 회사의 부지런한 에브하르트 사장의 초대로 증기 보트를 빌려 타고 수에즈 운하 안으로 소풍을 떠난 일은 가히 특별한 사건이라 이를 만했다. 10킬로미터 이정표까지는 비싼 수에즈 운하세를 물지 않고도 들어갈 수 있었다. 한껏 흥취에 젖은 우리는 10킬로미터 지점의 선착장에 이르러 배를 내렸다. 배가 다니는 운하 옆으로 또 다른 담수로가 흐르고 있었는데, 이는 나일 강의 배수로로서 포트사이드의 담수 공급원 역할을 했다. 담수로 양 기슭은 관목 숲으로 덮여 있었다. 그림자를 드리우며 펼쳐진 그 숲이 황량한 사막 풍경에 그나마 약간의 볼거리를 선사해 주었다. 두 수로와 나란히 대비터 호Great Bitter Lake 부근의 이스마일리아Ismailia*로 이어지는 철로가 뻗어 있었다. 그곳까지는 현재 경열차

가 운행 중이며 곧 본선으로 확장될 예정이었다. 이 철로는 이스마
일리아에서 수에즈와 카이로를 잇는 주선로와 연결되어 있다. 수에
즈 운하 수로에서는 작업이 한창이었다. 쉴 새 없이 돌아가는 대형

수에즈 운하 선착장. 사진 속의 선착장은 담수 운하에 자리한 것이고, 원래의 운하는 사진 오른쪽으로 이와 나란
히 뻗어 있다

* 수에즈 운하 중앙의 항구도시로, 정확히는 대비터 호 위쪽의 팀사 호 서안에 위치한다.

준설기들이 기다란 팔로 물 섞인 토사를 운하 둑 저편으로 옮겨 옛 저수지 쪽으로 쏟아 내고 있었다. 수에즈 운하 건설과 함께 마른 땅이 된 그곳은 한때 거대한 함수호가 있던 자리였다. 귀로에 오른 우리는 작은 배 위에서 음식을 들며 피크닉을 즐겼다. 아름다운 경치를 구경하지 못한 대신 받은 일종의 작은 보상이었던 셈이다.

러시아 함대

포트사이드에 있는 동안 우리는 오랜만에 전쟁 소식을 듣게 되었

수에즈 운하에 설치된 잔교. 배경에 준설기가 보인다.

다. 아직은 첫 번째 해전이 벌어지고 있던 시기였다. 비레니우스 제독 휘하의 러시아 함대가 운하를 지나 극동 해역으로 향한 게 불과 얼마 전이었다. 하지만 함대는 프랑스령 지부티Djibouti*를 못 넘고 회항하고 말았다. 이 사건으로 포트사이드 사람들은 크게 동요되었다. 러시아 함대가 홍해 상에서 이른바 매복 상태로 머무르며, 출항하는 일체의 영국 선박들을 정지시키고 전시 금수품 탑재 여부를

포트사이드 항의 러시아 전함(오로라호).

* 홍해 어귀의 항구도시로 현재는 지부티공화국의 수도.

검문했기 때문이다. 그러나 약삭빠른 선주들은 설령 자신의 배가 일본에서 주문한 금수품을 적재한 경우라도 서류에 일본이 아닌 다른 항구를 써 넣게 했다. 거기서 일본으로 배를 불러들일 시간적 여유는 충분했던 것이다. 사람들은 러시아 군함들이 제2함대가 도착할 때까지 — 그것은 흑해 주둔 지원 함대 소속의 운송선들로 추측되었다 — 홍해에 머무르다, 그 함선들과 합류하여 떠나리라고 믿고 있었다. 따라서 어느 화창한 날, 수에즈 운하를 통과한 그 러시아 함대가 포트사이드에 출현, 석탄을 적재한 뒤 지중해로 빠져나가는 일이 벌어지자 그 놀라움은 훨씬 클 수밖에 없었다. 장교들은 발트 해를 출발한 제2함대의 영접을 명령받았다고 발표했다. 실제로 그 함대는 한참을 대기한 뒤 1년이 지나서야 로제스트벤스키 휘하의 이른바 러시아 제2함대와 함께 다시 항해를 시작하였다. 헐Hull 해전*이라는 기묘한 조짐 아래 이루어진 그들의 출발은 그러나 쓰시마 해협**의 비극으로 막을 내리고 말았다.***

* 일명 도거 뱅크Dogger Bank 사건으로, 1904년 10월 극동으로 향하던 러시아 발틱 함대가 안개 때문에 도거 뱅크에서 작업 중이던 수십 척의 영국 어선들을 일본 함정으로 오인해 총격한 사건을 말한다.
** 저자는 이 책에서 쓰시마 섬을 기준으로 위는 대한해협, 아래는 쓰시마 해협으로 부르고 있다.
*** 1905년 5월 27일 러시아의 발틱 함대와 도고 제독이 이끄는 일본의 연합 함대가 대한해협에서 맞붙은 결과 러시아 함대가 전멸을 당한다.

홍해

러시아 함대가 홍해를 빠져나갔다는 소식에 우리도 한시름을 놓게 되었다. 우리가 승선할 아르테미시아호 같은 일본행 선박의 경우, 언제든 홍해 상에서 러시아 해군의 검문을 당할 위험이 있었던 것이다. 게다가 전쟁 당사국 입장에서는 우리 선박의 화물을 금수품으로 간주하지 말라는 법도 없었다. 이제 그 위험이 사라졌고, 러시아인들에게 나포된 채 전보를 쳐 가며 '돌발 사태'가 '해명'되기를 기다릴 일도 면한 셈이다. 그런데 공교롭게도 러시아 함대가 우리 호텔 창문 아래로 지나가던 바로 그날 저녁, 아르테미시아호가 포트사이드 항에 들어왔다. 아르테미시아호는 밤새 석탄을 만재한 뒤 오후께 다시 항해에 나설 예정이었다. 짐들을 부리나케 가방에 쑤셔 넣은 우리는, 다음 날 아침 배에 몸을 싣고서야 비로소 안도감을 느꼈다. 선장은 우리 부부에게 흔쾌히 주갑판에 있는 자신의 선실을 내주었다. 그것은 진정한 의미의 살롱 객실이었다. 위층 해도실에 또 다른 침실이 있었던 선장은 선상의 홍일점이었던 아내에게 자신을 위해 마련된 각종 편의시설을 아낌없이 제공했다. 두말할 것 없이 남편도 그 덕을 보았으니, 이야말로 결혼의 장점을 보여 주는 또 다른 증거가 아니겠는가.

수에즈 운하를 지나는 데만 꼬박 18시간이 걸렸다. 낙타들이 눈에 띄었고, 사막에선 모래 폭풍이 일었다. 밤이 되자 온몸에 추위가 느껴졌다. 아직 2월인 데다 열대기후가 시작되는 경계선은 훨씬 남쪽에 있었다. 흔히 홍해는 지구 상에서 가장 더운 곳으로 알려져 있다. 봄, 여름, 가을의 경우라면 분명 맞는 말이다. 그러나 겨울이라면 홍해에서도 큰 추위가 결코 예상치 못한 손님인 것은 아니었다. 문득 5년 전 극동 여행을 마치고 귀로에 오르던 때가 떠올랐다. 3월 초순 홍해를 통과하게 되었는데, 처음 나흘간은 열대지방의 옷을 걸치고 있었다. 그때 갑자기 날씨가 험악해졌다. 승객들은 겨울 옷을 꺼내 들었고, 선체 밑에 있는 가방에 성급히 겨울 외투를 집어넣은 이들은 객실의 플란넬 이불을 들고 나와 산책 갑판의 추위로부터 몸을 지킬 수밖에 없었다. 하지만 이번에는 정반대의 상황이 벌어졌다. 홍해 중간 지점까지는 등 쪽에서 세찬 바람이 불어왔고, 공기도 꽤 차가웠다. 하지만 밤사이 기후가 급변했다. 하루 이틀은 옆에서 불어오는 해안풍을 받았다. 낮에는 바람이 바다에서 해안 쪽으로 불어 댔고 밤이 되면 풍향이 뒤바뀌었다. 뜨거운 사막 바람인지라 상쾌함과는 거리가 멀었다. 지난 사흘 새 우리는 마침내 계절풍 지역으로, 혹은 여기 사람들이 말하듯 몬순 지역으로 들어섰다. 이제는 찌는 듯한 열대 더위가 기승을 부렸다. 여기에 적응하는 데만 며칠이 걸렸다. 당장 성홍열도 물리쳐야 할 적이었다. 붉고 자잘한 피부 발진인 성홍열은 신진대사의 변화와 관련이 있었는데 일단은 연고와 가루약을 사용해 치료했다. 발진이 사라졌을 때는 아덴Aden* 은 물론이고, 폭풍이 일던 소코트라Socotra** 해안도 지난 뒤였다. 우리의 아르테미시아호는 소코트라와 과르다푸이Guardafui*** 곶 사이의 악명 높은 파도 속에서도 끄떡하지 않고 침착하게 항해를 계속했다. 선상에서는 거의 흔들림을 느끼지 못했다. 선장은 사령교 갑판 전체를 범포로 빙 둘러치게 했다. 이 위는 따로 허가 없이는 어느 누구도 들어올 수 없는 성역과도 같은 곳이었다.

처세의 달인

선상 규율에 철저했던 선장은 우리 부부와 선상 의사 말고는 이곳에 머무는 것을 일절 금했다. 그리하여 우리는 이 위에서 몽상에 잠기거나 일을 하며 하루하루를 보내게 되었다. 육지라고는 저 멀리로만 보일 뿐, 하늘과 바다가 전부인 3주간의 고독한 항해 중엔 이

* 예멘의 항구도시. 아라비아 반도 남서쪽 끝에 있다.
** 소코트라 섬은 아덴 만 어귀에 있는 예멘령 섬이다.
*** '아프리카의 뿔'로 불리는 소말리아 최동단에 위치하며, 현재 이름은 라스 아시르Ras Asir 곶.

따금 울적한 심경에 사로잡힐 때가 있었다. 그러면 뮌헨 토박이인 사람 좋은 선상 의사는, 진료실에다 외과 도구 외에 따로 악기를 숨겨 놓았던 옛날 이야기를 들려주거나, 치터Zither*를 꺼내어 시골 민요와 남부 바이에른 지방의 노래들을 연주하며 우리를 흥겹게 해 주었다. 그는 또 대위법 연구와 피아노곡 창작에도 열심이었다. 다만 그가 완성된 곡을 치터로 연주할라치면 우리는 방 안에서 창문을 꼭 닫아걸고 연주하도록 부탁했다. 그럼 방의 열기를 못 이기고 얼른 연주를 멈출 게 뻔했기 때문이다. 그런데 한번은 작곡에 몰두한 탓에 푹푹 찌는 더위에도 불구하고 선율들이, 정확히 말하자면 선율 조각들이 연방 우리의 귓전을 때린 적이 있었다. 몰래 안을 들여다보았더니, 세상에나 땀방울을 뚝뚝 흘리며 차마 소상히 밝히기 곤란한 의상을 걸친 채로 의사가 치터 앞에 앉아 있는 것이었다.

3주간의 항해 동안 우리는 저마다 효율적인 시간 안배에 힘썼다. 그중 처세의 달인으로 밝혀진 이는 다름 아닌 우리 배의 선장님이었다. 그는 일간지 「함부르거 프렘덴블라트Hamburger Fremdenblatt」**의 애독자였다. 지난 항해 때 장기간 집을 비운 사이 선장 부인은 신문들을

---

* 오스트리아, 독일 남부, 스위스 등지에서 사용되는 민속 현악기로 손가락으로 뜯어 연주한다.
** 1864년 함부르크에서 창간된 고급 일간지.

빠짐없이 모아 두었고, 승무원을 시켜 매일 일정한 시각에 그 신문들을 자신의 갑판 의자에 한 부씩 갖다 놓도록 한 선장은, 이제 그것이 마치 오늘자 신문인 양 처음부터 끝까지 열심히 훑어보는 것이었다. 그러고는 점심 식사 자리에서 신문에서 읽은 다섯 달 전의 세계 소식을 우리에게 신나게 들려주었다. 그 소식들을 최신 뉴스처럼 여기는 선장으로서는 자연히 러일전쟁 발발 전의 극동 문제가 현재의 주된 관심사였다. 하지만 신문에서 읽은 정보를 토대로 전쟁 가능성은 낮게 보고 있었다. 의사가 들려준 이야기인데, 포트사이드에서 선장은 전쟁에 관한 최신 소식을 알려 주려는 자신을 야단친 적이 있었다고 했다. 그 정보를 혼자만 알고 있으라며 선장 자신이 직접 「함부르거 프렘덴블라트」에서 읽기 전에는 중요한 뉴스를 발설하지 말라고 경고했다는 것이다. 또 선장은 소설을 읽을 때도 첫 장부터 시작하지 마지막 장을 먼저 읽는 법은 없다며, 앞으로 그 같은 일을 절대 용납하지 않겠노라고 덧붙였다고 한다. 이렇게 하루하루 신문에 대한 욕구를 달랬던 선장은 그와 똑같은 원칙을 압축된 형태의 정신적 양분에도 적용했는데, 고국의 독자들이 흔히 잡지라는 이름으로 받아 보고 있던 것이었다. 주간지 「미래Die Zukunft」*의 충실한 구독자였던 선

---

* 종합 평론지 「미래」는 1892년 막시밀리안 하르덴Maximilian Harden이 창간했으며 1922년까지 발행되었다.

장은 일요일 오후면 어김없이 갑판 의자에서 새 제호의 「미래」를 만났다. 일요일만 되면 한시라도 빨리 잡지를 읽고 싶은 마음에 허겁지겁 점심을 해결하고서, 달콤한 디저트가 채 나오기도 전에 식사를 끝낸 뒤 사령교 갑판으로 달려가, 의자에 앉아 흐뭇하게 「미래」 최신호를 읽기 시작했다. 몇 달을 세계사의 뒤꽁무니만 따라다니면서도 아무렇지 않은 사람, 자신이 모르는 사건이라면 최신 뉴스라 해도 입 밖에 꺼내는 것을 결례로 느끼는 사람, 이 얼마나 행복한 사람인가. 그러면서도 세상사에 대해서 정의는 정의로, 불의는 불의로 고스란히 받아들일 줄 아는 드문 사람 가운데 하나가 바로 우리 선장님이었다.

페낭

3주간의 항해 끝에 우리는 마침내 페낭에 도착했다. 포트사이드를 떠난 뒤 거쳐 온 그 세계를 어찌 다 말로 표현할까! 우리는 이제 말레이 문화권에 들어섰다. 일찍이 수천여 명의 중국인들이 새로운 고향의 터를 닦은 곳이다. 풀라우 페낭은 말레이 반도 남해안에 위치한 작은 섬이다. 정식 명칭이 조지타운Georgetown*인 이 항구는 수

---

* 1786년 페낭 섬을 점령한 영국은 그 북동 해안에 항구도시 조지타운을 건설했다.

마트라 북부, 메단의 항구로 향하는 화물의 환적항이기도 했다. 유럽 식민지가 대규모로 조성된 페낭의 주변 환경은 열대 특유의 화려함과 아름다움에서 타의 추종을 불허했다. 식민지 주위로는 말레이 주민들이 군락을 이루며 생활하는 거대한 산림 지대가 펼쳐져 있고, 도시 뒤로는 짙은 초록빛을 띤 산들이 가파르게 치솟아 있었다. 잘 꾸며진 식물원이 골짜기 명당자리를 차지한 가운데, 시원한 폭포수가 저 위에서 골짜기를 향해 떨어지고 있었다. 서양인들은 대부분 방갈로에서 살았는데, 말뚝 위에 나무로 지어진 단층집은 대개 녹색 덩굴에 덮여 있었고, 베란다와 벽은 통풍이 잘 되는 대나무 발로 만들어져 있었다. 그럼 그 대나무 틈새로 이곳 주민들이 애지중지하는 산들바람이 쉴 새 없이 불어왔다. 물론 영국 식민지답게 넓게 펼쳐진 경마장이 빠질 리 없었다. 또 여기저기 길도 잘 닦여 있어, 하루 일과가 끝난 뒤에는 말을 몰거나 셰즈Chaise* 혹은 독카트Dog Cart**를 탄 유럽인들로 북적였다. 하지만 페낭의 진짜 갑부는 중국인이라는 말이 있었다. 서양인들의 마차 사이로 시시각각 호화로운 마차들이 끼어들었으니, 변발을 한 세련된 옷차림의 중국인들이 직접 말을 몰거나 전족을 한 중국 여인들이 마차를 타고는 서양인이

* 여닫이 지붕이 달린 2륜 혹은 4륜 마차.
** 말 한 필이 끄는 2륜 마차.

주인 행세를 하는 이곳의 **빼어난** 자연을 그들과 똑같이 즐기고 있었던 것이다. 실상 서양인들은 이곳 아시아 땅에서 호강하며 살고 있었다. 백인만이 인종 그 자체였고, 나머지 인종들은 그에 딸린 장식물에 불과했다. 적어도 그것이 사회적 통념이었는데, 그렇다고 해서 서양인들이 이따금씩 중국인들의 돈을 이용해 그간 획득한 부에다 새로운 부를 쌓는 일까지 관둔 것은 아니다.

일반적으로 성격이 무딘 경우, 행복감은 끝없는 잔물결 형태의 만족감으로 나타나게 된다. 다혈질인 경우라면 그 곡선은 훨씬 가파르게 오르내릴 것이다. 이들이야말로 특정 순간마다 삶이라는 우물에서 더 깊고 그득하게 맑은 행복의 물을 길어 올릴 줄 아는 사람들이었다. 이 강렬한 행복의 순간들은 쉽게 머릿속에서 지워지지 않는 법인데, 갈수록 삭막함만 더해 가는, 끝 모를 향해 뒤에 우리는 이곳 페낭에서 바로 그 행복의 정점을 경험했다. 마음을 활짝 열어 아름다운 자연을 들이마신 우리 두 사람은 날이 저물자 서로의 어깨 위에 팔을 얹고는 서양식으로 지어진 대형 호텔의 돌담에 몸을 기댔다. 그리고 돌담에 부딪쳐 찰랑거리는 파도 소리를 들으며 저 너머 인도 대륙의 해안을 바라다보았다. 붉게 타오르는 모닥불 앞에서 원주민들이 저녁 준비에 한창이었다. 우리는 조용히 마음속으로, 우리 앞뒤에 교대로 놓인 과거와 미래를 떠올려 보았다. 그러자 차마

입을 열어 이 신성한 순간을 깨뜨릴 엄두가 나지 않았다. 그런데 하필이면 그때, 저녁 식사를 알리는 호텔 종소리가 울려 퍼졌다. 이토록 경우 없는 일이 세상에 또 어디 있을까. 하지만 그 식사로 말하자면 무수한 구경거리들 앞에서 생기를 잃어 간 우리 부부에게 새 기운을 불어넣어 줄 양분이기도 했다.

쓰라린 영일동맹

우리는 페낭에 이틀을 머물렀다. 우리가 도착하자마자 일본이 육

뤼순 항 앞바다에서 격침된 '체사레비치호'(일본 삽화).

지 쪽에서 뤼순旅順을 점령했다는 로이터 전보가 날아들었다. 그러자 일본과 동맹 관계였던 영국인들은 자국 클럽에서 승리 축하연을 열기로 하였다. 하지만 페낭의 일본 인사들을 초대하는 문제를 놓고 고민에 빠졌다. 동맹관계라고는 하나 사회 통념상 중국인, 말레이인, 혼혈인과 마찬가지로 일본인 역시 사교계 출입 자격이 없었던 것이다. 영국인들은 동아시아 식민지 역사상 최초로 이 원칙을 허물어야 하느냐는 문제와 맞닥뜨린 셈이다. 듣기로 그들은 일본 국민의 승리를 축하하긴 했지만 일본측 인사를 초대하지는 않았다고 한다. 자부심 강한 앨비언Albion*으로서는 찢어진 눈의 일본 국민과 맺은 조약이 공평할 수 없었고, 그것이 잘못된 결혼이라고 느껴졌던 것이다. 그 동맹이 잘못된 결혼임은 유럽의 시각, 아니 동아시아 사교계의 불문율적인 관점에서 볼 때 더더욱 분명했다. 아무튼 그들은 숱한 샴페인 잔을 부딪쳐 대며 뤼순 함락을 축하했다. 따라서 다음 날 로이터 제2신이 뤼순 함락 소식을 오보라고 정정해 왔을 때 영국인들의 난처함은 이루 말할 수가 없었다. 열대에서 경험하는 숙취는 결코 얕볼 게 못 되었다. 또 일본에 대한 애정에서 이같은 고생을 감수했건만 뒤늦게 헛수고로 밝혀졌으니 참으로 딱한 일이 아닐 수

---

* 영국의 옛 이름.

없었다. 이곳 동아시아에서 그 같은 경우 불쾌감은 두 번에 걸쳐 엄습하는 법인데, 첫 번째는 숙취를 느낀 당일, 두 번째는 그 숙취의 대가로 클럽 영수증을 결재하는 날이었다.

싱가포르

이틀 뒤 우리는 싱가포르에 도착했다. 이곳 또한 서양인들이 제2의 고향으로 삼은 극동의 유서 깊은 지역 중 하나였다. 싱가포르는 이미 소개가 많이 된 곳이다. 따라서 위도상 채 1도도 안 되는 지척에 적도를 둔, 이 아시아 대륙 남단 지역이 선사하는 열대 특유의 화려한 매력과 아름다움을 굳이 다시 설명할 필요는 없으리라. 그나저나 신참 방문객은 심지어 여기서 적도 관광을 하는 경우도 있었다. 그것은 말하자면 바다 너머 남쪽을 가리키며 거기가 적도라고 일러 주는 식의 관광이었다. 영 못 미더워하는 이들에게는 − 조금 전 두 렌즈 앞에 머리칼 한 올을 길게 붙여 놓은 − 망원경을 직접 손에 쥐어 준다. 그러면 망원경을 들여다본 신참자가 저 뒤편에서 거대한 검은 띠를 발견하고는 정말로 적도가 보인다고 우긴다는 것이었다. 이곳에 떠도는 또 다른 우스갯소리가 있었다. 풋내기 여행객을 앞에 두고, 배가 싱가포르까지는 비교적 느리게 항해하는 반면, 싱가포르에서 일본까지는 그 속도가 다시 빨라진다고 설명해 주는 것이다. 대체 왜 그럴까? 그것은 바로 적도에 이르는 뱃길이 지구 상에서 오르막길에 해당하며 적도에서 멀어지면서 지구는 다시 내리막길로 접어드는 만큼 내리막에서 배가 속도를 내는 건 당연한 이치라는 것이었다. 물론 이것은 선장의 유머였다. 다섯 달 전에 이미 「함부르거 프렘덴블라트」의 문화면에 실렸을지도 모를 위험을 무릅쓰고 이렇게 여러분에게 소개하는 것이다.

중국 승객

싱가포르에서는 전쟁에 동요하는 모습이라고는 통 찾아볼 수가 없었다. 대신 아르테미시아호에서 누렸던 목가적인 평화는 당분간 잊어야 했다. 수많은 승객들이 새로 배에 오른 것이다. 그 수는 무려 1,000명이 넘었는데, 작은 짐 가방과 옷 꾸러미, 침낭, 그 밖의 고향으로 들고 가는 온갖 세간들이 함께 딸려 왔다. 이들은 해협 식민지 Straits Settlements*와 네덜란드령 식민지**에서 귀향하는 중국인들이었다. 고향을 그리는 마음이 이들만큼 남다른 민족도 또 없으리라. 이

---

* 19세기 초 영국이 페낭, 말라카, 싱가포르 등을 묶어 건립한 식민지.
** 현재의 인도네시아.

민을 떠나면서도 훗날 꼭 고향에 돌아가리라 다짐하는 민족이 중국인들이었다. 부지런하기만 하다면 대개 이들은 외국에서 돈을 모으는 데 성공했다. 그중에는 인력거꾼에서 백만장자로 변신해 금의환향하는 경우도 있었다. 고향에 돌아가 조상의 신주를 모신 사당 근처에서 명이 다할 때까지 살고 나면, 이젠 그 아들이 죽은 조상 곁에 아버지의 위패를 올리고는, 저승에서 복을 받는 데 필수 조건인 제물을 바친다. 제물을 바칠 자격은 오직 아들에게만 있었고, 딸은 그같은 일에 자격이 없었다. 중국인들이 아들을 보면 행운으로, 아들은 못 본 채 딸을 얻으면 불행으로 여기는 것도 바로 그런 이유에서였다.

우리 배에 오른 중국 승객들은 하나같이 갑판 위에 머물렀다. 하지만 홍콩까지 가는 이 뱃길에서 20달러, 아니 30~50달러를 내고서라도 고급 선원이나 다른 승무원의 객실에 머무르고 싶어하는 승객들도 있었다. 선원들도 굳이 부수입을 마다할 이유가 없었다. 물론 극빈층도 수두룩했다. 앞 갑판을 차지한 것은 한 무리의 농장 일꾼들이었다. 이들은 몸에 걸친 것 말고는 달리 짐이랄 것도 없었다. 그래도 다들 약간의 달러 뭉치는 허리띠에 차고 있는 듯했다. 항해 중 도박에 홀딱 빠진 그들에게 그 돈은 바로 도박 밑천이었다. 이리하여 아르테미시아호가 홍콩에 도착할 때까지 대부분의 시간은 도박으로 채워졌다. 이때 중요한 역할을 맡은 것이 중국인 요리사였다. 숱한 솥단지, 화로, 접시, 육류, 채소 및 과일 상자 그리고 다섯 명의 조수를 대동한 그는 가장 먼저 배에 오른 승객 중 하나였다. 중국인들은 모두 자기들끼리 식사를 해결했다. 그러니까 그 중국인 요리사가 식사를 담당한 것인데, 해운사 허가증을 소지한 그는 세 가지 메뉴를 준비해 놓고선 하루 30센트, 1달러 또는 3달러를 받았다. 또한 요리사는 물주 노릇을 하며 돈을 잃은 사람들에게 가끔씩 대출도 해 주었다. 대개는 짐을 저당으로 잡았고, 항해 때마다 - 요리로 번 수입 말고도 - 두둑이 돈을 챙겨 배를 내려왔.

선상에서 도박을 벌이는 중국인들의 모습은 그야말로 가지각색이었다. 상류층 사람들은 객실을 빌려 따로 판을 벌였다. 판돈은 심심찮게 수백 달러까지 치솟았고, 잃는 돈도 그에 못지않았다. 가난한 이들은 자연히 판돈도 작았다. 이들은 갑판에 돗자리를 펴고 그 주위에 쭈그려 앉아 판타이Fantai 노름에 열을 냈다. 무작위로 동전이나 도자기 조각 한 무더기를 뚜껑 안에 집어넣고서, 노름꾼들은 1에서 4까지의 숫자 중 하나에 돈을 걸었다. 이어 뚜껑을 열어 네 개씩 조각들을 세면 마지막 남는 수가 당첨 숫자였다. 돈을 내주는 것은 물주였지만, 일단 그는 판돈의 1할을 가져갔다. 특히 농장 일꾼들이 고약했다. 돈을 잃으면 돗자리를 엎어 판돈을 뒤죽박죽으로 만들기 일쑤였고, 그러면 흥분한 무리들이 일제히 고함을 지르며 돗자리로 달려들어 거기 놓인 것들을 닥치는 대로 집어 가려 했다. 그래도 물주는 불쾌한 기색을 보이면 안 되었다. 그는 이에 아랑곳 않고 다시 판을 시작했다. 물주는 어떻게 해야 자기에게 이득인지를 잘 알고 있었던 것이다.

의사는 중국 승객들을 진찰하느라 눈코 뜰 새가 없었다. 그들에게는 의사를 만날 절호의 기회였던 것이다. 오늘내일 죽을 사람이 배에 오르는 경우도 허다했다. 중요한 건 오로지 고향 땅을 밟고 거기에 묻히는 일이었다. 따라서 이런 여행에서는 사람이 죽는 일이 자주 있게 마련인데, 이번 항해에서는 뜻밖에도 그 경우가 두 번을 넘지 않았다. 하지만 삶은, 그리고 중국인조차도 죽은 중국인을 찾지는 않는 법이다. 떠난 자가 남긴 빈자리는 또 다른 누군가가 채우는 법! 이번도 예외가 아니었다. 뜻밖에도 중국인의 출산을 돕는 중차대한 임무가 우리 의사 선생에게 맡겨진 것이다. 태어난 건 귀여운 딸이었다. 하지만 사내아이가 아니라고 해서 아버지는 잔뜩 골이 나 있었다.

이제 다들 홍콩에 입항할 순간만을 손꼽아 기다렸다. 어느새 배는 속도를 줄여 운항했고, 수십 척의 정크선과 증기 경정이 쇠갈고리를 이용해 거대한 우리 배를 계류했다. 그리고 아직 항해 중임에도 불구하고, 삼판선 키잡이와 여관 직원들이 배로 올라와서는 중국인 승객들을 상대로 배편과 숙박 등에 관해 설명을 늘어놓았다. 이후 벌어진 난리법석은 차마 말로 다 표현하기가 어려울 지경이었다. 그런데 중국 승객들은 한 시간도 채 못 되어 깡그리 배에서 사라졌다. 이제 남은 것은, 천 쪼가리, 깨진 조각, 깡통, 오물, 찢어진 돗자리, 과일 껍질 따위를 비롯해 밟혀서 썩고 냄새나는 엄청난 양의 쓰레기뿐이었다. 일단은 그것들을 삽으로 퍼 모아 바다에 던지고는 호스로 물을 뿌려 가며 나머지를 마저 씻어 냈다. 하지만 내내 우리 신경을 자극하던 아편 냄새만은 쉽게 가실 줄을 몰랐다. 거기다 소독약 냄새까지 코를 찔러 댔다. 대청소의 마지막 단계로 중국인 승객들의 잠자리에 소독약을 뿌렸던 것이다.

전운이 감도는 홍콩 - 일본 입항

홍콩의 곳곳에서 전쟁의 기운이 감지되었다. 첫째로 영국 극동 함대가 언제든 출동할 태세로 정박 중이었다. 두 번째 징후는 전쟁을 앞두고 급증한 일본행 화물이었다. 우리의 아르테미시아호 역시 일본으로 갈 화물을 꼭대기까지 싣고 있었다. 대부분 쌀이었는데 도착이 빠를수록 웃돈도 올라갔다. 이제껏 전속력을 내 본 적이 없던 아르테미시아호였지만 홍콩부터는 모든 기관이 달구어질 것이다. 그리고 마침내 전쟁 수역에 들어서게 된다. 아직 러시아 함대가 섬멸된 것이 아니었기에 그들이 언제 홍콩과 요코하마 사이의 수역에 나타날지 모를 일이었다. 그런데 지난 며칠 사이로 요코하마행 화물이 부쩍 늘어났다. 일본에서 새 전쟁세가 공포된 관계로 법 시행 전에 되도록 많은 물자를 무관세로 실어 들이자는 심사였다. 투기꾼들에게 전쟁세는 반가울 리가 없었다. 그런데 현재 수송 중인 화물들은 아직 세금을 물지 않아도 되었다. 일부 업자들은 정부의

'육박전'(일본 삽화).

이런 조치를 용케 잘 빠져나갔다. 이들은 홍콩에 전문을 쳐 신설된 세금이 시행되기 전에 화물을 조속히 타이완 섬의 항구로 보내라고 통지했다. 알다시피 타이완은 청일전쟁 이후 일본령이 된 곳이다. 타이완에 도착한 화물은 형식적으로 하역, 재선적되면서 어느덧 내국에서 오는 상품으로 인정되어 – 일본 입항 때는 그 효력이 발휘될 – 전쟁세를 물 필요가 없어지는 것이다.

우리 배는 전속력으로 홍콩을 벗어났다. 세차게 움직이는 기계 소리가 맥박처럼 사령교 갑판에까지 느껴졌다. 그런데 안전을 염려한 일은 기우였음이 드러났다. 항해 내내 단 한 척의 전함도 눈에 띄지 않았다. 우리는 타이완에서부터 규슈까지 줄지어 뻗어 있는 섬들에 바짝 붙어서 항해했다. 그 섬들은 하나같이 화산 폭발로 생성된 것으로, 우리는 해상에서 활화산 서너 개를 목격하기도 했다. 게다가 섬 가까이 항해한 덕에 망원경으로 일본인 부락들을 관찰하기도 했다. 우리의 항로는, 이곳 극동 선원들의 표현을 빌리자면 '밖으로 빙 돌아서', 다시 말해 이른바 내해*를 거치지 않고 곧장 요코하마로 이어졌다. 사실 우리는 일본인들이 전시라는 이유로 바닷가 횃불을 끄지나 않았을까 걱정이 컸다. 그러나 불은 빠짐없이 타오르

---

* 정식 명칭은 '세토나이카이瀬戸内海'로 일본 혼슈 서부와 규슈, 시코쿠로 에워싸인 내해를 뜻한다.

고 있었다. 전시를 짐작하게 하는 그 어떤 징후도 눈에 띄지 않았다. 도쿄 만이 가까워지자 우리는 비로소 전시임을 실감하게 되었다. 이곳 작은 섬들엔 요새가 들어서 있어서 우라가, 요코스카 같은 전항과 더불어 막강한 요새선을 구축하고 있었던 것이다. 홍콩의 독일 영사관을 통해 이미 새 전시 규정을 전달받은 선장은, 정부 측 기선, 이른바 안내선이 나타날 때까지 도쿄 만 어귀에 대기했다. 이윽고 긴 뱃고동 소리를 울리며 전쟁 깃발을 단 잿빛 소형 기선 한 척이 나타났고, 선장에게 따라오라는 신호를 보냈다. 아르테미시아호는 두 요새 사이로 이어진 수로를 따라갔다. 이 해협은 항해가 자유로 웠지만 다른 곳은 해저 지뢰로 봉쇄된 상태였다.

위험 지대에서 멀찌감치 떨어져 홀로 달리던 우리 배는 저녁 무렵 요코하마에 다다랐다. 검역관과 항만 경찰이 배를 찾았다. 일본인들 은 꼼꼼하고도 정확하게 검사했다. 꼼꼼함과 도식성圖式性이 일본의 오랜 전통이라고는 하지만 독일의 관료 제도에서 배워 갔다 해도 믿길 만큼 우리와 비슷한 점이 많았다. 길고도 부질없는 트집 잡기 가 끝나자 마침내 상륙 허가서가 나왔다. 하지만 우리는 일단 선상 에서 밤을 지낸 뒤 날이 밝으면 육지에 오르기로 했다. 다음 날 함부 르크아메리카 해운의 대리점 직원이 배로 올라왔다. 우리는 궁금함 을 참지 못하고 전장 소식을 물어보았다. 그러자 직원은 이렇게 태연스레 대답하는 것이었다.

"제가 바로 선생님께 묻고 싶었던 겁니다! 전쟁에 관해서라면 요코하마에 사는 우리도 거의 아는 바가 없답니다. 가장 빠르고 믿을 만한 소식은 페테르부르크를 통해 들어오는 형편이지요."

2. 일본의 분위기

'싹싹한' 인력거꾼

쏟아지는 빗줄기 속에 우리는 육지에 올랐다. 바다에서도 끄떡없던 우리가 상륙할 때는 뱃멀미를 할 뻔했다. 매서운 바람이 파도는 물론 빗발까지 후려치고 있었다. 우리는 일단 손짐만 든 채 세관에 도착했다. 키 작은 일본 세관원들은 관리의 품위를 유지하는 데 필수인 양 하나같이 안경을 쓰고 있었다. 우리 짐을 샅샅이 뒤지고는 부인용 가방에 들어 있던 몇몇 물건들을 보면서 애들처럼 좋아하기도 했다. 검사를 끝낸 다음에는 가방마다 분필로 통관 표시를 그려 주었다. 세관 앞에서는 두 인력거꾼이 얌전히 인력거를 세워 두고 대기 중이었다. 검은 비옷을 걸친 그들은 모자를 든 채 굽실대며 우리를 맞아 주었는데, 짐을 보더니 세 번째 인력거꾼을 불렀다. 새로 나타난 인력거꾼 역시 몸을 굽실거리기는 마찬가지였다. 하지만 그 굽실거림은 겉치레에 지나지 않았다. 호텔 앞에 도착하자 인력거꾼들은 정상가의 세 곱절을 요구했다. 우리가 약간의 팁만 얹어 통상 요금대로 지불하자, 공손했던 그들이 갑자기 뾰로통해졌다. 종을 울려 세 차례나 호텔 급사를 불러낸 그들은 여전히 굽실거리면서 불만을 토해냈다. 그러자 급사 역시 연방 굽실거리며, 세 차례 모두

일본식 친절.

인력거꾼들의 코앞에서 문을 쾅 닫아 그들을 내쳤다. 인력거꾼들은 결국 자기네끼리 상의해 방금 도착한 이 외국인이 이 나라 물가에 어둡지 않은 것 같다는 결론을 내렸는지, 다시금 부두를 향해 터벅터벅 돌아갔다. 물론 겉만 번지르르한 일본식 공손에 혹해 세 곱절이나 되는 요금을 기꺼이 지불할 신참 이방인을 기다리기 위해서였다. 그런데 그들이 호텔이라며 우리를 내려놓은 곳은 실은 하숙집에 가까웠다. 방에 들어서자 확 냉기가 느껴졌다. 하지만 넘실거리는 난롯불 앞에서 우리는 냉습한 날씨가 전해 준 무기력증에서 조금씩 벗어날 수가 있었다.

대기 중

마침내 일본에 왔다. 우리의 첫 목적지에 다다른 것이다. 하지만 이국땅에 발을 딛자마자 방구석에 틀어박혀 뜨끈한 화로 곁에 쭈그리고 앉아 있는 기분이란 참으로 불쾌한 것이었다. 자연을 향해, 앞으로 지닐 새로운 세상으로 뛰쳐나가고 싶은 마음이 굴뚝같았다. 기분이 심란했다. 한마디로 속수무책이었는데, 현지 사정에 익숙해지려면 신문을 보는 게 상책이었다. 물론 그것은 영국 신문이었다. 몇 해 전부터 일본에서도 「도이체야판포스트Deutsche Japan·Post」*라는 독일어 주간신문이 발행되었지만, 독일인들에게서나 구할 수 있었고, 그들이라고 다 있는 것도 아니었다. 80명에 달하는 서양 종군기자단이 도쿄에서 하릴없이 시간을 보낸다는 소식을 신문에서 읽은 우리는 솔직히 안도감이 들었다. 아직도 그들은 전장으로 가는 허가를 받지 못하고 있었다. 유럽을 출발해 긴 여행을 하는 동안에 전장에서 새로운 소식들이 와 있는 것은 아닐까 걱정하고 있던 참에 다행히도 우리의 예상은 빗나가 있었다. 상황이 아주 절망적인 것은 아니었다.

먼저 우리는 성실하고 유능한 동료 기자인 「도이체야판포스트」지의 발행인 미슈케 박사Dr. Mischke를 찾아갔다. 이 동포는 우리를 진정으로 따뜻이 맞아 주었다. 유감스럽게도 이곳 동아시아에서는 그 따뜻함이 허식일 때가 잦았던 것이다. 그는 최선을 다해 우리를 돕겠노라고 약속했다. 이 첫 번째 대화를 통해 나는 종군기자들이 조만간 전선에 가는 일은 없겠다는 결론을 내렸다. 종군기자와 무관으로 구성된 제1진이 출발한 게 불과 며칠 전이었다. 그 수는 통틀어 수십 명에 불과했다. 그런데 도쿄에는 전쟁 전에 도착해 벌써 몇 달째 대기 중인 일단의 후보자들이 있었고, 도쿄 정부에서 곧 허락

---

* 1902년 요코하마에서 창간되어 1914년까지 발행된 재일 독일인을 위한 주간 소식지.

이 떨어질 것이라는 말로 하루하루 위로를 받고 있는 형편이었다. 며칠이 몇 주가 되고 몇 주가 몇 달이 되었지만, 재촉하는 기자들에게는 '곧' 2진이 출발한다는 말만 들려오고 있었다. '곧'이라는 말이 나온 게 벌써 석 달 전 일이었다. 다시 말해 맨 마지막에 도착한 나로서는 특별한 동정을 사지 않는 한 장기간의 대기를 각오해야 한다는 말이었다.

이처럼 미래가 불확실한 판국에 우리 부부는 굳이 불편하게 호텔에 있을 이유가 없다는 쪽으로 의견을 모았다. 말이 부부였지 아직 단둘이 살림하는 즐거움조차 맛보지 못한 상태였다. 전쟁으로 많은 사람들이 일본을 떠난 지금, 집은 가구가 딸린 것을 포함해 요코하마에 충분했다. 현지인 하인도 넉넉했다. 그리하여 우리는 이 낯선 땅에서 처음으로 둘만의 오붓한 행복을 갖기로 결심하고, 가구가 딸린 작은 셋집을 구한다는 광고를 올렸다. 우리는 필수적인 가재도구는 모두 있었다. 일부는 내가 총각 시절부터 쓰던 것으로, 당시나는, 아침에 커피가 제공되며, 촌스러운 가구와 작은 별실이 딸린 하숙방에서 지내고 싶지 않아 작은 층 하나를 따로 세내어 살림을 살았다. 하지만 부엌살림 일부가 담긴 상자는 여전히 바다 위에 떠 있었으니, 없는 물건은 다시 살 수밖에 다른 도리가 없었다.

우리는 여러 계획들을 그려 보았다. 무정하게 비칠지도 모르지만,

합리적인 편인 나는 내가 전선에 가 있을 동안 요코하마에 머물 것을 아내에게 제안했다. 반면에 감성을 대표하는 아내는 현실성이 떨어지는 계획을 내놓았다. 나와 헤어지기가 싫었던 나머지, 단발에 남장을 하고는 사환인 양 전쟁터에 따라가겠다는 생각을 꽤나 진지하게 하는 것이었다. 하지만 문제는 사환을 데려가는 일을 어떻게 일본군 참모부에 허락받느냐 하는 것이었다. 그런데 이게 다 결국은 뜬구름 잡는 소리에 불과했다. 전선으로 가는 것은 당분간 꿈조차 꿀 수 없었기 때문이다. 거기까지는 거쳐야 할 수많은 과정이 필요했거니와, 언론계를 대표하는 80명의 용감한 기자들이 이 말레이족과 몽골족의 혼혈 민족에게 별다른 인상을 주지 못한 마당에, 여튼한 번째 대표인 내가 할 수 있는 일이란, 다만 스스로 웬만큼 상황의 주인이 될 때까지 차라리 그 상황을 감내하는 것이었다.

일본 열광의 허상

나의 일본 방문은 이번이 세 번째였다. 독일에는 일본에 열광하는 현상이 만연되어 있었지만, 정작 나 자신은 거기서 벗어난 지 오래였다. 일본 국민은 극동의 여러 민족들 가운데서도 독일인의 사고와 감성을 가장 닮은 민족임에 틀림없다. 하지만 독일과 일본을 갈라놓는 심연 또한 얼마나 깊은가! 복잡한 극동 정세를 이해하기가 분명 쉬운 일이 아니다. 불과 10년 전만 해도 중국인에 관한 독일인의 지식이란 이들이 변발을 하고 썩은 달걀*이나 상어 지느러미를 먹는다는 정도가 전부였다. 마찬가지로 일본에 관해서도 여행기에서 얻은 지식 수준을 넘지 못했으니, 게이샤와 단정치 못한 찻집의 일상이 그 같은 여행기의 주 내용을 이루는 실정이었다. 또 우리는 독일 문화를 배우고자 일본에서 파견되어 온 겸손하고 지식욕에 찬 젊은이들을 기준으로 일본인들을 평가해 왔다. 물론 중국에 관해서라면 지난 10년 사이에 우리의 판단은 여러모로 중대한 변화가 있다. 하지만 일본에 대한 독일 국민의 평가는 10년 전과 별반 달라진 게 없었다. 여태껏 우리 자신의 이해관계를 못 보게 막아온 ─ 이는 동아시아에서 일어나는 일본의 활동과 관련해서도 마찬가지인데 ─ 장애물을 없애려면 무엇보다 편견 덩어리를 물리치는 일이 시급하다. 독일 국민이 쉽게 빠지는 착각은, 이른바 메이지 유신을 통해 35년 내지 40년에 걸쳐 서양 문화를 머리끝까지 흡수한 일본이 이제는 스스로를 서양의 문명국으로 자각하고 있으리라는 것이다. 이는 사실과 다를 뿐더러 전혀 엉뚱한 결론을 이끌어 낼 위험이 있다.

* 오리알을 발효시켜 만든 '송화단松花蛋'을 가리키는 듯하다.

인구 4,000만이 넘는 이 제국에서 서양 문화를 내재화한 사람들이 1만 명에 이를 것이라는 의견도 심하게 과장된 것이다. 심지어 서양 문명어를 익혀 서양어로 쓰인 서양 문학을 읽고 이해하는 일본인이 수두룩하다는 주장이 있는데 이 역시 허황된 추측일 뿐이다. 마찬가지로 일본이 외국인에 우호적인 나라라고 여기는 것도 오해이다. 외국인에 우호적인 운동으로 알려진 메이지 유신이 외국인과 서양 문명에 대한 일본 국민의 호감에서 비롯되었다는 게 독일인들의 일반적인 통념이다. 여기서 중요한 것은 메이지 유신을 낳은 동기일 터인데, 이는 친외세적인 것과는 거리가 먼 것이었다. 거기에는 오히려 다음과 같은 배경이 깔려 있었다.

메이지 유신

19세기 중엽만 해도 일본은 봉건 국가였다. 실질적 통치권은 무사 계급에 있었고, 정치적 판도에 따라 그 수장이 번갈아 권좌를 차지했다. 그 결과 수백 년 동안 권력을 둘러싼 싸움이 끊일 날이 없었다. 독일 제후들이 왕위를 놓고 패권을 다투던 시절, 독일을 사분오열 갈라놓았던 전쟁을 떠올린다면 이해가 빠를 것이다. 하지만 지난 200년 동안 권력은 비교적 안전하게 도쿠가와 바쿠후幕府의 수중에 있었다. 특이한 점은 싸움이 계속되는 동안에도 천황제만은 그대로 존속되었다는 사실이다. 일본인들의 마음속에는 늘 다음과 같은 생각이 자리하고 있었으니, 천황은 정신적 존재로서 물 위를 감돌고 있고,* 실권자인 쇼군將軍**이 행사하는 권력은 그 같은 순수한 정신적 권력의 산물이라는 것이었다. 이때 천황의 정신적 권력은 너무나 드높게 포장된 나머지, 설령 천황이 손수 폭력을 행사한다손 치더라

벚꽃놀이 풍경.

---

* 구약성서 「창세기」 1장 2절의 "하나님의 영이 물 위를 감돌고 있었다"에서 빌려 온 표현.
** 바쿠후의 최고 통수권자.

도 그 원래의 고귀함에는 일절 흠집이 나지 않을 것처럼 보였다.

19세기 중반 미합중국을 비롯한 서구 열강이 청국 및 일본과 수교하고자 통상조약 체결에 나섰을 때, 일본에 파견된 외교사절단은 당연히 실권을 쥔 바쿠후와 교섭하기를 원했다. 실제로 그들은 지배자인 쇼군과 통상조약을 맺는 데 성공했다. 그 결과 외국 상인들이 일본에 등장하게 되었지만, 오래지 않아 일본 국민의 반외세 정서가 만천하에 드러나고 말았다. 특히 이것은 바쿠후에 치명적이었다. 새 권리를 누리기 시작한 외국인들은 이제 일본 내의 반외세 기류와 싸워 나가야 했다. 이 같은 분위기는 한편으론 친외세적이라는 비난을 받고 있던 바쿠후에 맞서 벌어진 내전으로 표출되었고, 또 한편으론 외세와의 충돌, 즉 영국과 프랑스에 맞선 투쟁에서 그 절정을 이루었다. 이에 열강 측도 즉각 군사적 조처에 나서면서 결국 한바탕 싸움이 벌어지게 되었다.*

바로 이 무렵에 유럽에서 처음으로 두 유학생이 귀국한 것은 매우 중요한 의미를 갖는다. 청년기의 이토 후작도 그중 하나였다.** 그

* 1862년 나마무기 부근에서 영국인 리처드슨이 무사들에게 살해당하는 일이 벌어지자 영국은 1863년 원정군을 파견, 가고시마를 포격했다. 또 1864년 9월엔 영국, 프랑스, 네덜란드, 미국 등 4개국이 외국 선박들을 공격하던 조슈 번藩에 맞서 서양 연합 함대를 구성하고 시모노세키 해협의 해안 포대를 포격, 상륙해 항복을 얻어 내는 사건도 있었다.
** 1863년 해군학을 공부하러 영국 유학을 떠난 이토 히로부미는 이듬해 같은 조슈 무사 출신 이노우에 가오루와 함께 열강과의 중재를 위해 급히 귀국했다.

는 지금도 정부 최고위층에 있으며, 비록 비공식적이지만 그러기에
더욱더 막중한 자리를 차지하고 있다. 특히 일본 권력층에서 바쿠후
를 반외세 감정의 희생양으로 삼기로 합의하면서 정치적 창고에서
천황제를 꺼내 세속 권력이라는 새 옷을 갈아입힌 일은 이토의 공으
로 돌릴 만하다. 하지만 이토 후작은 유럽에서의 경험을 바탕으로,
일본은 현재의 문명 수준에 비추어 쇄도하는 서양 세력과 대적하기
에는 역부족이라는 의견을 폈다. 그리하여 서양 문명을 이기려면
그것을 일본 문명보다 우세하게 만든 바로 그 수단을 습득해야 한다
는 주장을 관철시켰다. 이후 일본은 그 문명 수단을 습득하는 데
온 힘을 바쳤다. 물론 목적에 맞는 범위 안에서 그랬던 것인데, 특히
교육과 무기 분야에 그 노력이 집중되었다.

일본이 서양을 모범으로 삼은 것도 바로 이때부터였다. 교사를
찾는 데 일본은 탁월했다. 예컨대 해군은 영국을, 또 육군과 학문,
그중에서도 의학은 독일 ― 일본 의학은 거의가 독일식이었다 ―
그 밖의 분야는 다른 나라들을 선택하는 식이었다. 순진한 독일은
보유한 지식과 기술을 일본에 전수했고, 이것들이 언젠가 자신을
겨누는 부메랑이 되리라고는 전연 의심치 않았다. 과연 일본은 그
기술들을 모두 제 것으로 만들어 냈다. 이들은 말하자면 악마를 물
리치기 위해 악귀를 끌어들인 셈이었다. 뒤늦게야 얼마나 훌륭한

제자를 두었는지 깨닫게 된 우리는 놀라움을 감추지 못했다. 그 제자는 무장에 성공함으로써 우리가 그를 얼마나 강인한 젊은이로 키워 냈는지 보여 주었을 뿐만 아니라, 신흥 산업을 육성함으로써 동아시아 전역에서 우리의 산업을 위협할 만한 수준에 이르렀다. 우리가 겉으로는 일본인에게 서양식 교육을 시켰을지 모르지만, 우리의 문명 수단을 이용하는 데 필요한 성품과 도덕까지 서양식 규범에 맞게 교육하는 일은 미처 생각하지 못했던 것이다. 그리하여 그들은 배워 간 권력 수단을 맘대로 사용하며, 특히 무역 시장에서 우리를 한껏 조롱하기에 이르렀다. "유럽인들이여, 그대들의 귀한 보물을 도로 가져가게나. 이제 우리는 그것들을 혼자서도 만들어 낸다네!"*

일본의 야망

입으로는 역사시대에 산다고 떠들어 대지만 정작 역사 문제라면 여러모로 호흡이 짧은 것이 바로 독일인이었다. 이는 아마도, 독일의 교실에서 조국의 역사는 — 다행히 그때까지라도 가르친다면 —

---

* 1895년 독일 황제 빌헬름 2세Wilhelm Ⅱ(1859~1941)가 러시아 황제에게 선물한 그림 제목을 패러디한 구절로, 아시아 세력이 진출하는 것을 경고하는 내용의 이 그림에는 '유럽인이여! 그대들의 귀한 보물을 잘 보호하라!'라는 제목이 달려 있었다.

1871년에서 멈춰 버리고,* 현대적 의미의 참된 '세계사' 수업은 전혀 이루어지지 않고 있다는 사실과 무관하지 않으리라. 따라서 이 문제에 관심이 큰 독일인들은 금방 잊히고 말 단편적인 신문 기사에 의존할 수밖에 없다. 그 결과 코앞의 현실에만 눈을 돌린 우리 독일인은 반외세주의에 기반을 둔 정권이 아직도 일본을 통치하고

'붓꽃'.

* 1871년 1월 18일 프로이센의 빌헬름 1세를 황제로 하는 독일 통일이 선포되었다.

있 다는 사실을 잊고 말았다. 실제로 일본 국민 대다수는 예나 지금이나 반외세적 성향이 농후하다. 우리가 간과하는 또 다른 사실은, 현재 일본의 운명을 좌우하는 지도층 가운데에 메이지 유신 초창기의 이상을 신봉하던 이들이 여전히 남아 있다는 점이다. 그들의 정치술과 추진력은 결코 과소평가할 것이 아니었다. 이들이야말로 청년 시절의 목표를 이루기 위해, 이미 수십 년 전에 확신을 갖고 실행에 옮겼던 원칙들을 나이가 들어서도 포기하지 않을 사람들이었다. 과거 그 원칙들을 실행하는 과정에서 낡은 국가 제도를 무너뜨려야 했던 그들은 스스로는 손가락 하나 다치지 않은 채 국민 전체를 개조했던 것이다.

물론 편견과 싸우기란 쉬운 일이 아니다. 다수의 독일인이, 우리에게 겸손하기 이를 데 없는 그 깜찍하고 똑똑한 황색 난쟁이에게 고마워해야 한다는 생각을 버리지 못하고 있다는 것도 그리 놀랄 일만은 아니다. 그들은 독일을 찾은 일본인들이 학교와 대학, 공장, 육군과 해군, 우리의 모범적인 관청 등지에서 악마를 악귀로 대적할 수단들을 배워 감으로써 독일 민족의 명성과 영예를 드높이는 데 이바지했다고 믿고 있는 것이다. 하지만 이제는 우리도 이 같은 정책이 제 살 파먹기라는 사실을 점차 깨달아 가는 중이다. 물론 학문의 자유는 보장되어야 한다. 그러나 한계를 정하지 않은 자유는 방

종으로 치닫게 마련이다. 영리를 추구하는 근대 민족국가로서 국부를 관리하는 국가에게 과연 그 한계란 어디까지일까? 자국의 지식과 기술을 이방인에게 넘겨줌으로써 국가적 영리 활동의 근본을 스스로 잘라 내는 바로 그 지점이 아닐까? 일본에 대해서가 바로 그랬다. 독일에서는 실감하기 어렵겠지만, 해외의 독일 상인들은 그 사실을 뼈저리게 느끼고 있었다. 특히 영국의 주도로 일본에서 영사재판권이 폐지된 이후, 다시 말해 백인 또한 황인종의 법적 지배를 받게 되면서 상황은 더욱더 악화되었다. 일본 법원의 무능, 편파성, 나태함, 일본 상인의 비양심 그리고 일본 특허청으로 대표되는 신설 기관들을 접하면서 독일 상인들은 최악의 일들을 경험했던 것이다.

이렇듯 황화*란 정치경제 분야에 나타나는 일본의 동향과 관련이 있었고, 바로 이 점에서 황화는 가장 끔찍한 종류의 위험을 뜻했다. 엄청난 인구를 앞세운 황인종 국가들이 유럽 대륙을 휩쓸며 유럽의 노동자들을 공장에서 몰아낼 위험 속에 황화가 있는 게 아니었다. 오히려 황화는 동아시아에서 전개되는 일본의 외교 및 무역 정책에 숨어 있었다. 부정한 수단도 마다 않는 일본은, 우리에게 중요한 동아시아 무역에 해를 입히는 것은 물론이고 유럽이 중국에서

---

* '황화黃禍, Yellow Peril'라는 말은 청일전쟁 직후인 1895년 독일 황제 빌헬름 2세가 황색인종의 위협을 경고하기 위해 처음 사용한 것으로 알려져 있다.

쌓아 온 영향력을 송두리째 흔들고 있었다. 그리고 우리에게 배워 갈 때는 언제고 이제 와선 독일이 산둥山東에 보유한 정치적 자산을 노골적으로 위협하고 있었다. 사정이 이럴진대, 수없이 설교를 되풀이함이 마땅하리라. 두 눈을 똑바로 뜨고, 무엇보다 규방 이야기로 독자들을 즐겁게 해 주는 책이나 공손하게 굽실대는 사내들로 득실거리는 책들일랑 저 멀리 던져 버리자. 거기서 일본 민족 고유의 사상과 정서를 배우기란 절대 불가능한 일이다. 이같은 부드러운 맛에 한참을 길들여진 데다 동아시아 문제에 있어 너무 오래 영국의 뒤꽁무니만 쫓아다닌 결과, 정작 우리 자신은 손해를 입게 된 것이다.

독일 국내에서 극동 지역에 큰 관심을 보이기 시작한 것은 독일이 자오저우膠州 만*에 정착한 이후의 일이다. 그런데 실은 독일 상인들이 이미 지난 30여 년 사이에 통상조약의 보호 아래 그 길을 닦아 놓았던 것이다. 이 과정에서 주로 영국의 유니온 잭 깃발을 방패막이로 삼았다는 것은 인정해야 하겠다. 그리고 '자오저우', '철권' 정책,** '양지' 정책*** 등이 등장하는데, 이후 독일은 동아시아 정책에

* 독일은 산둥 반도 남쪽의 자오저우 만 지역을 1897~1914년 동안 조차했다.
** 1897년 12월 증원 함대와 함께 자오저우 만으로 떠나는 하인리히 왕자Prinz Heinrich von Preussen (1862~1929, 빌헬름 2세의 아우)에게 독일 황제 빌헬름 2세가 행한 환송 연설에서 유명해진 말이다. "우리의 정당한 권리를 모욕하거나 침해하려는 자가 있다면 철권으로 대응하라!"

서 또 다른 실수를 저지르게 되었다. 세계 강대국에 오른다는 도취감 속에서 국제정치라는 양날의 칼을 수차례 위협적으로 휘두른 것이다. 하지만 자신이 정작 무엇을 원하는지는 알지를 못했고, 뚜렷한 목표가 없었던 데다 현실적인 제안들에 귀를 기울이지도 않았다. 그 제안이란 바로 의화단 난 이후에 도래한 평화를 기반으로 중국이 더욱 개방되기를 바라는 진영에서 내놓은 것이었다. 극동 정세의 전후 사정에 무지한 상태에서 중국이라는 대상에 함께 힘을 쏟는 대신 서로들 의심하느라 힘을 분산시켰으니, 결국 이익을 챙겨 간 것은 아시아인이었다. 당시만 해도 아직 중국을 유럽 편으로 만들 여지가 있었지만 그 절호의 기회를 그냥 날려 버린 것이다. 이제 일본이 선두로 올라섰고, 중국이라는 먹잇감의 최고로 좋은 부위가 일본 앞에 떨어진 셈이 되었다. 반면에 멈칫거리던 서양 열강은 그 먹잇감을 통째로 놓쳐 버리고 만 것이다.

*** 후에 독일 수상을 역임한 베른하르트 폰 뷜로Bernhard von Bülow는 외상 시절이던 1897년 독일의 식민정책과 관련해 이런 말을 남겼다. "우리는 어느 누구도 음지로 몰아넣을 생각이 없고 다만 양지에 대한 우리의 권리를 주장할 뿐이다." 이로써 독일은 식민지와 세력권의 획득에 나설 것을 공식 선언한 셈이었다.

동아시아 정책

의화단 난 이전의 지난 수십 년간 동아시아 정세는 러시아에 대항하는 영국의 이익 쟁탈전이라는 양상을 띠고 있었다. 하지만 이 과정에서 영국은 동아시아 무역에 동참한 다른 나라들에게도 도움을 주었다. 영국이 무역국들의 자유경쟁을 강조한 속셈은 따로 있었는데, 남진하는 러시아 세력을 저지할 최선의 수단을 거기서 발견했기 때문이다. 영국이 주도해서 도입한 동아시아 무역 정책과 러시아의 동아시아 정책의 원칙은 정반대였다. 러시아의 정책은 기본적으로 정복 정책이었다. 물론 자국의 동아시아 구상을 관철시키는 데 선수였던 러시아가 '문호개방정책'으로 불리는 영국 측 무역 정책의 이점들을 놓칠 리가 없었다. 그러나 러시아는 틈만 나면 자국의 정복 정책과 관련해 이득을 챙기고자 했다. 영러 양국의 대립은 극동 지역에 관심이 있는 여타 열강들의 정책에도 지대한 영향을 끼쳤다. 극동에서 자국의 통상 이익을 지키는 데 영국의 영향력이 필요했던 독일로서는 적어도 그러는 동안은 영국의 동맹국으로 남는 수밖에 별 도리가 없었다.

하지만 문호개방 원칙이 애초부터 영국이 주창했던 구호는 아니었다. 오히려 영국은 다른 나라들을 배제한 채 러시아와 이익 범위

를 설정하는 문제를 논의하려 들었고, 이것이 여의치 않자 중국의
전반적 분할에 관한 교섭을 시도하기도 했다. 하지만 이 교섭 과정

'연꽃'.

에서 솔즈베리 경*의 경솔한 정책은 러시아에 대한 영국 측 입장을 갈수록 불리하게 만들었다. 영국은 또 중국을 분할해 양쯔 강 유역에 영러 양국의 충돌을 막아 줄 완충국을 세우자고 수차례 제안하기도 했다. 러시아는 이런 제안들 속에서 이익을 챙기는 데 능했다. 그도 그럴 것이, 러시아는 초지일관 정복 정책을 고수했기 때문이다. 별 성과를 못 거둔 영국은 결국 남진하는 러시아를 묶어 둘 속셈으로 '문호개방정책'이라는 미명 아래 임시변통책을 마련했다. 영국의 원래 구상은 전 세계 무역국들에게 자유경쟁을 통해 중국의 개방에 참여하도록 요청하는 것이었다. 거래의 대부분이 자국의 중개인을 거쳐 이루어질 것으로 계산한 영국은 스스로가 가장 큰 이득을 얻으리라 확신했다. 또 다른 속셈은 이렇게 다른 나라들을 중국에 붙들어 두면, 역습에 나선 러시아가 정복 정책을 펼쳐 문호개방정책을 위협할 경우에 이들 국가들이 칼을 빼들고서라도 자국 이익을 방어하리라는 데 있었다.

일단 첫 실은 잘 꿰어졌으나 얼마나 튼튼한지 시험해 보는 순간에 그만 실이 끊어지고 말았다. 그것이 바로 의화단 난이 발생한, 1900년부터 그 이듬해까지의 일이었다. 배우들은 시작부터 정해진 역할

---

* 솔즈베리Robert Gascoyne-Cecil Salisbury(1830~1903) : 영국의 정치가. 외상을 겸하며 세 차례 총리를 역임.

에만 머무르지 않았다. 늘 경시의 대상이었던 중국을 공동의 적으로 한 가운데, 아이러니하게도 러시아가 동맹국의 자격으로 영국을 비롯한 그 밖의 열강들과 한편이 된 것이다. 이 상황에서 문호개방 원칙을 인정하고 거기에서 이득을 기대하는 한, 독일은 영국의 편에 설 수밖에 없었다. 하지만 문호개방 원칙은 이후 여러 차례 무너졌는데, 시초는 의화단 난 발생 전 독일이 자오저우 만에, 러시아가 뤼순*에 정착한 사건으로 거슬러 올라간다. 그 결과 영국마저도 국제 무역항의 개장을 위해서만 개입한다는 원칙을 저버리고 웨이하이웨이威海衛를 조차하게 되었다. 한편 청일전쟁 직후 성립된 시모노세키 강화조약에 따라 청국이 일본에 랴오둥 반도를 할양하려 하자, 독일과 프랑스가 일본에 랴오둥 반도 포기를 요구하는 러시아를 지지하는 일이 벌어졌다. 이 사건을 계기로 영국은 조약 열강의 도움으로 러시아에 맞선다는 계획이 오산이었음을 깨닫게 되었다. 게다가 영국은 중국이 의화단 난에 휩쓸린 이후 러시아가 동아시아라는 탁한 어장에서 두둑해진 어망을 끌어올리는 모습을 보고만 있어야 했다. 거기에는 물론 만주도 함께 딸려 있었다. 하지만 당시 보어전쟁에 발목이 잡혀 있던 영국으로서는 러시아의 만주 점령에 대해

* 러시아는 1898년 뤼순을 조차해 포트아서Port Arthur로 이름을 바꾸었다.

'항의'하는 것 말고는 달리 뾰족한 수가 없었다.

태도를 바꾼 영국이 유럽 문명권을 이탈해 황인종인 일본 편에 선 것은 나중의 일이었다. 앞에서도 말했지만 과거 일본에서 외국인의 치외법권 폐지에 찬성한 것도 영국이었다. 한마디로 이는 일본에 남아 있던 백인종의 마지막 자존심을 짓밟는 조치나 마찬가지였다. 그리고 두 번째 조치가 뒤따랐으니 그것이 바로 영일동맹*이었다. 의화단 난 초창기에 열강의 집행관 노릇을 자청했으나 거절당한 경험이 있는 일본은 이제 러시아에 맞서 지켜 온 자국의 이익에 영국의 이익까지 포함시키는 영광을 누리게 된 것이다. 이 거래가 매력적이었던 것은 영국이 지불한 대가가 괜찮았기 때문이다. 하지만 결국에는 영국도 러시아가 당분간은 자국의 동아시아 구상에 해가 되지 않는다는 사실을 깨닫게 될 것이다. 과연 그때 가서도 영국이 기진맥진한 일본이 기운을 되찾는 일에 관심을 가져 줄지는 의문이다. 되찾은 기력을 영국을 겨냥해서 쓸지 또 누가 알겠는가? 강력해진 일본이 극동에서 — 독일에 대해서 그러하듯이 — 영국의 권익을 위협하리라는 것을 모를 만큼 영국의 정책이 순진하지는 않기 때문이다. 그런데 일본은 현재 자신들의 주요 임무가 영국인을 대신해

---

* 1902년 1월 30일 영국 런던에서 제1차 영일동맹 체결.

위험한 일을 떠맡는 것이라는 사실을 미처 깨닫지 못하고 있는 듯하다. 어쩌면 일본은 영국이 아닌 자국의 이익에 봉사할 뿐이라는 착각에 빠져 있는지도 모른다. 나아가 러시아인을 물리치기만 하면 기회를 보아서 언젠가 영국과도 한판 붙을 수 있으리라고 말이다. 충분히 그런 생각을 할 수 있을 만큼 일본인의 자만심은 하늘을 찌르고 있었다.

반자이萬歲!

외국을 방문한 여행객이나 기자 중에는 두 눈을 활짝 열고 다니면서도 장님과 다를 바 없고, 귓가에 손까지 대고 듣는데도 귀머거리나 진배없는 사람들이 있다. 내가 모임에서 만난 어느 독일 유력지의 기자도 이 축에 속한 듯했다. 그 신문엔 다름 아닌 차분히 승리를 자축하고 있는 일본 국민들에 관한 기사가 실려 있었다. 도대체 그 기자의 귀에는 전장에서 갓 날아온 최신 전보문을 호외로 나눠 주는 심부름꾼의 딸랑대는 방울 소리가 천상의 음악으로라도 들렸단 말인가. 게다가 승전보를 읽은 군중들의 '반자이萬歲' 소리를 그저 음탕한 농담 뒤에 터진 악의 없는 폭소로 이해한 게 분명했다. 실은 정반대였는데 말이다! 일본인들은 온 천하가 듣게끔 떠들썩하게 승리를

'반자이萬歲!'(일본, 현대화).

축하했던 것이다. '반자이'의 어원과 본뜻에 관해서라면 학자들도 아직까지 의견 일치를 보지 못한 상태이다. 말 그대로는 '1만 년'이라는 뜻이다. 실제 의미는, 독일 사람들이 외치는 '후라', '빅토리아', '호흐', '헵 헵 후라', '하일' 또는 최근 유행하는 '호리도'에 가까웠다. 한마디로 일본 전국은 지금 '반자이' 열풍에 휩싸여 있었다.

정 못 믿겠다면 요코하마 인근을 지나는 도카이도東海道라는 유서 깊은 대로를 한번 찾아가 보라. 이 대로는 일본의 두 수도, 즉 쇼군의 옛 본거지인 도쿄와 천황이 살던 옛 수도 교토를 이어 주는 길로서 현재까지도 일본 국민들에게 개선 가도의 역할을 하고 있다. 여기서는 사람들이 길게 줄지어 행진하는 모습이 곧잘 눈에 띄었으니, 선두의 기수는 일본의 통상기나 전쟁기 또는 빨강과 검정 글씨의 일본어가 씌어 있는 기다란 백색 삼각기를 들고 있었다. 이어서 고수와 나팔수가 등장했고, 그 뒤로 행렬의 주인공인 부상 귀환병, 아니면 옛 군복을 차려 입은 전역 군인이 가슴에 메달을 단 채로 말을 타고 따랐다. 그 밖에도 전선에 투입되는 영광을 앞두고서 개선 가도의 축하 행진에 합류해 사람들과 함께 주둔지까지 가는 병사들이 보였다. 특히 밤에 열리는 승전 축제가 장관이었다. 나들이를 마치고서 밤늦게 요코하마 교외로 돌아올라치면, 저 멀리서부터 사람들의 고함 소리며 뿔피리와 북이 연주하는 일본 음악 따위가 인력거 안으로 들려왔다. 그럴 때면 여러 골짜기 중 한 곳이 별안간 수백 개의 종이 초롱으로 벌겋게 타오르는 것이었다. '반자이'를 외치며 축제를 벌이는 일본인들은 어릴 적부터 애국심과 민족적 자긍심을 키워 온 이들이었다. 이 같은 자긍심은 반갑지 않은 우월감이나 자만심으로 표출되기도 했지만 압도적 인상을 준다는 점만은 부인하기 어려웠다.

그런데 일본에서 아무리 애써 조사를 벌여도 캐내기 힘든 것이 있었으니 바로 병력 동원과 군대 수송에 관한 사항들이었다. 이는 특별 기밀에 속했다. 한번은 도쿄에서 아주 우연찮게 야포 싣는 장면을 목격한 적이 있었다. 작업에는 꼭 필요한 동작만 있었지 어느 하나 허투루 하는 것이 없었다. 입을 떼는 모습이라고는 거의 볼 수가 없었고, 서두르지도 않았다. 욕은 상상도 못 했다. 우리가 안절부절 요코하마에 앉아 새로운 전장 소식을 기다리는 동안에도 일본인들은 침착함을 잃지 않았던 것이다. 국내에서와 마찬가지로 전장에서도 일본인은 결코 서두르는 법이 없었다. 아닌 게 아니라 우리 유럽인의 취향에 비추어 보자면 그들은 불안감을 느끼게 할 정도로 느릿했다. 대신 신중하면서 그 일처리가 확실했다. 우리가 날수와 시간 단위로 계산한다면, 일본인은 달수와 주 단위로 계산했다. 이런 점은 확실히 알아 둘 필요가 있는데, 1866년*과 같은 단기간의 출정은 여기서는 상상도 할 수 없는 일이다. 그리고 하나 탄복할 점은 정보가 밖으로 새 나가는 법이 없다는 것이다. 심지어 일본에 살고 있는 일본인조차도 전쟁 소식이라면 가장 기본적인 정도만 알고 있었다. 당시 세간의 통설은 뤼순에서 벌인 치열한 전투에도 불구하고 일본 함대는 멀쩡하다는 것이었다. 하지만 뒷날 믿을 만한 소식통에게 전해 들은바, 그 무렵 한때 일본 함대의 75퍼센트 정도가 군항 사세보에서 비밀리에 수리를 받았다고 한다.

신혼 보금자리

그동안 우리 부부는 그토록 원하던 유유한 신혼생활을 경험하게 되었다. 8일 동안 발품을 판 끝에 집을 하나 찾은 것이다. 여러 집을 구경했지만 딱히 마음에 드는 집이 없었다. 그런데 이 집을 보는 순간 우리는 주저 없이 결정을 내렸다. 시 외곽에 자리한 그 집은 언덕배기에 자리 잡은 서양인 주거지에서도 떨어져 있었다. 참고로 가파른 그 해안 언덕은 요코하마의 일본인 구역이 내려다보이는 곳으로서 중국에 사는 서양인들이 애호하는 여름 휴양지 겸 온천지로

---

* 프로이센 – 오스트리아 전쟁. 1866년 6월에 개시된 전쟁은 같은 해 8월 오스트리아의 항복으로 종결되었다.

유명했다. 우리 집은 요코하마에서 도쿄로 가는 열차의 첫 번째 정거장인 가나가와에 있었다. 이 작은 마을은 요코하마의 교외에 있었지만 행정상으로는 요코하마를 관할하는 현청 소재지이기도 했다. 요코하마가 속한 행정구역의 명칭이 바로 가나가와 현이었다. 가나가와 역시 원래는 쇼군과 체결한 통상조약에 따라 외국인 거류지로 개방된 항구였다.* 그때만 해도 요코하마는 이름 없는 작은 어촌에 불과했다. 당시만 해도 습지대로 둘러싸여 있던 그 어촌이 − 습지는 현재 요코하마의 상점가로 탈바꿈했다 − 뒷날 현청 소재지를 무색하게 하리라고는 아무도 예상치 못했다. 눈엣가시였던 이방인들을 늪지로 몰아넣은 일본인은, 부지런하고 성실한 외국인들이 늪지에서 물을 빼내고 그 위에다 거대한 서양식 무역항을 세우리라고는 상상도 못 했으리라. 이후 그 서양식 시가 주위로 훨씬 규모가 큰 일본 도시, 다시 말해 지금의 요코하마가 생긴 것이다.

언덕에 놓인 우리 집은 역에서 불과 몇 분 거리였다. 주택 단지 전체가 다카시마라는 부유한 일본인 소유였고, 언덕도 그의 이름을 따서 '다카시마 야마'라고 불렀다. 우리는 22번지 집을 세내었다. 언덕배기 남단에 자리한 이 집은 뜰에 둘러싸여 있으면서 사찰 부지

---

* 1858년 체결된 미일수호통상조약에 따라 하코다테, 가나가와, 나가사키, 니가타, 효고 등 다섯 항구의 개방이 결정되었다.

의 위쪽을 차지하고 있었다. 집은 두 개의 곁채로 이루어져 있는데, 앞쪽으로 난 곁채는 서양식으로 지어져 있었다. 여기에는 유리 베란다가 달린 작은 네 개의 방과 복도가 있었다. 그 뒤로는 통로가 연결되어 있어, 오른쪽은 창고와 욕실, 부엌과 마당으로 통했고, 곧장 가면 일본식 집이 나왔다. 일본의 기준으로는 꽤나 아름답고 널찍한 집이었다. 나무 기둥 위에 세워진 이 일본식 집의 마루는 75센티미터 정도의 높이였는데, 홀이라 불러도 좋을 널찍한 방과 작은방이 있었다. 또 나무로 뼈대를 만들고 유리와 종이 등을 발라서 만든 칸막이 벽이 달려 있었다. 집을 가로세로로 둘러 설치한 유리 베란다는 나무 덧문을 치면 바깥과 완전히 차단되도록 설계되었다. 창 앞의 뜰에는 꽃 대신, 넓게 퍼진 가지에 잎이 무성한 가문비나무가 우람하게 서 있었다. 가지들이 아래로 지붕처럼 넓게 늘어진 이 나무는 집보다도 높이 자라 있어 피뢰침 구실까지 해 주었다. 뒤로도 조그만 뜰과 나무 헛간들이 있는 마당이 나 있었다. 그 너머는 비탈이었는데 사찰 소유의 가문비나무 숲에 덮여 있었다. 이 작은 숲 사이로 논이며 일하는 일본 농부들의 모습이 보였다. 우리 이웃은 양쪽 모두가 영국인들로 이역만리 타국인 이 땅에다 보금자리를 튼 사람들이었다. 한편 5분마다 운행하는 소형 기선을 이용하면 15분 안에 요코하마에 다다를 수가 있었다. 우리가 머물고 있는 곁채는 저쪽 편에 자리 잡은 해안 언덕과 함께 항구가 있는 요코하마 만을 감싸고 있는 형세로, 창밖으로는 요코하마 항의 높이 솟은 돛대들의 숲이 내다보였다. 망원경으로 들여다보면 심지어 부두 잔교에 정박 중인 독일 제국의 우편기선에 있는 사람들을 식별할 수 있을 정도였다.

누군가 이사를 오면 이웃에서 인사차 방문하는 게 영국의 풍습이었다. 하지만 고맙게도 우리 이웃은 이 같은 관례가 불편하지 않은지를 먼저 물어 왔다. 그래서 우리 쪽에서도 별 부담 없이 방문을 사양할 수가 있었다. 소박하고 평화로운 우리 보금자리에 낯선 얼굴들이 들이닥치면 혹시라도 분위기가 흐트러질까 두려웠던 것이다. 이것이 우리가 차린 첫 둥지라는 점을 생각한다면 그런 우려도 결코 엄살만은 아니었다. 그나저나 요코하마의 호텔들에서 겪었던 일, 특히 터무니없이 비싼 도쿄의 호텔들을 생각하니 – 거기 투숙한 영미 특파원들은 하루 15엔, 즉 31.50마르크를 지불할 때도 있었는데, 음료수를 뺀 숙식비가 그 정도였다 – 세간을 직접 장만해도 그에 비하면 훨씬 저렴하게 생활할 수 있다는 결론이 나왔다. 그리하여 우리는 꼭 필요한 가구만을 구입하고, 일본산 면 크레이프를 구해다 그럴 듯하게 창을 꾸미는 등, 이틀을 작업한 끝에 화사하고 말끔하게 집을 새단장할 수 있었다. 접대며 기타 준비들이 끝나자 비로소 우리는 친우 미슈케를 초대해 커피를 대접할 여유가 생겼다. 그는 가나가와에 숨어 있는 우리의 목가적인 보금자리에 입장을 허락받은 몇 안 되는 사람 중 하나였던 것이다.

그런데 젊은 아내는 한 가지 고민에 빠졌다. 바로 하인을 구하는 문제였다. 서양 주부들에게 이는 참으로 딱한 문제였다. 중국과 달리 일본에서는 하인 구하기가 쉽지 않았다. 여기는 남의 집 살림에 익숙한 하인들이 없었는데, 있다손 치더라도 대개는 서양 총각들의 살림을 맡고 있었다. 살림하기가 귀찮았던 이 총각들은 그저 규칙적으로, 웬만큼 집이 관리되고 식사가 나오면 다행이라 여겼다. 그들은 또 일본 하인들이 생활비의 상당 부분을 호주머니에 슬쩍 찔러넣더라도 일부러 한쪽 눈을, 가끔은 양쪽 눈을 감아 주기 일쑤였다. 물론 가정주부라면 어림없는 일이었다. 한마디로 서양 주부를 도와 함께 살림을 꾸려 나갈, 서양식으로 훈련된 하인이 요코하마에는 드물었다. 게다가 여기에는 청결 문제가 대두되었다. 사람들은 흔히 일본인의 청결을 칭찬한다. 이 칭찬할 만한 습성은 다른 아시아인에 견준다면 일본인이 훨씬 나은 것이 사실이었다. 그러나 청결 문제로 서양과 일본을 비교한다면 그것은 천지 차이였다. 한번은 새로 온 가정부가 머리를 빗고 그 빗을 냄비에 담그는 짓을 되풀이하는 것을 목격한 아내가 기겁을 한 적도 있었다. 결국 우리는 얼마간 시행착

오를 겪고서야 비로소 우리의 청결 기준에 맞는 일본 하인을 찾을 수가 있었다.

하지만 잠시 이 같은 골칫거리들을 잊고서 오로지 아름다운 집 분위기에 흠뻑 취하는 순간이 있었다. 아침이 밝아 오면 우리는 일본 집의 활짝 열린 너른 방에서 흰 식탁보가 깔린 탁자 앞에 앉아, 부엌에서 손수 준비한 커피를 잔에 담아 홀짝거렸다. 그러고는 우리 암자의 내밀한 평온함 속에서, 새로운 행복이 선사하는 황홀경에 빠져 서로의 눈을 바라보았다. 그때 뜰 안의 우람한 가문비나무와 인근 사찰의 숲에서는 지빠귀와 밤꾀꼬리들이 우리를 위해 정다운 아침 콘서트를 지저귀어 주었다. 바로 이 같은 기쁨을 우리는 하루하루 맛보며 살았다. 종군기자라는 근사한 직업이 아니었다면 어찌 이런 생활이 가능했겠는가? 일본에 와서 배운 게 있다면, 굳이 종군기자가 전장에 나가지 않더라도 얼마든지 전쟁이 가능하다는 사실이었다. 도쿄에 있는 다른 특파원들과 대사관 무관들도 나와 처지가 다를 바 없었다. 다만 그들은 이 문제로 훨씬 흥분하고 있다는 게 차이라면 차이였다. 달리 손을 쓸 수 없는 상황이었기에 우리는 우리만의 이 순간을 만끽하기로 했다. 이 시간이 영영 사라져 버리기 전에 말이다.

명단 마감

　그렇다고 내가 아주 손을 놓고 있었다는 말은 아니다. 일본에 도
착하자마자 도쿄를 찾아간 나는 독일 공사 아르코 발라이_{Arco Valley}
백작을 예방했다. 흔히 이런 방문은 의례적이게 마련인데, 이 같은
상대에게는 아무리 훌륭한 추천서를 제출하더라도 특별 후원을 받
기가 어렵다는 것을 경험상 잘 알고 있었다. 그러나 이번 방문은
불가피했다. 일본 측 규정에 따르면 일본군에 파견되는 종군기자는

야영 중인 만주 일본군(일본 삽화).

반드시 각국 공사의 주선이 있어야만 했다. 게다가 내게는 개인적 추천서도 있었다. 다시 말해 내가 공사를 찾은 것은 일본에 도착했다는 것을 신고하고, 내가 독일의 여러 유수 신문들의 전쟁 특파원임을 증명하고, 종군기자 명단에 내 이름을 올리는 데 필요한 조치를 요청하기 위해서였다.

그러나 공사는 자신이 이에 관해 일절 손을 쓸 수 없음을 유감이라고 말했다. 종군기자 명단이 마감된 마당에 나를 위해 취할 수 있는 공식 조치는 없다는 것이었다. 그래도 개인적으로 한번 손을 써 보겠노라고 했다. 왜 독일에서 전보를 치지 않았는지, 공사가 내게 물었다. 독일을 떠날 때 내가 무슨 수로 일본이 발표한 종군기자 지침을 알았겠는가? 독일과 일본 사이의 거리를 감안할 때, 독일에서 출발한 종군기자들이 이제야 도착할 수 있다는 사실을 공사는 왜 처음부터 일본인들에게 설명하지 않았는가? 공사는 그것을 예상하기란 쉽지 않았다고 답했다. 하지만 내 생각은 달랐다. 종군기자 명단 마감일까지 이름이 올라와 있던 것은, 도쿄에 장기 체류하고 있던 한 명의 독일 특파원과 또 다른 기자, 그것도 미국에서 건너온 외부인으로 고작 두 명뿐이었기 때문이다. 마감 소식을 접한 공사가 독일 언론을 배려해 적어도 몇 자리 예약을 부탁할 수 있지 않았을까. 거리상의 이점을 이용해 영미 쪽 기자들이 자리를 싹쓸이하다시피 한 상태였다. 특히 영국 신문들은 대부분 극동에 상주 특파원을 두고 있었다. 이에 관해서는 언급을 피한 채 공사는 규정만을 내세우며 자신의 입장을 고수했다. 그러면서도 비공식 경로를 통해 일본 측에 내 사정을 전해 보겠노라고 거듭 강조했다.

한편 나는 지난 2월 15일 베를린에서 일본 무관 오이 중좌를* 예방했을 때 일본 육군성에 전달할 특별 추천서를 받았는데, 공사가 그 사실을 상기시켜 주었다. 그리하여 나는 육군성으로 발길을 옮겨 내 추천서를 전달했다. 나를 맞아 준 사람은 표준에 가까운 독일어를 구사하는 한 소좌였다. 그는 수년간 독일 유학 경험이 있었다. 공사보다도 훨씬 호의적인 소좌는 내 허가서 발급에는 전혀 문제가 없을 거라고 했다. 그러면서 하는 말이, 나보다 며칠 먼저 도착한 독일 일간지 「베를리너 로칼안차이거Berliner Lokalanzeiger」의 특파원에게 했듯이, 그와 비슷한 신청서를 공식 제출하도록 공사에게 청하라는 것이었다. 이 말에 나는 깜짝 놀랐다. 그도 그럴 것이 나와 조건이 같은, 명단 마감 뒤에 도착한 다른 독일 특파원에 대해서는 공식 조치를 취해 놓고서, 공사는 그에 관해 일언반구 없었던 것이다. 내게는 난색을 표했던 바로 그 조치가 아니던가.

---

* 중좌中佐 : 태평양전쟁까지 일본에서 '중령'을 일컫던 말.

공사를 다시 방문한 나는 소좌의 말을 전하고는, 마감 뒤 도착한 동료에게 베푼 조치를 똑같이 부탁했다. 그 사실이 내 귀에 들어간 것에 공사는 곤혹스러워했는데, 결국 나를 위해서도 동일한 공식 요청을 하겠다고 약속했다. 차별 대우를 문제 삼는 내게 공사는 그 동료와 달리 내게는 외무성 추천이 없었음을 언급하며 사과를 표했다. 나는 그것은 중요한 이유가 아니라고 응수했다. 이미 독일 신문사의 특파원임이 입증되었고, 외무성이 특별 추천한 특파원이 외무성 추천이 없는 특파원보다 우대 받아야 하는 사실을 수긍하기가 어렵다고 했다. 게다가 공사가 그토록 중요하게 여겨서 오직 그것을 소지한 독일 기자를 위해서만 공무를 수행했던 그 추천서가 내게도 아주 없었던 게 아니었다. 다만 내 추천서는 도쿄 대신 서울 주재 독일 제국 대표부로 갔을 뿐이었다. 하지만 그 반대의 경우라도 내 생각에는 변함이 없었을 것이다. 일본인이 반드시 공사를 통해 등록하도록 정한 마당에 나는 공사가 직무상 마땅히 해야 할 일을 요청했을 뿐이다. 내가 애초 오만한 태도를 보였는지, 아르코 백작에게 어떤 결례라도 범했는지 나로서는 짐작할 길이 없었다. 아무튼 그런 일은 떠오르지 않았거니와, 이로써 내 일에 관해서라면 독일 공사관보다는 차라리 일본인의 호의를 바라는 편이 낫다는 게 분명해졌다. 하기야 그동안 여행 중에 수차례 고집불통의 황인종 관리들을 이겨

과거의 일본 처녀(일본 삽화).

현재의 일본 처녀(일본 삽화).

낸 경험이 있는 나로서는, 백인종 관리와 티격태격하지 말라는 법도 없으리라는 생각으로 위안을 삼았다.

'선량한' 독일 공사

요즘 들어 종종 독일에 있는 일본 열광자 가운데 하나가 이곳에 있다면 얼마나 좋을까 하고 생각할 때가 있다. 그러면 그를 데리고 이곳저곳을 보여 줌으로써 그 심경을 변화시킬 텐데 말이다. 우선 일본의 전신 분야를 살펴보자. 개전과 함께 일본 정부가 언론사 전문을 약호 대신 영어로만 작성하도록 한 점을 두고는 왈가왈부하지 않겠다. 이 분야에서 일본은 독일과 마찬가지로 어느 정도 영국에 의존할 수밖에 없었는데, 전 세계 주요 케이블이 영국의 수중에 있었기 때문이다. 이 케이블은 평시에도 언론사 요금제가 적용되어 언론사 전보는 일반 요금의 3분의 1 수준에 불과했다. 단 암호가 아닌 일반 언어로 작성하는 조건이었다. 일본인이 언론사 전보에 영어만 쓰도록 한 것에 나는 이의가 없었다. 전보 내용을 알 필요가 있는 창구 관리들 대다수가 외국어라고는 영어밖에 몰랐던 것이다. 그러나 정상 요금을 받는 일반 전보에까지 영어와 프랑스어만 허용한다는 고지문이 요코하마 중앙전신국에 붙었을 때, 나는 독일인으로서

반감을 느끼지 않을 수 없었다. 다시 말해 요금은 요금대로 내면서 일본에서 독일로 독일어 전문을 보낼 수 없다는 말이었다. 국제우편 협정에 따라 전 세계 어느 우체국과 전신국에서도 가능한 일이 여기서는 왜 안 된단 말인가? 결국 일본 정부는 독일어에 대해서 영어, 프랑스어와 동등한 권리를 거부한 셈이었다. 그러면서도 일본의 군사 교육은, 적어도 육군의 경우 태반이 독일식이었다. 도쿄의 대학병원들을 찾아갔을 때도 의사들은 내게 하나같이 독일어로 말을 걸어 왔다. 일본 의사들에게 독일어는 필수 과목이었다. 심지어 의과대학 도서관도 90퍼센트 이상이 독일어 책으로 채워져 있었다. 10퍼센트가 못 되는 나머지는 독일 책의 일본어 번역서와 기타 언어권 책들이었다. 일본의 근대 건축과 공학도 거의가 독일에서 유래했고, 법학도 사정은 마찬가지였다. 일본 민법도 대체로 독일 민법을 번역해 놓은 것이라 말할 수 있었다.

그런데 정작 독일의 국익과 국위를 지키도록 명받은 제국의 공사는 일본인이 독일을 무시하는 이 와중에도 속수무책이었다. 독일어 전문의 허용을 일본 정부에 요청한 것까지는 좋았다. 하지만 기왕에 규정이 공포된 마당에 독일어에 유리한 개정은 행정 절차상 여러 문제를 야기할 것이라는 답변을 받은 게 고작이었다. 이 같은 통지에 만족한 채 실크해트를 쓰고 일본 외무성을 방문해 공식 각서를 전달하는 일이나 즐기는 공사라면, 이런 중대 사안을 두고 독일의 국위를 제대로 지키지 못하는 것도 놀랄 일은 아니었다. 예전의 주일 독일 공사들에 관해 들은 바로는, 그 전임자들은 일본인과 공식적으로 교류할 때 그들이 백인종의 높은 위신을 느끼도록 각별히 애를 썼으며, 유럽 각국의 외교 대표부 또는 부처 간의 교류 때와는 다른 조건을 적용했다고 한다. 특히 일본과 같은 나라에서는 공사의 개인적 처신이 그가 대표하는 국가의 위신에 결정적인 영향을 끼치기 일쑤였다. 일찍이 베를린 주재 일본 공사관 측에서 공사의 친절함을 언급한 점, 그리고 똑같은 말을 이곳 도쿄의 관가에서도 들었다는 것이 나는 못마땅했다. 혹시 그들은 ─ 내 개인적으로는 아직 경험해 보지 못한 ─ 공사의 친절을 오해한 것이 아닐까. 일본인 사이에 칭찬이 자자한 공사의 친절이란 결국 독일의 국위를 깎아내리기에 딱 적당해 보였다. 이쯤 되면 심지어 독일 내의 일본 열광자들조차도, 이 중요한 때 아르코 발라이 백작보다 일본인들에게 덜 호의적인 사람이 주일 공사에 임명되었기를 바랄지 모르겠다.

과거 뮌헨에서 변호사로 일했던 백작은 의뢰인의 소송을 무료로 맡는 것으로 유명했다. 그렇게 해서는 당연히 벌이가 시원치 않았기에, 친절한 백작은 결국 외교관의 길을 걷기로 마음먹었다. 일본 부임 직전에 미국의 어느 주에서 독일 제국의 대표로 재직했던 공사는 자신의 독실한 천주교 신앙 때문에 그곳 주민들의 마음을 몹시도 착잡하게 만든 바 있었다. 이후 일본으로 건너온 그는 "선한 인간은 어두운 충동 속에서도 언제나 바른 길을 잊지 않는다."*라는 신조를 바탕으로 독일의 정책을 펼쳐 나갔다. 그 신조에 걸맞게 공사는 지인의 안부를 전해 준 선원을 점심에 초대하는가 하면, 세계 일주에 나선 한 무리의 미국인이 추천장을 들고 오자 궁중 연회에 초대받게끔 주선하기도 했다. 반면에, 나 같은 독일인 종군기자에게는 마감이 끝났다는 이유로 공식 조치를 거부했던바, 불과 얼마 전 같은 조건에 있던 다른 기자에게는 친절하게도 허가를 내 주었던 것이다. 과연 이 모두가 대단한 친절의 표시가 아니고 무엇이랴!

하지만 가장 의미심장했던 친절의 표시는 — 이는 방금 일본인들한테 들은 이야기인데 — 공사와 개인적 친분이 있던 한 미국인 종군기자를 슬쩍 독일 기자 명단에 끼워 넣으려 한 일이었다. 일본 측에서는 당연히 이에 반대했다. 문제의 인물은 바로 에머센이라는 미국인이었다. 내가 듣기로 그 역시 명단 마감 뒤에 도착한 것인데, 주재 중인 미국인 기자들의 수가 워낙 많다 보니 미국 공사는 늦게 도착한 그를 명단에 올리기 힘들다고 판단한 모양이었다. 이에 그

---

* 괴테Johann Wolfgang von Goethe(1749~1832)의 『파우스트』 328~329행에 나오는 구절.

미국인은 칭찬이 자자한 공사의 친절함을 듣고는 감히 이런 부탁을 했던 것이다. 다시 말해 자신의 이름을 – 내가 알기로는 독일 출신 이지만 미국 시민권자였던 그는 미국 신문의 특파원으로서 분명 독일 외무성의 추천서 따위도 없었을 것이다 – 두 명의 종군기자만이 등재된 독일 측 명단에 올릴 수 있는지 물어 온 것이다. 그러자 과연 독일 공사는 이 제안을 수락했고, 이름을 올리는 데도 성공했다. 물론 독일 입장에서는 실패한 조치였지만 말이다. 그토록 훌륭한 공사를 일본에 둔 경우 독일인으로서 누리는 혜택이 얼마나 대단한지는 내 자신이 몸소 경험할 수 있었다. 추천받은 미국인을 돕느라 자신의 지위를 남용한 공사는 일본에 대한 독일 종군기자의 입지를 잔뜩 좁혀 놓았을 뿐만 아니라 – 공사는 이제껏 독일 기자들의 권익을 제대로 대변해 주지도 못했다 – 그 같은 어쭙잖은 간계를 씀으로써 공사 스스로의 권위마저 크게 추락시켰다. 물론 그 권위라는 것도 이미 땅에 떨어질 대로 떨어져, 독일어의 위상을 양국 관계에 합당한 수준으로 정립시키는 데조차 역부족이었지만 말이다. 사정이 이럴진대, 공사가 단호한 조치를 취해 주지 않는다면 내가 할 수 있는 선택이란 뻔했다. 가나가와 집에 인접한 논을 빌려 손수 벼농사를 지어서라도 먹을거리를 확보해 두어야 할 판이었다. 이런 사정은 상상도 못할 신문사 측에서 인내심에 한계를 느낀 나머지, 전선에 갈 수 없는 내게 급료 지불을 중단할지도 모를 일이기 때문이다.

일본 언론의 선동전

이 밖에도 일본에는 독일에 있는 일본 열광자들이 독일인으로서 불쾌감을 느낄 일들이 수두룩했다. 일본 언론의 논조부터가 그랬다. 지난 몇 주 사이에 일본 신문에는 독일을 향한 중상 비방이 넘쳐났다. 러시아에 수차례 선박을 판매한 독일에 대해 일본 신문들은 중립 위반이라며 성토를 벌였는데, 그 선동 수위가 도를 넘자 급기야는 노령의 이토 후작까지 사태 수습의 필요성을 느끼고 기관지「니치니치ㅂㅂ신문」에 독일의 중립적 태도를 인정하는 기고문을 낼 정도였다. 그나저나 독일 공사라면 적어도 재일 독일인들에게 일본의 전반적 정세를 소개하는 데 관심을 가져야 할 것이다. 이 때문에 공사에게「도이체야판포스트」가 있었던 것이다. 하지만 이 신문은 - 편집자의 의도야 그렇지 않았겠지만 - 독일 공사관의 대변지에 불과했고, 독일인은 물론 외부에도 별다른 영향력을 갖지 못했다. 어쩌다 독일에 우호적이거나 겉핥기식이라도 독일을 칭찬하는 기사가 일본 신문에 실리는 날이면, 독자는 다음 제호의「도이체야판포스트」에서 어김없이 해당 기사의 번역문을 볼 수 있었고, 그러면서 독일과 일본의 끈끈한 관계에 흡족해했다. 그러나 독일 민간 업자들이 러시아에 선박을 판매한 것을 두고서 ─ 이에 비하면 일본은 독일 말고도 다른 중립국들한테서 훨씬 많은 선박을 구입했다 ─ 호들갑을 떠는 일본 신문들의 수치스러운 행태는 「야판포스트」에 단 한 줄도 언급되지 않았다. 물론 어쩌다 약한 항의 기사 같은 것이 실리는 예외는 있었다. 「도이체야판포스트」의 핵심 부분인 유럽 통신 서비스의 비용을 대부분 독일 제국이 부담한다는 것은 널리 알려진 사실이다. 하지만 친절이 몸에 밴 탓인지 공사는 독일 기관지의 지면을 빌려 그 오만한 일본인들을 향해 "어디 두고 보자 Quos ego!"라고 맞고함을 치지도 못하고, 그렇다고 외교적 경로를 동원해서 일본인 스스로 그 추잡한 선동을 그만두게끔 수단과 방법을 강구하지도 못한 채 그저 우유부단한 태도를 보일 뿐이었다. 만일 일본 언론들이 우리에게 했듯이, 독일 언론들이 일본을 상대로 조직적이고 무자비한 선동을 벌인다면 과연 베를린의 일본 공사는 사태를 관망하기만 하겠는가?

확신하건대 재일 독일인들이 「야판포스트」에서 실상을 경험하지 못하듯이, 베를린의 제국 정부도 도쿄 주재 공사를 통해 일본의 실제 분위기를 보고받지 못하는 형편이었다. 그렇지 않고서야 어떻게 다음과 같은 일이 벌어질 수 있단 말인가? 일본이 선박 판매 건으로 독일을 비난한 사실이 영국 신문을 통해 유럽에까지 전해지면서 결국은 독일 제국 총리도 − 그답지 않은 조심스러운 태도로 − 해명의 필요성을 느꼈는데, 「도이체야판포스트」의 극동 전보 서비스를 편집하는 베를린의 담당 관리는 뷜로 수상의 제국의회 연설을 보도하는 전보문에다 마치 수상이 일본 신문들의 선동에 양보하는 듯한 모양새를 부여했던 것이다. 이를 갖고 일본 언론들은 마치 독일이 자기네 천황 앞에 허리라도 숙인 것처럼 반응했다. 게다가 독일에서 막 도착한 신문에는, 뤼순 앞 바다에서 첫 번째 전투가 벌어지자 여태 낙관적 태도를 보였던 사람들마저도 "뤼순을 차지하고 나면 다음 차례는 독일의 자오저우다!"라는 일본 언론의 호언장담을 심각하게 여기기 시작했다는 기사가 실려 있었다. 실제로 어느 유명 정치인은 일간지 「탁Tag」에서 일본이 러시아를 이길 경우에 독일 국민은 독일이 자오저우에서 자진 철수할 가능성에 대비해야 할 것이라고 지적했다. 일본과 전쟁을 벌일 수는 없다는 게 이유였다. 아, 소심한 자들이여! 정녕 그대들의 의기는 바닥으로 곤두박질치고 말았는가. 아니면 어느새 아르코 발라이 백작의 친선 정신에 함께 물들기라도 했단 말인가?

전원생활 예찬

집 옆에 있는 논을 소작하기로 결정한 것은 아니었지만 우리는 양계장을 설치함으로써 그 길로 한 발짝 다가선 셈이 되었다. 그렇다고 본격적으로 날짐승 사육에 나설 생각은 없었다. 다만 가게에서 파는 신선한 달걀이란 것이 대개는 '신선'이라는 이름값을 하지 못했고, 생닭이 도축한 닭보다 훨씬 저렴하기도 했다. 뿐만 아니라 "구구, 구구" 하고 닭을 부르거나, 알 낳는 암탉의 꼬꼬댁 울음소리와 붉은 수탉이 새벽마다 의기양양하게 '꼬끼오' 하고 소리치는 것을 듣는 일은 큰 낙이 아닐 수 없었다. 이렇듯 전원생활에서 한 가지씩 진전을 보아 가며 우리는 꽤나 여유로운 삶을 즐기고 있었다.

그동안에 공사는 내 이름이 명단에 올랐다며 자신의 외교적 성과를 직접 전보로 알려 왔는데, 실상 그 공로의 대부분은 내 몫이나 다름없는 것이었다. 그러면서 공사는 전선에 파견될 시점을 정확히 점치기는 어렵다고 덧붙여 왔다. 의구심을 떨치지 못한 나는 공사를 찾아 도쿄로 갔으나, 이제 자기로서는 공식적인 조처를 모두 취한 셈이니 출발일까지 참고 기다리라는 말뿐이었다. 명단의 끝에 올라 있는 터라 마지막 일행에 섞여 갈 것이라는 게 공사의 짐작이었다. 아직 제2진도 출발을 하지 못한 상황이니, 공사의 예상대로라면 장기 대기할 가능성이 컸다. 다급해진 신문사에서는 왜 전선으로 가지 않느냐며 전보를 보내왔지만, 내 수중에는 난감한 사정을 일일이 전보로 설명할 만큼 돈이 충분하지 못했다. 결국 나는 다음에 떠나는 기자단에 포함시켜 줄 것을 강력히 요구할 수밖에 없었는데, 이로써 공사가 내게 품고 있었을 일말의 호감마저 깡그리 사라지고 말았을 것이다. 내 요구를 참모부에 전달한다면 그것은 온당하고도 실현성 높은 요구가 될 텐데도 말이다. 득실대는 영미권 기자들에 비한다면 대기 중인 독일인 기자는 겨우 세 명이었다. 내 요구의 실현성을 낮게 본 공사는 예전에도 그랬듯 내게 참모부와의 연줄을 상기시켰다. 결국 나는 일본 참모부를 재방문했고, 출발 전 각국 공사들에게 나라별로 할당된 종군기자 수가 통보된다는 이야기를 듣게 되었다. 이 말을 전하자 공사는 다음 출발 때 일본 측에서 독일에 몇 자리를 배당할지 두고 보자고 했다. 아무래도 공사는 하나 아니면 많아야 두 자리를 기대하는 듯했다. 나는 명단 끝에 올라 있는 나를 포함해 적어도 세 자리를 받아 달라고 부탁했다. 또 독일 특파원은 전부 세 명뿐이므로 그 정도 요구를 관철시키는 것은 큰 무리가 아닐 것이라고 덧붙였다. 하지만 어깨를 으쓱하는 공사를 보며 나는 무슨 뜻인지를 알 것 같았다.

종군기자 지침서

　그동안 나는 외국 종군기자에 대한 상세한 지침을 듣게 되었다. 규정상 두 명의 일본인을 통역과 하인으로 데려가도록 되어 있었다. 한편 일본 외무성에 벌써 조수 두 명을 신고해 둔 독일인 동료 하나가 있었다. 그러자 외무성에서는 그 일본인들을 최소 네 차례에 걸쳐 호출해 감금해 놓고는, 독일인에게 아무것도 통역해 주지 말 것과, 일본의 이익에 반하거나 군사 검열에 저촉될 사안의 경우에는 도움을 주지 말라고 협박했다. 동료의 말에 따르면, 이들은 지시가 떨어질 경우 주인의 일거수일투족을 보고하고, 가는 곳마다 쫓아다니며 주인의 일과와 대화를 살필 의무를 부여받았다. 허, 이런 종군기자 생활도 다 있단 말인가!

　그 밖의 규정들도 까다롭기는 마찬가지였는데 특히 짐에 관해서가 그랬다. 짐은 40킬로그램을 넘지 못했다. 과거 내가 중국을 찾았을 때 우리 종군기자들은 세 명이 한 조가 되어 생활한 적이 있었다. 당시 마차 3대, 말 17필, 중국인 15명으로 구성된 보급대를 꾸렸는데 어느 하나도 빠질 수 없는 것들이었다. 일본이 서양 기자들에게 하나 양보한 것이 있다면, 한 부대에 소속된 기자들에게 보급대가 딸린 이동 식당을 허가해 줌으로써 그 보급대에 기자들의 개인 짐을 함께 싣게 한 것이다. 한편 서양 특파원들에게 사업가 겸 식당 운영자로 소개된 일본인 한 사람은 선불금으로 500엔(1,050마르크)을 요구했고, 급식과 짐 운반의 대가로 휴일에는 10엔, 행군일에는 15엔씩을 계산했다. 외국 특파원들은 이 조건을 받아들일 수밖에 없었다. 대부분 영미권 출신인 그 기자들은 독일 특파원보다 평균 5~6배나 많은 보수를 받는 터라 이런 터무니없는 가격도 크게 문제될 게 없었던 것이다. 하지만 그 행동만 놓고 보면 이들처럼 세상 물정에 어두운 사람들도 또 없었다. 더군다나 그들은 일찌감치 일본에서 값비싼 경주용 말을 구해 놓았는데, 내 경험으로는 여태 어떤 악조건 속에서도 현지에서 운송 수단을 조달하는 데 어려움을 느껴 본 적이 없었다. 더구나 만주나 한국에서는 아무리 높은 가격을 부른다 할지라도 일본에 대면 훨씬 저렴했다. 요컨대 다행히도 이 같은 준비는 의무 사항이 아니었기 때문에 나로서는 동참할 이유가 없었고, 또 아직 어느 부대로 갈 것인지 정해지지 않은 판에 그런 일로 미리 염려할 필요는 더더욱 없었던 것이다. 한국에 주둔한 부대를 찾아 압록강으로 갈지, 뤼순 공략에 나서는 노기 부대로 갈지, 아니면 랴오둥에 상륙하려는 구로키 부대로 가게 될지 여전히 오리무중이었다.

영국과 미국의 기자들도 지루해하기는 마찬가지였다. 나보다 훨썬 오래 대기 중인 기자들도 있었는데, 그들이 도쿄에서 하는 일이란 비밀리에 항의 모임을 열어 쌓인 불만을 토로하는 것이었다. 그러나 공개적으로는 일본 기자들과 친하게 지냈다. 그중에는 혼자 몰래 길을 떠나 서울까지 도착했으나 결국 일본인들에게 붙들려 되돌아온 경우도 있었다. 어떤 기자들은 따분함을 견디다 못해 일단 상하이上海로 갔다가, 다시 체푸芝罘*로 이동, 그곳에서 뤼순 소식을 얻어 내고자 시도하기도 했다. 이런 가운데 일본 기자들 쪽에서 뜻밖의 아량을 베풀었다. 자신들은 당분간 일본에 대기하고, 오래 기다린 외국인 기자들에게 자리를 양보하겠다는 내용의 청원서를 일본 정부에 제출한 것이다. 하지만 그들의 아량은 겉만 번지르르한 것으로 오래 기다리기는 일본 기자들도 마찬가지였고, 일본 정부만 해도 자국 기자들을 먼저 보낼 계획이 전혀 없었던 것이다. 그런데도 일본 기자들의 행동을 영일 관계를 쇄신할 계기로 여긴 영국 기자단은 그 답례로 연회를 베풀었다. 가나가와에 있는 우리 부부가 우리와는 무관한 이 모든 사건들을 요코하마의 영국 신문을 통해 알게 되었음은 따로 말할 필요가 없을 것이다.

아르코 백작이며 일본인들 때문에 분개할 일이 없는 동안, 우리

---

* 현재의 옌타이煙臺.

부부는 평화롭고도 소박한 단둘만의 생활을 즐기며 양계장 일에 몰두했다. 그동안 근사한 칠면조 세 마리를 양계장 새 식구로 맞이했는데, 하나는 수컷이 분명했고 또 하나는 암컷이었지만, 세 번째 것은 당분간 제3의 성으로 간주하기로 했다. 이들은 크고 멋진 알까지 낳았다. 진한 갈색으로 얼룩진 큼직한 알이거나, 어쩔 때는 환한 갈색 얼룩의 작고 귀여운 알이었는데, 우리는 이 마지막 알을 수컷인지 암컷인지 구분이 안 가는 칠면조의 것이라 짐작했다. 하여간 일단은 녀석을 암컷이라 생각하기로 했다. 아침이 밝아 오면서 수컷이 울면, 암컷도 따라 목청을 높였다. 성이 나면 수컷 칠면조는 꼬리를 부채처럼 활짝 펼치고는 '골골골' 소리를 냈다. 그럼 이곳에 있는 유일한 인간이었던 우리 부부는 창틀에 기대어 서로를, 또 양계장을 번갈아 가며 바라보았다. 앞으로 2주 동안 시간을 보내기에 이보다 더 훌륭한 방법이 또 어디에 있겠는가.

3. 한국으로 가다

압록강 전투

　최초의 대규모 지상 작전이 펼쳐졌다. 러시아군을 한반도 북부에서 밀어낸 일본군은 압록강 전투를 계기로 러시아군을 만주로 퇴각시키는 데 성공했다.* 우리가 압록강 전투에 관한 제1신을 들은 것은 이번에도 유럽을 통해서였다. 그런데 이 최초의 지상 작전이 벌어지는 동안에, 일본 진영에서 취재하던 종군기자들이 불쾌한 대우를 당하는 일이 생겨 많은 기자들이 취재를 중단한 채 일찍 보따리를 싸서 떠나는 일이 벌어졌다. 종군기자의 경우 무관과 마찬가지로 사령부에 머물거나, 전투 중이라면 작전 지휘자 근처에 있는 것

---

* 1904년 4월 한국에 상륙, 북상한 일본 육군은 5월 초 압록강 연안에서 러시아군을 격퇴했다.

이 관례였다. 하지만 일본은 압록강 전투 중에 무관과 종군기자를 분지로 이동시켰는데, 거기서만 안전이 보장된다는 게 표면상의 이유였다. 인솔자는 이들을 담당하기 위해 특별 파견된 참모부 장교였다. 그는 가끔씩 분지와 싸움터가 함께 내려다보이는 언덕에 올라가 망원경으로 살펴본 뒤, 골짜기에서 대기 중인 기자와 무관에게 내려와 방금 목격한 전황 가운데 알리고 싶은 것만을 설명해 주었다. 이런 식이라면 사실 전장에 있으나 마나였고 일본군의 꼭두각시와 다를 바가 없었다. 이 상황에서 꾀바르게 처신한 이가 있었으니 바

압록강 연안의 일본 정찰대(일본 삽화).

로 미국에서 왔다는 그 독일 출신의 기자였다. 그는 도중에 생긴 류머티즘을 핑계로 전선을 벗어나 일본으로 귀환했는데, 그렇게 해서 어쨌든 최악의 인상을 주는 일은 피한 셈이었다.

취재를 중단한 채 귀환한 그 기자에게 내가 주목한 것은 이제 독일 종군기자는 전선에 단 한 명도 남지 않게 되었다는 사실 때문이었다. 게다가 도쿄에 장기 주재하던 한 독일 특파원은, 굳이 전장에 가려 애쓸 필요 없이 도쿄에서 기사를 써 보내라는 지시를 신문사에서 받은 상태였다. 친절하게도 그는 자신에게 할당된 자리를 내게

서양화를 모방한 일본 현대 화가의 전쟁화.

양보하겠노라고 약속했다. 그리하여 나는 재차 공사를 찾아가, 신문 사들의 성화가 심한지라 가급적 모든 수단을 동원해 다음에 출발하는 기자단에 포함시켜 달라고 부탁했다. 독일인 기자라고는 이제 둘밖에 안 남았으니 이는 결코 무리한 부탁이 아니었던 것이다. 하지만 여전히 발뺌하는 공사 앞에서 마침내 내 인내심도 바닥이 나고 말았다.

나는 결국 공사에게 서한을 보내서, 내 권익은 물론이고 나를 파견한 독일 신문사들의 권익을 제대로 대변해 주지 못한 점을 단호하면서도 형식상 최대한 예를 갖춰 항의했다. 이렇게 도움을 청하는 까닭은 일본 측에서 공사의 협조를 선결 조건으로 내걸었기 때문이니만큼 내 뜻을 굽힐 생각은 없다고 말했다. 또 에머센 문제를 비롯해 아르코 발라이 공사 스스로가 독일 언론의 이익을 대변하는 방식에 대해서도 항의했다. 이어 여태껏 공사가 보여 준 소극적 태도를 감안할 때 이 사안을 정식 보고할 수밖에 없다는 뜻도 밝혔다. 내가 아직 전장으로 가지 못하고 있는 책임을 신문사에서는 당연히 내쪽으로 돌렸고, 경제적으로도 적잖은 어려움이 예상되었기 때문이다. 이 문제를 공개적으로 처리하는 것은 나로서도 당연히 내키지 않는 일이며, 이제라도 성심성의껏 협조해 달라고 부탁했다. 아울러 일본에서 계속 빈둥거리고 있기에는 내 스스로에게도 그렇고 신문사 측에도 변명이 궁색한 까닭에 일단 한국으로 가기로 했음을 공사에게 알렸다. 이로써 대기 기간을 나름대로 알차게 보낼 수 있을 것인데, 만일 출발할 부대가 확정되었는데도 내가 돌아오지 않을 경우 여기 적어 놓은 주소로 연락을 바란다고 나는 편지에 적었다. 당시 내 심경과 그동안 공사에게 당한 대우에 걸맞게 편지의 내용은 분명하면서도 가차없었다. 회답을 보내온 공사는 일단 편지의 어조에 기분이 상했음을 언급하며, 제국 공사에 대해 예를 갖춘 적절한 어투를 사용하지 않은 점과 또 나에게는 자신의 공무 활동을 비판할 권리가 없다는 점을 지적했다.

독일 공사와 벌인 다툼

이 와중에 요코하마 역에서 공사와 맞닥뜨린 건 순전히 우연이었다. 내 쪽에선 당연히 공손하게 인사를 건넸는데, 공사는 이에 굳이 답례할 필요성을 못 느낀 모양이었다. 공사에게 당장 답신을 발송한 나는 솔직하게 말하는 게 내 방식이므로 이 원칙에서 제국 공사라고 예외로 두지는 않겠다고 운을 뗐다. 편지는 이렇게 이어졌다. 내 정당한 권익을 지켜야 한다는 의무감에서 가차없이 그러면서도 양심에 거리낌 없이 불만을 털어놓았으나, 공사는 이를 귀담아 듣기는커녕 내 인사에 답례도 하지 않고 공무 활동을 비판할 권리를 내게서 앗아 갔다. 내가 그 권리를 결코 포기하지 못하는 것은, 내 가장 중요한 권익과 직결될 뿐더러 공사가 그 권리를 제대로 보호하지도 그리고 중시하지도 않았다는 확신이 들었기 때문이다. 그러면서 나는, 사안을 개인적 차원으로 끌고 갈 생각이 없으니 피해가 확대되기 전에 서둘러 문제를 해결하고, 길게 끌어 보아야 어느 쪽에도 이익 될 게 없는 이 같은 논의를 넓게는 독일의 국익과 좁게는 신문사의 이익에 부합하는 쪽으로 매듭지을 것을 공사에게 거듭 촉구했다. 다만 앞으로 교류를 지속하려면 인사를 거부한 데 대한 사과가 선행되어야 한다는 점을 분명히 못박아 두었다.

한편 공사는 지난번 회신에서, 청원을 접수하는 대신 내 편지 사본을 만들어 독일 제국 총리에게 제출해 나머지 조치를 총리에게 일임할 것이라고 통고하였다. 이에 관해 나는 그 같은 협박이 가소로울 뿐이라고 응수했다. 내게 사과할 뜻이 없었던 공사는 공개적 논의도 마다하지 않았던바, 나로서는 사실 그대로 신문사에 보고할 수밖에 없었고, 공사 역시 말한 대로 내 항의서 사본을 제국 총리에게 전달했으리라 판단했다. 이로써 나는 제국 총리에게 따로 보고할 수고를 덜게 된 셈이었다. 솔직히 처음에는 미처 거기까지 생각하지 못했는데, 총리에게는 이 문제로 내게 불리한 조치를 내리는 것보다도 훨씬 중요한 일들이 산적해 있으리라 예상했기 때문이다. 이 문제라면 명백히 내 주장이 옳았고, 나로서는 신문사가 불이익을 당하지 않도록 최선을 다할 의무와 권리가 있었던 것이다. 과연 제국 총리는 그 뒤로 내게 어떤 불리한 조치도 내리지 않았으니, 그 같은 조치는 사실 아르코 발라이 백작에게나 어울릴 만한 것이었다.

아르코 백작에 관한 이야기를 마치기 전에 마지막으로 한 가지 소식을 더 전하고자 한다. 이후 백작은 나와는 한마디 상의도 없이 요코하마 주재 제국 총영사를 통해 중재 안을 보내왔다. 자신에게 보낸 두 통의 서한을 취소하라는 제안으로, 그러면 교분 관계를 재개하겠다는 것이었다. 이에 대해 유감스럽게도 나는 내 편지 가운데 단 한 글자도 취소할 마음이 없었지만, 답례 거부에 관해 사과한다면 내 쪽에서도 지나친 표현을 쓴 점을 사과하겠노라고 답했다. 공사는 끝내 내 요구에 응하지 않았으나, 그렇다고 해서 여타 내 삶이 더 불행해지거나 한 것은 아니었다. 그나저나 분별력을 비롯해 훌륭한 중재자로서의 자질을 완벽히 갖춘 총영사 지부르크Freiherr von Syburg 남작이 이 일을 떠맡았다는 사실에 나는 다소 안심이 되었다. 그리하여 남작을 보아서라도 어떻게든 이 문제를 묻어 둘까도 생각해 보았다. 하지만 그렇게 하지 않은 것이 다행이라 생각했는데, 자꾸 이런 일을 감춘다면 어찌 고국의 동포들이 일본에 주재한 외교대표부의 문제점을 알 수 있단 말인가.

한국 여행을 결정하다

나는 이제 좀 더 실질적인 조치를 취했다. 우선 안면이 있던 참모
부생 소좌를 찾아가 전장에 파견될 시기에 관한 개인적 의견을 물었
다. 이에 소좌는 외교적 침묵으로 답했다. 나는 다음에 출발하는 종
군기자단과 무관 일행에 포함시켜 줄 것을 강력히 요청했다. 그는
확답은 어렵지만 힘써 보겠노라고 했다. 한편 나는, 소좌도 인정하
다시피 출발일이 여전히 미궁인지라 그사이에 한국을 자세히 둘러
보겠다고 통고했다. 또 여행을 떠나기 전에 육군성과 육군 참모부의
동의를 받고 싶다고 했다. 소좌의 대답인즉, 부인을 대동하고 서울
을 최북단으로 하여 남부 지역만 여행한다면야 하등 반대할 이유가
없다는 것이었다. 이에 내가, 압록강까지 갈 일은 없겠지만 서울보
다는 더 북쪽으로 갈 생각이라고 하자, 소좌는 외무성을 방문해 보
라며 그곳에 있는 한 서기의 연락처를 알려 주었다. 그 역시 수년간
독일에 있었던 사람이라고 했다. 결국 나는 서기의 도움으로 한국
전역을 여행할 수 있는 외무성 허가를 얻게 되었다. 허가서를 들고
참모부를 재방문한 나는 소좌의 주선으로 육군성의 동의를 받는 데

도 성공해 일단은 한국으로 가는 길이 열리게 되었다.

이 같은 협상 과정에 당연히 방해 공작이 없을 리 없었다. 하지만 성공의 결정적 요인은 첫째로, 종군기자 자격으로 가는 대신 학술 여행을 떠난다는 점을 강조한 것이다. 둘째는 한국이 전장의 일부라고는 하지만 국제법상 엄연한 독립국이므로 일본 측이 여행에 필요한 허가서를 발급해 주지 않는다면, 서울로 가서 그곳 독일 변리공사의 보호를 받을 것이라고 말한 점이다. 이 경우 변리공사는 내 여행목적과 관련해 일본이 아닌 한국 정부와 상의할 게 뻔하므로 차라리일본 정부가 처음부터 허가서를 발급해 주는 편이 나을 거라고 역설한 것인데, 한마디로 허가서 없이도 일단 여행을 떠나겠다고 으름장을 놓았던 것이다. 이런 내 주장이 먹혀든 것이다. 나는 약속대로일본에 대리인 한 사람을 정해 두었다. 친절한 소좌는 내가 특정 부대에 배정되고 출발일이 확정되면 자기가 그 대리인에게 알려 서울로 전보를 치게 하겠노라고 약속했다. 그럼 굳이 일본에 올 필요 없이 곧바로 서울에서 해당 부대로 갈 수가 있었던 것이다.

계획이 확정되자 우리는 한결 구체적으로 한국 원정을 준비하기시작했다. 그 시작은 양계장 식구 중 알을 낳는 데 가장 게으른 녀석에게 프라이팬 자리를 제공하는 것이었다. 이 살아 있는 양식거리를대부분 데려갈 작정이었지만, 짐의 많고 적음을 떠나 영양 상태가 좋은 종자를 갖고 가는 일이 중요했다. 한 가지 문제라면 출발 때까지 매일같이 통닭구이를 먹어야 한다는 점이었다. 하지만 이 또한 이상적인 여행 준비였으니, 한국에 가서는 날마다 닭과 달걀을 번갈아 주식으로 먹어야 했기 때문이다.

한편 일본의 치안 상태로 말하자면, 마음 놓고 아이 혼자 도쿄 끝에서 끝으로 보낼 수 있을 만큼 훌륭하다는 것이 세간의 평이었다. 그런데도 머리칼 하나 다치는 법이 없다고 했다. 따라서 짐을 대부분 가나가와 집에 둔 채 여행을 떠나는 우리로서는 짐 걱정은 크게 안 해도 될 것 같았다. 다행히도 수차례 하인을 바꾸는 우여곡절 끝에 마침내 부정직한 구석이라고는 눈을 씻고 봐도 없는 믿을 만한 남자를 만나게 되었다. 우리는 그의 눈앞에서 남은 재산 전부를 서양식 곁채에 봉해 넣은 뒤, 우리가 없는 동안 가족과 함께 살도록 그에게 일본식 곁채의 열쇠를 건네주었다. 그런데도 여행에 갖고 갈 짐이며 광주리의 수가 만만치 않았다. 광주리에는 주로 통조림이 들어 있었다. 부피가 가장 큰 짐은 성기게 짠 대나무 광주리로, 그 안에서는 서로 구면인 무리들끼리 섞여 닭들이 '꼬끼오' 울거나 수컷 칠면조가 '골골골' 소리를 내고 있었다. 짐을 꾸릴 때 우리는 무게를 30~40킬로그램 정도로 맞추었다. 여행 중 내륙 일부 구간에서는 부득이 짐꾼을 부려야 했기에 짐을 무겁게 꾸릴 수가 없었던 것이다.

우리의 주요 장비에는 한 쌍의 접이침대도 있었는데, 특수 여건에 맞게 내가 손수 제작한 것이었다. 침대는 각각 네 개의 나무 상자를 경첩으로 연결한 것으로서, 상자의 쿠션으로는 일본 가옥에서 바닥 깔개로 쓰는 2인치 두께의 다다미를 사용했다. 다다미 위에는 다시 부드러운 재질의 쿠션을 덧댄 뒤 전체를 튼튼한 아마포로 덮어씌웠다. 이 침대는 간단히 땅바닥에 놓고 쓰기에 좋았다. 쓰임새가 매우 다양했으며 뒷날 그 우수한 실용성이 실제로 증명되었다. 침대를 길게 편 상태에서 맨 끝 상자 밑에 돌을 하나 괴면, 머리 쪽이 높아지는 매트리스가 만들어졌다. 그 위에 베개를 얹고 낙타털 이불만 깔면 접이침대가 완성되었다. 그러고선 침대 위에다 모기장을 치는데, 모기장 역시 꽤 쓸모가 많았다. 한편 침대의 중간 부분을 상자 하나에 올려놓고 말단부를 끈으로 고정시키면, 등받이와 장딴지 보호대, 발판이 갖춰진 안락의자가 탄생했다. 침대는 쉽게 접을 수 있었고, 측면에 붙여 놓은 갈고리로 두 침대를 연결하고 줄을 두르면 그 즉시 다루기 간편한 짐으로 탈바꿈했다. 두 침대의 중간을 줄로 묶으면 바로 짐 싣는 안장에 매달 수 있었고, 그 위로 짐들을 묶어 놓기도 편했다. 비록 「야판포스트」의 존경하는 동료 기자는 이 접이침대를 보는 순간 터져 나오는 웃음을 참지 못했지만, 우리는 이를 기꺼이 감수하였다. 그리고 생각난 게 바로 "마지막에 웃는 자가 진짜 웃는 자다."라는 속담이었다!

막판에 우리는 한국에 갈 때 수행원 겸 통역으로 일본인을 데려가지 않기로 결정했다. 서양 종군기자의 일본인 수행원이 감시원으로 이용된다는 이야기를 듣고는 겁이 났던 것이다. 그리하여 우리는 한 중국인 사환을 고용했다. 벌써 몇 년째 일본에 살고 있는 이 중국인은 일본어는 물론이고, 이른바 피진잉글리시Pidgin English*로도 의사소통이 가능했다. 또 중국인이었기에 일본의 밀정으로 이용당할 위험도 없었다. 이 중국인은 일본인을 왜놈, 즉 난쟁이라고 업신여기고 있었다.

고베

화창한 5월 어느 날, 중국인 하인을 대동하고 우리는 닭과 칠면조, 그 밖의 짐들을 끌고 부두로 내려가 정박 중인 독일 제국 우편선에 올라탔다. 우리를 고베까지 데려다 줄 배였다. 일본 제1의 해운

---

* 문법이 간단하고 어휘가 제한된 영어. '비즈니스'에서 유래한 '피진'은 18세기 중국 광둥廣東 지방에서 중국과 영국 상인들의 교역 언어로 처음 등장했다. 이 책에서도 영어로 대화할 때는 대부분 피진잉글리시를 사용하고 있다.

사인 '니폰유센카이샤日本郵船會社'에 확인했더니, 고베에 도착하고 한 시간쯤 뒤에 이 해운사 소속의 기선 한 척이 출항한다고 했다. 몇 주 만에 재개되는 원산 운항이었다. 원산은 우리가 한국에서 육로 여행을 시작하는 곳이었다. 비록 잠깐이지만 이제 독일 문명의 혜택을 맘껏 누릴 기회가 찾아왔다. 요코하마를 출항하는 순간 이 근사한 우편선에 음악 소리가 가득 울려 퍼졌다. 고베까지 가는 동안 우리는 독일 동포들과도 만나게 되었다. 이들은 일본 국내를 여행

고베의 해안 길.

중이었지만 느리고 덜컹대는 일본 열차 대신에 독일 우편선이 제공하는 멋진 바다 여행을 택한 것이다. 우리는 마침내 독일의 진미가 한껏 입맛을 돋우는, 나무랄 데 없이 차려진 식탁에 앉게 되었다. 오랫동안 다시 만나기 힘든 기회로 우리에게는 마지막 잔치나 마찬가지였다. 고베에 닿자마자 기상천외한 즐거움으로 가득한 신혼여행이 시작되었던 것이다.

우리는 고베 땅을 밟지 않고 거룻배를 이용해 곧바로 제국 우편선에서 다음 배로 옮겨 탈 계획이었다. 그리하여 수많은 사공 가운데 한 사람을 고용해 중국인 사환의 감독 아래 짐들을 거룻배로 옮겼다. 우편선이 30분에서 1시간 안에 재출항할 예정이었기 때문에 우리는 서둘러 떠나야 했다. 그런데 혼잡하고 들뜬 분위기 속에서 그만 몇몇 짐들이 뱃전에 정박 중이던 오리엔탈호텔 소속 증기보트로 쓸려 가고 말았다. 아내는 이미 두 번째 거룻배에 오른 뒤였고, 나도 곧 그 배를 탈 참이었다. 중국 하인은 아직도 처음 빌린 배에 짐을 싣느라 정신이 없었다. 사방에서 고함 소리가 난무했고 사람들의 움직임도 부산했다. 나는 소형 기선에 잘못 옮겨진 짐 두 개를 다시 내리라고 소리쳤다. 하지만 어느 누구 손 하나 까딱하지 않았다. 다급해진 나는 짐을 찾아오려고 혼자 증기 보트로 기어 올라갔다. 그런데 하필 그때, 호텔 심부름꾼 노릇을 하는, 일본 여인과 영국 남자

사이에서 태어난 그 빌어먹을 혼혈인이 출발 신호를 보낸 것이다. 나는 당연히 항의를 했고, 짐을 내릴 동안만이라도 배를 세워 달라고 부탁했다. 하지만 그는 꿈쩍도 하지 않았다. 이렇게 해서 그자는 나를 꼼짝없이 오리엔탈호텔의 투숙객으로 만들 속셈이었으리라. 나는 배를 세우라고 고함쳤다. 하지만 그 심부름꾼은 승객들부터 뭍으로 보내야 한다며 내 말을 무시해 버렸다. 그 말이 떨어지기 무섭게 나는 녀석의 멱살을 잡고는 연거푸 따귀를 갈겼다. 곧 영국 여행객들이 중재에 나섰고, 그 사기꾼 녀석은 결국 배를 돌려 짐과 함께 나를 내려주었다. 모든 게 순식간에 벌어진 일이라 우리는 제일 중요한 장비가 든 큰 여행 가방이 어디에 있는지 신경 쓸 겨를이 없었다. 그 안에는 승마용 장화와 수많은 옷가지들, 특히 근사한 침구와 베개, 기타 필수품이 들어 있었던 것이다. 가방이 없어진 사실을 안 것은 일본 기선에 오르고도 한참이 지나서였다. 전부 열일곱 개로 알고 있던 짐이 세어 보니 열여섯 개뿐이었는데, 머리를 싸매고 반나절을 고민해도 도무지 어떤 짐이 없어졌는지 감을 잡을 수 없었다.

취소된 원산행 기선

알다시피 불행은 결코 혼자서 오지 않는 법. 우리가 '니폰유센카이샤'에서 원산 항해를 위해 세낸 미국 기선에 도착했을 때, 배는 전혀 출발 준비가 되어 있지 않았다. 문의할 상대도, 속 시원히 대답해 줄 사람도 없었다. 마침내 한 통의 전보가 도착했으니, 러시아의 블라디보스토크 함대가 원산 부근의 브로턴Brougthon 만*에 나타나 일본 수송선 한 척을 격침했다는 소식이었다. 원산행 기선은 당분간 출발을 미룰 수밖에 없었다. 우리는 일단 짐들은 기선에 놔둔 채, 원산으로 갈 다른 방법이 있는지 알아보려 육지로 향했다. 하지만 마땅한 대안이 없었다. 한 가지 길이 있다면, 또 다른 일본 해운사 '오사카쇼센카이샤大阪商船會社' 소속으로 최종 목적지가 제물포인 소형 기선을 이용하는 것이었다. 이 배는 모레 부산으로 떠날 예정이었다. 서울의 일본군 당국과 불필요한 마찰을 피하려고 이른바 뒷문으로, 다시 말해 원산에서부터 육로 여행을 시작하려 했는데, '시나노가와마루'라는 이름의 이 기선을 타고 일단 한국의 최남단 항구인 부산까지 가는 것 말고는 달리 방법이 없었다. 마침 한국의 기선들

---

* 동한만東韓灣.

이 한반도 동해안을 운항한다는 이야기도 들었던 참이니, 그렇다면 '니폰유센카이샤' 해운의 취소된 기선 같은 직항편을 기다리기보다는 차라리 부산에서 원산으로 가는 편이 훨씬 빠를지도 몰랐다. 우리는 끝내 시나노가와마루호를 예약했고, 주변 경관이 아름다운 고베에서 즐거운 한때를 보냈다. 밤에는 고베의 한 호텔에 숙박했는데, 당연히 오리엔탈호텔은 아니었다.

한 일본인 운송업자가 우리 짐을 미국 기선에서 일본 기선으로 옮기는 일을 맡아 주었다. 그런데 배를 갈아탄 다음 날 아침에야 우리는 분실한 짐이 여행 가방임을 알고는 크게 놀랐다. 충격이 클 수밖에 없었던 게, 유럽에서 구입해 온 장비들을 여행 동안 어떻게 대체해야 할지 난감했기 때문이다. 따라서 우리는 해운사의 일본인 대리인을 시켜 일단 오리엔탈호텔 쪽을 조사해, 짐이 혹시 그곳으로 흘러들어 갔는지 점검하도록 했다. 그는 내일 우리가 도착할 시모노세키로 전보를 주기로 했다. 미리 말하건대, 우리 짐은 고베의 오리엔탈호텔에도 없었다. 따라서 여전히 독일 제국 우편선에 있는 것이 틀림없었다. 시모노세키에 도착한 우리는 나가사키의 로이드 대리점에 전문을 쳤다. 하지만 역시 짐에 관해서라면 아는 바가 없다는 대답뿐이었다. 아울러 우편선을 조사할 수도 없다고 알려 왔는데, 우리 전보가 늦게 도착하는 바람에 배는 벌써 저 멀리 떠나 버리고 없다는 것이었다. 설상가상으로 대리점 측은 상하이의 로이드 대리점에 전보가 아닌 편지를 보내는 실수까지 저질렀으니, 편지가 상하이에 도착한 건 당연히 배가 그곳을 떠나고 난 뒤였다. 결국 우리 가방은 임자 없는 정체불명의 괴물로 전락해 저 혼자 귀향길에 오른 게 분명했다. 아니면 어느 낯선 이가 그 가방에 자비의 손길을 뻗쳤을지도 모를 일이다. 아무튼 백방으로 수소문해 보았지만 가방의 행방은 여전히 수수께끼였다. 물론 그 안에 든 물건들이 필요해질 때까지 짐을 찾을 일은 없을 것이다. 우리는 그럴 바에야 차라리 의연하게 이 불가피한 상황을 감내하기로 했다.

일본 내해 - 부산 입항

고베를 떠나자 유명한 내해의 절경들이 줄줄이 눈앞에 펼쳐졌다. 내해는 과연 '지구 해상공원'이라는 그 이름값을 톡톡히 하고 있었다. 우리는 운치 넘치는 풍광을 바라보며 내내 행복감에 젖었다. 거기다 작은 연안선을 탄 덕에 한결 가까이서 경치를 감상할 수 있어 그 즐거움도 배가 되는 기분이었다.

다음 날 저녁 우리는 내해 최동단 항구인 시모노세키에 입항했다. 작고 보잘것없는 이곳은 청일강화조약을 통해 널리 알려진 곳이었다. 내가 알기로 이곳에는 서양 상사가 하나도 없었다. 훨씬 중요한 곳은 시모노세키 해협 맞은편에 있는 모지였다. 나는 5년 전 이곳을 처음 방문했는데, 이후 벌어진 변화란 실로 대단했다. 모지는 그동안 일본 선단은 물론이고 서양 기선의 주요 석탄 기지로 발전해 있었다. 이 순간에도 여러 척의 일본 상선들이 모지 항에 정박해 석탄을 싣고 있었다. 공해에서 일본 함대로 넘겨질 석탄이었다.

우리는 시모노세키에 있는 동안 분실한 장비를 대체할 만한 물건

일본 내해 풍경.

들을 찾아보았지만 별 소득이 없었다. 그리고 만일을 대비해 식료품을 구입했다. 일본 기선에는 양식이 없었기 때문에, 우리는 벌써부터 가져온 취사도구를 이용해 선상에서 음식을 만들어 먹기 시작했다. 로이드 기선에서 맛보았던 근사한 식사를 떠올린다면 이 얼마나 대조되는 현실인가! 통조림은 우리에게 특별 요리나 다름없었으므로 자연히 아껴 먹을 수밖에 없었다. 그래서 되도록이면 이른바 자연식품에 의지하기로 했다. 심지어는 일본에서 감자 한 자루를 사오기도 했는데, 이는 나중에 꽤 유용하게 쓰였다. 아무튼 서양의 문화와 풍습을 이루는 일체의 것과 갑작스레 헤어져야 하는 이런 여행에서는 처음 며칠이 가장 고통스럽게 마련이다.

그런데 시모노세키에서는 일본인 두 사람이 끈덕지게 미행하는 바람에 몹시 짜증스러웠다. 고베에 잠깐 머물렀을 때도 비슷한 일이 벌어졌는데 거기서도 두 사내가 늘 우리 뒤를 따라다녔던 것이다. 경험상 그들은 경찰의 끄나풀이 분명했다. 이방인이 여기서 어떤 수작을 벌이는지, 뭘 먹고 마시는지 또 뭘 구입하는지 따위를 정탐하도록 지시받은 자들이었다. 실제로 우리가 물건을 사고 나면 두 사내가 어김없이 점원에게 다가가, 굽실거리는 점원한테 우리가 구입한 상품과 대화 내용 등을 캐물었다. 한번은 이른바 양식 레스토랑이라는 어느 일본 식당에서 창문을 열어 놓은 채 비프스테이크를 먹는 중이었는데, 맞은편 가게에 앉은 그 둘이서 우리 쪽을 뚫어져 라 쳐다본 적도 있었다. 비록 우리를 직접 건드리는 일은 없었지만, 슬그머니 증기선 위로 따라와 우리에 관해 캐묻고 다니는 일도 서슴 지 않았다.

불과 얼마 전에 일본 각처의 시장들이 자국 재외공관의 협조를 받아 전 세계 언론에 한 통의 회람을 전달한 적이 있었다. 내용인즉, 그동안 일본을 찾아 주었던 외국인들이 전쟁으로 방문 계획을 취소 하는 일이 없기를 바란다는 것이었다. 일본 국내는 평온하고 안전하 며, 외국인이라고 괴롭힘을 당하는 일도 절대 없을 것이라고 했다. 실제 일본에서는 고베, 요코하마, 나가사키 같은 항구도시를 비롯해 외국인이 즐겨 찾는 내륙의 수많은 지역에서 외국인 방문객을 상대 로 많은 돈을 벌어들이고 있었다. 이들 도시의 거리에는 외국인 전 용 상점들이 즐비했다. 따라서 전쟁으로 외국인의 발길이 뜸해질 경우 그곳의 상인들이 큰 타격을 받으리라는 것은 수긍이 가는 이야 기였다. 하지만 외국인 여행객들이 경찰의 감시를 받으면서도 이를 괴롭힘으로 느끼지 못하리라 믿을 만큼 일본인들은 순진하단 말인 가. 마찬가지로 그 일본의 시장들도 결국은 자기 입으로 세상에 거 짓말을 유포했을 뿐이라는 것을 정녕 몰랐단 말인가.

우리 배는 오후 4시에 재출항한다고 했다. 일본인에게 이것은 5

시 출발을 뜻했다. 아니나 다를까 4시가 다 되어서야 시모노세키에서 승선하는 일본 승객들이 짐을 끌고 나타났다. 승선을 마친 그들이 친지, 친구, 지인 등과 실컷 굽실거리며 작별을 나눈 뒤, 드디어 배가 닻을 올렸을 때는 어느덧 5시가 훌쩍 넘어 있었다. 우리는 엄밀한 의미에서 시모노세키 해협이라 불릴 만한 곳을 통과했는데, 그림같이 아름다운 이곳은 가히 최고의 풍광과 여행의 추억거리를 제공하고 있었다. 게다가 바닷가로 가파르게 밀려드는 산들이 흡사 무대 배경처럼 펼쳐져 있었다. 이어 비탈진 바위섬에 그림처럼 자리한 수로 안내소 부근에서 마침내 망망대해가 그 모습을 드러냈다. 그 주위로 여러 척의 어뢰정이 경비를 서고 있었다. 어느덧 날이 저물었다. 쓰시마 해협이 바라다 보이는 이곳 해안은 온통 귀환하는 어선과 정크선으로 뒤덮여 있었다. 달빛에 비친 정크선 하나하나가 한 폭의 아름다운 바다 그림을 연상시켰다. 배 안은 어느새 잠잠해졌다. 시끌시끌하던 일본 승객들도 일제히 입을 다물어 버렸다. 다들 블라디보스토크 함대가 돌아다니고 있다는 것을 알고 있었던 것이다. 러시아인들이 쓰시마 해협까지 내려와 일본 상선들의 사냥에 나설지 또 누가 알겠는가. 그나저나 우리는 키 큰 서양인으로서 조그만 선실 침대에서 자는 게 여간 고역이 아니었다. 그렇게 자는 둥 마는 둥 하던 차에 갑자기 멈춘 기관 소리에 일찍 눈을 뜨게 되자, 여러 이유에서 다행이란 생각이 들었다. 선실 창문의 커튼을 젖히자 시나노가와마루호가 어느새 부산항에 닻을 내리고 있었다. 한국에 도착한 것이다.

4. 한국의 남녘땅

첫인상

이곳을 처음 찾은 여행객이라면 일본과 달리 한국 최남단의 이 항구를 둘러싸고 있는 산과 언덕에 나무가 전혀 없다는 사실에 놀랄 것이다. 풀빛을 띠기는 했지만 그 초록빛 풀조차 촘촘히 나 있는 것이 아니었다. 풀로 덮여 있는 곳은 드문드문했고 곳곳에 잿빛 심토가 그대로 드러나 있었다. 일본인 거류지에서 발견되는 나무 몇 그루와 소나무 숲만이 한때 한국이 이웃 나라 일본에 집 지을 재목을 제공하던 시절을 떠올려 주었다. 하지만 부산항 자체는 동아시아 최고의 항구로서 손색이 없었는데, 크고 널찍한 데다 훌륭한 투묘지投錨地까지 갖추고 있었다.

한국에 도착했지만 이 땅의 자손들은 아직 모습을 드러내지 않았다. 꼭 일본의 어느 항구에 온 기분이었다. 거룻배를 저으며 증기선 주위를 배회하는 사공들도 하나같이 일본인이었다. 아주 드물게 흰옷을 입은 한국인이 눈에 띄었다. 그런데 한눈에도 이들이 일본인의 종에 불과하다는 것을 알 수 있었다. 아닌 게 아니라 여기서 배를 부리며 새로운 주인인 일본인과 경쟁을 벌일 한국인이 있다면, 일본인 사공한테서 두들겨 맞을 각오를 해야 할 것이다.

우리는 육지에 오른 뒤에야 흰옷을 입고는 있으나 몹시도 지저분한 한국인들을 만날 수 있었다. 이들은 우리 쪽으로 몰려오더니 짐을 나르게 해 달라며 애원했다. 그러나 목적지도 정해지지 않은 판에 짐꾼부터 쓸 수는 없는 노릇이었다. 마침 우리를 자기 호텔로 데려가려는 열다섯 살쯤 되어 보이는 일본인 호텔 급사가 나타났기에 일단 녀석과 흥정을 시작했다. 그런데 거래가 채 끝나기도 전에 녀석이 제멋대로 진두지휘에 나서는 것이 아닌가. 우리 짐 곁에서 일찌감치 진을 치고 있던 짐꾼들은 빈손으로 돌아갈 판이었다. 그 작은 호텔 급사는 결코 만만치가 않았다. 녀석은 대장 노릇을 하려고 했다. 짐을 지게에 실으려다 한국인 하나가 배 쪽에 발길질을 당했고, 다른 이는 뺨을 맞았으며, 세 번째 사람은 옆으로 피하다 등에 지고 있던 지게에 상처를 입었다. 키 크고 우락부락하고 힘센 장정 서너 명이 열다섯

살짜리 호텔 사환에게 말 그대로 내동댕이쳐지고 발길질을 당하고
따귀를 맞는 등 갖은 수모를 당한 것이다. 여기서 내가 받은 첫인상
은, 이곳의 주인은 일본인이며 이들은 피지배인을 아무런 처벌 없이
난폭하게 다룰 정도로 이미 자신들의 권세를 확신하고 있다는 점이었
다. 과연 한국의 다른 지역에서도 그 사정이 같은지 나는 사뭇 궁금해
졌다.

마침내 우리 짐 전부가 그 일본인이 정한 대로 — 우리는 이에 따

부산항.

르기로 했지만 그렇다고 그의 호텔로 따라갈 필요는 없었다 - 한국인 짐꾼들의 등에 실려 움직였다. 이들은 마치 혼자서 열 사람 몫의 짐을 지기라도 한 듯 끙끙대며 느릿느릿 걸어갔다. 하지만 짜증스럽게도 우리는 몇 걸음을 채 못 떼고 관세 국경에서 제지를 당하고 말았다. 다른 나라에서처럼 신속하게 통관 검사가 진행되기를 기대했지만 그것은 오산이었다. 게다가 짐 검사를 할 동안 뙤약볕을 가려 줄 지붕조차 보이지 않았다.

통관 검사

책임자라며 나타난 사람은 미국 국적의 자그마한 한국인 해관원이었다. 짐꾼들이 짐을 차곡차곡 쌓아 놓으면, 우리가 짐과 상자를 하나씩 풀어 내용물을 일일이 해관원의 눈앞에 펼쳐 보이는 식으로 검사가 진행되었다. 그런데 이렇게 꼼꼼한 통관 검사는 또 처음이었다.

흰 열대복에 푸른색 해관 모자를 쓴 그 작은 미국인의 모습은 더럽고 우중충한 이곳 환경과 대조를 이루며 한결 깨끗하고 신선한 느낌을 주었다. 우리가 독일인이라는 것을 알고서 그는 또 다른 해관원을 불렀는데, 그의 국적을 알아맞히는 건 어렵지 않았다. 우리

장비에는 두 개의 서양식 안장이 들어 있었다. 짐을 지키느라 우리
는 한국인과 일본인 무리 사이에 끼어 짐 더미 위에 앉아 있었는데,
그 새로운 해관원이 다가오더니 안장을 가리키며 베를린 사투리로
이렇게 말하는 것이었다.

"대체 이 안장을 어디다 쓰시려는 겁니까? 이곳의 조랑말에 이런
안장은 맞질 않습니다!"

그러고는 예의 그 사투리로 계속 말을 이어 갔다. 편안한 분위기
속에서 질문과 대답이 오갔고, 한국산 조랑말에 관한 열띤 토론이

부산 일본인 거류지의 항만 건물.

벌어졌다. 여기 조랑말이 서양식 안장에 질색할 거라는 말에, 나는 그게 사실이라면 그 녀석들은 내 고집을 이기는 최초의 조랑말이 될 거라고 응수했다. 하지만 이에 아랑곳 않고, 젊은 시절 운명에 이끌려 한국까지 오게 된 그 베를린 사람은 고향 사투리로 계속해서 조랑말 이야기를 늘어놓았다.

"한국산 조랑말은 완전 딴판입니다. 나무판을 등에 묶고, 물론 조랑말에 그렇게 한다는 것이죠. 그 위에 다시 짚으로 된 걸 얹습니다. 이제 거기 올라타고는 곡마사처럼 중심을 잘 잡아야 합니다. 다리가 조랑말 목덜미에 매달려 밑에서 이리저리 흔들거리는 그 꼴이란! 허, 세상에 그런 끔찍한 말타기도 없을 겁니다. 한국의 집들은 또 어떻고요. 벼룩과 빈대가 득실거리는 데다, 천장이 낮아 제대로 서기조차 힘들지요. 그렇고 말고요 …… 왜인고 하니 …… 도대체 …… 그래서 …… 기타 등등 ……."

이 이야기를 들은 아내가 지레 겁을 먹었기에 나는 통관 검사를 재촉해야만 했다. 게다가 땡볕 아래서 한국인과 일본인 구경꾼들에 에워싸여 있는 이 순간이 갈수록 견디기가 힘들었다. 독일 해관원 헨첼Hentschel 씨는 해관 건물의 차양 아래로 짐을 옮기도록 지시했다. 그늘 속에서 짐을 개봉하고 검사하기로 한 것이다. 하지만 동포애에서 발휘된 헨첼 씨의 친절에도 불구하고 검사는 철저했다. 그동안 극동 지역을 여행하며 인내심을 기를 기회를 갖지 못했다면 우리는 그 꼼꼼함에 성을 냈을지도 모른다. 본격적인 검사에 나선 것은 미국인이었는데, 역시 개인적으로는 친절한 사람이었다. 하지만 그는 참으로 어처구니없는 결정을 내렸다. 사진 장비며 나와 세 차례나 오랜 여행을 함께한 타자기, 그것도 모자라 오래전에 닳아 반들반들해진 서양식 안장 두 개에 관세를 물린 것이다. 경험상 중고품에 관세를 물리는 일은 그 어디서도 본 적이 없었다. 그 작은 미국인의 말이, 우리가 유럽에서 왔으니만큼 통관 검사를 까다롭게 할 생각은 없다는 것이다. 하지만 일본인들 때문에 이 정도 조치는 어쩔 수 없다고 덧붙였다. 서양인이라고 일본인보다 더 봐준다면 일본인들이 즉각 고발 조치를 한다고 했다. 이 설명에도 불구하고 나는 그 세 품목에 관세를 낸다는 것에 도무지 납득할 수 없었다. 해관 건물로 들어온 나는 주름진 얼굴에 양복 차림을 한 나이든 일본인 앞으로 안내를 받았다. 그리고 영어를 하는 그에게 중고품에 부과된 관세에 대해 항의했다. 노련하고도 일절 동요하는 기색 없이 이 사안을 대하는 일본 노인 앞에서 나는 다소 신경이 곤두섰다. 그때 옆방에서 한 서양 사람이 나오더니 이렇게 물었다.

"독일에서 오셨다고 들었는데, 제가 도울 일이 없을까요. 한국에는 얼마나 계실 생각이십니까?"

"아, 두서너 달쯤 머물 예정입니다."

"부산을 거쳐 돌아가는 경우라면 지불한 돈을 재청구할 수가 있습니다. 여기서 관세를 문 품목을 재수출하는 셈이니까요."

두 번째 독일인의 출현에 반갑기도 하고 놀랍기도 했던 나는 그 유용한 충고에 고마움을 표하고는 기꺼이 은화를 지불했다. 볼얀 Bolljan이라는 이름의 그 독일인은 반전된 상황을 일본인에게 설명해 주었다. 한국 황제의 충직한 관리였던 일본 노인은 5엔을 받아 내려고 일부러 내 권리를 숨겼던 터라, 반갑지 않은 중재인에게 대놓고 적의에 찬 눈빛을 보냈다. 우직한 포메른 출신의 독일인은 이에 조금도 꿈쩍하지 않았다. 하지만 쉽게 물러설 생각이 없던 일본인은, 내가 해관장의 허락을 받아와야만 자기도 그에 상응하는 메모를 영수증에 써 주겠노라고 고집을 피웠다. 나는 결국 해관장을 찾아갔다. 이탈리아인이었던 그는 물론 두말 않고 - 내 의견이기도 했던 - 볼얀 씨의 의견에 동의했다. 게다가 안장에 매긴 관세를 취소하는 호의까지 베풀어 주었다. 두 '원정 여행객'의 소중한 중고품 안장에 관세를 매기는 짓을 해관장 스스로가 의아하게 느꼈음이 분명했다. 일본 노인이 내 5엔에 왜 그리 집착했는지 알게 된 것은 나중의 일이었다. 일체의 관세 수입은 한국에서 확고한 지위를 확보한 다이이치은행第一銀行*이 징수해 갔다. 이는 한국의 금융 경제가 일본의 통제를 받았기 때문인데, 좀 더 직설적으로 표현하자면 일본을 위해 일하고 있었기 때문이다. 그렇다면 나로서는 한국 황제에게 5엔을 선사할 이유가 더더욱 없어진 셈이었다. 실상 황제 자신조차 거기서 한 푼도 챙길 수가 없었던 것이다. 나는 5엔을 되찾아 그 돈을 아내의 저금통장에 집어넣기 위해서라도 반드시 부산을 경유해 귀환하리라 다짐했다. 그 돈은 다이이치은행의 지점보다는 차라리 아내의 통장에서 훨씬 더 안전하게 보관되지 않겠는가.

호텔 찾기

번거로운 통관 검사를 마친 우리는 비로소 숙소 찾기에 나설 수 있었다. 해관에서 볼얀 씨한테 들은 바로는 외국인이 드문 부산에서 우리가 묵을 곳이라고는 일본 호텔밖에 없었다. 일본 호텔은 부산에 수두룩했다. 통관 검사가 끝나자 아까 그 호텔 급사가 다시 우리 앞에 나타났다. 우리가 해관에 있는 동안 녀석은 주인을 불러왔는데, 그 주인은 요금을 매긴다고 짐에다 자를 갖다 대고 있었다. 일본에서는 저녁 식사, 숙박, 따뜻한 아침 식사를 포함한 호텔 요금이 — 물론

---

* 1878년 한국 최초로 일본의 다이이치은행 지점이 부산에 개설되었다.

모두 일본식으로 제공되었다 - 대개 1엔 25센*에서 1엔 50센 정
도였다. 일본이나 한국 같은 나라에서는 처음부터 확실히 가격을
정해 두는 게 내 원칙이었으니 여기서도 예외일 수가 없었다. 가격
을 묻자 호텔 주인은 아내와 나, 중국인 하인 등 모두 해서 하루에
9엔(18.90마르크)이라고 했다. 한 사람당 하루 3엔 꼴이었다. 그러면
큰 방과 작은 방 하나씩을 받게 되는데, 방에는 가구 없이 벽장만
설치되어 있고 이불만 몇 채 있었다. 식사를 뺀 요금은 얼마인지
물어보았다. 골치 아픈 식사 문제에 처음부터 만반의 준비를 한 우
리는 일찌감치 일본에서 통조림까지 구입해 왔던 것이다. 그런데
별 차이가 없다며 하루에 기껏 50센을 빼 준다는 게 아닌가. 물론
도쿄의 호텔 요금에 대자면 3엔이라는 가격은 여전히 저렴한 편이
었다. 말했듯이 거기서는 일인당 하루 15엔(31.50마르크)이 청구될
때도 있었다. 아무리 그래도 일본의 기준으로는 염치없는 가격이었
다. 흔히 여행객들은 이런 경우에 흥정을 그만두고 다른 데 가서
다시 흥정하는 일을 품위 없다고 여기는 게 사실이다. 하지만 이것
은 잘못된 생각이다. 백인에게 터무니없는 가격을 부르고 또 현지인
들이 이를 당연하게 여기는 데는 여행객 스스로의 책임이 컸다. 이

---

* 센錢은 일본의 예전 화폐 단위로 100센은 1엔에 해당한다.

들 외국인은 훌륭한 가장답게 흥정을 해서 현실에 맞는 가격을 요구하기는커녕 게으름과 교만에 빠져 차라리 속는 편을 택하기 때문이다. 일단 우리는 짐과 짐꾼들, 호텔 주인과 급사를 해관에 남겨 둔 채 시로 산책을 나가기로 했다. 묵을 만한 호텔이 분명 여러 군데 있을 것이다. 예상은 틀리지 않았다. 흥정이 깨진 것을 눈치 채기가 무섭게 구경꾼들 사이에서 다른 호텔의 대리인이 튀어나오더니 조건이 같은 방을 식사 없이 하루 3엔을 제시한 것이다.

우리가 찾아간 그 호텔 건물은 일본의 기준에서도 무척 깨끗하고 쾌적했다. 방을 둘러본 나는 3엔에서 다시 80센을 깎았다. 결국 우리는 2엔 20센에 바람 잘 통하는 2층 방을 차지하였다. 바닥에는 다다미가 깔려 있어 신발을 벗은 채 맨발이나 양말 차림으로 들어갔다. 그런데 주인 내외를 비롯해 하인, 여종업원, 일본인 투숙객들이 창호지를 바른 방문에 구멍을 내고는 밤낮으로 우리를 관찰하기 시작했다. 이는 유치한 호기심과 타고난 염탐 기질이 발휘된 것이거나 아니면 상부의 지시를 받은 경우로서, 노란 수염을 짧게 기른 러시아인으로 추정되는 낯선 백인 남성과 갈색 고수머리에 남유럽인의 피부색을 띤 처음 보는 젊은 여인이 - 이 때문에 아내는 늘 적국 러시아의 동맹국인 프랑스 여성으로 오인받았다 - 부산에서 무슨 짓을 하는지 경찰에게 보고하기 위해서였다. 하지만 그들이 목격한 거라고는 음식을 만들어 먹은 뒤 두 개의 접이침대를 펼쳐 그 위로 모기장을 덮는 광경이 고작이었으니, 촘촘한 모기장 탓에 정작 하얀 베일 뒤에서 벌어지는, 일본의 국익을 위협하는 불온한 첩보 활동은 볼 수가 없었던 것이다. 그들은 내가 타자기를 가방에 올려놓을 때 특히 예민해졌다. 타자 소리와 함께 푸른색 글자들이 하얀 종이를 뒤덮게 되는데, 그들 눈에는 이것이 그간 서양 귀신이 정탐해 온 각종 정보가 담겨 있는 것으로 비쳤고, 이제 그 정보는 우편, 전신, 기구 따위를 통해 러시아 진영으로 넘어가기 일보직전이었던 것이다. 타자 치는 소리가 들리면 그들은 불타오르는 호기심을 참지 못하고 심지어는 미닫이문을 슬쩍 밀쳐 그 틈에 눈을 갖다 대기까지 했으니, 그러다 보면 어느새 얼굴 서너 개가 위아래로 차곡차곡 포개져 있었다.

도착 첫 날부터 일본 순사 하나가 우리를 찾아와서는 이름과 무슨 일을 하는지를 꼬치꼬치 캐물었다. 게다가 형사까지 왔다. 대단한 방문은 아니었는데, 그는 마치 외국어라고는 한마디도 못 하는 양 행동했다. 하지만 확신하건대 독일어를 제법 알아들었던 그 자는, 몇 차례 허리를 숙여 인사하더니 내가 편지를 쓰려고 하자 감히 어깨너머로 그 내용을 엿보기 시작했다. 그가 독일어를 알아들었으면 나로서도 기뻤을 게, 그자의 멱살을 잡고서 방 밖으로 배웅했을 때

내가 쏘아 주었던 그 다정스러운 말들을 필히 가슴속 깊이 간직했을 터였기 때문이다. 그런데 바로 오늘, 일본에서 발급받은 우리의 신원 증명서가 위조로 밝혀졌다. 거기에는 내가 '심분상Shimpun san', 즉 신문 기자라고 적혀 있었는데, 커다란 안경을 낀 일본 경찰이 증명서를 유심히 살펴더니 위조라는 결론을 내린 것이다. 아내와 내가 러시아 위장 간첩으로 밝혀지는 순간이었다. 이제 두 명의 감시인이 우리에게 배당되었고, 호텔 앞에 진을 친 그들은 가는 곳마다 우리를 따라다녔다. 우리 사환도 집요한 추궁을 당했다. 우리가 어떤 음흉한 속셈을 품고 한국에 왔는지 녀석에게 어떻게든 캐내려고 했다. 하지만 나는 개의치 않았다. 녀석은 아는 만큼만 설명했는데, 그것은 딱히 비밀이랄 것도 없었기 때문이다. 첩자를 겁내기로 말하자면 일본인을 능가할 국민은 기껏해야 프랑스인 정도가 아닐까?

부산, 푸산

부산, 적어도 우리가 상륙한 부산은 일본인이 세운 도시였다. 부산은 이른바 '조약항', 즉 조약에 따라 모든 나라에 개방된 항구였다. 그러나 선교사와 한국 정부에 고용된 해관원 말고 외국인이라고는 전무한 탓에 일본의 식민지라고 해도 무방한 곳이었다. 공식적으로는 일본과 청국, 두 나라의 조계지가 있었다. 청국 조계는 일본인 거류지와 역 사이에 자리했다. 역 부근에는 이른바 옛 부산이 있었는데, 이곳이야말로 진정한 의미의 한국 도시 부산이라고 할 수 있었다. 원래는 부산P'husan이었지만, 일본인이 푸산Fusan이라 부르면서 지금은 푸산이라는 이름으로 통용되고 있었다.* 청국 거류지도 무시할 수 없는 지위를 차지하고 있었다. 이곳에서도 특유의 현상이 관찰되었는데, 중국인이 일본인까지 제치고 현지인 상대의 소도매업 상당 부분을, 들리는 말로는 대부분을 장악한 것이다. 부산의 중국인은 교묘한 밀수꾼으로도 유명했다. 한국의 남해안과 남서쪽 해안에는 작은 섬들이 수없이 많은 데다 해안선이 극도로 복잡해 밀수품을 실은 정크선에 각종 은신처 노릇을 해 주었다. 일본인 역시 엄청난 양의 밀수품을 한국 해안을 통해 반입하기로 악명이 높았다. 특히 위조 백동화를 들여오면서 한때 밀수가 크게 번창했으나 일본 정부의 강력한 대응으로 이제는 그 같은 불법 밀수도 한풀 꺾여 있었다.

청국 조계지의 경우 어떤 식으로 관리되는지 잘 모르겠지만 아마도 청국 영사가 그 책임자일 것이다. 아무튼 일본 조계는 일본 영사

---

* 저자는 원문에서 줄곧 푸산Fusan이라 쓰고 있지만 여기서는 모두 '부산'으로 옮겼다.

관에서 관리했다. 그들은 자체 경찰이 있었고, 대체로 치안 상태도 뛰어났다. 일본 밖이라는 기분이 좀체 들지 않았는데, 다만 모국 일본보다는 물가가 훨씬 높았다. 현재 일본 조계지 안의 한국인 가운데 자기 땅에서 사는 사람은 거의 없다시피 했다. 듣기로는 일본인들이 그 땅을 모조리 사들였다는 것이다. 말하자면 돈에 쪼들리는 한국인 땅임자가 토지 명의를 저당 잡혀 얼마간 돈을 빌리면, 일본인들이 곧바로 그 돈에 고리의 이자를 매기고, 현금이 부족한 가난한 한국인들은 영원히 대출금과 이자를 못 갚게 되는 식이었다. 그 밖에도 부산의 일본인 거류지가 일본의 여느 도시와 다른 점은, 일본에도 그런 경향이 있었지만 이곳 일본인들은 이방인 앞에서 훨씬 교만하다는 사실이다. 일본에서 우수한 국민들을 보내지 않았다는 점은 의심의 여지가 없었다. 덧붙이자면 한국에 이주한 일본인은 거개가 상인과 하급 노무자 층에서 모집되었다. 다시 말해 이들은 일본 내에서도 제일 평판이 나쁜, 어쩌면 도덕성에서도 가장 떨어지는 출신이었던 것이다. 일본의 농민들이야말로 옛 무사 계급과 함께 일본 국민 가운데 가장 우수한 계층을 이루고 있었는데, 지금까지 이들이 이주에 거의 참여하지 않았다는 점이 특이한 일이었다.

양식당

부산에 있노라면 마치 일본의 한 도시에 온듯한 기분이었다. 일본인에게 걷어차이기 전에는 일할 생각도 않고 그저 앉아서 빈둥거리는 한국인의 모습도, 일단 익숙해지면 그 같은 기분을 망쳐 놓지 못했다. 그들마저 없다면 지금 일본인 거류지에 와 있다는 사실조차 느끼지 못할 것이 아닌가. 그나저나 여행객 입장에서 절대 포기하고 싶지 않은 서양식 편의시설들이 부산에 없다는 건 어쩌면 당연한 일이었다. 수소문해 보니 부산에는 두 곳에 양식 레스토랑이 있었다. 주인은 일본인으로, 아무래도 예전에 서양인 밑에서 사환으로 있으면서 주인이 요리할 때 틈틈이 요리법을 익혀 둔 모양이었다. 그런데 일본인이 운영하는 양식 레스토랑에는 문제가 없지 않았다. 이 식당들은 서양인의 욕구를 충족시켜 주기보다는 서양식 생활을 꿈꾸는 일본인의 허영과 사치를 위해 존재하는 듯했다. 요코하마에도 서양식으로 꾸며진 대형 호텔과 레스토랑이 있었지만, 서양인의 발길은 드물었고 다만 그 같은 사치를 원하고 또 누릴 수 있는 일본인만이 드나드는 실정이었다.

아무튼 부산에 있는 두 '양식' 레스토랑에서 우리는 1.50엔, 그러니까 독일 돈으로 3.15마르크라는 꽤 비싼 가격으로 오찬이나 만찬을 제공받았다. 그 식사는 다음과 같은 천편일률적인 코스 요리로 이루어져 있었다. 제일 먼저 나오는 것은 쇠고기 한 덩어리를 넣고 소금도 양념도 치지 않고 30분쯤 끓인 듯한 따뜻한 국물이었다. 메뉴판에는 '비프 티'로 표시되어 있었는데 독일의 '부용Bouillon'*에 가까운 음식이었다. 거기에 곁들여 나오는 흰 빵 한 조각은 곰팡내 나는 밀가루로 만든 덜 구워진 빵이었다. 이것을 10분간 석쇠에 올려놓자 토스트 비슷한 빵이 만들어졌다. 맛은 형편없었지만 뱃속에 집어넣을 정도는 되었다. 또 일종의 별미로 작은 접시에 버터가 나왔다. 버터는 누르께한 색이었다. 이것은 물론 부산에 그 수가 얼마 되지 않았던 서양인 손님에게만 제공되는 것이었다. 버터 생각이 간절했던 여러 명의 서양인들이 조심스레 맛을 보는 모습이 멀찍이서 보였다. 버터를 덮은 유리 뚜껑이 열리자 상한 듯한 냄새가 저 멀리서부터 풍겨 왔다. 버터를 칼끝에 찍어 혀에 대 보면 그 짐작은 확신으로 바뀌게 된다. 그러면 다른 음식에 대한 입맛까지 싹 달아나 버린다. 고로 이런 대담무쌍한 실험은 관두는 편이 나았다.

두 번째 코스에서는 손바닥 절반만 한 생선 한 마리가 접시에 담겨 나왔다. 빵부스러기를 입힌 생선은 천만다행히도 버터가 아닌

---

* 맑은 고기 수프.

콩기름에 튀긴 것이었다. 버터로 튀기지 않아서 그런지, 맛이 아주 형편없지는 않았다. 생선 종류는 매일 똑같았으니 바로 대구였다. 여기서 내린 결론은, 부산 앞 바다에 사는 물고기라고는 우리가 어쩔 수 없이 받아먹고 있는 그 수척하고 가시 많은 대구뿐이라는 것이었다. 훗날 길을 잃어 이곳까지 올지도 모를 심해 탐구가에게는 유용한 정보가 될 것이다.

세 번째 코스는 비프스테이크였다. 일본인은 서양 사람이라면 무조건 '생선'이나 '비프스테이크'를 먹어야 한다는 고정관념이 있는 듯했다. 비프스테이크마저 버터나 콩기름에 튀겨 나올까 봐 우리는 '구워' 달라고 따로 부탁했다. 석쇠에다 고기에서 흘러나오는 기름으로 구워 달라고 주문한 것이다. 그런데도 이미 고기에는 또 다른 기름진 일본 양념이 발라져 있었다. 나로서는 그 양념의 정체를 알 길이 없었다. 우리는 코를 꼭 막은 채로 음식을 넘겼다. 그러면 맛은 못 느끼더라도 어쨌든 고기 한 쪽을 목으로 넘길 수는 있었다. 무사히 '정식'을 통과한 우리는 커피라고 나온 갈색 혼합액을 제공받았다. 열렬한 커피 애호가인 우리도 이 순간만큼은 차마 거기에 입을 댈 수가 없었다. 배가 부른 채로 멀미를 겪고 싶지 않았던 것이다. 메뉴는 두 일본 '양식당' 모두 점심, 저녁 가릴 것 없이 매일같이 똑같았고 내내 변함이 없었다. 사정이 이럴진대, 우리가 벌써부터 야외용 취사도구를 가동하고, 이 슬픈 해안 도시가 원산으로 가는 경유지일 뿐이라는 사실로 위안을 삼는다고 누가 감히 우리를 비난할 수 있을까? 하지만 아직까지도 이곳을 벗어날 방법은 보이지 않았으니, 해관에서조차 당분간은 원산으로 출발하는 기선이 없다고 했다. 기선 시간표에 관한 최신 정보를 얻기로는 해관만 한 곳이 없었던 것이다.

부산의 시계

우리가 부산에 있는 동안 해관은 중요한 역할을 했다. 우리가 그곳에 자주 드나든 이유는, 첫째로 5엔을 벌게 해 준 볼안 씨에게 거듭 고마움을 표하기 위해서였고, 둘째로는 우리 모습을 보임으로써 그 능청스러운 일본인에게 훗날 5엔을 되찾아갈 거라는 사실을 일깨워 주는 즐거움이 남달랐기 때문이다. 그 일본인이 분통을 터뜨리면, 우리는 그 화내는 모습을 즐기는 식이었다. 하지만 우리가 열심히 해관을 찾은 중요한 이유는 정작 다른 데 있었다. 부산을 통틀어 해관 말고는 제대로 가는 시계가 하나도 없었던 것이다. 내 시계라고 예외는 아니었다. 물론 일본 상점들에도 시계는 있었다. 그러나 쌀쌀한 저녁 무렵 아내와 함께 거리를 걸을 때마다 우리는 지금이 정확히 몇 시인가를 놓고서 늘 옥신각신했다. 내 오른편에서 걷던 아내는 시간이 궁금해지면 오른쪽 가게로 고개를 돌렸다. 그리고 가게 안의 시계가 5시 55분을 가리키는 것을 목격하고는 그 시각을 말해 주었다. 그러면 나는 아내 말이 옳은지 직접 눈으로 확인하고픈 마음에 얼른 고개를 왼쪽으로 돌리고 가게 안을 들여다보는데, 거기는 벌써 6시 18분이 되어 있는 것이다.

"그럴 리가 없어요."

물론 이번에도 오른쪽 가게를 쳐다보면서 아내가 말했다.

"이 시계를 봐요. 이것은 심지어 6시 30분이에요."

함께 오른쪽 가게를 바라본 나는 아내의 말이 옳다는 걸 확인했다.

"잠깐. 혹시 모르니 다음 가게를 한 번 더 봅시다. 세상에, 여기는 6시 정각이군!"

과연 부산의 모든 시계들은 제각각이었다. 도대체 어떤 시계를 믿어야 할까? 부산의 무수한 시계들이 각기 다르게 시간을 잰다면, 시계란 아니 시간을 잰다는 건 대체 무슨 의미일까? 우리는 자연스레 이 같은 심오한 물음을 던지게 되었다. 경험상 내 시계 역시 정확하지 못했던지라 올바른 기준이 될 자격이 없었다. 내 시계만큼 삶을 바쁘게 질주할 마음이 없었던 나로서는 가끔씩 그 점을 시계에게 상기시켜 줄 필요가 있었다. 나는 여태 내 시계보다도 시간을 잘 안다고 믿었던 것이다. 하지만 이제는 내 시계 앞에서까지 망신을 당하고 말았다. 기준이 없었던 탓이다. 아니, 아직 방법은 있었다. 해관에는 괘종시계가 있어 이에 따라 공식 시간이 정해졌다. 증기선 출항 시간도 거기에 맞춰졌다. 따라서 해관의 괘종시계가 – 흔히 말하듯 – '제대로' 간다고 일단 가정해 보자. 하기는 미터 단위를 정한 사람들도 1미터만큼의 길이를 1미터로 부르자고 임의로 정한 것이 아니던가. 우리도 사실 여부와 상관없이 해관의 괘종시계가 정확하다고 임의로 정해 버린 것이다. 그에 따른 당연한 결과로 우리는 매일같이 해관을 찾아 그곳 괘종시계에 시간을 맞췄고, 그리하여 우리 시계에게 해관 괘종시계보다 빨리 달리고 있다는 사실을 상기시켜 주었다. 하지만 때로는 내 충직한 시계에게 못할 짓을 한다는 생각도 들었다. 사실 나는 해관 괘종시계가 많이 느리다는 확신이 있었던 것이다. 다만 그 시계가 느린 건지, 내 시계가 빠른 건지 결정하기가 힘들었을 뿐이다. 즉, 어느 쪽이 더 정확한지 판단이 어려웠던 것이다.

나는 가끔 아주 손쉬운 방법을 써서 시간을 알아내곤 했다. 먼저 나침반을 땅에 놓고는 북쪽을 표시한다. 그리고 정오 무렵에 끈으로 돌을 매달아 들고 남북 방향으로 대어 본다. 그때 끈의 그림자가 나침반에 표시된 남북선과 일치하는 순간이 바로 정오였다. 물론 이것도 정확한 방법은 아니었다. 이 지역 자침의 편차를 고려하지 않았기 때문이다. 아무튼 시계를 둘러싼 불편은 일본의 식민정책이 독일의 정책에 견주어 열 배는 뒤져 있다는 인상을 주었다. 왜냐하면 독일 식민지에는 어디든 교회가 있게 마련이었고, 교회에는 교회 탑이, 교회 탑에는 탑시계가 있었는데, 누구나 알고 있듯이 탑시계는 절대 틀리는 법이 없기 때문이다. 따라서 여기 소개한 일화만 놓고 보더라도 일본의 식민정책에는 분명 문제가 없지 않았다.

일본의 식민정책

일본의 식민정책에 관해서라면 부산에서도 그 일단을 엿볼 수 있었다. 일본이 근대 식민지 개념에 처음 눈을 뜬 것은 메이지 유신 이후의 일이다. 정확히 말하자면 청일전쟁에 승리함으로써 타이완을 획득한 뒤일 것이다. 하지만 일본의 정치가들은 일찍부터 한국이라는 이름에서 역사의 특정 시기를 떠올렸다. 수 세기 전으로 거슬러 올라가는 일인데도 여전히 일본인 한 사람 한 사람의 가슴을 뛰게 하는 것은, 결국 거듭해서 쫓겨나기는 했지만 그때가 바로 일본

최초의 한국 정벌을 지휘한 진구코고神功皇后(일본 삽화).

인이 한국의 남해안에 정착한 시기였다는 점 때문이었다.* 오로지 그 같은 기억에 근거해 이른바 타국에 대한 역사적 권리를 주장하는 것은 알다시피 흔한 일이었다. 일본인이 한국에 대한 권리를 내세울 때와 마찬가지로 스페인 역시 모로코를 두고 결국 같은 근거를 내세우고 있었다. 모로코에 역사적 권리를 주장하는 스페인도 한때 모로코 땅에 정착한 일이 있었다는 사실을 그 이유로 들고 있기 때문이다.

동아시아에서 식민화에 나설 수밖에 없는 일본의 국내 요인과 그 불가피함의 옳고 그름을 이 자리에서 따질 수는 없는 노릇이다. 하지만 별 비판 없이 받아들여 온 일본의 주장을 좀 더 자세히 살펴볼 기회가 나중에 있을 것이다. 여기서는 일본이 한국의 식민지화에 착수했다는 점, 아울러 일본이 이를 서두른 직접적이고 구체적인 계기가 바로 만주 내 러시아의 움직임이라는 정도만 언급하고자 한다. 한쪽에서는 러시아의 식민 정복이, 다른 쪽에서는 그에 맞서 일본의 또 다른 식민 정복이 벌어진 셈이었다.

식민지 개척에는 근거지가 필요한 법이다. 러시아의 근거지는 아무르 강 줄기와 우수리 유역이었고, 일본의 경우는 시모노세키 해협

* 일본이 주장하는 이른바 '임나일본부설'을 말한다.

의 항구들과 일본의 동해안, 규슈, 거기서도 특히 나가사키가 그 역할을 떠 맡았다.

우리가 실상 일본에 왈가왈부할 수 없는 게, 그들은 러시아의 방식을 따라 함으로써 러시아를 물리쳤던 것이다. 일본은 만주와 한국에 대한 러시아의 식민지 침략을 — 이 관점에서 양 지역을 하나로 묶어도 무방하리라 — 훌륭히 막아 냈는데, 그것도 현재의 러일전쟁이 있기 전 일찍이 경제 전쟁에서 그랬던 것이다. 양국은 자신들이 특수 이익을 보유한 나라들을 상대로 경제적 이익 범위를 구축하는 데 전력을 쏟았다. 특히 일본은 서구 열강들이 즐겨 쓰는 수단들을 활용하는 면에서 서구의 수제자임을 입증해 보였으며, 동시에 탁월한 정치가의 면모를 과시하면서 러시아 정책에 상당한 타격을 주는 성과를 거두기도 했다. 또 경제적 이권을 확보하기 위한 장기 쟁탈전에서도 일본은 식민화 정지 작업을 벌인 곳에 둥지를 트는 데 러시아보다 몇 수 위였다.

식민정책상 양국이 취한 개별 조치들에는 비슷한 점이 많았다. 러시아는 북에서 남으로, 일본은 남에서 북으로 철도를 건설해 나갔다. 러시아는 자국의 철도를 국영이 아닌 민간 철도로 건설했는데, 철도 건설이 러시아 정책의 일환이라는 비난을 비껴가려는 포석이었다. 한편 일본은 교묘한 술책을 써서 애당초 서구 열강들에 교부

되었던 이권들을 차지하는 데 성공했다. 그리하여 철도 사업에 투자된 서구 자본을 하나씩 밀어내며 이를 일본 자본으로 대체해 나갔다. 프랑스인 감독 아래 착공된 철도 공사는 이제 일본인 기술자들의 손으로 진행되고 있었다.[*]

요컨대 한국의 철도는 ─ 역시 민간인들에 의한 ─ 주식 매입이라는 방법으로 일본의 세력 밑으로 들어간 것이다. 그 수법은 이른바

경부철도선의 풍경.

* 당초 프랑스 측에서 경의선 부설권을 얻어 냈으나 자금 부족으로 공사가 지연되면서 그 권리를 상실했고, 결국은 부설권을 강탈한 일본이 1904년 공사를 시작했다.

동청東淸철도*를 러시아가 차지한 것과 동일한 것이었다. 러시아는 자국의 신설 철도 인근에 러시아인으로 구성된 식민지 개척자들을 이주시켰다. 다시 말해 만주의 러시아화에 필요한 근거지 조성에 착수한 셈이었다. 일본의 경우 인계받은 철도 부설 사업을 일본인 일꾼들을 동원해 계속 진행시켰다. 이들이 철도 구간 근처에 집과 토지를 불하받으면서 한반도 전역에 걸쳐 일련의 일본인 거류지가 만들어졌고, 바로 거기에서부터 한국의 일본화가 진행되고 있었다. 한편 러시아는 자국의 철도 노선에 이른바 철도 위병을 투입해 병참 도로를 운용했다. 명목상은 무장한 선로지기였으나 실상 러시아의 철도 감시병은 제대한 코사크 기병 중에서 뽑아 온 정예 부대였다. 이 조처는 군사 식민지를 통해 토지 지배를 확고히 한다는, 일찍이 시베리아에서 검증된 원칙의 연장선 위에 있었다. 반면 일본은 한국에 부설한 철도의 출발 및 종착역에 수비대를 배치했는데, 일본인 거류지를 보호한다는 명목을 내걸었다. 하지만 철도 주변에서 소요라도 발생할 경우 쉽게 주둔군을 동원할 수 있다는 점에서 한국의 철도를 점령한 것과 마찬가지였다. 더구나 러시아는 한국보다 훨씬 불안정한 만주 사정으로 철도 보호에 더 골치를 앓을 수밖에 없었

* 치타에서 블라디보스토크까지 북만주를 횡단하는 철도 노선. 삼국간섭의 대가로 1896년 청에게 부설권을 얻은 러시아는 1902년 동청철도를 완성해 시베리아 철도와 연결시켰다.

다. 쇠약하고 맥없는 한국인들과 비교해 볼 때 만주는 끊임없이 무정부적 혼란 상태에 시달리고 있었던 것이다. 따라서 일본은 만주에 자리를 잡은 러시아에 대면 훨씬 쉬운 게임을 하는 셈이었다. 그런데 양국의 이익과 식민 전초기지가 충돌하는 경계선이 바로 압록강이었으니, 이곳에서 끝내 물과 불이 충돌하고 만 것이다.

여기까지의 과정에서 특히 눈길을 끄는 것은 러일전쟁 직전에 벌어진 마지막 외교 교섭이다. 당시 일본은 러시아와 충돌을 유도해 개전을 불가피하게 만드는 수완을 발휘했던 것이다. 특히 양국이 주고받은 각서들은 작금의 전쟁이 갖는 정치적 의미를 판단하는 데 중요한 자료이다. 러시아와 교섭에 나선 일본은 압록강을 두 나라 이익 범위의 경계선으로 설정하고자 했다. 외교적 성공에 고무된 일본이 만주라는 러시아의 둥지에 자국의 뻐꾸기 알을 집어넣지만 않았던들 어쩌면 러시아도 그 제안에 동의했을지 모른다. 그러나 일본은 산하이관山海関─뉴좡牛荘* 철도, 이 노선이 동쪽으로 이어진 것으로 영국의 자본으로 건설된 이른바 '청제국철도Imperial Chinese Railway' 그리고 압록강 너머로 부설될 한국(결국은 일본) 철도 등을 잇는 사업을 승인하도록 러시아에 요구했던 것이다. 일본의 속셈은

---

* 현재의 잉커우營口.

부산―톈진天津―베이징北京 등으로 이어질 직행 노선에 대해 러시아의 동의를 받아 내려는 것이었다. 하지만 그 같은 노선이 실현될 경우 러시아는 경제적 이득은커녕 막대한 손실만을 입을 게 뻔했다. 그 노선은 뉴좡 부근에서 러시아 철도와 교차할 수밖에 없었는데, 철도가 교차하는 지점에는 중요한 환승역이 생기게 마련이었다. 원래 시베리아 횡단철도에 실려 온 유럽의 화물은 막대한 자금이 투입되어 동아시아의 환적항으로 건립된 다롄大連을 그 목적지로 삼았지만, 이제는 새 환승역이 그 역할을 대신할 것이다. 그럼 이곳을 출발한 화물은 곧장 중국의 다른 지역으로 향하거나, 한국을 거쳐 일본으로 가게 된다. 시베리아 철도의 경제적 생존력은 전적으로 극동의 문명 중심지 중국과 일본에 달려 있는 터라 러시아가 일본의 요구에 동의할 경우, 이는 다스차오大石橋와 뤼순 및 다롄을 잇는 철도 노선이 국제 교통에서 배제되는 결과로 이어질 것이다.

실로 일본의 계산은 탁월했다. 일본은 애초부터 러시아가 경제적 파급 효과를 고려해서라도 그 조건을 수용할 수 없다는 점을 간파했다. 러시아가 큰 기대를 걸고 있는 자발함대Volunteer fleet*의 신규 기선

* 러시아 ― 터키 전쟁(1877~1878) 중 영국 함대의 위협에 대비해 일단의 러시아 상인들이 전함으로 개조 가능한 기선들을 구입한 데서 그 이름이 유래. 전쟁 뒤에는 주로 화물과 이민자들의 수송에 사용되었다.

서비스 역시 시작부터 마비될 게 뻔했다. 하지만 정치적 관점에서도 러시아는 일본의 요구를 받아들이기가 힘들었다. 그럴 경우에 러시아는 점령 중인 만주 땅에 영국과 일본의 이익에 봉사하는 철도를 놓아 주는 셈이 되고, 이는 얽히고설킨 동아시아 문제에 줄곧 위험 요소로 작용할 게 뻔했다. 한마디로 일본은 그 자체로는 무해한 듯 하지만, 러시아로서는 도저히 수용하기 어려운 조건을 제시한 것이다. 일본은 한 치도 물러서지 않았고, 끝내 거기서부터 전쟁이 시작되었다. 따라서 당시 교섭에 나선 일본이 러시아의 태도 때문에 부득이 전쟁으로 내몰리게 되었다는 얼토당토않은 소리는 사라져야 한다. 전쟁을 원한 쪽은 오히려 일본이었으며, 일본은 개전이 불가피하게끔 교섭 중에 이미 목표를 정해 놓았던 것이다.

마산포 쟁탈전

부산은 전략적으로나 통상 정책적으로 중요한 의미가 있었는데, 이는 부산이 동아시아의 칼레Calais*라는 점에 근거한다. 이때 도버Dover는 시모노세키가 될 것이다. 러시아의 동아시아 구상이 계획대

---

* 프랑스 북부 항구도시. 해협을 사이에 두고 영국의 도버Dover와 마주한다.

로 완결되었다면, 다롄의 역할은 부산에 돌아갈 공산이 컸다. 사실 러시아 쪽도 한국을 낚을 낚싯줄은 제대로 고정해 놓은 상태였다. 한국에서 가장 중요한 철도 부설권은 일본이 적극적으로 활동하기 전만 해도 프랑스가 쥐고 있었다. 하지만 부설권 장사로 한몫 보려는 작자들이란 정치적으로도 썩 믿을 만한 상대가 못된다. 그리하여 거래에 능숙한 일본이 철도 주식의 대부분을 차지해 버렸고 러시아로서는 잇속을 챙길 기회를 날려 버리고 만 것이다.

따라서 부산에서 말을 달려 서쪽으로 6시간 거리에 있는, 전략적으로 중요할뿐더러 훌륭한 항구인 마산포를 러시아가 점령하려고 했을 때 그 의미란 쓰시마 해협을 지나는 러시아 선박의 안전이 보장된다는 정도였다. 그렇게 되면 마산포는 부산의 수상쩍은 이웃이 되는 셈이었다. 통상정책적인 측면에서도 마찬가지였는데, 한반도 남쪽에서 가장 긴 뱃길인 낙동강 어귀에 가까운 것도 부산보다는 마산포였기 때문이다. 일본이 자국과 한국 사이의 해협에 자리한 쓰시마 섬을 거대한 현대적 방어 시설로 개조함으로써 그 해협의 주인 자리를 꿰찬 마당에, 러시아가 마산포를 점령할 경우 더할 나위 없는 정치적 응수가 되었을 것이다.

알다시피 러시아는 그 게임에서 일본에게 꼼짝없이 당하고 말았다. 러시아의 실패는 당시 법석을 떤 영국과 일본 언론의 책임이었다기보다는 일본의 식민정책이 러시아의 그것을 압도했기 때문이었다. 습관대로 뒷문으로 행동을 개시한 러시아는 자국 상인들을 동원해 마산포 땅을 대규모로 매입하려고 했다. 그러면서 말로는 상사 지점들이 들어설 땅이라고 둘러댔다. 사람들은 상사라는 말을 당연히 석탄 기지로 이해했다. 그다음에는 조만간 이 저탄장을 보호하기 위해 마산포에 군함 한 척이 정박한다는 발표가 나올 것이다. 군함이 정박한 가운데 잇따라 후속 조치들이 취해질 터이고, 그러면 끝내 마산포가 슬그머니 러시아령이 될 날이 올 것이다.

하지만 러시아 상인들은 땅 매입 과정에서 사전 협상 단계를 넘지 못했다. 러시아의 움직임을 눈치 챈 일본 정부가 한국 정부를 압박해 마산포를 각국의 무역에 개방하도록 했기 때문이다. 그런데 이 새 '조약항'에서 외국인 거류지로 쓸 토지가 구획되고 토지 경매일이 공고되자, 수많은 일본인들이 - 역시 민간인들이었는데 - 삽시간에 마산포로 몰려들었다. 경매가 끝나자 놀라운 결과가 나왔다. 일본인들이 거류지용 토지를 싹쓸이한 것이다. 말하자면 일본 거류지가 하룻밤 사이에 마산포에 뚝딱 완성된 셈이었다. 일본은 토지 매입자들과 더불어 일찌감치 관리 하나를 마산포에 파견했고, 그가 곧 영사 역할을 떠맡았다. '조약항'이라는 곳에는 통상조약에 근거해 영사단을 통한 자체적인 행정 기구가 있게 마련이다. 그런데 서양인이 전무했던 마산포에 서구 열강들이 영사를 파견할 이유가 없었으니 ― 러시아도 예외가 아니었다 ― 결국은 일본 영사 혼자서 주인 노릇을 하게 되었다. 마산포는 러시아령이 되기는커녕 하룻밤 사이에 일본령이 되고 말았다. 곧이어 일본 경찰이 건너와 새 거류지의 치안을 떠맡았다. 한마디로 일본이 들어앉고 러시아가 밖으로 내몰린 격이었다. 가난한 일본은 순식간에 많은 돈과 자원병들을 끌어모았고, 한국에 건너온 이들은 러시아에 대항해 비록 무혈의 싸움일망정, 격전을 치를 만반의 태세를 갖추었다. 대국 러시아는 이번에도 너무 느렸다. 속담에 "먼저 온 사람이 먼저 빻는다"는 말도 있지만, 러시아는 아예 빻을 기회조차 놓치고 만 것이다. 일본으로서는 인위적으로 거류지를 건립함으로써 ― 하지만 이 거류지는 그 생존력을 입증해 보였다 ― 러시아한테서 마산포에 군사적 보호가 필요한 주요 이권이 있다는 구실을 앗아 갔다. 이후로 러시아는 일본을 상대로 두 번 다시 그 같은 경제적 다툼에 나서지 않았다.

위험한 동해

이곳 부산에서도 전쟁 소식은 거의 들리지 않았다. 일본군이 가끔 한반도 북부의 항구로 군량과 병력을 보내는 거점으로 부산을 이용하기는 했지만, 상륙하는 부대를 목격하기는 쉽지 않았다. 경찰 병력에 필요한 병사를 약간 빼고 부산항에 주둔하던 병력 대부분을 북으로 파병한 사실만 보더라도, 일본이 벌써부터 러시아에 대해 우위를 느끼고 있다는 것을 눈치 챌 수 있었다. 그런데 며칠 전, 부대 승선 장면이 항구에서 목격되었다. 승선은 아주 모범적으로 정숙하고 질서정연하게 이루어졌다. 다만 몰려든 인파와 군중 속에서 자발적으로 '반자이' 소리가 두 차례 울려 퍼져, 지금 일어나고 있는 일이 특별한 사건임을 짐작할 수 있었다. 그런데 이 '반자이' 소리에도 불구하고, 나는 여태 일본인처럼 감정 표현을 잘 억제하는

부산항의 일본 부대 환송식.

냉정한 민족을 본 적이 없다. 그들은 기본적으로 이지적인 인간이었던 데다 스파르타식 교육을 통해 속마음을 드러내기를 억제당하고 있었던 것이다.

원산행 기선들이 출항 직전 번번이 취소되는 사태를 본 우리는 동해가 여전히 위험 지역이라는 것을 추측할 수 있었다. 블라디보스토크 함대가 얼마 전 원산항으로 와서 일본 상선 두 척을 어뢰정으로 격침했다는 소식도 들려왔다. 뿐만 아니라 정력적인 스크리들로프 제독이 지휘하는 그 블라디보스토크 함대는 병력 수송 중이던 또 다른 일본 상선을 동한만에서 침몰시키기도 했다. 당시 배에 타고 있던 일본 병사들은 투항을 거부했고, 통고된 한 시간 안에 배를 떠나기는커녕 오히려 러시아 선단에 사격을 가하는 무리수를 두고 말았다. 이어 선상에서는 참혹한 장면이 펼쳐졌다. 러시아 해군은 일본의 소형 수송선 선원들이 건넨 총포 인사에 함포로 답례하는 것을 잊지 않았다. 그리고 마지막 순간에, 구조를 받아 보트에 올랐거나 러시아 포탄에 살아남은 일본 군인들은 그 유명한 할복자살을 시작했다. 할복자살은 배를 가른 뒤 숨이 끊어질 때까지 손으로 내장을 끄집어내는 오랜 전통의 자살 방법으로, 이런 상황에서 택할 수 있는, 신분에 어울리는 유일한 죽음의 방식이었다. 물론 우리의 기준으로는 절망적인 상황 속에서 우세한 적을 피할 생각도 않고

침몰하는 일본 부대 수송선과 선상의 할복자살(일본 삽화).

자결한다는 것은 어리석기 짝이 없는 짓이었다. 이런 죽음은 아무에게도 이득이 없었다. 다만 죽음을 경시하는 태도, 영웅적 죽음을 택한 행위가 남은 동포들을 격려하고 적들의 사기를 꺾는 효과를 줄는지는 모른다. 이번 전쟁에서도 입증되었듯이, 일본에는 그저 순교자가 되고픈 야망 하나 때문에 이 어리석은 방법으로 목숨을 바칠 영웅들이 차고 넘쳤다. 러시아군을 압도하는 정신적 힘은 분명 거기에 뿌리를 두고 있었을 것이다.

물론 상인들은 좀 더 신중했다. 이들에게 순교의 왕관 따위는 아무 쓸모가 없었다. 쉽게 녹이 슬고 좀이 먹는 상품을 안전하게 확보하는 것이 최우선이었던 상인들은 조국에 몸 바치는 영광을 누리기보다 자신들의 물건이 위험에 처하는 것을 두려워했다. 이런 점에서 세상의 상인들은 모두가 한마음 한뜻이리라. 따라서 그 사건 뒤로 원산으로 출항한 상선은 단 한 척도 없었다. 일찍이 고베에서 '니폰유센카이샤' 소속 원산행 기선이 발이 묶이는 통에 우왕좌왕하는 경험을 했던 우리는 부산에서도 똑같은 상황을 맞이한 것이다. 내일은 필히 원산으로 떠난다고 했다가, 정작 다음 날이 되면 항해가 취소되는 바람에 일본으로 귀항했다는 소식을 듣는 일이 매일매일 반복되었다. 결국 여기서도 기다리는 수밖에 없었다. 원산행 선박에 대한 수요는 분명히 있었다. 해관에서 전해 듣기로는 원산으로 가야 할 화물이 부산에 산더미처럼 쌓여 있는 실정이었다. 어쨌거나 전쟁 물자는 좋은 돈벌잇감이 되었던 것이다. 우리는 짐을 다 싸 놓고 예정된 기선을 타고 출항할 뻔한 적이 벌써 두 차례나 있었다. 매번 기선이 항구에 대기 중이었다. 승객들은 매시간 곧 승선권이 발부될 것이라는 말을 들었지만, 끝에 가서는 배가 일본으로 회항했다는 소식이 들려왔다.

아무래도 배편으로는 도저히 원산에 닿을 가망이 없어 보였다. 그리하여 우리는 건설 중인 철길을 따라 서울까지 육로로 여행할 수 있을지를 알아보았다. 하지만 그쪽도 사정이 여의치 않기는 마찬 가지였다. 벌써 일본이 짐 나르는 마소는 물론이고 영어나 일본어를 하는 한국인 대부분을 북쪽으로 징발하는 바람에 통역을 찾기는 하늘의 별 따기였다. 한참을 수소문하고 기다린 끝에 마침내 떠듬거릴 망정 영어를 할 줄 아는 한국인을 찾았다. 하지만 자기가 타고 갈 동물을 비롯해 여행 중 식사를 제공받는 조건으로 월 60엔이라는 터무니없는 액수를 부르는 바람에 즉시 흥정을 중지했다. 아무리 외국인이 드물다 하기로서니 부산에서 한국인들이 요구하는 가격은 한마디로 어처구니가 없었다. 통상 가격의 1,000퍼센트를 부르는 경우도 결코 드문 일이 아니었다.

부산의 일본인

　그만한 돈을 지불할 마음이 없기는 일본인도 마찬가지였다. 이들이 한국인을 상대로 돈 대신 발길질로 값을 치르는 것을 지겹도록 보아 온 나는, 하루는 나들이를 갔다가 재미있는 계산법을 목격했다. 상거래, 특히 금전 거래에서 자행되는 부정한 행위는 일본 상인의 본성과 딱 어울리는 것이었다. 이들이 부정직의 화신이라는 것은 숱한 서양인들이 몸소 체험한 사실이다. 아무튼 그 나들이길에서 한국인 짐꾼 하나가 얼마간 우리 사진 장비를 나르게 되었다. 나는 사례로 일본 돈 10센을 건네주었다. 우리 부부 생각에 그 정도면 충분하고도 남는 액수였다. 일꾼도 진심으로 고마워했고, 일본인보다 다섯 배는 더 많이 주었다는 생각에 나도 흐뭇했다. 마침 우리가 있던 곳은 일본 가게 앞으로, 내가 방금 거기서 파인애플 통조림을 구입했던 곳이다. 짐꾼은 자신의 형편으로는 큰 액수였던 그 돈을 가게 주인에게 건네고는 환전을 부탁했다. 주인은 구멍 뚫린 엽전 한 꾸러미를 꺼내 들었다. 참고로 일본의 입맛대로 정해진 환율에 따르면 한국 돈 7푼은 1센에 해당했다. 주인은 엽전 몇 닢을 세더니 일꾼에게 건넸고, 다시 그 돈을 세어 본 일꾼은 썩 만족해하며 가게를 나서려 했다. 하지만 엽전의 양이 형편없이 적음을 알아챈 나는 터벅터벅 걸어가는 일꾼을 불러 그 한 움큼의 동전을 이리 주어 보라고 했다. 동전을 하나씩 세어 본 결과 전부 40개에 불과했는데, 공식 환율 10센을 적용했을 때 30푼이나 모자란 액수였다. 대체 일본인 환전상은 얼마나 막대한 수수료를 챙긴 것인가! 내가 나서서 따지자 일본인은 짐꾼에게 5푼을 더 얹어 주었다. 그 후한 인심에 짐꾼이 깜짝 놀랐다. 이 한국인은 10센당 40푼의 환율을 당연한 것으로 여겼던 것이다. 이것이 바로 일본이 식민지에서 값싼 노동

항구에서 바라본 부산.

력을 제공 받는 비결이었다. 그런데도 일본인은 서양 상품의 조악한 모방품을 팔아먹으며 한국인들에게 엄청난 돈을 뜯어내고 있었던 것이다.

부산의 일본인 마을은 숲이 우거진 언덕 주변에 있었다. 언덕배기 남쪽 4분의 3 높이쯤에 부산에서는 드물게 서양식으로 지어진 일본 영사관 건물이 자리했다. 언덕 기슭을 따라서 남쪽과 서쪽에 걸쳐 중앙로가 이어져 있었다. 또 서쪽 방면의 언덕과 항구의 만곡부 사이로 훌륭한 건축 부지가 펼쳐져 있었으며, 현재 부산은 이 방면으로 부지런히 확장 중이었다. 지난 몇 년 사이에 조성된 구역 같았는데 집 몇 채는 아직도 짓는 중이었다. 다른 편, 즉 옛 부산 방면으로도 도시는 적잖이 확장된 상태였고 여전히 뻗어 나갈 여지는 충분해 보였다. 일본인들은 이곳에서 본격적인 건설에 앞서 정지 작업에 한창이었다.

누차 말했듯이 이곳 일본인 지역을 보고 있노라면 마치 일본의 어느 도시에 온 듯한 착각에 빠졌다. 창호지문이 달려 있는 낮은 목조 건물들이 흔했고, 일본 상인과 직공, 가게들이 곳곳에서 눈에 띄었다. 일본 가게에는 자국 제품과 외국 상품이 다 있었는데, 모두가 일본에서 볼 수 있는 것들이었다. 하지만 서양 상품은 거의 눈에 띄지 않았다. 있다 하더라도 죄다 '메이드 인 재팬'이었다. 큰 상점들은 중앙로에 몰려 있었다. 특히 눈길을 끈 것은 수많은 환전상들이었다. 한국인을 상대로 앞에서 언급한 방식대로 환전 거래를 한다고 볼 때, 그 가게들이 번창하는 것은 당연했다. 영사관 이외의 서양식 건물로는 철두철미 서양식으로 운영하는 일본 우체국 건물을 꼽을 수 있었다. 부산과 일본을 잇는 우편망은 나무랄 데 없었고, 나가사키로 전보를 보내고 받는 데도 몇 시간이면 충분했다. 나는 마침 부산에 상륙하자마자 이 사실을 시험해 볼 기회가 있었다. 사라진 가방의 행방에 대해 전보를 친 것인데, 도착한 회신에는 가방에 관해서라면 듣도 보도 못했다는 내용만이 담겨 있었다.

모기장

이로써 우리는 달갑지 않은 과제를 수행해야 했다. 고베에서 분실한 물건 중 몇 가지 필수품을 재구입해야 했던 것이다. 물건을 구하러 나선 우리는 승마용 가죽 장화를 찾는 데는 실패했지만, 대용으로 갈색 범포로 만든 각반을 여러 개 찾아냈다. 또 사라진 낙타털 이불 대신에 일본 누비이불을 여러 장 구입했는데 비상용으로는 그럭저럭 쓸 만해 보였다. 하지만 근사한 말털 베개는 잊어야 했다. 대신 구입한 원통형 일본 베개는 속이 왕겨로 채워져 있었다. 일본인들은 이 베개를 목덜미에 끼워 넣고서 잠을 잤다. 하지만 목은 물론 털이 없는 관자놀이께도 베개에 대고 자는 우리 서양인은 아침에 일어나면 얼굴에 베개 자국이 남기 십상이었다. 또 베갯속으로 쓰인 뾰족한 왕겨가 망을 비집고 나와 살갗을 파고들거나 간지럽게 했는데, 심지어는 콕콕 찔러서 아플 때도 있었다. 우리로서는 이 괴이쩍은 마사지에 피부를 적응시킬 수밖에 없었다.

정작 애를 먹은 건 모기장을 구하는 일이었다. 우리는 다행히도 첫날에 이 요긴한 필수 장비를 구하는 데 성공했다. 물론 모기장에 사용되는 망사 같은 재료는 부산 어디에서도 보이지 않았다. 그러나 '필요는 발명의 어머니'라는 말도 있지 않은가. 우리는 모기장으로 쓸 만한 다른 천이 없는지 유심히 살펴보았다. 우리의 눈길이 머문 곳은 한국인이라면 남녀를 불문하고 너나없이 펄럭이며 입고 다니는 흰색 웃옷이었다. 풀을 먹여 광택을 낸 그 빳빳한 광목천은 얇은 데다 올이 성겨 망사 못지않게 바람이 잘 통했다. 일본 포목점이 보이자 우리는 곧바로 그 흰색 옷감을 구입했다. 그러자 두 번째 시련이 우리를 기다리고 있었다. 대체 어디서 이 천을 꿰매 모기장을 만든단 말인가? 재단사며 재봉틀 가진 사람을 포함해 부산에 사는 일본인 가운데 누가 과연 그런 것을 만들어 보았겠는가. 하지만 이번 해답 역시 "하늘은 스스로 돕는 자를 돕는다"는 원칙이었다!

우리는 인근 재봉가게에 들어섰다. 길 쪽으로 트인 실내에서 직공 대여섯 명이 작업 중인 가운데, 최소 넉 대의 재봉틀이 달가닥거리며 빠르게 돌아가고 있었다. 주인으로 짐작되는 일본인 재단사가 유난히 높은 의자에 다리를 꼰 채 앉아 있었고, 곁에는 재단 받침대로 쓰이는 커다란 판자가 보였다. 큼직한 뿔테 안경을 쓴 주인은 부산에서 발행되는 일본 신문 최신호를 골똘히 읽고 있었다. 또 바깥에는 뙤약볕이 쏟아지는데도, 여름이고 겨울이고 늘상 하던 대로 한 손을 화롯불 위에 올려놓고 있었다. 주인이 외국어라고는 한마디도 못 하는 데다 복잡한 사정을 사환을 거쳐 전달하기도 여의치 않아, 우리는 주로 몸짓으로 대화를 이어 갔다. 나는 일단 좀 전에 구입한 천조각부터 보여 주었다. 그러자 주인은 옷감과 우리 쪽을 번갈아 가리켰는데, 아무래도 그로부터 한국옷 한 벌을 짓겠다는 뜻 같았다. 결국은 손짓 발짓도 소용이 없어서 나는 직접 주인의 재단용 자를 집어 들었다. 그리고 모두들 일손을 멈춘 가운데, 치수를 재고 옷감을 자르니 어느새 쓱싹 잘린 천조각들이 눈앞에 나타났다. 나는 바느질 정도는 일본인들이 알아서 해결하리라 기대하며 바느질할 이음 부위를 주인의 코앞에 내밀었다. 아니나 다를까 그는 연신 몸을 굽실대며 좋아라 했고, 나머지 직공들도 다들 좋다고 킥킥대는 것이었다. 어쩌면 그들은 나를 자신들과 경쟁할 서양인 재봉

가게 주인쯤으로 여기고 있는지도 몰랐다. 말이 안 통한 나머지 답답해진 나는 끝내 주인과 직공들 사이를 가르고 있던 난간을 넘어갔다. 그러고는 아내의 도움을 받아 첫 번째 이음 부위를 재봉틀에 끼운 뒤 내 재봉틀 솜씨를 선보이기 시작했다. 그 순간 일본인들은 자신의 짐작이 옳았다고 생각했을 것이다.

내가 솜씨를 발휘하는 동안 가게 앞으로는 자연히 구경꾼들이 몰려들었는데, 서양인이 일본인한테 재봉틀질을 배우고 있다고 생각해서인지 다들 희색이 만면했다. 하지만 주인에게는 구경꾼들의 수다가 도를 넘고 있었다. 옆에 놓인 대나무 자를 치켜든 주인은 이제까지의 품위는 깡그리 잊은 채 의자를 박차고 내려와 한국인이 대부분인 그 구경꾼 사이로 돌진해 갔다. 기습 공격에 미처 좌우로 피할 틈이 없었던 그들은, 차라리 다닥다닥 붙어 선 채로 나자빠져 위로 다리를 뻗는 편을 택했다. 그러고는 함께 포개진 그대로 먼지 속을 나뒹굴며, 비할 데 없이 능숙하게 주인이 휘두르는 자를 피해 가는 것이었다.

한편 내게 재봉틀을 빼앗겼던 일본인 직공은 어느새 내가 원하는 바를 이해하고선, 모기장 이음 부위를 말끔히 바느질해 놓았다. 아내가 그동안에 흰색 아마포 두루마리를 찾아내 띠 모양으로 잘라 놓았던 터라, 이제 귀퉁이만 꿰매면 되었다. 30분이라는 길다면 긴 시간이 흐른 뒤 우리 모기장은 마침내 바느질까지 마치고 완성된 모습을 드러냈다. 그러고는 부산에서 발행된 지난 호 일본 신문으로 말끔하게 포장까지 되었다. 일본인을 상대로 재단과 재봉틀질을 가르쳐 준 대가로 기꺼이 반 엔을 지불한 우리 부부는 기분 좋게 숙소로 돌아왔다. 모기장이 다시 생기다니 이 얼마나 다행한 일인가. 창호지문에 구멍까지 뚫고 엿보는 질긴 시선도 촘촘한 우리 모기장 앞에서는 속수무책이리라. 접이침대를 바닥에 펼친 우리는 그 위로 끈 하나를 매달아 모기장 상단을 연결했고, 하단은 매트 밑으로 넣어 고정시켰다. 이제야 우리는 쉴 새 없이 윙윙대는 모기는 물론이고 그 못지않게 질기고 고약한 일본인들의 시선 앞에서 한시름을 놓게 되었다.

옛 부산

부산의 일본인 거류지에서 한국 국민의 실생활을 관찰하기란 어려운 일이었다. 이곳에도 한국인들이 많이 살긴 했지만 거개가 일꾼들이었다. 좀 더 높은 계층의 한국인 몇몇이 해관에서 서기로 일하고 있었다. 우리와도 종종 이야기를 나누는 한 사람은 영어에 능통했을뿐더러 서글서글하면서 겸손한 인상을 풍겼다. 아무튼 함께 일하는 일본 직원들에 대면 한결 품행이 단정했다. 일본인의 공손함이란 늘 미묘한 사안이었다. 일본인은 굳이 필요를 못 느낄 경우, 특히 자신보다 아래여서 무시해도 좋다고 판단된 이방인에 대해서는 무례하기로 첫째가는 사람들이었다. 한국인들에게는 아직도 훌륭한 중국식 교육의 흔적이 엿보였다. 형식적으로 굽실대는 일본인의 공손함에 비하면 중국에서 접하는 공손함이란 훨씬 진솔했다.

부산에 머무는 동안 잠시라도 한국인 본연의 생활 모습을 보고 싶었던 우리는 어느 오후에 이른바 옛 부산, 즉 부산의 한국인 마을로 나들이를 떠났다. 일본 시가를 동쪽 방향으로 벗어나자 앞에는 빈터가, 오른쪽 아래로는 부산항이 펼쳐졌다. 앞에서도 말했지만 이곳은 건축 부지로 쓰기 위해 현재 땅고르기 작업이 한창이었다. 저 언덕 위 왼편으로 부산 해관장의 자택을 비롯해 서양식 저택 몇 채가 눈에 띄었다. 지금 걷는 길로 쭉 따라가면 기차역이었다. 역은 일본인의 부산과 한국인의 부산 중간쯤에 자리했다. 역으로 가는 길은 잘 닦여 있었고, 왼쪽으로 한국 마을 두 곳을 끼고는 언덕 위로 이어졌다. 주민은 대부분 공사장 일꾼들인 듯했다. 내리막으로 접어든 길은 앞에서 말한 중국인 거류지에 닿아 있었다.

그런데 이곳은 또 사뭇 다른 세상이었다. 상하이의 버블링웰 로드 Bubbling Well Road[*] 끝자락에 있는 마을 혹은 페낭이나 싱가포르의 중국인 이주지에 온 듯한 착각마저 들었다. 중국인 거리는 어디나 그 모습이 똑같았다. 여기에도 금장식 간판이 대롱대롱 매달려 있었고, 좁고 지저분한 방에 놓인 계산대 뒤로는 웃통을 벗은 채 말라빠진 몸을 드러낸 중국인들이 머리를 길게 땋거나 목덜미까지 반쯤 내려 뜨린 채로 앉아 있었다. 이들은 주로 성냥과 담배, 소금, 기타 잡화를 취급했다. 하지만 정작 큰 돈벌이는 밀수로서, 중국인 밀수꾼들을 붙잡느라 일대 수색이라도 벌이는 날에는 이 나라 해관이 제공하는 최고의 구경거리가 펼쳐졌다. 이때 적발된 중국인들이 고액의 통관 위반 벌금을 조달하는 속도란 가히 상상을 불허했다.

역까지는 가까웠다. 경부철도 역사는 단층의 벽돌 건물로서, 승강장을 덮어 주는 지붕과 개찰구도 갖추고 있었다. 하지만 현재는 3등 열차만 운행 중이었다. 우리는 얼마간 항구를 따라 나 있는 철둑길을 걸었다. 이 길은 한국인들도 즐겨 찾는 곳 같았다. 깨끗이 세탁한 옷을 맵시 있게 흩날리며 걷는 쌍들을 여럿 만날 수 있었다. 남자가 여자의 손을 잡은 채로 또는 여자가 다정하게 남자 곁을 따라 걷고 있었다. 물론 우리는 우리가 그들을 관찰하는 동안에 우리 역시 똑같은 식으로 관찰당하리라는 사실을 까맣게 잊고 있었다. 이윽고

---

* 상하이 영국 거류지에 건설된 도로.

오리 떼가 신나게 헤엄치는 우리 왼편의 연못 저 너머로 한국인의 부산이 그 모습을 드러냈다. 우리는 적이 실망했다. 그곳에는 그저 나지막한 잿빛 초가집만이 옹기종기 모여 있었다. 헨첼 씨의 친절한 설명대로 그런 집에 산다는 건 생각만으로도 끔찍했다. 따라서 난생 처음 제대로 된 한국 마을과 맞닥뜨린 우리는 그 비밀을 캐내는 데 굳이 서두를 이유가 없었다. 우선 인근 언덕부터 들러 가기로 했다.

한국 중류층 부부. 옛 부산.

향회 일행

바닷가에 그림처럼 자리한 언덕은 정상이 솔숲으로 우거져 있었
고, 숲 속에는 작은 사찰 한 채가 들어서 있었다. 우리는 언덕을
올라갔다. 절간의 문이며 창이 죄다 닫혀 있었다. 그런데 안에서 무
슨 말소리가 들려왔다. 호기심에 절 주위를 빙 돌아본 우리는 뒤쪽
에서 계단을 발견했다. 그 계단을 올라간 우리는 어느새 작고 어스

옛 부산의 회당會堂.

름한 방 한가운데 서게 되었다. 안에서는 흰옷을 입은 남자들 여러 명이 열띤 토론을 벌이던 중이었는데, 일부는 앉아 있고 일부는 무리 지어 서 있었다. 우리의 갑작스런 등장에 그들은 멈칫했다. 하지만 우리로서는 행운이었다. 회의 중이던 옛 부산의 향회郷會에 영문도 모르고 우리가 들이닥친 것이다. 이제 향회 사내들의 관심은 일제히 우리 두 사람과 우리 옷, 사진 장비 등에 쏠렸다. 손짓 발짓을 동원해 나는 마침내 이들을 절 계단에 한데 모으는 데 성공했다. 열띤 토론에 몇몇은 벌써 얼굴까지 붉어져 있었지만 기꺼이 내 사진

옛 부산의 향회 일동.

촬영에 응해 주었다. 사진기를 앞에 두고 온갖 법석을 떠는 통에 그들을 잠시 동안 가만히 있게 하는 데는 꽤 요령이 필요했다. 결국 일행을 고정시켜 촬영에 성공했고, 어느덧 헤어질 시간이 찾아왔다. 그들은 너도나도 우리 부부와 점잖은 악수를 나누고자 했다. 투박스런 일본인의 손과 달리 이들의 손은 대부분 길고 가늘며 부드러웠는데, 마찬가지로 중국에서는 일꾼들조차 모두 그런 손을 하고 있었다.

우리는 드디어 부산의 한국인 거주지로 발걸음을 옮겼다. 사실 이곳을 묘사하는 것은 간단했다. 보이는 거라고는 진흙으로 지어서 초가지붕을 얹은 오두막집이 전부였기 때문이다. 특이한 건 가로로 설치한 나무 베란다였는데 그 위를 지붕 전면부가 덮고 있었다. 한국인의 생활은 바로 이 툇마루를 중심으로 돌아갔다. 여기서 직공들이 일을 했고, 장사꾼들은 물건을 펼쳐 보였으며, 주인 남정네는 쭉 뻗고 누워서 말총으로 높이 엮은 검정 모자를 얼굴에 덮은 채로 잠을 잤다. 잠자는 것은 그야말로 한국인의 중요한 취미 생활이었다. 한편 바깥채는 네모난 마당으로 이어졌다. 마당은 또 다른 초가집들로 빙 둘러싸여 있었고, 역시 마당을 향해 툇마루가 개방된 구조로 되어 있었다. 여기서는 주로 아녀자와 하인들이 지냈다. 그런데 한국인들이 거주하는 부산은 흡사 죽은 도시를 연상시켰다. 일체의 상업 활동이 일본인 거류지로 옮겨 간 듯했다. 하지만 이곳도 한때는 교통의 요충지였다. 근처에는 성벽으로 둘러싸여 숙영지로 쓰였던 오래된 요새가 있었다. 이제는 그 성벽도 허물어졌고, 성벽 틈새로 부는 바람 소리만이 가끔씩 귓전을 스쳤다.

을씨년스럽고 누추한 이 지역을 뒤로하고 다시 일본인 거류지로 향하자, 우리는 마음이 좀 놓였다. 우리 부부 모두가 지쳐 있었던 터라, 다시 찾은 역에서 마침 대기 중인 한국인 인력거꾼을 발견했을 때는 반가운 마음을 감출 수가 없었다. 그 기우뚱거리는 탈것에 아내를 앉힌 나는 사내에게 뛰지 않도록 당부했는데, 그는 내 말을 순순히 잘 따라 주었다. 그렇게 일본인 거류지에 있는 집으로 돌아왔는데, 글쎄 중국인 사환이 시킨 대로 화로에 불을 피워 놓지도 않고 또 감자를 깎아 놓지도 않았던 것이다. 순간 나는 화가 치밀어 올랐다. 녀석은 우리의 탐사 생활에는 도무지 관심이 없는 듯했다. 녀석을 비몽사몽 같은 삶에서 깨워 내 우리가 바라는 정도로 일하게 하려면 가끔씩 적당한 압박을 가할 필요가 있었다.

기차 여행

여전히 부산을 벗어날 가망이 없어 보이자 우리는 기차를 타고서 내륙으로 들어가 보기로 했다. 육로를 따라 서울로 가는 방법도 염두에 두고 있었던 터라 한번 내륙의 교통 사정을 살펴보고 싶었다. 부산과 서울에서 동시에 착공되어 한창 건설 중인 경부철도는 반년 뒤에 완공될 예정이었다. 아직은 부산에서 출발할 경우 내륙으로 70킬로미터 정도를 달리는 게 고작이었다. 어쨌거나 한 가지 대안은 철로가 중단되는 밀양에서 짐꾼과 마소를 구해 철로를 따라 말을 몰고 간 뒤, 서울에서 시작된 구간이 나타나면 그 지점부

부산을 출발한 경부선 열차.

터 다시 열차를 이용하는 것이었다. 하지만 이 같은 여행이 썩 달갑지는 않았으니, 나로서는 처음에 의도했던 소기의 목적을 이룰 수 없을 것 같았기 때문이다. 게다가 내륙 지방으로 가는 출발지로는 서울이 여느 곳보다도 불리해 보였다. 부산에서 배운 게 있다면, 일본인들은 그 같은 여행을 어떻게든 방해하려 들 거라는 사실이었다.

우리는 날을 잡아 밀양역을 목적지로 일종의 정찰 여행을 떠났다. 하루에 한 번 다니는 기차가 이른 아침 부산을 출발했다. 첫 번째 역은 '동래'역이었다. 옛 부산을 지금은 그렇게 부르고 있었다. 동래를 뒤로한 기차는, 우리를 낙동강 골짜기와 갈라놓고 있던 산 하나를 넘었다. 이어 한국에서 가장 긴 강의 하나인 낙동강을 따라 40킬로미터쯤을 더 달렸다. 강 골짜기가 서쪽으로 꺾이는 지점에서 철로는 저 혼자 계속 서북서 방면으로 이어졌다. 열차는 70킬로미터 거리를 2시간 30분에 주파했다. 우리가 하차한 낙동강 골짜기는 초록빛을 띠고는 있으나 안타깝게도 나무가 없는 산줄기에 둘러싸여 있었다. 높이가 500~600미터쯤 되는 이곳 산들은 일본의 산세를 많이 연상시켰다. 3등 객실뿐인 기차는 수많은 촌락들을 지나쳤는데 그 모습들이 마치 한 폭의 그림과도 같았다.

일본 경찰의 규정에 물들지 않은 한국인의 삶을 처음 관찰하게 된 것도 바로 이런 마을에서였다. 무엇보다도 아낙네들의 옷차림새가 우리의 시선을 끌었다. 그 옷은 품이 넓은 아마포 바지를 치마가 싸고 있는 모양이었다. 옷은 아시아식으로 잘 알려진 방법으로 입고 있었는데, 위가 넓게 트인 치마를 허리에 꼭 맞게 두른 뒤 남는 부분은 둘둘 말아 허리춤에 집어넣는 식이었다. 여성의 상체를 덮고 있는 것은 짧은 아마포 저고리로서 긴 소매가 짤막한 몸통 부분과 강한 대조를 이루고 있었다. 저고리는 목과 가슴 위쪽만 감싸고 있을

낙동강 골짜기로 이어진 경부선.

한국 시골 아낙의 의상.

뿐, 허리띠 윗부분과 젖가슴은 훤히 드러나 있었다. 반면에 도회지의 여인들은 외출할 때 머리에서부터 몸 전체로 늘어뜨려 입는 장옷을 걸치기도 했다. 아무튼 그 독특한 여성복을 처음 접하는 서양인들은 묘한 느낌이 들 수밖에 없었는데, 내 경우는 그 옷을 보자마자 자연스럽게 브랑겔 노인*에 관한 일화가 떠올랐다. 그러니까 성대한 궁정 무도회가 벌어질 때였다. 나이는 들었어도 아양 떠는 버릇은 여전했던 한 궁정 사교계 부인이 브랑겔 노인 앞에 나타나, 무릎을 굽혀 절을 한 뒤 자신의 새 의상을 가리키며 이렇게 물었다.

"각하, 저의 새 무도회 의상이 마음에 드십니까?"

"진정 아름답소이다."

브랑겔 노인이 대답했다.

"한데 너무 짧은 것 같소."

"각하! 옷자락을 말씀하십니까?"

"아가씨. 그러니까, 밑이 아니라 위쪽 말이오!"

그런데 많은 이들이 그러하듯이, 이국땅에서 맞닥뜨리는 이 같은 현상에 유럽의 엄격한 성 도덕을 적용함으로써 맨살을 드러내는 일이 − 사실 이 경향은 일본이 훨씬 심했는데 − 무조건 예절 감각에

* 프리드리히 폰 브랑겔Friedrich von Wrangel(1784~1877) : 프로이센의 육군 원수. 특히 그를 둘러싼 여러 재미있는 일화들이 전해진다.

어긋난다고 역설하기도 곤란한 노릇이었다. 예절 감각이란 것도 일차적으로는 풍습과 유행의 산물인 만큼 전 세계 사람들에게 똑같은 예절 감각을 기대할 수는 없기 때문이다. 유럽만 하더라도 유행에 크게 좌우되는 게 바로 이 예절 감각이었다.

아무튼 우리의 나들이는 별 소득이 없었다. 알아낸 중요한 정보라면, 내륙에는 사람과 마소가 충분해 일행을 모아 서울로 가는 게 그리 어렵지 않다는 사실이었다. 하지만 같은 목적이라면 차라리 기선을 택하는 쪽이 편했다. 부산과 서울 구간은 별로였지만 부산과 서울의 관문 격인 제물포를 잇는 뱃길은 전적으로 신뢰할 만했다. 다만 앞에서 말한 이유들로 서울로 가는 것은 논외의 일에 속했다.

5. 부산과 블라디보스토크 중간쯤

우라토마루호

약 2주를 기다린 끝에 우리는 마침내 부산과 작별을 고했다. '우라토마루'라는 이름의 일본 기선 한 척이 항구에 대기하고 있었다. 틀림없이 원산으로 가는 배라고 했다. 그런데 이 우라토마루호라는 녀석은 혐오스럽기 그지없는 배였다. 변변한 선실도 없는 데다 나무로만 제작되어 기껏해야 400톤급이었고 시속 7.5해리로 달린다고 했다. 다만 이 속도는 뱃사람의 말을 빌리자면 눈이 멀까 봐 바다에 침 뱉기를 꺼릴 정도로 수면이 반짝거릴 경우에나 가능한 것이었다.

하늘이 저녁노을로 물들 무렵 우리는 그 일본인 해관원 앞에 한 번 더 모습을 나타냈다. 그리고 지금 저무는 해가 내일이면 어김없이

다시 떠오르듯, 우리도 다시 부산에 나타나 5엔에 대한 우리의 고귀한 권리를 되찾겠노라고 통고했다. 볼얀 씨와도 마지막 악수를 나누었고, 헨첼 씨는 한국산 조랑말은 서양식 안장에 질색한다는 점과 한국 집들은 천장도 낮고 벌레투성이라는 점을 거듭 상기시켰다.

마침내 우라토마루호의 가벼운 닻이 오르면서 배는 끙끙 가쁜 숨을 내쉬며 항구를 빠져나갔다. 부산에 적치되어 있던 원산행 화물도 모두 거두어 이 배에 선적했다. 그런데 작고 궁상스러운 우라토마루호는 설령 러시아인들에게 격침을 당한다 해도 별로 아쉬울 게 없어 보였다. 더구나 십중팔구 비싼 보험에도 들어 있을 것이다. 물론 위태위태한 배로 여행해야 하는 우리는 즐거울 턱이 없었다. 반면 배의 입장에서는 도중에 러시아 지뢰를 만나든 아니면 다른 방식으로든, 누추한 제 삶을 마감하는 일이 큰 문젯거리가 아닐 듯싶었다.

선상의 수난

막 항구 앞의 섬을 돌아선 배가 탁 트인 바다로 뱃머리를 돌렸다. 파도는 높지 않았으나 이를 보고 있자니 온갖 괴이한 상념들이 머릿속에 떠올랐다. 결국 우리는 갑판 아래쪽, 2등 객실로 꾸며진 이 배의 유일한 선실로 들어가기로 했다. 우라토마루호에 1등실이란 아예 존재하지 않았다. 아래쪽 객실에는 벌써 일본인 세 사람이 화롯가에 둘러앉아 아편 향이 가미된 미국식 담배를 피우며 연기를 푹푹 뿜어 대고 있었다. 가여운 아내여, 이제부터 당신에겐 인내와 체념의 시간이 시작되었구려!*

한반도 남동쪽 모퉁이가 가까워지면서 파도는 한층 거세졌다. 이런 지점에서는 으레 강한 조류가 모이게 마련이었다. 바다 자체가 워낙 사납기도 했지만, 상대가 연약한 소형 목조선의 승객들이라면 그렇게 기고만장하는 것도 이해 못 할 바는 아니었다. 우리 배는 가히 폐선 직전의 '고물 배'나 마찬가지였던 것이다. 일엽편주에 불과한 우리 배가 파도에 뒤흔들리는 통에 우리는 잔뜩 겁에 질려 있었는데, 어찌나 심하게 흔들어대던지 심지어는 파도가 배 위까지 쏟아질 정도였다.

이윽고 가파른 해안에 어둠이 짙게 깔렸다. 달은 보이지 않았다. 가물거리는 석유램프를 보고 있노라니 고물 배에 몸을 실은 우리는 더욱더 야릇한 기분에 빠져들었다. 하지만 정작 문제는 선실이었다. 우리는 웬만큼 배의 구조를 파악하고 있었다. 선실은 갑판 밑 뒤쪽

---

* 원문은 이 대목에서 진퇴양난의 무력한 상황을 설명하기 위해 다음과 같은 우화를 소개하고 있다. "'겁낼 필요 없어!' 하고 수탉이 지렁이에게 말했다. 그러고는 지렁이를 꿀꺽 삼켜 버렸다!"

이었다. 그리로 가려면 가파른 층계를 거쳐야 했는데, 몸을 돌리지 않고서 앞으로 내려갈 경우 굴러 떨어지기가 십상이었다. 층계만 가파르고 좁은 게 아니라 천장까지 낮아서 사람답게, 즉 목과 등을 꼿꼿이 세운 상태로는 도저히 내려가기가 어려웠다. 그런데 아래쪽 공기로 말하자면, 일본의 전쟁화에 등장하는 제아무리 용감무쌍한 칼잡이라도 이를 뚫고 공격하는 게 불가능할 정도로 심각한 상태였다. 그곳의 담배 연기는 이집트, 러시아, 쿠바 아니면 기껏 함부르크 산 궐련에 익숙한 문명인의 코에는 마치 썩은 달걀을 삼켰을 때와 같은 효과를 일으켰다. 하지만 어쩌겠는가. 갑판 위에 있으면서 튀는 바닷물에 젖느니 차라리 담배 향에 찌든 수건을 코에 매달고 있는 편이 훨씬 나을 것 같았다.

화로 주위에 쪼그리고 앉아 담배를 피우던 일본인들은 담배를 꺼 달라는 우리의 청을 못 들은 척했다. 이것만 보아도 일본인이 원래는 무례한 자들이라는 점, 또 그들의 청결함이 그렇듯 공손함도 겉치레에 불과하다는 사실을 알 수 있었다. 아무튼 우리는 되도록이면 고통을 줄이려 애썼다. 하지만 딱하게도 선실 창을 열 수가 없었다. 그랬다간 바로 갑판 대신 물 밑에 앉게 될 것이었다. 똑같은 이유로 계단에 이르는 갑판 승강구도 막아 놓았다. 가물거리는 두 개의 조잡한 석유등이 갑판 아래로 심한 냄새를 퍼뜨리고 있었다. 그리고 우리의 작은 배는 이 모든 것에 아랑곳 않은 채 앞뒤 좌우로 요동치고 있었다. 하필 우리가 앉는 곳 아래에서 스크루가 돌고 있었다. 고물 배의 후미가 바다 위로 쳐들리면서 저항을 잃은 스크루가 그르렁 소리를 내기 시작했는데, 그 소리가 어찌나 무시무시하던지 천하의 강심장이라도 배겨 내지 못할 정도였다. 나는 거짓말을 조금도 보태지 않고서, 온종일 이런 일을 당하는 게 감기로 꼬박 2주 동안 침대에 누워 있는 것보다 훨씬 끔찍하고 괴로운 일이라 장담할 수 있다.

작은 객실에는 일종의 단이 있었다. 부산을 출발할 때 이 위에 일찌감치 자리를 맡아 놓은 나는 거기다 간이침대를 펴고는 촘촘한 모기장을 쳤다. 모기장 안에 들어오니 텐트 속 같은 것이 유쾌할 것 없는 주위 환경과 차단된 기분이 들었다. 하지만 이게 다 무슨 소용이란 말인가. 침대에서도 공기는 매한가지였다. 미제 담배와 미국식으로 만든 일제 담배에 첨가된 달콤한 아편 향이 촘촘한 그물마저 뚫고 들어오는 데다, 침대에 누웠다고는 하지만 배의 요동이 괴롭기는 저 다다미 바닥에 쪼그리고 앉은 일본 승객들과 하나 다를 바가 없었다. 우리는 뱃멀미를 연상시키는 생각이라면 닥치는 대로 물리치려 했으나 말짱 헛수고였다. 땀구멍마다 땀이 비집고 올라왔고 위에 경련이 일어났다. 정체 모를 아니 분명한 그 무엇이 우리목을 옥죄고 들었다. 침샘은 오로지 세상의 쓴맛만을 느끼는 듯했고, 곧 우리의 기분마저 그렇게 변해 갔다.

"여긴 도저히 못 있겠어요. 갑판으로 갈래요. 파도 때문이라면 난간에 몸을 묶어도 좋아요!"

가엾은 아내가 껑충 뛰어 텐트를 빠져나갔다. 턱진 곳을 급히 뛰어내리느라 아내는 담배를 물고 있던 일본인과 부딪쳤고, 땅에다 코를 박은 그 일본인은 하마터면 담뱃불에 넘어질 뻔했다. 뒤따라 뛰어내린 나는 낮은 천장에 머리를 박았고, 좁고 위험한 계단을 올라가다 이번에는 갑판 승강구에 부딪쳤다. '세상이 싫어진' 사람들처럼 서로 몸을 붙인 채 난간에 기대선 우리 부부는 맑은 공기를 깊게 들이마셨다. 그런데 하필 이때 짓궂은 파도가 우리 발과 뺨을 한바탕 휩쓸고 지나가는 것이 아닌가. 게다가 성난 바다가 뱃속을 메스껍게 하며 배곯은 대구를 위해 적선을 강요하는 통에, 우리는 바다를 향해 원망을 퍼붓지 않을 수 없었다.

우리는 매서운 바람과 흩뿌리는 바닷물에 다소 정신을 차렸다. 공물을 바친 뒤로 바다가 다소 누그러진 듯했지만 – 우리는 대한해협의 경계를 이루는 곳 근처에 있었는데, 그 해협은 대체로 조류가 거세고 파도가 높았다 – 객실로 되돌아갈 수는 없다는 점에서 우리는 한마음 한뜻이었다. 그렇다고 마땅히 있을 데가 있는 것도 아니었다. 한여름이라 그나마 감기 걱정이 없다는 게 얼마나 다행인가! 갑판 위에서 자면 어떨까? 그럼 높은 파도는 어쩐단 말인가? 마침내 묘안이 떠올랐다. 객실로 통하는 승강구 옆에는 이른바 화물 선적 용 해치가 있었던 것이다. 그곳이 붕긋 솟아 있어서 해치 갑판까지 는 기껏 물방울 몇 개가 닿을까 말까 했다. 그 위에다 텐트를 치는 것이다.

"보이! 보오오오이!"

나는 소리쳤다.

반응이 없었다. 가련한 그 녀석은 주갑판 밑을 돌아다니는 중이었다. 세상에, 이른바 '선실'이라는 곳에서도 우리가 그 고생을 했는데 녀석이야 오죽할까! 나는 선실 한 모퉁이에서 자고 있던 일본인 승무원을 깨워 생사 불문하고 사환 녀석을 데려오라고 지시했다. 한참을 기다리자 우리의 중국인 사환이 도착했다. 당당한 표정에다 태도까지 단호했다. 대체 이 멍청한 녀석은 왜 그렇게 생글거리는 걸까? 한 번도 이런 적이 없었잖은가! 평소의 뚱한 성격과는 딴판으로 "굿 이브닝!" 하고 내게 사근사근 인사까지 건네는 게 아닌가. 그런데 이 소리가 그 흉한 이빨 담장을 빠져나오기 무섭게 녀석은 휙 몸을 돌려 난간 곁에 눕더니, 통 알아듣기 힘든 소리로 물고기들에게 말을 건네기 시작했다. '아, 브루투스 너마저도!' 이제 진짜배기 오리엔탈식 연주회가 펼쳐졌는데, 그 음색을 듣건대 발렌슈타인 진영의 병사들조차 그들이 숭배하는 지휘관보다는 차라리 우리 사환한테서 헛기침하고 침 뱉는 요령을 더 훌륭히 배울 것 같다는 생각이 들 정도였다.* 곧 제정신을 차린 녀석은 얼굴에서 웃음을 거두더니, 평소처럼 뚱하게 우리 물건들을 가지러 아래로 내려갔다.

나는 안전하게 누울 요량으로 범포를 펼쳐 승강구 위에 가로로 놓인 기중기 탑에 내걸었다. 그리고 그 밑에다 모기장을 고정시키고 안으로 들어갔다. 우리가 누운 접이침대 밑으로는 다시 화물 선적용 해치를 덮고 있던 두꺼운 널빤지가 있었고, 이 널빤지 밑으로는 쌀과 콩으로 꽉 찬 선창이 그리고 그 밑으로 마침내 배 밑창이 자리했다. 이런 순서로 차례차례 포개진 채 우리는 이날 밤 원산을 향해 항진했던 것이다. 기름을 먹인 두꺼운 범포가 위에 천막처럼 매달려 있어 흩뿌리는 바닷물을 막아 주었고, 머리께로 살랑대는 찬바람이 뱃멀미에서 생긴 현기증을 말끔히 몰아내 주었다.

어느덧 우라토마루호의 무도병舞蹈病도 잠잠해졌다. 새벽 4시 30분 쯤 홋카이도 상공을 붉게 물들이기 시작하는 해를 바라보며 우리는

---

* 발렌슈타인Albrecht von Wallenstein(1583~1634) : 30년 전쟁 때 황제 측에서 활약한 보헤미아 출신의 명장으로, 그를 소재로 한 실러Friedrich von Schiller(1759~1805)의 희곡 〈발렌슈타인의 진영〉 1막 6장에, 지휘관 발렌슈타인의 다른 재능은 닮지 못하면서 그저 헛기침하고 침 뱉는 것만 잘 따라 배웠다며 발렌슈타인 진영의 군사를 핀잔하는 내용의 대사가 등장한다.

손을 맞잡은 채 잠 속으로 빠져들었다. 새날이 밝아 오면서 그 자태를 드러낸 바다는 흡사 마사지를 받아 막 주름을 편 노처녀의 얼굴처럼 반들거리고 있었다. 우리는 다시금 잠이 들었고, 참을성 좋은 잠의 신 모르페우스는 우리를 기꺼이 몇 시간 더 품에 안아 주셨다. 우리는 그동안 너무도 잠이 모자랐다.

일본식 청결

이 같은 상쾌한 수면 시간이야말로 어쩌다 우라토마루호가 생각날 때 괴로움 없이 떠올릴 수 있는 유일한 추억거리였다. 일어나자마자 다시 걱정이 시작되었다. 당장 아침 식사가 문제였다. 그렇지, 이 배에는 주방이 있었구나! 물론 일본 음식을 입에 댈 생각은 없었다. 통 무슨 맛인지를 알 수 없었다. 쌀밥 그리고 식초와 일본식 소스로 절인 몇 가지 차가운 채소, 기껏해야 생선 한 토막과 삶은 달걀 반 개를 곁들인 게 전부였다! 그나마 우리가 먹을 만한 것은, 가져온 통조림과 어울리는 쌀밥 정도였다. 그런데 우리는 어제 밥 짓는 과정을 두 눈으로 똑똑히 보고야 말았다. 쌀 씻는 물이 담수가 아닌 바닷물인 데다, 조리사가 함께 발을 씻는 모습을 목격한 것이다. 쌀뜨물을 발에 끼얹은 조리사는 손으로 발을 문지르더니 그 손으로 다시 쌀을 씻는 것이 아닌가. 과연 이걸 보고도 입맛이 달아나지 않을 사람이 있을까.

우리는 사환을 시켜 커피 물을 끓이고 감자를 삶도록 했다. 고기 통조림을 곁들여 먹을 생각이었다. 교양도 버릇도 없던 사환은 "올라잇!" 하고 대답했다. 녀석에게 "예스, 써!"를 바라는 건 아무래도 무리였다. 사환은 잠시 후 돌아오더니 뜨거운 물이 준비되었다고 보고했다. 내 식대로 커피를 만들기 위해 물을 가져오라고 했다. 녀석에게 맡기면 맛이 없기도 했고, 자고 있는 아내에게 손수 커피를 대접해 깜짝 선물을 하고 싶었던 것이다. 그런데 녀석이 더럽기 짝이 없는 일본 냄비에다 커피 물을 담아 오는 게 아닌가! 게다가 물은 부엌에 있던 훨씬 더 지저분한 찻주전자에서 따라 온 것이었다. 물 색깔이 온통 누랬다. 우리 냄비를 꺼내 올 만큼 녀석은 부지런하지가 못했던 것이다. 마음 같아서는 어제부터 골치를 썩인 녀석의 머리통에 냄비째 물을 쏟아 부으면 속이 시원할 것 같았다.

녀석을 앞장세워 주방에 들어간 나는 그 내부가 온통 주전자처럼 더럽고 엉망이라는 사실을 확인했다. 명성이 자자한 일본인의 청결이 실상은 그저 그렇고 그런 거라는 사실을 내가 일찍이 몰랐더라면, 이 자리에서 확실히 깨달았을 것이다. '아, 그립구나. 독일 주부의 청결한 부엌이여! 반짝반짝 윤이 나는 그 부엌이여!' 서양식으로 건조된 이 일본 선박의 주방 한구석에는 그을음이 긴 거미줄이 걸려 있었다. 화덕에는 석탄재가 수북했다. 냄비들로 말하자면, 겉은 타버린 검댕이 두껍게 들러붙어 있었고 안쪽은 탄 음식 찌꺼기로 새카맸다. 음식이 바닥에 딱 달라붙어 있어 수세미로는 어림도 없었던 것이다. 일본인 조리사도 심하다고 생각했는지 나뭇조각으로 몇 차례 냄비 안을 긁어 댄 흔적이 있었다. 검정 목기에 긁힌 줄 자국이 있어 거기로 설핏 유약이 빛나고 있었다. 나무 뚜껑에는 때가 잔뜩 끼어 더께가 앉아 있고, 거기 쌓인 손가락 굵기의 먼지 층은 그 위로 물방울이 떨어지면서 다시 침전되어 기존의 먼지층 위로 새로운 더께를 만들고 있었다.

아내가 깨지 않은 게 얼마나 다행인가! 영문도 모르고 이 지옥 같은 곳에서 아침을 준비하게 했다면 아내는 이것을 이유로 이혼을 요구했을지도 모를 일이었다. 나는 배 안을 뒤져 간이 석탄 화로를 찾아 오라고 했다. 그리고 게으른 사환의 옆구리를 쿡 찌르며, 이 지저분한 배에 있는 동안 우리의 우정에 금이 가지 않으려면 청결이 필수라는 점을 주지시켰다. 그리고 개수통과 마른 천을 비롯해 우리의 부엌 설비 일체를 갑판 위로 대령시켰다. 화로를 쓰면 오래 걸리는 단점이 있지만, 그래도 우리 냄비에다 커피 물을 끓이게 했다. 프라이팬에 감자를 튀긴 나는 냄비에다 맛있는 귀리죽을 끓였다.

아내를 깨웠고, 천막 속에서 세수를 마친 아내에게 드디어 아침을 대접했다. 디저트는 부엌 견학으로 대신했는데, 아내는 거기서 요리를 시키지 않은 답례로 내게 감사의 윙크를 보내 주었다.

우리는 이 배에서 꼬박 하루를 더 버텨야 했다. 물론 줄곧 갑판에 머물렀고, 이곳에서 최대한 편히 지내려 애를 썼다. 일거수일투족이 대중들의 감시를 받고 있었지만 — 폭이 열 걸음 정도인 우라토마루호에서 '대중'이라는 말을 쓸 수 있다면 말이다 — 우리는 개의치 않았다. 가장 유용했던 것은 정교하게 제작된 접이침대였다. 내가 우리 용도에 맞게 일본에서 손수 제작한 그 침대는 마침내 이곳에서 탁월함이 입증되었다. 한때 「야판포스트」의 동료 기자가 코웃음을 치기도 했지만 이제는 우리가 웃을 차례였다. 내 아이디어는 이러했다. 첫째로 길게 펼치면 침대가 되고, 둘째로 한쪽을 세우면 눕는 의자로 변신하며, 셋째로 상자에 올려놓고 끝 부분을 세우면 넉넉한 등받이가 달린 쿠션 의자로 탈바꿈하면서 발판까지 마련되었다. 넷째로 접이침대 두 개를 나란히 놓으면 안락의자로, 가져온 매트를 위에다 펼치면 푹신한 소파가 만들어졌다. 낮이면 이 소파를 승강구 위에 펼쳐 놓고선 범포를 세워 햇볕을 가렸다. 밤이 되면 침대라는 원래 용도에 맞게 길게 펼쳐 놓았다. 그리고 위로는 범포를 조립해 폭풍우를 막아 주는 지붕으로 삼았다. 이런

한국의 동해안.

운치 있는 분위기에서 두 밤과 하루 낮을 항해하면 드디어 원산이
었다.

이후로 항해는 별다른 사건 없이 이루어졌다. 배는 줄곧 높다란
절벽으로 된 해안을 따라 움직였다. 산줄기가 바다에서 1,500여
미터 높이까지 급히 치솟아 있어서, 길을 만들 만한 좁고 평탄한
해안 따위는 찾아볼 수가 없었다. 그런데 단 한 차례, 우리의 평온
이 깨진 일이 있었다. 마침 우리가 뾰족한 봉우리들이 빚어내는
환상적인 윤곽선에 매혹되어 있던 찰나였다. 오후녘, 해를 정면에
두고서 산줄기를 바라보노라면 마치 봉우리들이 이가 삐뚤삐뚤한
긴 톱의 검은 실루엣처럼 비쳤다. 그때 갑판 위가 웅성거렸다. 어
제 객실에서 역겹게 담배를 피워 대던 버르장머리 없는 일본인
하나가 낡은 쌍안경을 들고 오더니 심각하게 서쪽 수평선 방향을
바라다보았다. 작은 구름이 보였다. 배에서 나오는 연기였다! 우리
는 그것이 제발 러시아 군함이 아니기를 바라며 그럴 경우에 어떻
게 할까를 고민했다. 그런데 막상 내 괴르츠 망원경을 꺼내서 들여
다보니 배는 상선인 데다 크기도 작았다. 우리 배보다도 작아 보였
는데 아마도 하코다테*를 출발해 한국 연안으로 항해하려는 것

* 일본 홋카이도 남서부에 위치한 항구도시.

같았다. 서쪽으로 향하는 게 우리가 지나온 어느 항구에 닿으려는 듯했다. 어제의 무례함을 복수하고자 나는 이 사실을 일본인들에게는 일절 언급하지 않고 그들의 근심 어린 표정을 즐기기로 했다. 그들의 얼굴이 펴진 것은 낡은 쌍안경을 30분이나 들여다보다가 나와 동일한 결론에 도달하고 난 다음이었다.

원산항

다음 날 아침 드디어 원산이 그 모습을 드러냈다. 우리가 이제껏 부산에서 온 만큼을 북쪽으로 더 가면 블라디보스토크가 나올 것이다. 실제로 원산은 블라디보스토크와 부산, 나아가 뤼순을 잇는 뱃길의 이상적인 중간 기착지였기 때문에, 러시아에서도 일찍부터 원산에 눈독을 들이고 있었다. 지도를 보면 동해안을 무대로 벌어진 러시아의 활발한 활동을 짐작할 수가 있었다. 남쪽에서 시작해 운코프스키 만, 페슈추로프 곶, 또 동한만에 있으면서 원산에 인접한 포트 라자레프, 이 밖에도 로제프 곶, 모노마흐 만, 슈리펜바흐 곶, 볼틴 곶, 코자코프 곶, 시부치 만, 린덴 곶, 가슈케비치 만 따위의 이름들이 지도에 등장했다.* 러시아 이외의 다른 나라 지도에서도 통용

되는 이 지명들은 한국 동해안에서 펼쳐진 러시아의 활동상을 나타
내는 것이었다. 러시아인들은 평시에 숱하게 해안을 측량하고 다녔
는데, 일찌감치 요충지 원산을 차지하기로 계획한 게 분명했다.

원산은 과연 빼어난 항구였다! 이제껏 아시아 대륙의 동편 해안에
서 본 항구 가운데 가장 아름다운 곳이라 해도 과언이 아니었다.
육지로 안전하게 둘러싸여 있고 훌륭한 투묘지를 갖춘 장점 말고도
그 대단한 규모 때문에 특히 중요한 항구였다. 원산항은 거대한 만
끝에 깊숙이 자리하고 있었다. 언덕이 많은 반원형 반도가 광대한

항구에서 바라본 원산.

* 개항 교섭 차 일본을 방문 중이던 러시아의 푸티아틴Putiatin 제독이 1854년 한반도 동해안
일대를 정밀 측량했고, 이후로도 러시아의 동해안 측량이 계속되면서 여러 러시아식 지명
들이 생겨났다. 이 책의 독일어 원서에는 일본인 고토 분지로의 지도에 기초한 독일의
한반도 지도가 달려 있는데 거기서도 쉽게 러시아식 지명들을 발견할 수 있다. 현재의
지도와는 정확도에서 차이를 보이는 까닭에 대조 및 확인 작업이 여의치 않지만, 여기
언급된 지명들의 우리말 이름은 대략 다음과 같다.
운코프스키Unkovskii 만(영일만), 페슈추로프Peshchurov 곶(강원도 고성군의 수원단水源端으
로 추정됨), 포트 라자레프Port Lazarev(송전만), 로제프Lozev 곶(함경남도 백안단), 모노마
흐Monomakh 만(양화만), 슈리펜바흐Schlippenbach 곶(함경북도 유진단), 볼틴Boltin 곶(무수
단), 코자코프Kozakov 곶(어대진), 시부치Sivuch 만(연진만), 린덴Linden 곶(이진만梨津灣의
화단花端으로 추정됨), 가슈케비치Gashkevich 만(조산만, 또는 웅기만).

내항을 형성하고 있었으며, 그 반도는 천혜의 방파제를 이루며 바다로 뻗어 있었다. 곶에 자리한 언덕들과 항구 앞바다에 떠 있는 작은 섬들은 요새 건설에 필요한 최적의 조건을 제공했다. 만일 여기에 요새를 세웠다면 원산시를 굽어보는 산 위의 요새와 어우러져 일급 군항으로 탄생했을 것이고, 그 중요성은 가히 칭다오靑嶋를 압도했으리라.

하지만 여기서도 러시아의 계획을 수수방관할 일본이 아니었다. 러일전쟁 전 원산에 있던 유일한 러시아 상사에 맞서 일본인은 100개가 넘는 상사를 세워 버렸다. 한마디로 마산포의 재판이었다. 경제적 이권을 심어 놓음으로써 정치적 개입의 근거를 마련해야 하는 상황에서, 일본인은 총 한 방 쏘지 않고 러시아인을 물리친 것이다. 안전 유지라는 명분에 하나보다 백 개의 상사가 훨씬 유리하다는 것은 당연한 일이었다.

벌써 오전 10시였다. 우라토마루호는 그 삐죽 나온 반도를 돌아 언뜻 보아서는 분간하기 힘든 바닷가의 갈색 땅뙈기에 선체를 댔다. 시간이 지나면서 지붕과 집, 마침내 원산의 일본인 거류지가 하나씩 눈에 들어오기 시작했다. 도시 뒤로 솟아 있는 고지에서 포 배치에 한창인 듯한 일본 병사들의 모습이 망원경에 잡혔다. 이들은 러시아인들이 언제라도 찾아올 수 있다는 사실을 알고 있었던 것이다. 좀 더 다가가자 물 위로 돛대가 삐죽 솟아 나와 있는 것이 두 군데 보였다. 러시아인의 첫 방문 때 격침된 일본 상선들의 돛대였다. 이제 한국인 도시 원산을 식별할 수 있었다. 일본인 거류지에 접해 있는 그곳은 남쪽과 동남쪽 방면이 항구의 만곡부를 따라 펼쳐져 있었다. 나지막한 잿빛 오두막들은 그 색깔이 땅과 구분되지 않았다. 항구에는 한 떼의 어선들이 정박하고 있었다. 이곳의 유일한 기선인 우라토마루호는 일본 주민들에게 고대하던 우편물과 생필품을 전달해 주기도 했다.

정박 중인 대형 선박은 우리 배 외에도 스쿠너선* 한 척이 더 있었다. 그런데 요트와 비슷한 그 스쿠너선이 마침 내가 예전부터 알고 있던 배가 아닌가! 처음 그 배를 본 것은 3년 전 블라디보스토크 부근의 고래 포구인 가이다막Gaidamak**에서인데, 러시아인 카이저링*** 백작의 범선 중 하나였다. 역사적 의미가 깊은 이 스쿠너선에 관해서는 내 시베리아 기행문에 자세한 이야기를 적어 놓았다. 이 배는 원래 경주에서 우승을 노리고 미국에서 건조되었지만 우승에 실패하자 홧김에 매각되었고, 베링 해로 불법 물개잡이에 나섰다

* 스쿠너Schooner선은 2~4개의 돛대에 세로돛을 단 서양식 범선을 말한다.
** 청류애淸流涯.
*** 헨리 카이저링Henry Keyserling 백작은 1898년에 한국 정부와 울산포, 장전, 함경도 마양도 등을 포경 기지로 사용하는 계약을 맺었다.

가 러시아에 나포되어 다시 카이저링 백작에 임대되었다. 이후 가이다막과 한국 근해에서 고래잡이와 고래 기름의 운반을 돕던 중, 파란만장한 삶의 연속선상에서 이번에는 개전과 함께 한국 정부에 나포되어 압류를 당하고 말았다. 이유는 항구세 미납이었다. 하지만 선장은 압류를 감수했을 뿐만 아니라 일본인에게 압류되는 것을 피하자는 심산에 오히려 그 일을 부추기기까지 했다. 나중에 이곳을 찾은 러시아인들이 스쿠너선을 회수하지 않았다는 것이 나로서는 의외였다. 하지만 배가 안전하기는 이래저래 마찬가지였던 것이다.

6. 원산과 겐산

만하이머 씨

배가 닻을 내렸다. 첫 손님으로 배를 찾아온 정보 경찰은 어디서
왔으며 여행 목적이 무엇인지를 물으며 우리를 매섭게 심문했다.
이번에도 러시아인으로 의심받은 게 분명했다. 하지만 새삼스러운
일도 아니었다. 곧이어 짐을 실어 갈 거룻배 한 척이 나타났고, 우리
는 안도의 한숨을 내쉬며, 불손했던 '우라토마루호'를 떠나 거류지
를 향해 기분 좋게 배를 타고 갔다. 거류지 뒤로는 높은 산들이 겹겹
이 솟아 있어 전체가 흡사 연극 무대 같은 인상을 주었으니, 우리는
이제 그 앞에 등장할 배우들이었던 셈이다. 거룻배는 일단 해관 부
두에 계류되었고, 20명가량의 한국인 짐꾼들이 벌써부터 우리를 기

다리고 있었다. 이들이 한꺼번에 짐으로 달려드는 바람에 배가 요동을 쳐서 우리는 하마터면 물에 빠질 뻔했다. 나는 장갑 낀 주먹을 휘두르며 그 20명의 짐꾼들을 배에서 떼어냈다. 배가 반발력으로 바다로 밀려간 통에 우리는 다시 노를 저어 뭍으로 가야 했다. 이번에는 짐꾼들도 공손히 물러나 있었다. 우리는 그중 두 사람을 골랐다. 이륜 수레를 구해 우리 짐을 목적지까지 나르는 게 이들의 일이였다. 나머지 짐꾼들이 같이 돕겠다며 자꾸 귀찮게 굴자 나는 주먹을 쥔 채로 다시 그들에게 돌진했다. 이번에도 공격이 먹혀들어 그들이 줄행랑을 치기 시작했는데, 그만 너무나 서두르는 바람에 차례차례 넘어지고 말았다. 이 한국인 패거리들은 그 행동거지가 참으로 어설펐다. 이들같이 잘 비트적대는 민족이 세상에 또 있을까!

이때 한 신사가 이들과 부딪칠 뻔했는데, 하얀 양복에 열대 모자를 쓴 그는 - 당시로서는 귀한 손님인 - 서양인을 만나 보려고 막 관세 창고에서 내려오던 참이었다. 그는 원산 항만장인 만하이머 Mannheimer 씨로 밝혀졌다. 원산의 유일한 독일인인 만하이머 씨는 산 위에 지은 훌륭한 빌라에 살고 있었는데, 거기에는 커다란 독일 국기가 펄럭이고 있었다.

"실은 언제 러시아군이 쳐들어올지 모르는 상황이 되면서 독일 국기를 꺼내 달았습니다. 독일인이 산다는 것을 금방 알 수 있도록 말이죠! 마침 제 집이 그들의 사정거리 안에 들어 있거든요!"

일찍이 우리는 부산에서 만난 두 독일인에게서 만하이머 씨를 추천받은 바 있었다. 이곳에 서양식 일본 호텔이 있다는 정보를 얻은 우리는 더는 땡볕을 견디기 어려워 서둘러 짐을 끌고 호텔로 달려갔다. 게다가 상륙한다는 기대에 들떠 배에서 아침 식사도 걸렀던 참이었다.

숙소 문제

짐꾼들이 마침내 호텔 앞에 멈춰 섰다. 흠, 호텔이라. 잿빛으로 칠해진 이 초라한 판잣집이 호텔이라! 서양식 시설을 갖추고 운영된다는 이 나라 호텔에 대해서 애초부터 큰 기대는 금물이었다. 뭔가 착오가 있는 게 아닌가 의심될 정도였다. 짐꾼들이 짐을 부리려 했다. 잠깐, 일단 물어나 보자!

어둑어둑한 복도로 들어섰다. 이곳 역시 부산의 일본 호텔처럼 순 일본식이었고 서양적인 요소라고는 도무지 그 흔적을 찾기가 어려웠다. 앞쪽 턱진 부분에 다다미가 깔려 있고, 그 위로 '호텔' 경리를 보는 일본 여인이 발판 높이의 책상 뒤에 쪼그리고 앉아 있었다. 밖은 28도의 무더운 날씨인데도 곁에 화로를 두고 있었다. 나는 방이 있는지, 값은 얼마인지 영어로 물어보았다. 그녀는 내 말을 못 알아들었다. 극동의 짐꾼들조차 알아듣는 "하우·머치How much?"를 모르는 것이었다. 새된 목소리로 그저 "하이."라는 대답이 돌아왔을 뿐이다.

수차례의 시도가 물거품이 되자, 나는 내가 아는 몇 가지 일본 단어들을 동원해 "하우머치?"라는 뜻으로 "이쿠라데스카?" 하고 물어보았다. 하지만 그녀는 "얼마입니까?" 하는 이 간단한 질문에조차 답할 능력이 없는 듯했다. 물론 일본인이 와서 똑같은 질문을 던졌다면 금세 대답이 나왔을 것이다. 그러나 그녀는 이방인이, 그것도 아내와 중국인 사환을 대동한 외국인이 찾아온 까닭에 일본 손님보다 더 큰돈을 받아낼 수 있겠다는 장사꾼의 본능을 발휘했고, 주인 내외를 비롯해 가까운 직원 몇 명을 부르더니 어떻게 하면 감쪽같이 바가지를 씌울 수 있을까를 상의하기 시작했다. 그들은 한참을 이야기했다. 나는 문 밖에서 보고 있던 사환을 불러들였다. 녀석이 일본어를 하기는 했지만 보통은 거래에 끼워 주지 않았다. 어처구니없는 실수로 일본인들의 사기술에 대항하는 내 비장의 카드를 망쳐 놓기가 일쑤였던 것이다. 나는 갑자기 녀석한테서 여태 우리가 속아 지불해 왔던 가격들을 듣고 싶었다. 그런데 녀석이 정말로 이리로 다가오는 것을 본 나는 호통을 치며 굳이 내 곁으로 올 필요가 없다는 점을 일깨워 주었다. 마침내 호텔 사람들이 공동 부화한 달걀의 정체가 밝혀졌다. 그것은 세 사람이서 매일 15엔을 내라는 요구였다! 나는 농담조로 식사가 포함된 가격인지를 물었다. 직원 하나가 영어를 조금 할 줄 알았다.

"물론 식사 포함입니다! 우리 요리사는 매우 훌륭합니다!"

마침 부엌문이 복도 쪽으로 열렸다. 미심쩍은 눈으로 부엌 쪽을 쳐다보았는데 나도 모르게 선상의 주방이며 부산의 레스토랑에서 맛본 버터, 콩기름으로 튀긴 생선, 커피 따위가 떠올랐다. 나는 식사가 나오지 않는 방이 있는지, 그 가격은 얼마인지를 물어보았다. 영어를 하는 직원의 대답은 "없습니다!"였다. 이 말을 들은 나는 일언반구 없이 뒤돌아 호텔을 빠져나왔다. 물론 그곳 사람들은 모두가 어안이 벙벙해졌다. 이 '서양식' 호텔에서 우리의 볼일은 끝난 것이다. 매일 15엔, 즉 31.50마르크를 지불하고, 더더구나 미련한 사환 녀석이 제 음식은 물론이고 우리가 차마 못 먹고 놔둔 음식까지 먹어 치우는 꼴을 보아야 한다는 건 도저히 견디기 어려웠다. 그럼 녀석은 더욱더 게을러지고 둔해질 것이 뻔했다. 우리는 부산에서 그랬듯 서양식 호텔이 아닌 곳에 머물면서 식사는 스스로 해결하기로 했다.

그리하여 우리는 그 옆에 있는 순 일본식 호텔로 들어가기로 했다. 이곳에서도 일단 가격부터 물어보았다. 역시 호텔의 전 직원이 소집되었고, 그들은 얼마를 부를지 상의하고 또 고심했다. 이번에는 우리의 가치가 좀 더 높이 평가되었다. 식사 없이 일인당 하루 6엔을 내라고 했다. 거래하는 요령에는 도가 텄던 나는 일단 그 패거리들을 향해 비웃음을 터뜨려 주었다. 그러자 그들 역시 자기네 요구가 터무니없었다는 사실을 깨닫고는 함께 웃음을 터뜨렸고, 결국 3인 기준으로 하루 2엔을 내겠다는 내 제안을 수락했다. 실제로 우리는 그 요금으로 투숙할 뻔했다. 하지만 나는 이곳 일본인 투숙객들이 이 호텔을 일종의 유흥 온천장으로 이용하고 있다는 확신이 들었다. 왜냐하면 흥정하는 우리 쪽으로 자그마한 남녀 한 쌍이 합류했는데, 그들이 걸친 옷이 부분적으로 속이 환히 비치고 있었기 때문이다. 일본인은 자기들끼리만 있을 때 자유분방하기로 유명했다. 부산에서 묵었던 일본 호텔만 하더라도 마당에 늘 욕조가 놓여 있었는데 다른 투숙객들에 아랑곳없이 누구나 자유로이 그 욕조를 이용했다. 물론 일본식 자유분방함에는 건전한 구석이 없지 않았다. 하지만 그 감정의 건전함을 인정한다고 해서 서양인 고유의 심미감까지 팽개쳐야 한다는 뜻은 아니었다. 이제는 경험을 통해 그런 일들에 익숙해졌고 천성적으로도 크게 정숙을 강조하는 편이 아니었지만, 매일같이 투숙객들의 그런 차림새를 보아야 한다고 생각하니 괴롭기가 그지없었다. 결국 우리는 다시 땡볕으로 나갔고 자연요법의 신봉자가 드물 것 같은 호텔을 찾기로 했다. 드디어 방 하나를 발견해 계약하려는 순간, 뒤에서 사환이 오더니 머리를 길게 땋은 시골 남자 하나를 소개시켜 주는 것이었다. 사내는 훌륭한 피진 잉글리시로 이렇게 말했다.

"친친! My belong have got for hire one pisi number one new one house topside hill! If You liki! Before inside stop chinese consulate gentleman, now maki moovi house. You liki luksi?"

풀이하자면, 이렇다.

"안녕하십니까? 언덕 위에 훌륭한 새 집이 있는데, 원하신다면 세를 놓을까 합니다. 전에는 청국 영사관에 근무하던 분이 지냈는데 이사를 갔답니다. 한번 보시겠습니까?"

"좋소. 한번 봅시다!"

"그럼 안내해 드리겠습니다. 이리 오시지요!"

머리를 땋아 늘인 남자는 앞장을 서더니 중국인 거류지를 지나 비탈길로 우리를 안내했다. 그 길을 쭉 올라가면 만하이머 씨의 저택이었다. 반쯤 이르니 작은 목조집 한 채가 눈에 띄었다. 안은 깨끗했고, 방이 셋에다 베란다와 부엌, 급사실이 딸려 있었다. 창밖으로는 중국인 거류지가 한눈에 들어왔고 일본인 거류지도 일부가 보였다. 그 너머로는 우라토마루호와 카이저링 백작의 스쿠너선을 비롯해 무수한 어선이 정박하고 있는 항구가 햇빛에 잠긴 채 눈에 들어왔다. 마지막으로는 저 멀리 항구를 바다로부터 지켜 주는 언덕 많은 반도가 보였다. 난간에 서 있으니 가벼운 산들바람이 불어왔다.

"얼마지요?"

"하루 2엔입니다!"

중국인이 대답했다. 그는 저 아래 중국인 구역에서 성냥, 초, 바늘을 비롯해 서양 및 일본 상품들을 파는 가게를 하고 있었다.

"비싸군요! 하루에 1달러를 내겠소!"

"좋소!"

원산의 중국인 거류지.

이렇게 말한 중국인은 얼른 짐꾼 두 명을 시켜 창문을 열고 구석
구석을 문질러 닦게 했다. 내가 짐가방을 가져 오려고 급히 내려가
는 사이에 그들은 탁자와 나무 의자 몇 개를 끌고 왔다. 11시 30분
이었다. 30분 뒤 커피 물이 끓었고, 잠시 후 우리는 부산을 떠나고
처음으로 우리의 '야전 막사'에서 맛있게 아침을 들 수 있었다. 이것
이 이름만 서양식인 호텔에서 일본인들이 차린 음식이 아니라는 게
얼마나 다행인지 몰랐다.

지명과 지도

이 도시는 한국어로는 '원산', 일본어로는 '겐산'이라 불리고 있었
다. 한국 지명을 이처럼 달리 부르는 이유는 무엇보다도 한국 지도
에 표기된 한자를 한국인과 일본인이 각기 다르게 읽기 때문이었다.
중요한 사실은 그 뜻만 알면 한자를 이용해 통킹부터 시작해 중국의
전 지역에서, 또 만주와 한국을 거쳐 일본에 이르기까지 의사소통이
가능하다는 것이었다. 우리 중국인 사환은 대화가 막힐 때면 손에
메모장을 들고 입은 다문 채 몇 시간 동안 한국인과 필담을 나누곤
했다. 고대 상형문자의 기본 획에 바탕을 둔 한자는 한국, 일본, 인
도차이나는 물론, 중국에서도 지방에 따라 읽는 법이 제각각이었다.

광둥 출신인 사환은 원산에 거주하는 산둥과 즈리直隸*출신 중국인 들과 동포지간임에도 불구하고 오로지 문자로만 대화가 가능했다. 이는 서로의 말을 알아듣지 못해서 벌어지는 일이었다. 지도에서 '원산'이라는 표기 밑에 따로 괄호로 '겐산'이라 표시하는 것도 같은 연유에서였다. 이 같은 이중 표기는 사실 한국 지명 전체에 적용해 야 하는 것으로, 앞에서 말했듯이 '푸산'은 한국식으로는 '부산'이라 읽었다.

　이중 표기로 말미암아 한국 지도는 사람을 혼란에 빠뜨렸고, 여행 객은 곤란을 당하기 십상이었다. 땅의 고저와 거리에 관해서라면 일본에서 만든 지도가 신뢰할 만했다. 하지만 그 지도에 적힌 지명 을 한국어로 바꿔 쓰거나 한국인의 도움을 받아 현지에서 확인하는 일은 여간 수고스러운 게 아니었다. 때문에 내륙을 여행하고 지리학 연구를 하는 데 상당한 지장을 받을 수밖에 없었다. 독일의 지도 제작자들도 즐겨 쓰는 방법이지만, 그 일본 지도는 한국 지도를 자 료 삼아 지명만 일본식으로 바꾸는 식으로 제작된 게 분명했다. 또 한 이 작업에 고용된 한국인은 십중팔구 남쪽 출신이었을 것이다. 왜냐하면 부산에서는 지도에 적힌 것으로 웬만큼 지명을 확인할 수

* 현재의 허베이성河北省 일대.

있었던 반면에, 원산 부근에서는 그 작업이 절망의 연속이었기 때문이다. 일본인 지도 제작자는 남쪽 사람을 시켜 한국 지도에 적힌 한자를 소리 내 읽게 한 뒤, 세 가지 일본어 표기 방식을 동원해 그 발음을 재현하려 했을 텐데, 그 결과 현지 주민이 지명을 읽으면 엉뚱한 소리가 튀어나오고 마는 것이다. 일본인들은 '고산高山' '절경絕景' '행군*일째 주막' 따위와 같이 일정한 의미를 갖는 군소 지역 지명의 경우 일본어로 훈독을 한 모양이었다. 이는 마치 프랑스인이 독일 지도를 만들 때 지명에 포함된 '노이슈타트Neustadt'를 곧이곧대로 번역해 프랑스어 '빌 누벨Ville nouvelle'로 바꿔 놓는 격이었다.** 이런 지도를 지닌 나그네가 현지인의 도움으로 특정 지역을 확인할 경우에 느끼는 당혹감이란 쉽게 상상이 갈 것이다.

내게 큰 도움이 된 것은 독일의 슈프리가데*** 지도로 특히 지명 표기가 우수했다. 물론 상세 지도가 아닌 까닭에 비교적 지명 수는 적었다. 하지만 이 지도의 일본 원본(고토 B.**** 지도)은 적어도 앞에서 말한 잘못들을 범하지 않았고, 오히려 지명이 적은 지도가 갖는

* 지명으로 착각한 듯.
** 노이슈타트Neustadt는 직역하면 '신도시'라는 뜻이고, 이에 해당하는 프랑스어가 빌 누벨 Ville nouvelle이다.
*** 파울 슈프리가데Paul Sprigade : 독일의 지도 제작자.
**** 고토 분지로 : 일본의 지리학자. 1903년 「조선 산악론」 발표.

장점도 있었다. 지명 수만 많으면서 오류가 있거나 이해하기 힘든 것보다는 적지만 정확한 편이 훨씬 유용했다. 한국의 지도 가운데 가장 컸던 것으로 상당한 크기의 상세 지도가 있었는데, 물론 서양식 단위로 측량된 것은 아니었다. 반은 투시도법, 반은 원근법으로 제작했고, 고도는 먹으로 표시했는데 그 높이가 심하게 과장되어 있었다. 그래도 남북과 동서의 거리는 정확했다. 하지만 어떤 지도는 정사각형인데도 남북은 약 100리, 동서는 약 200리라고 거리가 표시되어 있는 경우도 있었다. 지도에 적힌 것만을 보고 그 지역을 머릿속에 떠올린다거나 각 지점 간의 거리를 파악하기는 힘들었다. 그런데도 이 지도가 유용했던 것은 몇몇 중요한 이정표 때문이었는데, 이곳 나그네들은 이것을 거리와 시간의 기준으로 삼고 있었다. 이를테면 예전에 봉화가 있던 산, 나무, 재 따위가 그것으로 대부분 눈에 잘 띄어 이방인에게도 큰 도움이 되었다.

일본인 도시, 겐산

원산은 이중 표기에 어울리게 판이한 두 도시로 나뉘어 있었다. 한쪽에는 일본인과 중국인이 정착한 깨끗한 거류지가 있었고, 개울과 폭 500여 미터의 공터를 사이에 두고 다른 쪽에는 지저분한 한국인 거주지가 있었다.

일본인 거류지에서는 만하이머 씨와 언덕 위의 미국 선교사 집을 빼고는 일본 영사관과 우체국이 유일한 서양식 건물이었다. 일본은 거류지의 영사관 건물에 투자하는 데 인색한 나라가 아니었던 것이다. 그 밖에도 반 서양식 건물이 몇 채 더 있었다. 그중 한 곳에 다이이치은행, 즉 국영인 제일은행의 지점이 있었다. 이 지점이 한일 두 나라에는 갖는 의미는 만주의 러청은행이 만주의 러시아에 주는 의미와 같았는데, 둘 다 양국을 재정상 종속 관계로 만드는 수단이었다. 실제로 원산과 그 인근의 한국인들은 자국 돈보다는 일본 돈을 더 반기고 있었다. 이곳에선 반 이상이 위조품인 그 위험한 한국 백동화가 통용되지 않았는데도 그랬다. 위조의 장본인은 말할 것도 없이 일본인들이었다.

한편 우리 집 근처에는 또 다른 반 서양식 집, 이른바 방갈로식 주택이 있었다. 한때 러시아 상사가 있던 곳인데, 물론 정치 정보도 수집하던 곳이었다. 그 러시아인은 전쟁이 시작되기 전에 미처 몸을 피하지 못했고, 일본인은 재산을 처분하도록 ─ 짐작하건대 ─ 48시간의 시한을 준 뒤 그를 일본으로 데려갔다. 그러고는 그 자리에 경찰소를 설치했다.

한국 해관에서도 서양식 건물은 찾아보기 어려웠다. 예전에 한국의 관아였던 곳에 차려진 그 사무소는 낮은 단층 건물로서 안에는 작은 마당이 있었고 방은 급한 대로 대강 서양식으로 꾸며져 있었다. 독일의 시골 신문사 기자들도 원산의 해관원보다는 나은 환경에서 일하고 있었다. 한국 해관은 본래 청국 해관의 한 지점이었다가 1890년대 정치적 격변을 거치면서 독립을 하였다.* 중국과 마찬가지로 한국에서도 해관은 서양식으로 운영되는 유일한 관청이었다.

겐산, 그러니까 일본인이 거주하는 원산의 중심가는 널찍했으며 가옥들이 나지막해서 일본의 여느 소도시보다도 더 시골스런 인상을 풍겼다. 소매상들은 별로 없는 반면에 수출입 업무를 다루는 사무소들이 눈에 많이 띄었다. 콩류를 비롯해 소가죽이 주요 수출품인 듯했다. 주요 수입품은 쌀과 생선이었다. 해관 부두에는 말린 대구가 산더미처럼 쌓여 있었다. 하지만 이는 어쩌면 군량 조달과 관계된 일시적 현상일 수도 있었다.

원산 부근에서는 백로 사냥이 성황인 듯 그 깃털 거래가 활발했다. 인기가 높은 백로 깃털은 독일 여성들이 최고로 선호하는 모자 장식이기도 했는데 여기서도 이미 가격이 꽤 비싼 편이었다. 대략 16그램 단위로 판매되었으며, 최고가품은 유달리 부드러운 머리 깃

---

* 1883년 5월 청국 각지 해관에서 근무하던 서양인을 데려와 해관 업무를 개시한 한국 해관은 청일전쟁에서 청국이 패하면서 점차 그 영향에서 벗어나기 시작했다.

털이었다.

이곳의 집 내부를 들여다보면 대부분 군인들이 숙영하는 흔적이 보였다. 일본은 거류지 보호를 위해 각종 병과에서 1,200여 명의 병사를 동원했다. 게다가 서울에서 추가 지원군이 오는 중이라고 했다. 서둘러 이 같은 조치를 취한 것은 최근 일본 전초부대가 러시아 코사크 기병대와 충돌한 사건 때문이다. 그것도 원산에서 북으로 겨우 80킬로미터 정도 떨어진 곳에서 벌어진 일이었다. 또 더 북쪽에서는 러시아 육군이 활동을 재개했다는 소식도 들려왔다. 우리는 일본에 있을 때 이 구석진 전장에서 아무런 소식도 들려오지 않는 게 늘 의아했는데, 일본 당국에서 원산발 소식들을 의도적으로 통제한 게 분명했다. 원산에서는 러시아가 블라디보스토크에서 침공해 올 가능성을 높게 보고 있었으며, 이곳 일본 주민들은 자기네가 화산 위에 앉아 있는 격이라고 말했다. 러시아가 침공하기로 결심만 한다면 이 지역에서 손쉬운 싸움을 벌일 것이다. 원산 동쪽과 북동쪽에 있는 산에서는 요새 건설이 한창이었다. 요새는 육상 공격에 대비하기 위한 것으로 일본인조차 건설 현장의 접근이 금지되었다. 흥미로운 것은 일본인 역시 전장에서의 군복무에 큰 의미를 두고 있다는 사실이었다. 이들은 연병장이 되어 버린 절터에서 매일 오후 총기 연습과 분열 행진을 훈련했는데, 흡사 프로이센의 병영을 보는 듯한 착각이 들 정도였다.

한국인 도시, 원산

　한국인의 원산, 이곳은 영 그림이 달랐다. 흙먼지로 가득한 데다
비까지 오면 진창으로 범벅되는 곳! 잿빛 갈대로 지붕을 인 낮은
초가집, 먼지 때에 가려 그은 피부가 아주 살짝 드러나 보일 뿐인

원산의 서민 가옥.

벌거숭이 아이들, 추한 아낙네, 지게를 멘 지저분한 짐꾼들. 새끼줄로 어깨에 메는 이 지게란 것은 걸려 넘어지기라도 하면 등에 상처를 입히는 무기로 돌변했는데, 이들을 넘어뜨리기 위해서는 그저 뚫어지게 쳐다보는 것만으로도 충분했다. 이와 묘한 대조를 이루는

어머니.

것이 바로 새하얀 옷을 입고 있는 지체 높은 사내들이었다. 이들은 새하얀 신을 신었고, 대나무 줄기로 짠 챙이 넓은 흰 모자를 쓰고 있었다. 흰 모자를 쓴 이유는 얼마 전 서울 황궁에서 일어난 화재로* 전국이 추도 기간이었기 때문인데, 평소에는 검은 모자들을 썼다. 동아시아에서는 흰색이 추도의 색이었던 것이다. 그런데 그들의 희디흰 의복 위에서 이따금씩 점들이 움직이고 있었으니, 가까이서 보니 그것은 다름 아닌 큼직한 잎벌레였다.

이 두 유형의 군상들 사이로 알록달록한 군복을 입은 한국 병사들이 돌아다니고 있었다. 그런 가운데 이들을 뒤덮고 있는 것은 길가에서 말리는 생선 냄새, 즉 생선 썩는 냄새가 진동하는 역겨운 공기였다. 이런 세상에서 한국인들은 편안함을 느끼고 있었던 것이다. 그 안에서 신분 높은 한 사내가 우아하게, 아니 위풍당당하게 걷고 있었다. 마른 체형에다 키도 꽤 컸으며, 재킷과 프록코트의 중간 형태로서 치마처럼 재단해 만든 품 넓은 저고리를 바람에 나부끼고 있었다. 복사뼈까지 닿는 흰 바지는 흰 띠를 감아 묶었고 그것은 다시 흰 양말로 이어졌으며, 전체를 마무리하고 있는 것도 역시 나지막한 흰색 가죽신이었다. 손에서는 부채가 움직이고 있었으니, 이

---

* 1904년 4월 14일 경운궁에서 대화재가 일어나 전각 대부분이 소실되었다.

들은 우리네 무도회에서 보던 것처럼 그렇게 부채를 만지작거리고 있었다. 한마디로 외양 자체는 훌륭했다. 하지만 한국인들의 그 거동하며 너덜너덜한 검은 수염을 보면 영락없이 폴란드 유대인이 떠올랐다. 흥정할 때 값을 깎는 모습까지 똑같았다. 흰옷을 입은 그런 두 사내가 서로 마주 보고 흥정에 몰두하는 모습은 꽤나 재미난 구경거리였다. 이들은 여차하면 상대를 향해 달려들 기세였다. 거래에 문제라도 생겼을 경우에 나오는 그 활달한 몸동작은 흡사 검객의 찌르기 자세를 연상시켰다. 마지막 제안을 내놓은 듯한 두 사람이 왼쪽 어깨를 상대 쪽으로 내민 채 거절의 소리가 떨어지는 즉시 제 갈 길을 갈 듯이 취한 자세는 특히나 우아했다. 하지만 이들은 얌전히 제자리에 서서는, 입을 벌린 채로 서로의 눈을 쏘아보기만 했다. 다만 오른팔 하나를 쳐들고 있을 뿐이었는데, 글쎄 달아오른 얼굴을 향해 비스듬히 부채질을 시작하는 게 아닌가. 과연 한 폭의 훌륭한 그림감이 아닐 수 없었다.

한국인들은 거래에서 매우 좀스럽기로 유명했다. 말은 많은 데다 몇 푼을 두고 맹수처럼 싸웠고, 엽전 세 닢을 받아 내기 위해 기꺼이 사흘을 허비했다. 하지만 사흘 뒤 세 닢을 얻지 못해도 개의치 않는 이들이 또 한국인이었다. 이들은 지극히 신뢰하기가 어려웠다. 그 생활신조가 다름 아닌 '되도록 돈은 많이, 일은 적게, 말은 많게,

담배도 많이, 잠은 오래 오래'였다. 때로는 거기에 주벽과 바람기가 추가되었다. 술 취한 한국인이 길거리에 누워 있는 모습은 흔한 구경거리였고, 여자 문제로 살인이 나는 것도 드문 일이 아니라고 했다. 보다시피 평균적인 한국인의 모습은 그다지 유쾌한 게 아니었다. 이런 모습은 결국 수천 년간 이어져 온 노예 상태와 압제에서 비롯된 것이리라. 여기에서 좋은 점을 기대한다는 게 오히려 이상한 일이 아닐까?

한국인 마을은 항만을 따라 수 킬로미터 길이로 이어졌다. 그런데 이곳은 단조롭기 짝이 없었다. 상점조차도 비슷비슷했다. 주로 건어물을 팔았는데 악취의 주범이었던 바로 그 생선이었다. 또 원래가 형편없는 일본 성냥 중에서도 최하품, 담뱃대 끝에 다는 철제 물부리, 순하고 향긋한 한국 담배, 신발과 망건 따위가 눈에 띄었다. 그나마 마음에 들었던 것은 금속공예품이었는데, 옷장 문에 다는 쇠장식이 특히 이목을 끌었다. 이 공예술이야말로 한국인이 과거 전성시대에서 구해 낸 유일한 분야인 듯했다. 그러나 이 분야마저 끝없는 퇴락의 조짐을 보이는 터라, 우수한 옛 물건들이 저급한 신상품보다도 사랑을 못 받는 실정이었다.

한국 군대는 기대보다 외견상 훌륭한 인상을 주었다. 병사들은 대부분 키가 훤칠해 일본인보다도 군복이 잘 어울렸다. 하지만 지치고 겁먹은 병사들의 눈을 한번 들여다보라! 군복을 벗은 그들의 모습을 머릿속에 떠올려 보면, 옷이 깨끗하건 더럽건 상관없이 빈둥빈둥 배회하고 있는 다른 어중이떠중이들과 하나 다를 게 없었다. 병사들을 잘 살펴보면 한국이 예로부터 이웃나라 변덕의 노리갯감이었다는 사실에 수긍하게 된다. 여기에는 중국도 포함되어 있었으니, 특별히 잘난 게 없는 중국인조차 일본인이 그러는 것 못지않게 한국인을 멸시하였다. 무릇 사람은 스스로 한 만큼 대접을 받는 법. 결국

가마를 타고 여행하는 한국의 관원. 가마는 높이가 낮아 의자에 앉지도 눕지도 못하고 다만 무릎을 꿇은 자세로 앉는 수밖에 없다. 서양인들이 탈 것이 못 된다.

국가도 사람이 모여 이루어지는 것인 만큼 개개인이라고 해서 다른 대접을 기대할 수는 없는 노릇이다. 만약 그들이 다르게 대접받을 만하다면 다른 어떤 수단을 강구해서라도 스스로의 권리를 관철시킬 것이다. 정치에서 감상은 절대 금물이다!

육로 여행 준비

원산에 있는 동안 우리는 곧 떠날 육로 여행 준비에 대부분의 시간을 썼다. 나는 일찍이 지리적으로도 다양하고 사람들도 다양한 다섯 곳을 무대로 하여 이보다 더 큰 규모로 원정 여행과 카라반 여행을 벌인 바 있었다. 광둥, 즈리, 만주, 산둥, 모로코가 그곳이었고 거기에 한국이 여섯 번째로 추가된 것이다. 하지만 여행 준비에 한국만큼 힘들었던 나라도 없었다. 결코 사람들이 불친절하다거나 산이 많다는 이유에서가 아니었다. 제아무리 높다 한들 재를 넘는 것이 불가능한 경우란 없었고, 험하고 가파른 길일수록 사람을 태우고 짐을 나르는 동물들은 그만큼 더 적응력을 발휘하게 마련이었다. 이곳의 문제는 일차적으로 사람이었다. 게으르고 탐욕스러우며 우둔한 이곳 사람들이 바로 문제였던 것이다!

큰 골칫거리 중 하나는 통역을 구하는 일이었다. 이곳 원산에서도 외국어를 하는 한국인 대부분은 일본인들이 전선으로 끌고 갔고, 그나마 남아 있던 사람들도 일본인에게 고용되어 일하는 실정이었다. 처음 며칠은 우리 중국인 집주인이 통역을 맡았다. 하지만 어제 이후로 그는 우리의 신용을 잃고 말았다. 우리는 그자에게 사람이 탈 말과 짐을 나를 말을 각각 구해 달라고 했다. 따로 수렛길이 없고 화물이라는 개념조차 낯선 이곳 한국에서 – 일본인 거류지는 예외였는데, 일본인은 인력거를 도입하고 한 쌍의 황소가 끄는 달구지로 돌을 운반했다 – 통상적인 이동 수단은 조랑말이었다. 하지만 외관상 조랑말이라기보다는 작은 말에 가까웠으니, 시암이나 통킹 지역의 말보다도 덩치가 작았다. 대신 지구력이 대단했고, 100킬로그램 가까운 짐을 아무 불평 없이 날랐다. 그 짐을 지고도 힘이 남아돌아 먼지 구름이 일 때까지 서로 물어뜯고 싸울 정도였다. 조랑말은 가격도 저렴해 평시에는 15~20엔이면 충분히 구할 수 있었는데, 이 가격은 중국인 집주인도 확인한 거였다. 기회만 되면 거래를 시도하는 중국인답게 집주인은 말을 구해 오겠다며 기분 좋게 원산의 한국인 마을로 발길을 옮겼다. 그리고 오후가 되자 드디어 말 세 마리를 끌고 왔다. 그중 둘은 꽤 쓸 만해 보였으나, 다른 한 놈은 등 쪽으로 눌린 자국이 선명했다. 한국인들은 짐승을 험하게 다루는 터라 짐 싣는 안장 밑으로 상처에 고름이 생기기가 예사였다.

말들이 우리 앞으로 선을 보였다. 빠르게 걷거나 질주하는 그 모습은 우아함 그 자체였다. 심지어 한 녀석은 아내에게 너무나 그럴싸하게 교태를 부려 나는 녀석을 아내가 탈 말로 점찍어 두기까지 했다. 그런데 가격을 물어보고는 내 귀를 의심하지 않을 수 없었다. 15~20엔을 말했던 중국인은 이제 와서 75엔을 불렀고, 한술 더 떠 교태를 부리는 녀석은 140엔에 이른다는 것이었다. 내가 참았기 망정이지, 아니면 사기를 치려 했던 엔화 개수만큼 승마용 채찍을 휘둘러서 선불을 해 주었을지도 모른다. 금액이 약간 올라가리라는 것은 익히 예상했던 일이다. 중국인도 거래에서 그 정도는 챙기는 게 당연했다. 그러나 가게를 하면서 2년 동안 벌어도 못 만질 액수를 챙겨 보겠다고 한 것은 아무래도 도가 지나쳤다. 무례한 행동을 보이기가 싫어 일단 집 안으로 들어온 나는 사환을 불렀다. 그리고 채찍을 쥐어 주며, 우리의 존경하는 집주인이자 녀석의 동포이기도 한 그 사기꾼에게 이 채찍을 보여 주면서 이렇게 전하라고 했다. 즉, 얼른 마당에서 사라지고, 만일 방세를 받는 날짜 이전에 얼굴을 내밀 경우 내가 직접 나서서 지금 보이는 이 채찍의 맛을 보게 해 주겠다고 말이다. 같은 중국인이었지만 남방인이 북방인에게 일일이 글자를 써 가며 내용을 전달하는 데는 다소 시간이 걸렸다. 쪼그리고 앉은 두 사람이 구경꾼들에 둘러싸여 천천히 글자 하나하나를 풀이하는 모습이 꽤나 우스웠다. 하지만 그 의미가 드러나기 무섭게 집주인의 겁에 질린 눈길이 채찍 쪽을 향했다. 순간 자리에서 튀어 오른 그는 죄책감이라도 느낀 듯 총총걸음으로 마당을 빠져나갔다. 그 뒤를 따른 건 구경꾼들이 터뜨린 한바탕 웃음소리였다. 과연 그는 이후로 일절 모습을 보이지 않았다.

이제 한국인 말 장수가 나서서 새롭게 흥정을 시도했는데, 그는 중국인이 사라지자마자 곧바로 10엔을 깎았다. 하지만 애초의 가격이 너무나 터무니없었기 때문에 흥정을 계속하는 것이 무의미했다. 그들을 내보낸 나는 차라리 혼자서 거래 현장을 찾아가 보리라 마음먹었다. 비싸게 지불할 위험을 감수하고, 거간꾼에게 거액을 맡기느니 직접 거래에 나서기로 한 것이다. 하지만 흥정을 붙이는 일조차 만만치가 않았다. 짐승을 팔 뜻이 있는지 알아내는 데만 최소한 30분을 기다려야 했다. 게다가 그들은 얼마나 터무니없는 가격을 불러야 할지 고민하느라 또 30분을 흘려보냈다. 더구나 팔려고 내놓은 짐승들도 얼마 없었기 때문에 한참을 뒤져서야 겨우 쓸 만한 말 두 마리를 발견했다. 여전히 값은 비쌌지만, 중국인 집주인 같은 거간꾼을 거칠 때보다는 훨씬 저렴했다.

나는 말에다 곧장 서양식 안장을 얹고 처음부터 서양식으로 말을 몰았다. 매일같이 말들을 끌어내 임시로나마 길들이기 시작했다. 이는 결코 만만한 일이 아니었다. 말이 처음엔 저 혼자 걷는 것과 고삐에 적응을 못 했기 때문이다. 그러나 나는 인내와 채찍으로 여러 야생마를 길들인 경험이 있었다. 당장 시급한 것은 말의 움직이는 네 다리를 확보해 여행 중에 우리 자신의 다리를 보호하는 일이었다. 더구나 우리가 기뻤던 것은 한국산 조랑말도 훈련을 통해 기수의 뜻에 복종시킬 수 있고, 그리하여 서양식 안장을 얹을 수 있다는 점이었다. 이로써 비록 이 자리에는 없지만 헨첼 씨에게 내 생각을 입증해 보인 셈이 되었다. 안 그랬다면 헨첼 씨의 경고대로 '조랑말 목덜미에 다리가 매달려 밑에서 이리저리 흔들거리는 그 꼴'을 당했을 것이다. 다만 아내는 말의 등도 좁았거니와 좀 더 편하게 앉기 위해서 옆으로 타는 대신 남자들과 같은 자세로 말을 타기로 했다. 아내의 승마 복장은 카키색 승마 바지, 갈색 우단으로 만든 긴 재킷, 높은 각반과 검은 에나멜 가죽 구두, 작은 영국식 밀짚모자 등으로 이루어져 있었다. 이런 차림을 한 아내는 그지없이 사랑스러웠는데, 내가 "리틀 보이!" 하고 부르면 아내는 그 즉시 귀를 쫑긋하고 반응하였다.

차선책으로 말을 빌리는 방법도 있었다. 평시라면 말 한 필과 '마부'로 불리는 말몰이꾼 그리고 10리당(참고로 2리는 약 1킬로미터)* 한국 돈으로 130푼, 그러니까 대략 일본 돈 20센, 독일 화폐로는 41페니히[*] 정도였다. 하지만 원산 전역을 통틀어 값을 갑절로 쳐 준다 한들 지금 같은 전시에 말과 마구간지기의 목숨을 위험에 내맡길 주인은 그 어디에도 없었다. 따라서 이 방법은 실현성이 없었다.

결국은 말을 사는 수밖에 없었다. 그것도 힘들다면 짐꾼들 등에 짐을 나눠 실어야 했다. 걸핏하면 쉬려 하는 자들을 여러 명 데리고

남자용 안장에 올라탄 아내.

* 1리는 약 400미터이므로 저자의 계산법을 따르면 실제 거리와 차이가 난다.
* 페니히Pfennig : 1페니히는 1/100마르크에 해당한다.

움직인다는 게 걱정되기는 했지만, 결국 나는 짐꾼들을 고용하기로 마음먹었다. 하지만 이 또한 시시포스의 노력에 비견할 만한 것이었다. 왜냐하면 합의를 이뤘다고 생각하는 순간에 짐꾼들이 새로운 요구 조건을 들고 나왔기 때문이다. 그래서 이를 받아들이면 또 다시 새 요구가 나오곤 하는 식이었다. 평소 짐꾼의 하루 삯은 30~50센이었다. 여행 중의 식사는 그들 스스로 해결했다. 그런데 나와 협상을 벌이던 짐꾼들은 전시라는 이유로 그 갑절이 넘는 액수를 요구했다. 또 원산으로 돌아오는 데 소요되는 날수도 함께 쳐 달라고 했다. 사실 나는 하루에 50~60리 이상은 움직일 생각이 없었다. 보통 하루 이동 거리는 100리에 달했다. 그런데도 그들의 요구를 수락했다. 그러자 이번에는 비 때문에 행군이 중단된 날에는 식비를 지급해 달라는 요구를 해왔다. 이 또한 받아들였다. 그러나 그들은 또 뭔가를 의논했다. 당초 짐을 넷이서 나눠 지기로 합의해 놓고는, 다시 다섯으로 번복했다. 그러면 속도도 더 빨라질 것이니 나로서는 반대할 이유가 없었다. 자신들의 염치없는 요구가 모두 수락되는 것을 본 짐꾼들은 또다시 용기를 냈다. 기왕에 합의가 끝났고 모두가 고용된 마당에, 갑자기 대장 격인 짐꾼 하나가 나서더니 다섯으로는 짐을 나르기에 무리이니 꼭 여섯이어야 한다고 우겼다. 순간, 4시간 동안 — 협상이 시작된 지 벌써 그렇게 시간이 지났다 — 버틴

내 인내심도 바닥이 나고 말았다. 신의를 내팽개친 벌로 그 대장이란 녀석을 두들겨 패 줄 요량에, 나는 곁에 있던 밧줄을 집어 들고 녀석에게 돌진했다. 그러자 이 돌발 상황에 놀란 다른 짐꾼들은 – 한국인들에게 족히 예상되었던 일인데 그만 – 차례차례 걸려 넘어지고 말았다. 대장이란 녀석은 이미 뒷전으로 물러나 있었고, 넘어진 짐꾼들의 위로 뻗은 네 쌍의 발이 그자에게 달려가던 내 발길을 가로막았다. 그 작자는 도망갈 시간을 번 셈이었다. 뒤쫓아 간 나는 사정거리 내로 그자를 따라잡았다. 하지만 결정적인 한 방을 날리려고 밧줄 끝을 뒤로 젖히는 순간 그만 밧줄이 나뭇가지에 걸려 버렸고, 대장 녀석은 마땅히 받아야 할 벌을 용케 피해 달아났다. 별수 없이 나는 바싹 뒤에서 쫓듯이 들리게끔 몇 차례 세게 발을 굴렀다. 이 작전이 주효했는지 그자는 뒤돌아보는 법 없이 중국인 마을 전체를 뛰어다녔다. 이 와중에 그가 넘어지지 않은 것은 참으로 기적 같은 일이었다.

다음 날 나는 결국 만하이머 씨의 주선으로 짐꾼 여섯을 괜찮은 조건으로 구하게 되었다. 하지만 이번에도 긴 협상은 필수였다. 한국어가 유창한 만하이머 씨가 있었는데도 어쩔 수 없었다. 아니나 다를까 그 일당들은 여행이 시작되자마자 그 본색을 드러내고 말았다.

통역 찾기

그런데 우리는 일본어, 영어, 중국어 같은 한국어 외의 언어를 하는 사내를 아직도 구하지 못했다. 사환은 일본어로 대화가 가능했고, 나도 아쉬운 대로 중국 북방어를 할 줄 알았다. 영어를 하는 사람을 구할 생각은 포기한 지 오래였다. 그런데 우리 집 청소를 맡은 중국인 일꾼 가운데 인상 좋은 자가 하나 있었으니, 그가 마침내 밑에서 일하겠다고 자청해 왔다. 며칠 일을 시켜 보니 나도 그가 마음에 들었다. 그는 우리와 함께 가고 싶어했다. 그가 내건 조건은 한 달에 15엔의 삯과 식사를 제공받는 것으로, 무리한 조건은 아니었다. 식사는 큰 문젯거리가 아니었다. 여행 중 묵을 주막에서는 밥값만 내면 되고 숙박비는 따로 필요하지 않았다. 우리 부부는 먹을거리를 갖고 다녔으므로 2인분 식대만 내면 사환과 그 중국인의 식사는 해결되는 셈이었다. 거의 합의를 본 우리는 만하이머 씨에게 계약 체결을 부탁했다. 그러자 중국인은 느닷없이 새 요구 조건을 들이밀었다. 두 달치 품삯을 미리 달라는 거였다. 그의 말인즉, 자기는 지금 중국 목수 밑에서 요리사로 일하는 중인데 목수가 자신을 30엔에 샀다고 했다. 주인이 그 돈을 돌려받아야만 자신을 풀어 준다는 소리였다. 참으로 놀라운 요구가 아닐 수 없었다. 도중에 그자가 도망치지 않는다는 보장이 대체 어디 있단 말인가? 그런데도 나는 15엔을 가불해 주고 나머지 15엔은 만하이머 씨에게 맡겨 두기로 했다. 사내가 계약 기간을 다 채우면, 그가 돌아가는 편에 만하이머 씨 앞으로 편지를 부쳐 맡겨 둔 돈을 건네주라고 부탁할 셈이었다. 이에 동의한 사내는 일단 주인의 허락을 구하겠다고 했다. 나는 주인을 데려오라고 했다. 자초지종을 설명한 뒤 증인들 앞에서 주인의 동의를 받아 낼 생각이었다. 그런데 사내는 혼자 돌아오더니 주인이 외출 중이라고 전하는 게 아닌가. 그날은 물론 다음 날도 주인을 찾아오라 했지만 여전히 '외출 중'이었다. 결국 우리는 몸값 운운한 것이 죄다 새빨간 거짓말이었고 그게 다 30엔을 받기 위해 꾸민 사기극이라는 결론에 도달했다. 돈을 미리 주었더라면 그자는 필시 두 번째나 세 번째 숙소에서 줄행랑을 쳤으리라. 이 중국인 사기꾼 역시 내 앞에 다시는 모습을 드러내지 않았다.

그사이 만하이머 씨는 새로운 묘안을 내놓았다. 영어를 완벽히 구사하는 한국인 하나가 떠오른 것인데, 앞에서 말한 러시아 상사원의 통역사로 일한 적도 있는 사내였다. 그런데 이 한국인은 차마 일본인 거류지에 들어올 엄두를 못 냈으니, 러시아에 반감을 품은 일본인들이 그를 분풀이 대상으로 삼았기 때문이다. 결국 인력거에 몸을 싣고 한국인 마을로 들어간 나는 벼룩투성이의 흰옷을 입은 남자 하나를 만나게 되었다. 그는 천장이 낮은 방에 앉아 있었는데 그럭저럭 영어를 하는 것 같았다. 사내는 나를 골방으로 초대했지만, 나는 '날도 무더우니' 마당에서 이야기를 나누자고 했다. 그는 솔직히 자기는 통역으로 따라가고 싶지만, 러시아인들이 언제 내륙 쪽에서 쳐들어올지도 모르고, 그럴 경우 자신이 보호자로 남지 않으면 일본인들이 가족들에게 무슨 짓을 저지를지 모른다고 했다. 그럼 혹시 일본어를 하는 사람을 아느냐고 묻자, 조카 녀석이 있다고 했다. 이제 그 조카란 사람과 긴 협상이 시작되었고, 마침내 그가 우리와 동행하기로 합의했다. 나는 한 달에 얼마를 원하는지 물었다. 그러자 월급 대신 매일 2엔을 달라고 했다. 그는 한 치도 물러서지 않았다. 그만한 돈이라면 우리는 일찌감치 부산에서 영어가 유창한 한국인을 구했을 것이다. 나는 그 요구를 거절했다. 내 원칙은 미처 알아채지 못했을 때에만 속임수에 넘어가 준다는 것이었다. 따라서 이 통역과의 흥정도 그걸로 끝이었다. 아직 '어디로' 향할지도 불확실한, 다시 말해 곧장 북쪽으로 갈지 혹은 서울로 갈지 아니면 서울에서 다시 북쪽으로 갈지도 정해지지 않은 우리 여행은, 게으르고 부정직한 이 고약한 한국인들 때문에 며칠 더 연기될 수밖에 없었다.

플릭과 플록

　이제 바야흐로 플릭과 플록의 이야기를 소개할 차례가 되었다. 여러분, 한번 이런 일을 상상해 보십시오. 넓은 세상을 벗어나 혼자가 된 여러분이 산 언덕배기의 향내를 깊이 들이마시고, 속삭이는 숲에 귀 기울이며, 눈으로는 저 발치 아래 드넓은 땅에 펼쳐진 그림 같은 자연을 굽어보고, 마음으로는 고즈넉한 산 정상에서 부쩍 천상의 정기를 가까이 느끼고 있는 중이라고. 그런데 별안간 그때, 여러분이 누워 있던 향긋한 건초더미 뒤에서, 지지배배 종달새 소리가 울려 퍼지는 나무 기둥 뒤에서, 절경에 넋을 잃으려는 찰나 그 앞에서, 애써 산을 오른 여러분에게 하늘과 접속할 고해소가 되어 줄 바위 등성이 뒤에서, 과연 이런 곳에서 늘 똑같은 염탐꾼의 보기 싫은 낯짝이 튀어나올까 매번 마음을 졸여야 한다면 그 심정이 대체 어떨까요? 정보 경찰이 보내 여러분 뒤를 밟는 그 염탐꾼의 임무란, 금지 구역의 촬영을 막고, 군사 정보가 러시아로 새 나가는 것을 방지하고, 검열 받지 않은 전보를 금하고, 경찰이 읽지 않은 편지를 고국에 부치지 못하게 하는 것 따위랍니다. 물론 이런 상황들에 개의치 않는다면 여러분에게 진심으로 일본 여행을 권해 드립니다. 나아가 거기에 열광할 정도라면 한번 한국에 있는 일본인 거류지를 다녀오십시오. 그곳에서 여러분은 우리 부부처럼 늘상 두 개의 낯짝에 둘러싸이게 될 텐데, 그들은 한 번은 앞에서 한 번은 뒤에서 혹은 주위를 빙빙 돌거나 노상이라면 머리를 푹 숙인 채 여러분을 감시할 것입니다. 한마디로 여러분과 재미난 놀이를 벌이는 셈이지요. 한때 내가 키우던 두 녀석이 그랬듯이 말입니다. 오래전에 하늘나라로 올라간 사랑스런 닥스훈트, 그 이름하여 플릭과 플록!

아니, 이 불쌍한 두 마리의 닥스훈트가 그사이 환생이라도 했단 말인가! 대체 이 애들이 얼마나 변했는가! 다리만 보면 현재의 플록은 예전의 플록을 닮았다. 여전히 굽어 있는 다리는 잡종인 엄마 쪽에서 유전된 듯한데 종아리 모양이 기형이었다. 그 결과 발가락이 바깥쪽 대신 안으로 굽어 있었다. 또 길쭉한 몸통과 상대적으로 짧은 다리도 예전의 플록을 떠올렸다. 그런데 현재의 플록은 우리와 숨바꼭질 놀이라도 벌일라치면 꼭 검은 안경을 썼고, 다소곳이 구부러져 있던 주둥이는 튼튼한 골격의 둥근 얼굴로 바뀌어 있었다. 수염은 여전히 덥수룩했지만 훨씬 더 촘촘해졌는데, 그 얼굴을 바라보며 나는 이런 생각이 들었다. 사실 플록은 환생 과정에서 사람의 모습을 갖기로 결정되어 있었으나, 윤회를 관장하는 조물주가 그만 다윈의 학설을 떠올리는 통에 원래의 의도와 달라진 것은 아닐까. 반면 플록의 일곱 번째 형제였던 예전의 플릭은 지금 새 모습에서는 그 흔적이 싹 사라지고 없었다. 대신 키만 삐죽한 불균형한 체구로 변신해 있었다. 어쩌면 먼 옛날, 사람이었던 플릭의 할머니가 키다리 영국인에게 '귀여운 게이샤여, 노래를 불러요' 같은 가요들을 가르쳐 준 것은 아니었을까. 덥수룩한 수염에 내비치는 몇 가닥 금발을 보면 그런 추측도 가능했다. 더구나 그는 늘 산책용 지팡이를 들고 다녔다. 나는 바로 여기서 옛 플릭의 모습을 발견할 수 있었다. 물론 과거에는 체형이 달랐던 탓에 주둥이로 지팡이를 물었지만 말이다.

그들이 미행을 개시한 건 우리가 처음 중국인 집을 나섰을 때였다. 아무튼 우리 눈에 띈 것은 그때가 처음이었다. 우리는 서로 자연스럽게 안면을 익혔다. 환전을 하려던 참이었는데 마침 곁에 있던 플록이 있었고, 그가 ― 아직은 검은 안경을 쓰지 않았다 ― 우리를 보고 있기에 나는 은행이 어디 있는지 물어보았다. 그러자 플록은 어색하게 몸을 돌리며 퉁명스럽게 대꾸했다.

"아이 두 노 do no!"

나는 영어를 하는지 물었다. 플록은 또 이렇게 답했다.

"아이 두 노!"

이로써 영어를 한다는 것은 물론 그 정체까지 알게 되었다.

곧이어 나는 플릭과도 상봉했다. 중앙로에서 내게 다가온 그는 어디 가는 길인지 영어로 물어 왔다. 마침 기분이 언짢던 참이라

나는 "저기!" 하고 짧게 답했다. 그러면서 손가락으로 그 거리 쪽을 가리켰다. 다음에는, 그러니까 약 10분 뒤에는 플릭이 플록과 함께 있는 것이 보였다. 두 사람 모두 나를 기다리는 중이었다. 플릭의 존재까지 알고 난 뒤라 나는 웃으며 인사했다.

"굿바이!"

순간 그들은 내가 원산에 있는 이유에 관해 자기들이 아는 것보다, 내가 자신들의 의도를 훨씬 더 정확히 꿰뚫고 있다는 사실을 깨달았을 것이다.

우리 집 맞은편은 한때 러시아 상사의 소유지로서, 지금은 일본 헌병대 사무소가 들어서 있었다. 서로 얼굴을 익힌 이후로 플릭과 플록은 우리 집 입구와 마주하고 있는 뜰에 자기네 본부를 차렸다. 한 사람은 꼭 자리를 지켰고, 대부분 둘이 함께 있었다. 거기서 먹고 자고 하는 그들은 뜰의 벤치에 돗자리를 펴고 잠을 잘 때도 늘 한쪽 눈만은 뜨고 있었다. 내가 밤에 집 앞을 지나가거나 새벽 3시에 잠을 깨 외출할 기미라도 보일라치면, 플릭과 플록 중 하나가 돗자리에서 일어나 적당한 거리를 두고 미행할 태세를 갖췄다. 한번은 아침 일찍 눈을 뜬 우리 부부가 집 앞에서 각기 반대 방향으로 헤어진 적이 있었다. 아내는 오른쪽, 나는 왼쪽으로 걸어갔는데 글쎄, 플릭은 아내를, 플록은 나를 따로따로 쫓아오는 것이 아닌가.

물론 그들은 위장 작전을 펴기도 했다. 일본인 가게를 가려고 우리가 외출하면, 그들은 일단 모습을 감췄다. 그러나 한번은 우리가 한창 거래 중일 때, 금발이 섞인 검은 수염이 주인 방에서 우리를 엿보다 들킨 일이 있었다. 또 백로 깃털을 구입할 때, 돈을 계산하려고 다다미 위에 앉았다가 화들짝 놀란 경험을 하기도 했다. 흥정에 정신이 팔려 언제 들어왔는지도 몰랐던 플록이 어느새 내 옆에 떡하니 앉아 있었던 것이다. 그때는 검은 안경을 쓰고 있었는데, 변장을 했는데도 내가 묘한 인사를 건네 퍽 실망이 컸을 것이다. 그 즉시 주인과 작별 인사를 나눈 플록은 허리를 푹 숙인 채 한참을 그렇게 있었다. 그러자 주인도 이 시답잖은 방문을 받은 영광에 감격한 나머지, 절을 하면서 이 사이로 침을 빨아들였고, 플록 역시 예의를 차리느라 주인을 따라 하지 않을 수 없었다. 다만 플록의 소리가 한결 교만하게 들렸다.

우리가 무슨 일을 하든지 플릭과 플록이 끼지 않을 때가 없었다. 그렇지만 아직 집에 들어올 엄두는 내지 못했다. 대신 집안이 조용해지면 판자 울타리의 구석 뒤에 서서 주위를 살펴보곤 했다. 밤이 되면 착검한 총을 든 초병의 지원을 받았는데, 그는 뜰 안까지 들어와 정찰을 벌였다. 플록이 우리 집 뜰에 들어올 용기를 낸 것은 딱 한 번, 말을 거래했을 때였다. 말에 서양식으로 고삐를 매야 했던 터에 플록이 알은체를 하고 나선 것이다. 그래서 한번 시켜 보았더니 역시나 일을 엉뚱하게 해 놓고 말았다. 우리는 말을 화제로 잠시 이야기를 나누었다. 영어를 모른다고 했던 일을 까맣게 잊고 있던 플록은 내가 통역으로 함께 다니면 어떻겠느냐고 하자 그제야 그 사실을 깨달았다. 순간 노랗던 피부가 칙칙한 누런색으로 돌변했으니, 이는 우리 독일 사람의 낯빛이 빨개졌을 때와 비슷한 의미였다. 플록은 예의 그 "아이 두 노."라는 말을 던지고는 슬그머니 자리를 떴다. 이후로는 두 번 다시 우리 사생활에 참견하는 일이 없어졌다.

대신 말 거래가 있은 뒤에 플릭과 플록은 부쩍 바빠졌다. 탐정 노릇을 하는 두 사람을 관찰하는 일은 꽤나 재미있었다. 분명한 건 둘 다 전생에는 한 쌍의 멍청한 닥스훈트에 불과했다는 점이다. 한 번은 아내와 내가 인력거를 타고 한국인 거주지로 가고 있을 때였는데, 얼마 후 지팡이를 휘두르며 성큼성큼 쫓아오는 플릭의 모습이 보였다. 한국인 인력거꾼들은 한국 사람답게 그 행동이 굼떠서 달리는 속도도 꽤나 느릿했다. 시가 한복판에 다다른 우리는 맛이 별로인 ─ 하지만 달리 선택의 여지가 없었기에 ─ 한국산 돌배 몇 개를 사려고 인력거를 세웠다. 길가 이엉지붕 밑에서 배가 손님을 기다리고 있었다. 그때, 어느 정도 예상은 했으나 그래도 깜짝 놀랄 만한 일이 벌어졌다. 구멍 뚫린 엽전을 세어 노점 아낙에게 건네는 순간,

나보다 눈이 밝은 아내가 저 뒤쪽 지붕 그늘에 일자로 누워 있는 한 일본인을 발견한 것이다. 서양 중절모를 얼굴에 푹 눌러 쓰고, 모자 밑으로 검은 안경알의 4분의 1 정도만이 내비치는 그자는 말할 것도 없이 플록이었다. 하지만 아내는 이에 관해 잠시 입을 다물기로 하고 다음 목적지까지 참고 기다렸다. 누구보다 나를 잘 알고 있는 아내는 내가 이런 깜짝 출현에 질색이라는 점을 고려해, 혹시 생길지도 모를 외교 분쟁을 미연에 방지하고자 외교술을 발휘했던 것이다.

한편 신실한 친우이자 조언자인 존경하는 만하이머 씨의 소개로 우리는 일본인 우체국장 오카모토 씨와 인사할 기회를 가졌다. 오카모토 씨는 수년간 독일 우정국에서 연수한 경력이 있었고, 일본은 그의 보고서를 토대로 극동 지역에서 독일 우편 사업의 존립을 위태롭게 한 바가 있었다. 그렇다고 오카모토 씨를 비난하려는 뜻은 아니다. 솔직히 그는 이제껏 만난 일본인 가운데 가장 호감이 가는 인물이었다. 물론 내게 호감을 준 일본인은 그 수가 매우 한정되어 있다는 점을 밝혀 두어야겠다. 이때의 호감이란 상대적인 의미에서 그렇다는 것이다. 짧은 만남을 통해 판단하건대, 오카모토 씨는 독일의 혜택을 많이 받은 사람이었다. 그는 신사답게 우리를 정중히 대했고, 일본 영사에게 부탁해 영사의 서명이 든 한국 통행권을 마

련해 주기도 했다. 우리는 전부터 서둘러 통행권을 신청하라는 충고
를 들었던 차였다. 나는 이참에 플릭과 플록의 성가신 미행에 대해
이야기했고, 이 같은 행위는 일본의 대외적 위신을 실추시킬 뿐이니
시정해 달라고 요청했다. 영사는 도쿄의 담당 부서를 통해 우리의
순수한 여행 목적을 통고받았다며 즉시 통행권을 발급해 주겠노라
고 했다. 하지만 정보 경찰의 문제는 참모 장교의 소관이라 자신도
손쓸 길이 없다고 털어놨다. 참모 장교한테서 퇴짜맞는 걸 원치
않았던 우리는 결국 플릭과 플록의 미행을 - 사실 처음부터 그랬지
만 - 웃음으로 넘길 수밖에 없었다.

원산의 '괴짜' 영국인

　원산에서 겪은 괴이한 일은 그것으로 끝이 아니었다. 어느 영국인
에 관한 이야기가 아직 남아 있었으니, 독일에서라면 그를 두고 틀
림없이 '괴짜'라는 표현을 썼을 것이다. 세계 각지와 여러 민족들을
찾아다닌 나는 숱한 괴짜 영국인들을 경험했다. 그런데 내가 만난
가장 지독한 괴짜는 영국인이 아닌 미국인이었다는 사실을 밝히고
넘어가야겠다. 이 선량한 사내는 메아리 수집이라는 별난 취미를
갖고 있었다. 이것은 그렇게 특별하고 이상한 취미가 아닐 수도 있

었다. 왜냐하면 '에코러Echorer'사에서 발행하는 잡지 「메아리Echo」를 구독함으로써 문제를 쉽게 해결할 수도 있기 때문이다. 그러나 이 사내는 인쇄된 「메아리」 대신 세상 방방곡곡을 다니며 살아 있는 메아리를 수집했다. 그는 산과 숲으로 돌아다니며 과히 낭랑하지도 못한 제 목소리를 울리게 한 뒤 그 소리가 ─ 거리 탓에 다소 약해져 서 ─ 반향되기를 기다렸다. 그러다가 수집 목록에 오를 만한 멋진 메아리를 발견하면, 그 소리가 가장 감미롭게 들리는 몇 제곱미터의 땅을 반드시 자기 것으로 만들었던 것이다. 그리고 거기다 울타리를 두르고는 관리인을 구해 평생직장을 제공한 뒤에, 한번씩 세계 여행 을 떠날 때마다 제 소유의 메아리들을 차례차례 점검해 보고, 다시 계속해서 새로 소장할 가치가 있는 멋진 울림의 메아리들을 찾아다 닌다는 것이다. 이런 사람이야말로 과연 진정한 괴짜가 아닐까?

나는 일본에 있을 때 원산에도 그 비슷한 괴짜가 있다는 소리를 들었다. 하지만 병적인 것보다는 건강한 것에서 기쁨을 찾아 왔던 나는, 원산에 도착해 처음 만하이머 씨의 집을 방문할 즈음에는 벌 써 그 말을 까맣게 잊고 있었다. 앞에서도 말했지만 만하이머 씨는 중국인 거류지가 내려다보이는 높은 언덕에 살고 있었다. 그 위로는 서양식 저택이 세 채뿐이었고, 항만장 만하이머 씨의 저택 위로는 거대한 독일 국기까지 나부끼고 있어 집을 잘못 찾을 일은 더더욱 없었다. 정원으로 들어간 나는 한국인 하녀에게 명함을 건네주며 주인에게 전해 주라고 했다. 잠시 후, 정원 속으로 사라진 여자 아이 대신 집주인이 나타나 인사를 건넸고, 우리는 안으로 들어갔다. 그 집에서의 전망은 기막힌 절경이었다. 이런저런 이야기들을 나누던 중에 뻔뻔한 일본인들도 화제에 올랐다. 한국 관리로서 20년 넘게 원산에서 지낸 항만장조차 밤에 집에서 시가로 외출하는 일을 금지 당해 — 예전에는 그럴 필요가 없었는데 — 일본인이 발행한 통행권을 갖고 다니는 실정이었다. 우리는 교통 사정이며 수려한 경관 따위에 관해 이야기를 나누다가 직접 망원경을 들고 그 풍광을 감상하기도 했다. 그때 만하이머 씨가 맨눈으로는 보이지 않지만 항구 너머에 있는 집들에 대해 지나가듯 이야기했다. 어느 영국인 소유인데 거기서 어머니와 단둘이 살고 있다는 것이다. 그리고 그 모자가 매력적인 사람들이고, 그곳에는 잘 자란 서양 품종 과일을 볼 수 있는 과수원도 있다고 했다. 이역만리 외국에 나와 있는 사람에게 이보다 더한 사치도 없을 것이다. 사람들이 말했던 바로 그 괴짜 영국인임에 틀림없었다. 망원경으로 보는 것에 만족하지 않고 좀 더 자세히 그 괴짜의 저택을 살펴보고 싶은 호기심이 일었다.

만하이머 씨 댁을 나와 집으로 돌아오자 아내는 승마복을 몇 군데 손보고 있었다. 컴컴한 집 안을 보호막 삼아 항구의 원경을 촬영할 요량에 나는 '괴르츠 안쉬츠 망원 카메라'를 설치했다. 집 밖에서 일반 사진기로 작업하다 플릭과 플록에게 들키기라도 한다면 목이 달아날지도 모를 일이었다. 그런데 렌즈 뚜껑을 여는 순간 − 원거리 촬영은 일반 촬영보다 더 오랜 노출이 필요했다 − 짜증스럽게도 화면 전경에 낡은 회색 중절모가 튀어나왔다. 이어서 서글서글한 두 개의 눈, 지저분한 수염, 목, 운동 셔츠의 옷깃 등이 차례차례 나타나면서 − 한편 옷깃의 단추가 떨어진 바람에 단춧구멍들은 흔히 소맷부리에 매다는, 줄로 이어진 단추로 느슨하게 연결되어 있었다 − 마침내 몸 전체가 등장했고, 아래로 긴 양말과 단화, 맨 밑은 손가락 두께의 가죽 밑창으로 마무리되었다. "앞으로 나오시죠!" 하고 막 외치려는 순간 그는 어느새 발코니까지 다가왔는데, 밖에서 두 팔을 난간 위로 올리며 입가에 웃음을 띤 채 이렇게 말을 꺼냈다.

"루돌프 레에에벨 씨입니까?"

그 말과 함께 서명으로 대신한 내 명함을 코앞에 내밀었다. 일본에서 예의상 인력거꾼들한테 일일이 명함을 줘어 주는 바람에 인쇄한 내 명함이 동이 난 것이다. 아무튼 그 명함을 받아 쥔 영국인들은 이탤릭체 Z를 곧잘 L로 읽었다. 그때마다 나는 즉시 "Z-a-b-e-l"이라고 정정해 주었다.

"오, 알겠습니다. 제에에벨 씨!"

"차아아벨!"

나는 다시 고쳐 말했다.

"알았습니다. 저는 미스터 웨이크필드Wakefield입니다!"

'바로 그 사람이야.' 하는 생각이 퍼뜩 들었다. '그 사람이야! 그런데 어떻게 내 명함을 갖고 있을까?'

하지만 곧 의문이 풀렸다. 키 작은 하녀는 만하이머 씨가 아닌 이웃 선교사의 하녀였고, 내 명함이 실수로 선교사 댁으로 전달되었을 때는 마침 웨이크필드 씨가 그 집을 방문 중이었다. 그들은 방문객이 나타나기를 한참 기다렸는데, 결국은 집으로 가던 웨이크필드 씨가 얼마 전 도착했다는 외국인이 그 명함의 주인공인지 확인하고자 직접 나서게 된 것이었다. 이 같은 오해에 너털웃음을 터뜨린 우리 두 사람은 곧 이야기를 시작했고, 그 영국 손님은 자신의 즉흥 방문에 대한 답방으로 항구 너머의 자기 집을 찾아 달라고 부탁했다. 어머니도 나를 보면 반가워하실 거라고 했다. 잠시 머뭇거린 나는 아내와 같이 가는 조건이라면 초대에 응하겠다고 답했다. 그러자 지금 자신을 - 오 여왕 폐하시여! - 아내에게 소개시켜 달라는 게 아닌가! 아이고, 하지만 이미 엎질러진 물이었다. 그가 문틈으로 아내의 승마용 장화를 목격해 버린 것이다.

"자, 들어오시죠. 저희 야전 막사랍니다! 이쪽은 웨이크필드 씨.

이쪽은 미세스 차벨. 우리의 리틀 보이랍니다!"

이에 그는 꽤나 즐거워했다. 그리고 우리를 초대한다는 이야기를 되풀이하면서 오늘과 똑같은 의상으로 내일 방문해 주십사고 부탁하는 것이었다. 순간 나는 어리둥절했다. 혹시 거꾸로 이 사내가 우리를 괴짜로 여기고 있는 것은 아닐까? 하지만 매력적이고 상냥한 태도, 우쭐대는 구석 없이 자신이 '스포츠맨'이라고 양해를 구하는 점 등을 보건대, 우리도 그저 어처구니없는 악소문에 휩쓸려서 이 사내를 밀랍인형 진열실에서나 볼 법한 구경거리로 취급하고 있었는지도 모른다 싶었다. 별난 데는 있지만 결국 한 사람의 인간으로 보고 판단해야 한다는 사실을 잊고 있었던 것이다.

다음 날 오후, 우리를 웨이크필드 씨의 동화 속 나라로 데려갈 보트가 해관 부두에 대기하고 있었다. 정선된 4인조 한국인 선원들이 우리를 맞아 주었는데, 그 스웨터에는 영국의 한 유명 요트 클럽의 기장이 달려 있었다. 배를 뭍에서 밀어내기 전에 그들은 일단 끝이 뾰족한 붉은색 모직 모자를 눌러 썼다. 저쪽 해안에서 주인이 망원경으로 배를 쉽게 알아보게 하는 표시였다. 한국인들은 노를 저은 지 40분 만에 우리를 건너편의 길고 좁은 반도로 데려다 주었다. 그런데 그 동작들이 어찌나 정확하던지 이런 게 한국인에게도 가능하리라고는 미처 생각지를 못했다. 우리는 원산항을 거대한 만과 차단시켜 주는 길쭉한 땅에 도착했다. 이곳에 영국인의 집이 있었다. 소형 잔교에 서 있던 그는 멀리서 우리를 향해 손을 흔들었다. 그가 정말 괴짜인지는 모르겠지만, 멋을 아는 사람이라는 건 한눈에도 분명했다. 반도 안쪽에 작은 항구가 있었고 그 주위가 그의 소유지였다. 건물들은 반도 끝을 향해 있었다.

우리가 도착한 본관은 전통 영국식 단층 건물로서 두텁게 쌓아 올린 탑 모양의 현관은 연극의 탑 무대장치를 떠올리게 했다. 현관에서 우리를 맞아준 그의 어머니는 기품 있는 노부인으로 희끗희끗한 머리에 엄격하지만 선한 인상을 풍겼다. 마침내 집 내부가 우리 눈앞에 펼쳐졌다. 한정된 지면에 그 전부를 묘사하는 것은 도저히 불가능한 일이다. 한마디로 정선된 취향과 탁월한 쾌적감에 필수적인 것과 바람직한 것들은 빠짐없이 갖추어져 있다고 생각하면 될 것이다. 런던의 어느 귀족 저택을 이곳 원산에 고스란히 옮겨다 놓은 게 아닌가 착각할 정도였다. 그러면 정확히 지금 눈앞에 보이는 것과 같은 결과물이 나올 것이다. 실제로 작은 것 하나하나까지 모두 바다로 운반해 왔는데, 거기에 사용된 건 주로 이 집의 요트였다. 그 작은 항구에 무려 세 척의 요트가 정박 중이었다.

이 모든 사업의 실질적 책임자인 듯한 노부인은 자신의 소유물을 '우리 작은 왕국'이라고 불렀다. 그 표현은 정확했다. 부인은 왕국에 필요한 모든 것을 축소판으로 갖고 있었다. 그것은 바로 선박, 영토, 항구, 백성 - 이들은 깨끗한 오두막에 살면서 일의 순조로운 진행을 위해 명령에 따를 의무가 있었다 - , 산비탈에서 풀을 뜯는 가축 떼, 사냥터, 고기잡이, 작업장 따위였다. 어떻게 이것들을 전부 여기다 만들 수 있었는지 그저 신기할 뿐이었다. 집을 짓고, 정원을 만들고, 언덕에서 수 킬로미터 길이의 수도관을 따로 끌어내고, 모기를 퇴치하고, 사람들을 훈련시키는 일들을 과연 어떻게 해 낸 것일까? 끔찍한 야만의 한복판에 이 숨은 문명의 오아시스를 일구어 내기 위해 얼마나 많은 서양 감독관들이 애를 썼을까! 얼마나 많은 기술자들이 측량하고 견적을 내고 마침내 건물을 세운 것일까! 서양식 기술을 보유한 직공들은 또 얼마나 많이 왔다 갔을까? 하지만 천만의 말씀! 감독관, 기술자, 장인, 숙련공이라고는 처음부터 단 두 사람뿐이었다. 어머니는 정원과 농사와 실내를, 아들은 건축과 수공을 각각 맡았던 것이다. 하지만 완성이란 말을 입에 올리기에는 아직 일렀다. 작업은 여전히 진행 중이었고, 그 일은 순전히 창조의 즐거움 때문에 하는 것이었다. 일 자체가 목적이었기에 일에 싫증이 나면 자가용 요트를 타고 이틀 혹은 사흘에 걸쳐 블라디보스토크까지 가서, 시베리아 횡단 특급열차에 몸을 싣고는 18일을 달려 런던까지 갔다. 아니면 배의 선수를 돌려 - 몇 번을 그랬는지는 모르지만 -

태평양을 횡단하는 세계 일주 항해에 나서기도 했다.

여기서 축소판으로 이루어 낸 성과를 제대로 파악하려면 반드시 2층짜리 건물에 들어가 보아야 한다. 그 건물은 오로지 이 놀라운 스포츠맨의 공학 취미를 위해 지어졌다. 위에서 아래까지가 모두 수동식 기계로 꽉 차 있었는데, 최정밀 기계공학에 이르는 세상의 어떤 작업을 수행하더라도 불편이 없을 정도였다. 당초 완성품 기계는 얼마 없었는데, 필요한 기계들은 나중에 직접 만든 것이었다. 심지어는 소형 주철소까지 갖추고 있었다.

공원이며 정원도 놀랍기는 매한가지였다. 처녀지라고 해서 무조건 수확이 쉬운 게 아니었다. 더욱이 그동안 한국에서 만나 본 서양인 대부분은 원예에 손을 댔다 크게 실패한 경험이 있었다. 그런데 이곳을 한번 보라. 배, 딸기, 떨기나무 열매, 지천에 핀 꽃들, 특히 이맘때 고향에서 피는 꽃들이 거의 빠짐없이 있었다. 세상에, 지금 꿈을 꾸고 있는 것일까. 집에 돌아가면 이 모든 게 일장춘몽이었다고 말하게 되지나 않을까. 하지만 그 기막힌 맛의 딸기며, 나중에 쾌적한 식당의 가죽 소파에서 차와 함께 먹은 ─ 이 얼마나 오랜만이던가! ─ 최고급 케이크 덕분에 우리는 이 모든 게 꿈이 아님을 확신할 수 있었다.

이 집 소유로 되어 있는 언덕에 오른 우리는 잠시 부드러워지는 햇살을 바라다보았다. 해는 원산을 굽어보는 절벽 뒤로 넘어가기 직전이었다. 웨이크필드 씨는 이 나라와 국민에 대해 훤했다. 우리는 플릭과 플록 이야기를 들려주었다. 또 앞으로의 계획도 털어놨는데, 거기에는 시골길을 따라서 블라디보스토크까지 간 뒤에 러시아인들과 합류한다는 대담한 계획도 들어 있었다. 일본인들보다는 차라리 러시아인들이 우리를 더 반갑게 맞아 주지 않을까 기대한 것이다. 그러자 그는 내 손을 붙잡고는 이렇게 말했다.

"제발, 제발 진정하시죠! 제가 일본인과 러시아인 모두를 잘 압니다. 특히 저 북쪽에 있는 한국인들은 더 잘 알고 있지요. 이미 전쟁 전에 그리로 올라갔다 못 돌아온 사람들이 얼마나 많은지 아십니까? 선생님처럼 저도 앞만 보고 달릴 뿐, 겁이라고는 모르는 사람입니다. 하지만 충직한 하인들이 없었다면 요트 여행에서 못 돌아올 뻔한 적도 있답니다. 그나마 저는 이 나라 말이라도 할 줄 알지요! 서울 가는 길만 해도 대단히 위험한 상황입니다. 하물며 지금 북쪽의 한국인들은 격분한 상태인 데다 전쟁으로 거칠어져 있습니다. 그들은 일본인과 서양인 모두를 증오하고 있답니다. 러시아인과 다른 서양인들을 구별하지도 않습니다. 또 일본인들에게 대들어서 하등 이로울 게 없습니다. 제가 처음 여기 왔을 때도 미행을 당했고, 이곳에 온 목적을 샅샅이 알아낸 뒤에야 저를 가만 내버려 두었지요. 그들이 쓴 비용만 해도 상당했을 텐데 내륙을 거쳐 서해까지 쫓아올 정도였답니다. 정말이지 그자들에게 하나 빠짐없이 다 털어서 보여 주었습니다. 이제는 웬만큼 저를 내버려 둡니다. 지금은 선생님 내외분을 안심시키지만, 여행 중 무슨 일이라도 생기면 어떡하시렵니까? 누구 짓일까요? 일본인일까요, 한국인일까요? 그러니 제 말을 들으세요. 북쪽은 안 됩니다. 압록강이나 평양 쪽도 위험합니다. 서울은 육로로 가는 게 최선의 방법입니다. 사실 그조차도 큰 모험이지요! 제 말을 믿으세요. 선생님의 뜻을 잘 압니다. 그러기에 더욱, 절친한 친구에게 하듯 말씀을 드리는 겁니다!"

아니 이런 사람을 세상 사람들은 '괴짜'로 낙인찍다니! 이게 허튼 짓인가? 오, 천만에. 게으른 속물들이여, 그런 말을 따라 지껄인다면 그대는 생각 없고 심술 가득한 인간일 뿐이다! 유럽에서 떵떵거리며 살 수도 있었을 이들 모자가 이역만리 원산에서 남몰래 단둘이, 열심히 즐겁게 일하고 그 결실을 즐기는 삶을 살고 있었다. 이 모자는 극히 예외적인 경우에만 생활을 공개했는데, 자신들의 파트모스 Patmos*를 보호하고자 그 선택된 소수의 외부인들에게조차 비밀을 함부로 사진 건판에 담아 가지 말도록 부탁할 정도였다. 이런데도

* 그리스 에게 해에 위치한 섬으로 '밧모스'로도 표기하며, 요한이 「요한묵시록」을 기록한 장소로 알려진 성지이다.

멋이 없단 말인가? 이것이 삶의 철학이 아니고 무엇인가? 물론 그런 철학은 부자들만이 가질 수 있는 것이었다. 하지만 같은 부자라도 이 모자의 존재가 돋보이는 것은, 부자들의 관심이 대개 이들과는 다른 곳에 있기 때문이다. 이 점을 깨닫기 위해서는 일단 원산에 와 볼 일이었다. 디오게네스Diogenes*가 이 세상에 없다는 게 못내 아쉬울 뿐!

하지만 가끔씩 외국 손님들이 찾아와 이 아늑한 은둔 생활에 작은 변화를 가져다 주기도 했다. 특히 오래지 않아 러시아 군함이 이 외딴 '로빈슨크루소 섬'을 발견했는데, 그렇다고 이곳 주인까지 원산에 만연한 러시아인에 대한 두려움으로 함께 떨 필요는 없었다. 이 집은 또한 독일 황제의 아우에게 잠자리를 제공하고 접대하는 영광을 누리기도 했다.** 웨이크필드 부인은 아들이 하인리히 왕자와 함께 이곳에서 사냥을 벌이고 한 모기장 아래에서 잠을 잔 이야기를 내게 아주 자랑스럽게 들려주었다.

저녁 무렵 4인조 뱃사공이 젓는 배를 타고 다시 중국인 집으로 돌아온 우리는 다가오는 육로 여행을 떠올리며 마치 낙원에서 내쫓

---

* 제도와 관습에서 자유로운 삶을 가르치고 실천한 고대 그리스 철학자. 기원전 320년 경 사망.
** 1899년 독일의 하인리히 왕자가 동아시아 함대 사령관 자격으로 대한제국을 국빈 방문했다.

긴 듯한 기분에 빠졌다. 그러나 친절한 주인마님이 싸 준 천상의 딸기 맛 덕분에 다소나마 마음을 달랠 수가 있었다.

백동화

이 소도시 원산에 눌러앉은 게 벌써 얼마이던가? 벌써 보름이 되어 가고 있었지만 여행 준비로 말하자면 이곳에 도착했을 때보다 별반 나아진 게 없었다. 여행에 꼭 필요한 통역을 여태껏 못 구하고 있었다. 이동 수단도 마련이 안 되었다. 물론 우리 부부는 각자 말이 있었고, 항만장 만하이머 씨가 친절하게도 짐꾼 여섯 명을 구해 주어서 그들과 함께 서울로 가기로 되었다. 하지만 정작 짐을 싣고 갈 동물은 한 마리도 없었다. 확정된 건 서울로 간다는 것뿐이었다. 어제 들은 소식에 따르면 원산 북쪽 산에서 또다시 러시아 정찰대가 목격되었다고 한다. 우리는 러시아로 넘어가려는 계획을 – 이 얼마나 그럴듯한 계획인가! – 단념할 수밖에 없었다. 아무래도 너무 큰 모험으로 보였고, 우리 짐도 대부분 일본에 있었기 때문이다. 그 모험의 대가는 그대로 시베리아를 거쳐 귀향하면서 짐을 포기하는 것이었다. 평양까지 가는 것도 고려했지만 너무 난관이 많았다. 어느 짐꾼이 우리를 따라 평양까지 가려 하겠는가. 서울로 가는 것만 해도 설득 끝에 겨우 이루어진 일이었다.

우리는 통역 없이 출발하기로 했다. 만하이머 씨는 행군 첫날 우리와 동행하겠다고 했다. 육로 여행 초반에 부딪칠 어려움들을 한국어를 하는 자신이 해결해 주겠다는 호의였다. 우리는 첫날 원산에서 60리쯤 떨어진 절을 찾아가기로 했다. 석왕사*라는 그 절에는 원산에 거주하는 몇 안 되는 서양인의 부인들이 육지고 바다고 언제 쳐들어올지 모르는 러시아인들로부터 몸을 피해 있었다.

출발을 하루 앞두고서 돈 운반 문제로 짐꾼들 간에 큰 말다툼이 벌어졌다. 행군 동안에는 숙식비만을 받고 나머지 돈은 서울에서 계산하기로 기왕에 합의가 끝난 상태였다. 그러면 우리는 400마르크 가량을 한국 주화로 바꾸면 되었다. 하지만 400마르크어치 주화를 담을 돈주머니를 대체 어디서 구한다는 말인가? 물론 스파르타의 경우처럼 철제 주화라 수레를 동원할 정도는 아니었다. 하긴 수레차가 다닐 길이 없는 한국에서 그런 일은 감히 꿈도 꿀 수 없었다. 대신 현재 환율로 1마르크에 약 400개의 가치를 띠는 황동화가 있었다. 400마르크를 이 주화로 바꾼다면 아마도 100킬로그램은 거뜬히 나가리라.

---

* 조선 태조 때 세워진 사찰로 강원도 고산군 설봉리 설봉산에 위치.

물론 한국에는 훨씬 가벼운 백동화라는 것도 있었다. 하지만 이 백동화가 말썽이었다. 한국인들은 일단 백동화라면 가짜로 의심했다. 그도 그럴 게, 약삭빠른 일본 상인들이 일본에서 백동화를 대량 위조해 중국인을 통해 한국으로 밀수했기 때문이다. 그 결과 한국의 백동화 가운데 실제로 약 80퍼센트가 가짜였다. 게다가 황동화에 대한 백동화의 환율을 속이는 일마저 잦아, 백동화를 기준으로 안심하고 환율을 계산하는 것은 거의 불가능했다. 백동화는 마을마다 그 환율이 들쑥날쑥했다. 따라서 가져갈 돈의 절반을 백동화로 바꾸기로 결정했을 때 이는 썩 내키는 일이 아니었다. 환전할 때에도 최대한 조심하느라고 짐꾼 우두머리로 하여금 바꾼 돈이 진짜인지 일일이 검사하도록 했기 때문에 일본인 환전상이 성을 낼 정도였다. 나는 이 주화를 짐꾼들에게 내줄 때 가짜라는 소리를 듣고 싶지 않았던 것이다. "원산에서 환전한 건 바로 당신들이 아닌가!" 하고 응수할 구실을 마련한 셈이었다. 돈의 무게는 이제 50킬로그램으로 줄어들었다. 그 정도면 당나귀 한 마리에 가득 실을 무게였다. 나는 돈 절반을 지고 갈 짐꾼 하나를 더 구했다. 다른 절반은, 짐꾼들이 합의를 못 이룬 관계로 나머지가 골고루 지는 것으로 내 맘대로 정해 버렸다. 그러면서 열심히 쓰면 쓸수록 줄어드는 게 돈이라는 말로 그들을 위로했다.

7. 육로 여행 첫째 날

막판에 구한 통역

출발의 아침이 밝았다. 어이없는 수작을 부린 벌로 우리가 있는 동안 제집 출입을 금지당한 중국인 주인은 여전히 집에 들어올 엄두를 못 내고 있었다. 대신 근처에서 이리로 사람 하나를 보내왔다. 집세를 받아 갈 일종의 대리인이었다. 우리는 일찌감치 새벽 6시에 출발하기로 했다. 아니, 짐꾼들에게 이때 출발한다고 못 박아 두었다는 편이 옳았다. 하지만 이들은 만하이머 씨가 출발 시간으로 추천한 9시 전에는 절대 떠날 수 없을 거라고 확신했다. 아니나 다를까 6시 전에 도착한 짐꾼은 단 한 사람도 없었다. 이제 짐을 나눠 싣는 일이 시작되었다. 아무리 생소한 짐이라고는 하나 짐을 지게에 붙들어 매는 데 이들 한국인만큼 서투른 짐꾼도 또 처음이었다.

한창 짐을 꾸리고 있는데 수염이 길고 차림새가 단정한 한국인 하나가 손에 쪽지를 든 채 불쑥 마당으로 들어섰다. 쪽지는 만하이머 씨가 써 보낸 것으로, 나와 동행할 통역으로 막판에 이 사내를 구했다는 내용이었다. 비록 떠듬거리기는 했지만 이 정도라도 영어를 하는 사람을 찾은 게 얼마나 다행인가. 나는 당장 그 통역을 대열의 인솔자로 임명했다. 그런데 그는 지시하려는 마음만 앞섰을 뿐, 역부족이라는 것이 바로 드러났다. 서커스의 어릿광대처럼 짐꾼들 사이를 으스대며 돌아다니는 꼴이 쓸모는커녕 오히려 성가실 뿐이었다. 계획이 틀어질까 걱정된 나는 막 첫 선을 보인 그자를 다시 퇴장시켜 가만히 계단에 앉게 했다.

이런 경우 으레 내 쪽에서 발휘되곤 하는 왕성한 추진력과 다양한 세기의 발길질 덕에 그 한심스런 패거리들은 8시까지 짐꾸리기를 마치고 출발 준비를 끝내게 되었다. 나는 먼저 갈 테니 뒤따라오시라는 전갈을 만하이머 씨에게 보냈다. 경험에 비추어 볼 때 도중에 자주 멈추게 될 게 분명했다. 제아무리 철저한 준비를 하더라도 여행 초반에는 늘 의외의 일이 생기게 마련이었다. 드디어 말과 짐꾼들이 천천히 농장을 빠져나갔다. 바깥으로 나온 우리를 처음 반겨준 건 경찰서 뜰의 벤치에 앉아 있던 플릭과 플록이었다. 여행복

차림의 그들은 서울, 아니 그 이상까지 따라오며 우리를 즐겁게 해 줄 모양이었다. 그들은 어느새 자리에서 일어나 있었다. 내가 뚫어지게 쳐다보자, 플릭은 얼른 검은 수염 속의 금빛 터럭을 잡아당겼고, 플록도 작은 가죽 가방에서 급히 검은 안경을 꺼내 들었다. 그들은 필시 타조의 전략을 흉내 내는 듯했는데, 누가 쫓아오면 머리를 모래에 파묻고 자기가 못 보면 남도 자기를 못 본다고 착각하는 동물이 바로 타조였던 것이다. 우리는 일단 두 작자를 모른 체하기로

조랑말과 함께하는 여행길.

했다.

출발 광경은 더없이 위풍당당했다. 서양인인 우리 부부가 조랑말에 올라탄 채 선두에 섰다. 이 순간의 의미심장함을 아는지 조랑말들도 안장을 얹자마자 서로 티격태격하기 시작했다. 그 뒤를 사진 장비와 마티니 총을 든 통역이 따랐다. 이어 짐꾼들이 등장했으니, 선두는 돈 자루를, 맨 끝 사람은 타자기를 짊어지고 있었다. 타자기 위에는 짚으로 만든 자루 속에 묶인 채 머리만 삐죽 밖으로 내민 칠면조 세 마리가 올라가 있었는데, 일본에서 가져온 가금류 중 하나씩 먹어 치우고 마지막으로 남은 녀석들이었다. 우리는 말 거간꾼 노릇을 했던 중국인 집주인의 잡화점에도 들러서 갔다. 그는 동포들 앞에서 '체면'만은 지키고 싶었는지 허리를 숙여 절한 뒤 크게 인사를 외치며 우리에게 작별을 고했다. 대체 누가 그자의 속마음을 짐작할 수 있으랴!

중국인 거류지를 빠져나간 우리는 이제 일본인 시가지를 통과했다. 원산에서 자잘한 물건들을 살 때 찾았던 일본 가게 앞에 상인들이 늘어서 있었다. 모처럼 휴가를 얻었는지, 숙영 중인 많은 병사들도 입을 벌린 채 우리를 구경했다. 우리는 수차례 비웃음과 냉소를 받기도 했지만 개중에는 따뜻한 고별 인사도 없지 않았다. 그중 단연 으뜸은 우리와 거래한 환전상의 인사였다. 이 사람이 정녕 우리를 속였던 그 작자란 말인가! 하지만 정작 일본 거류민들을 흥분시킨 것은 우리 행렬이 아니라, 거리를 둔 채 우리를 따라오던 플릭과 플록이었다. 그 둘은 더 많은 절을 받았고, 침을 빨아들이는 인사도 훨씬 자주 들었다. 이 같은 소리를 내는 것은 일본식 인사법의 하나로, 존경하는 이를 향한 절대적 헌신의 표시였다. 실제로 관리에 대한 일본인들의 존경은 독일인들보다도 훨씬 그 뿌리가 깊었다. 특히 경찰은 일본인 사이에서 평판이 높았다. "경찰이 다스린다"는 오이

행군하는 일행.

겐 리히터Eugen Richter*의 유명한 말을 일본은 물론이고 그 거류지에
서도 확인할 수 있다는 게 놀라울 뿐이었다.

뒤죽박죽된 대열

일본인 거류지를 벗어나 뒤를 돌아다보니, 글쎄 떠날 때는 뱀 모
양이던 행렬이 어느새 꼬리가 잘려 있었다. 우리와 가장 가까이 있
던 짐꾼은 일본인 가게 앞에 주저앉아 발싸개를 풀고 있었다. 또
다른 짐꾼은 한국인 인력거꾼들 틈에 끼어 이야기꽃을 피우는 중이
었다. 한국식 예법에 따라 그는 출발 장소며 목적지, 여행 목적 따위
를 들려주고 있었다. 한술 더 떠 통역은 신기해하는 한 무리의 일본
보병들에게 내 엽총을 건네주며 돌려 보라고 하고 있었다. 나머지
일행들은 어디로 사라졌는지 코빼기도 보이지 않았다. 설상가상으
로 저 혼자 걷는 데 익숙하지 않은 조랑말들이 싸움 상대인 서로의
곁을 떠나려 하지 않았고, 고삐와 채찍으로 으르며 걷게 해 보았지
만 아무 효과가 없었다. 결국 조금이라도 더 똑똑한 내가 양보하기
로 하고, 말에서 내린 뒤 옆에서 구경하던 한국인에게 붙들고 있으

---

* 오이겐 리히터(1838~1906) : 독일의 언론인이자 정치가. 자유주의 성향의 리히터는 의회
에서 비스마르크와 사사건건 충돌을 벌였던 것으로 유명하다.

라며 고삐를 쥐어 주었다. 길을 되돌아간 나는 엽총으로 사격 연습을 하던 일본인한테서 총을 빼앗고는, 통역을 크게 혼내 주려고 했다. 낌새를 눈치 챈 통역은 — 경험상 예상 못한 바는 아니었지만 — 비트적거리다 결국은 하늘로 다리를 뻗치며 바닥으로 넘어지고 말았다. 하지만 한국인 하인들에게는 천만다행한 일이었으니, 이런 광경은 늘 내 화를 몇 도쯤 식혀 주는 효과를 냈던 것이다. 나는 통역의 도움으로 겨우 짐꾼들을 집합시키는 데 성공했다. 이어 함부로 뒤처지지 말고 함께 붙어 다니라고 통역을 통해 주의를 주었다. 짐꾼들은 많지도 않은 짐을 갖고서 엄청난 짐이라도 진 것처럼 굴었다. 오른쪽 어깨엔 총, 왼쪽 어깨엔 사진기 가방을 맨 통역도 굉장한 힘을 쓰는 양 끙끙대며 엄살이었다. 어느덧 전원이 귀환했고, 15분의 지체를 끝내고 우리는 상쾌한 기분으로 다시 길을 떠날 수 있었다. 나는 통역을 일행 끝에 세우고는 멋대로 낙오하는 자가 생기면 걸음을 독려하게 했다.

우리는 마침내 원산의 한국인 지역으로 접어들었다. 그런데 30분쯤 지나 장터가 나왔을 때 행렬의 꼬리가 다시 어디론가 사라져 버렸다. 이번엔 짐꾼들과 합류하기까지 더 오랜 시간이 걸렸다. 짐꾼 하나가, 그것도 돈을 나르는 자가 발싸개를 고쳐 매느라 자리에 주저앉은 것이다. 그런데 늘 끝에 있으라는 지시를 따른답시고 통역도 똑같이 앉아버렸다. 앞서 가던 짐꾼들은 두 사람이 길에 쭈그리고 앉은 모습을 보고는 따라 하라는 신호로 여긴 게 분명했다. 그리하여 일행은 30분이 지나서야 겨우 우리가 있는 곳에 도착했다. 부리나케 달려온 통역은 돈을 나르던 사내가 짐이 무거워 더는 걷기 힘들다고 알려 왔다. 이 때문에 벌써 두 차례나 발싸개를 풀었다는 것이었다.

이렇게는 행군이 어렵겠다고 판단하고 나는 이참에 동물 몇 마리를 더 구하기로 했다. 이른바 이성적 동물이라는 사람보다는 비이성적인 동물이 오히려 쓸모가 많을 것 같았다. 나는 통역을 시켜 조랑말이나 당나귀를 팔 사람이 있는지 수소문해 보라고 시켰다. 이 과제를 해치우기 위해 그는 한국의 잘난 미풍양속에 따라, 장죽을 문 남자들을 찾아가 말이나 당나귀를 사려는 내 사정을 장황히 설명하는 것 같았다. 하지만 이를 듣고도 사내들은 자리에서 꼼짝할 생각을 안 했다. 내가 줄창 통역만 기다렸다면 한 시간이 지나도 별 소득이 없었을 것이다. 다행히도 키 작은 말 장수가 우리 앞에 나타났는데, 지난번에 승마용 말 두 필을 구해 준 바로 그자였다. 머리 회전이 빨랐던 사내는 얼른 좋은 돈벌잇감을 눈치 챘다. 그가 큰 소리로 내 사정을 알리기가 무섭게 긴 수염의 사내들이 담뱃대를 휘두르며 사방으로 달려 나갔는데, 점잔을 빼던 종전의 모습은 온데간데가 없었다. 어느 마구간에 처박혀 있을 노쇠한 말을 떠올리고 이방인에게 비싸게 팔아넘길 꿍꿍이속들이었으리라. 그리하여 온갖 동물들이 선을 보였지만, 한눈에도 행군 첫날을 넘기지 못하리라는 게 뻔해 보였다.

그런데 우리가 말들을 살피는 동안 어느새 사람들이 몰려오더니 벽처럼 단단히 우리를 에워싸고는 좀체 물러설 기미를 보이지 않았다. 마침내 우리의 작은 통역이 등장했다. 그가 감미롭게 지저귀는 듯한 소리를 내며 사람들의 코밑을 쌩 하고 지나가자, 모두가 비트적거리기 시작했다. 아무래도 통역의 절반은 한때 말라카에서 자란 등나무로 만들어졌고, 다른 절반은 일본 황소의 갈비뼈를 안에 숨기고 있는 게 분명했다. 이 답답한 거래 중에 찾아온 막간을 이용해 나는 짐꾼들에게 나눠 주었던 엽전을 백동화로 교환했으니, 내가 원해서라기보다는 어쩔 수 없는 조치였다. 이로써 짐꾼들의 짐이 크게 줄었는데, 어리석게도 나는 그럼 걸음도 빨라지고, 대열 이탈도 줄어들지 않을까 기대했던 것이다. 그동안 주위의 벽은 점점 더 두꺼워졌고, 우리는 구경꾼들의 코를 때려 가며 애써 우리 자리를 확보해야만 했다. 그 벽을 허물자면 뭔가 강력한 외부의 개입이 절실했다. 이때 그 역할을 맡은 만하이머 씨가 등장했다. 길을 떠난 만하이머 씨가 드디어 우리 일행을 따라잡은 것이다. 그는 무리에 둘러싸인 우리를 보고는 싸움이 났다고 생각했는지 잔뜩 흥분하고 있었다. 그러다 여느 때와 같은 흥정 장면을 목격했으니, 크게 안도한 것도 당연했다. 거래가 곧 끝나리라 예상한 우리는 만하이머 씨에게 이 무리에 휩쓸릴 필요 없이 계속 말을 달리라고, 그래서 교외에서 만나는 편이 좋겠다고 제안했다. 하지만 지나가듯 던진 이 작별 인사가 만하이머 씨와의 마지막 인사가 될 줄이야.

사환과 당나귀

우리는 쓸 만한 말을 구하리라는 기대를 거의 포기하고 있었다. 바로 그때였다. 직접 말을 구하러 떠난 영리한 말 장수가 마침내 자그마한 녀석 하나를 데리고 돌아온 것이다. 어리고 흠잡을 데 없는 그 당나귀는 정겹게 "이아" 하고 울며 우리를 맞았다. 25엔을 지불했으니 당나귀 값치고는 한국에서 꽤 비싼 축에 속했다. 우리는 얼른 당나귀에 짐을 실었다. 이번에도 짐꾼들이 짐 배분 문제로 옥신각신했기에, 나는 그들을 땅바닥에 일렬로 앉혀 놓고는 직접 짐을 나눠 주었다. 백동화로 환전한 데다 당나귀 등까지 빌려 짐 세 개를 덜어 주었으니 이제는 속도가 좀 빨라질 것으로 기대했다. 말을 구하느라 가뜩이나 귀한 시간에서 3시간 정도를 허비한 터였다. 게다가 오늘 중으로 그 외진 절에 닿는다는 보장도 없었다. 절에 준비되어 있는 만찬을 포기해야 할지도 모를 상황이었다. 만하이머 씨가 자기 아내를 시켜 특별히 준비한 바로 그 만찬이었다.

어느덧 우리는 한국 시가를 벗어났다. 이번에는 만약을 대비해 우리가 대열 마지막에 섰다. 통역은 당나귀를 몰고 선두에 섰는데, 중국인 사환이 그를 옆에서 감시했다. 말이 부족한 탓에 사환은 걸어갈 수밖에 없었다. 녀석은 짐이라고는 달랑 양산 하나로, 변발 위로 높이 들린 그 양산은 뭔가를 잡아야 할 때마다 거치적거리기 일쑤였다. 짐이 별로 없던 녀석은 무슨 일이 생기면 엄벌을 내린다는 경고와 함께 유리 정수기도 책임졌다. 말끔히 포장된 정수기를 팔에 끼고선 한반도를 가로질러 제물포까지 무사히 운반할 임무를 맡은 것이다. 지저분한 한국 시가를 빠져나오자 우리는 다소 숨통이 트였다. 오른쪽엔 논이, 왼쪽엔 항구 앞바다가 보이는 가운데, 눈앞의 푸른 산은 그 뾰죽 솟은 봉우리들이 톱니 모양으로 어우러지며 장관을 이루고 있었다. 정면으로 내리쬐는 한낮의 해가 깊고 짙은 그림자를 산허리에 드리웠다. 하지만 뒤를 돌아보는 순간 다시 마음이 무거워졌는데, 플릭과 플록이 다시 우리 뒤를 밟고 있었던 것이다.

일단 길을 떠났으니 더는 말썽도 없겠다는 기대는 출발부터 지금까지의 일을 보건대 한마디로 무모한 일이었다. 한국인이 사는 원산의 경계를 막 벗어날 즈음, 짐꾼들이 또다시 말썽을 부렸다. 돈을 나르는 짐꾼이 이번에도 신을 고치느라 10분마다 쪼그리고 앉은 것이다. 나는 아내를 통역과 사환 뒤로 세우고, 나 자신은 끝자리로 가면서 대열에 얼마간 변화를 주었다. 하지만 이 간단한 변화조차 만만치가 않았는데, 아내의 조랑말이 한사코 혼자 가기를 거부하는 바람에 부득이 조랑말 앞에 당나귀를 세워 놓아야만 했다. 당나귀가 짧은 털이 나 있는 꼬리를 흔들며 조랑말의 콧구멍 쪽으로 거푸 시원한 바람을 불어넣자, 조랑말은 그제야 걸음을 떼기 시작했다. 그런데 이제 조랑말이 아내를 인도하면서 둘의 역할이 뒤바뀌게 되었다. 더구나 내가 통역을 대열 끝으로 불러들일라치면 사환은 당나귀 고삐를 꼭 붙들어야 했다. 그런데 한국 옷에 익숙해져 있던 당나귀가 아직 중국 옷에는 적응이 안 된 모양이었다. 게다가 광둥인으로 대도시 출신답게 동물을 다룰 줄 몰랐던 사환은 왼팔엔 유리 정수기를 끼고, 오른손으론 힘겹게 양산을 들고 있었다. 당나귀가 녀석을 자꾸 피하기에, 녀석더러 앞장서서 긴 줄로 끌고 가도록 했다. 그런데 이 당나귀는 툭하면 길가에 서서 풀을 뜯는 나쁜 버릇이 있었다. 사환이 힘껏 줄을 당기는데도 놈은 꿈쩍할 생각을 안 했다. 자연히 아내의 조랑말도 함께 멈춰 섰다. 길에서 풀 뜯는 못된 버릇을 고쳐 준답시고 나는 이리저리 매질을 해 댔고, 나중에는 입마개까지 씌웠다. 하지만 양팔에 유리 정수기와 양산을 들고 있던 사환이 당나귀한테 돌진해 머리를 잡으려 하면서 상황은 점점 꼬이기 시작했다. 안 그래도 솜씨가 서툰데 정수기와 양산까지 들었다면 당나귀 머리를 붙잡는 건 더욱더 요원한 일이었다. 하지만 당나귀를 다시 움직이게 하려면 그 방법뿐이었다. 펼친 양산 뒤에 숨은 채 사환이 머리쪽을 향해 접근하자 놀란 당나귀는 공격을 피한답시고 꽁무니를 빼고 말았다. 하지만 그 부위야말로 아내의 조랑말이 유독 관심을 갖는 곳이었기에, 조랑말은 코를 쭉 내밀고 달아나는 당나귀의 꽁무니를 뒤따라갔다. 당나귀 머리를 잡으러 쫓아간 사환은 어느새 원을 그리며 돌기 시작했는데, 이를 구경하는 재미가 그만이었다. 끝내 짐꾼 가운데 한 청년이 그 안으로 뛰어들었다. 뒷날 그중에서 가장 똑똑하다고 밝혀진 바로 그 청년이었다. 그가 한국인임을 직감한 새끼 당나귀는 순순히 머리를 잡혔고, 우리 일행도 마침내 다시 길을 떠날 수가 있었다.

이렇듯 행군을 중단하는 일이 주기적으로 벌어졌는데, 어찌 보면 대열이 늘어지지 않게 하는 긍정적 효과도 없지 않았다. 중간 중간 적당히 소리를 지르거나 승마 채찍을 휘두르면 짐꾼들이 하나둘씩 대열의 선두로 모여들었던 것이다. 그때마다 이들은 자연스럽게 담배 한 대 피우며 쉬려고 들었지만, 화가 난 내가 "가" 하고 소리치며 발걸음을 재촉하는 통에 그 희망은 물거품이 되곤 했다. 하지만 이같은 다그침은 어디서나 분야를 막론하고 한국인들한테는 반드시 필요했다.

'가'라는 그 짧은 단어는, 통역이 독일어를 몰랐기 때문에 우리가 급히 익힌 몇 가지 주요 한국어 단어 중 하나였다. '가'는 독일어 'geh'*에 해당하는 말로, 강조할 때는 "가, 가" 하고 두 번을 외쳤다. 비록 짐꾼들이 쓰는 속된 말이었지만 그들이 알아듣게 하려면 그들의 말을 빌려 쓸 도리밖에 없었던 것이다. 만일 내가 "가" 하고 말할 때마다, 아니 한 발짝 양보해서 "가, 가" 하고 외칠 때마다 한국 엽전을 한 닢씩 받았더라면, 아마 이 보잘것없는 돈을 갖고서도 어마어마한 재산을 모았으리라.

대로에서 만난 일본군

이러한 사정때문에 나는 행군 첫날 고고학을 비롯해 꼼꼼히 작성하기로 계획한 지리학 메모의 경우에도 별다른 수확이 없었다. 이런 여행에서 흔히 그렇듯 아직 판단 기준이 잘 서지 않은 탓에 그만

* '게에'라고 발음하며, gehen(가다)의 명령형.

여정을 만만하게 보고 만 것이다. 관찰을 정확히 하려면 일정한 속
도로 움직이는 일이 필수였는데 그게 여의치 않았다. 한국에 오기
전 다른 나라로 탐사 여행을 갔을 때에는 이 정도로 심한 고민에
빠진 적도, 짐꾼들이 애를 먹인 적도 없었던 것 같다.

아침나절과 점심 무렵에 벌어진 뜻밖의 일들로 여태 어느 누구도
식사며 휴식 따위를 생각할 겨를이 없었다. 그랬던 만큼 앞서 가던
일행이 한마디 말도 없이 홀연히 길가 오두막 앞에 멈춰 서자 –
그것은 곧 주막으로 밝혀졌는데 – 식사 생각은 더욱더 간절해질

주막집.

수밖에 없었다. 이 세상에 허기보다 무서운 상전은 없다더니 결국 우리 앞에도 그 모습을 나타낸 것이다. 우리는 그 자리에 멈춰 섰다. 슬슬 잠자리 문제가 걱정되기 시작했지만 별수가 없었다. 우리는 당초 목표에 한참을 못 미처 있었다. 그나저나 굶주리면 저밖에 모르는 추한 인간이 된다는 사실을 여기서도 확인할 수 있었으니, 짐 꾼들은 짐도 풀지 않은 채 말을 밖에다 세워 두고선, 태연스레 생선 과 야채 반찬을 곁들여 콩밥을 먹기 시작했다. 그 음식 앞에선 우리

모심기.

중국인 하인까지 치를 떨 정도였다. 할 수 없이 나는 그중에서 가장
게으른 – 하지만 먹는 일만큼은 최고로 부지런했던 – 하인 둘의
귀를 붙잡아 말 앞까지 끌고 가선 당장 안장을 내리고 짐을 풀도록
시켰다. 그리고 말들을 언덕배기 풀밭 한복판에 긴 줄로 묶어 놓고
녀석들도 맛난 식사를 들게 했다.

우리가 그동안 지나온 지역은 지세가 비교적 평탄한 데다 낮은
언덕뿐이었다. 주로 논길을 따라 숱한 주막과 촌락을 거쳐 왔는데
논에서는 농민들이 모심기에 한창이었다. 도보로 여행하는 많은 나

서울–원산 간 대로에서.

그네들을 만났고, 도시 장터에 물건을 넘기고 돌아오는 사람들이 조랑말이며 당나귀의 등짝에 아무렇게나 앉은 채로 우리를 앞질러 가기도 했다. 그런데 도중에 여러 번 시도를 해 보았지만 역시 짐 나르는 동물을 구하기란 만만치가 않았다.

우리가 마주친 여행객 가운데는 일본인도 더러 있었다. 대개 서너 명씩 몰려다니는 그들은 짐은 조랑말에 싣고서 그 옆을 유쾌하게 걷고 있었다. 그 길은 바로 서울과 원산을 잇는 대로였다. 그런데 그들이 대부분 군인이라는 점에 우리는 놀라지 않을 수 없었다. 일찍이 부산에 있을 때 나는 원산에 배치될 보병 대대가 제물포 ─ 한국 서해안에 있는 서울의 관문 격인 항구 ─ 로 가기 위해 승선하는 장면을 목격한 적이 있었다. 흥미로운 것은 원산까지 행군하는 병사들이 열을 지어 가는 대신 서너 명씩 소단위로 이동한다는 점이 있었는데, 이들은 철저히 해당국의 특성에 맞춰 이동 방법을 택했던 것이다. 이런 식의 부대 이동은 아마도 유럽의 전쟁사에는 그 전례가 없을 것이다. 하지만 이야말로 "따로 행군하고, 함께 쳐부순다!"는 몰트케Moltke*의 원칙에 가장 충실한 방법이 아닐 수 없었다.

지난 이틀 동안, 새 대로를 따라 여행하면서 우리는 그런 소부대

---

* 몰트케Helmuth Karl Bernhard von Moltke(1800~1891) : 프로이센의 육군 원수. 오스트리아 및 프랑스와의 전쟁을 승리로 이끌며 프로이센의 독일 통일에 크게 기여했다.

를 50개 가까이나 목격했다. 이 방식은 분명히 장점이 있었다. 다만 통과국이 평시일 때 그 장점도 발휘된다는 점은 염두에 두어야 할 것이다. 장점은 우선 급식에 있었다. 이곳 큰길가 마을들의 어려운 사정을 감안할 때 그 판단은 전적으로 옳았다. 부대가 대규모로 이동할 경우 출발 전에 이미 급식소를 완벽히 준비해 두어야 한다. 하지만 그러자면 군량 보급대 전체가 먼저 출발해야 하므로 간단한 일이 아니었다. 또 군량 기지의 설치는 물론, 후방과의 연결이 끊겨서도 안 되었다. 한마디로 엄청난 조직망이 동원되는 일이었다. 하지만 소부대로 쪼개지면 일반 여행객처럼 이동하며 노변의 숱한 주막들을 급식소로 이용할 수 있는 길이 열리게 된다. 소수의 나그네만을 받는 이 주막들이 느닷없이 보병 한 소대분의 식사를 준비해야 한다면 병사들만큼이나 허둥댈 것이 뻔했다. 하지만 따로따로 행군에 나설 경우 군량 기지와 보급대를 꾸리는 수고를 더는 것은 물론, 통과 지역에서 발생하게 될 불만과 갈등도 미리 예방할 수가 있었다. 부대가 대규모로 이동할 때 길가 마을에서는 으레 문제들이 생겼는데, 심지어 주민들이 달아나는 경우도 드물지 않았다. 일본인이 한국에서 철저히 시행하고 있는 것처럼 징발의 대가로 현금을 지급하더라도 그 같은 일을 막지는 못했다. 어쨌든 이런 조치를 보며 우리는 일본인이 피식민지국의 요구에 부응하는 데 능하다는 점을 다시금 확인할 수 있었다. 그런데 한반도 남쪽과 마찬가지로 이곳의 일본 이주민들 역시 하나같이 상인들이라는 점이 눈에 띄었다. 한국에 머무는 동안 나는 일본 농민을 단 한 명도 보지 못했다. 그러나 농민들이야말로 일반적 의미의 이주민이 아니던가. 일본은 세계를 상대로 자기네가 한국을 말 그대로 식민지植民地로 원한다고 우기지만, 다시 말해 일본 농민들에게 더 넓은 땅을 제공하는 것을 일차적 목적으로 하고 있다고 내세우고 있지만, 한국에서 경험한 바로 이

길 위에서.

주장은 과장, 아니 모독에 가까운 것이었다.

휴식을 마친 우리는 서둘러 길을 떠났다. 원산에서 남남동쪽에 있는 큰 마을 안변(중국어로 안빙)까지는 반드시 닿을 작정이었다. 그러자면 18킬로미터를 더 가야 했다. 그동안의 행군 속도가 얼마나 형편없었는지 짐작이 갈 것이다. 점심 휴식 때까지 그 속도는 고작 시속 12킬로미터에 불과했다. 3시 30분부터 쉬었는데, 다행히 4시에는 다시 떠날 수가 있었다. 이곳과 안변 사이에는 묵을 만한 주막이 없었기 때문에 무슨 수를 써서라도 안변까지 도착해야 했다. 하지만 이 형편없는 짐꾼들을 거느리고 어찌 그 목표를 이룰 수 있을까. 그리하여 이번에는 전략을 바꿔 보았다. 오늘 중에 꼭 안변까지 가야 한다고 짐꾼들에게 신신당부한 나는, 사환에게는 짐꾼들이 처질 경우 그들과 함께 있으면서 대열을 끌고 오라고 지시했다. 이어서 나는 아내와 함께 말을 타고 길을 떠났다. 일행과 점점 거리가 벌어졌지만, 우리는 개의치 않고 일정한 속도로 말을 달렸다. 그들이 언제 어떤 식으로 따라오는지는 모르지만 일단은 전진이었다.

어둠이 찾아들자 우리는 말에서 내려 고삐를 어깨에 걸쳤다. 왼쪽에서 문득 차가운 미풍이 불어와, 한동안 우리 눈을 벗어나 있던 바닷가가 다시 가까워졌음을 알렸다. 이윽고 우리는 어느 강변에 다다랐다. 바다로 흘러가는 그 강 어딘가에 안변 또한 있으리라. 물가를 따라 남으로 족히 한 시간을 달리자 8시쯤 강 건너에서 개 짖는 소리가 들려왔고, 15분 뒤엔 마을로 이어지는 다리 앞에 다다랐다. 다리목에 주막이 있었다. 기진맥진해진 우리는 툇마루 아래 흙으로 만든 턱에 주저앉았고, 일행이 도착하는 소리에 깰 때까지 서로 기댄 채 잠시 눈을 붙이기로 했다. 우리는 1시간 30분 가까이를 그렇게 앉아 있었다. 마침내 일행이 나타났다. 사람은 물론 짐까지 빠짐없이 도착했다. 우리의 작전이 맞아떨어진 것이다. 하지만 아쉽게도 이 집은 동물들이 쉴 곳이 마땅치가 않았다. 우리는 결국

강을 건너는 모습.

어둠을 뚫고서 위험천만한 다리를 건너 강 건너에서 숙소를 찾을 수밖에 없었다. 그런데 다음 날 아침에 같은 다리를 한 번 더 건너게 되었을 때, 우리는 자비로운 천사가 칠흑 같은 밤중에 우리를 위험 속에서 무사히 인도해 주었다는 사실을 깨닫게 되었다. 그것은 이름만 다리였을 뿐, 나무판들을 이어 놓았다기보다는 오히려 숭숭 뚫린 구멍들의 연속이었던 것이다. 우리는 물론 말들이 그 구멍에 빠져 다리가 부러지지 않은 것은 그야말로 기적이었다.

안변

그 아찔한 다리를 탈 없이 건너기는 했지만 그렇다고 여행 첫날인 오늘의 원래 목적지에 이른 것은 아니었다. 안변이라는 것을 알리는 개 울음소리가 여전히 저 멀리 들려왔고, 강 건너편에서 우리를 향해 손짓하던 등불들도 하나둘씩 꺼져 가고 있었다. 안변 주민들이 잠자리에 든다는 신호였다. 그때 오른쪽 가까이서 개 짖는 소리가 들렸다. 그곳 강변의 무성한 덤불 속에 마을이 숨어 있는 게 분명했다. 나는 일행을 그리로 이끌었고, 우리는 이내 나무와 초가집들이 드리운 짙은 그늘 속으로 들어갔다. 우리는 계속해서 이정표나 다름 없는 개 울음소리를 따라갔다.

그리고 마침내 주막으로 보이는 낮고 우중충한 집 앞에 이르렀다. 사람, 동물 가릴 것 없이 다들 쉬고 싶은 마음뿐이었다. 한꺼번에 주먹 서너 개가 달려들어 굳게 닫힌 대문을 두들겨 대는 가운데, 말 두 마리가 히힝 울고, 이에 질세라 당나귀까지 이아 하고 보채며 접대를 요구했다. 이윽고 잠이 덜 깬 주인이 조심스레 다가오더니 문 뒤에서 일단 우리의 정체부터 물었다. 경계하는 주인의 태도에 열이 난 짐꾼들은 고함을 지르고 문을 발로 차 댔다. 불쌍한 주인은 대답도 못 들은 채 문을 열어야 했다. 가벼운 옷차림의 주인은 관솔 횃불을 들고 서 있었는데, 한밤중의 침입이 썩 반가운 눈치가 아니었다. 하지만 우리로서도 사정을 봐줄 형편이 아니었다.

짐꾼 하나가 어느새 침방을 바깥 툇마루와 이어 주는 문을 열어젖혔다. 곧이어 두 번째, 세 번째 관솔 가지가 타오르면서 적황색 횃불들이 분주히 돌아다녔으니 무엇보다도 말에 실은 짐을 푸는 일이 급했던 것이다. 짐에서 해방된 말들은 곧장 외양간으로 뛰어갔다. 그곳은 부엌을 겸한 곳이었다. 중국인 사환이 서둘러 화로에 불을 피우는 동안, 이 집 아낙들은 부엌 겸 외양간의 아궁이에 불을 땠다. 한국 조랑말은 저녁으로 날콩을 먹는 법이 없었던 것이다. 부드럽게 삶은 콩을 앞에 놓고서야 조랑말들은 비로소 씹는 기관을 움직이기 시작했다. 과연 조랑말치고는 응석꾸러기가 아닐 수 없었다. 어찌

콩을 다 삶아 줄까!

이제 이 집의 구조가 눈에 들어왔다. 육로 여행을 떠나고서 처음 묵게 된 숙소였다. 우리가 맨 처음 발을 들여놓은 곳은 부엌을 겸한 마구간이었다. 집 전체는 ─ 적어도 바깥채는 ─ 부엌과 높이 솟은 사랑방, 두 곳으로 이루어져 있었다. 우리 부부에게 그 사랑채에서 짐꾼들과 함께 자는 게 어떻겠냐고 제안한 쪽은 물론 주인 내외와 짐꾼들이었다. 우리가 이에 극구 반대하자, 생각을 고쳐먹은 주인은 바깥채에 딸린 뒷방 여자들을 부엌으로 보내고, 짐꾼들을 그 규방으로 가게 했다. 그런데 우리 짐을 방에 들이기에 앞서 시급했던 일은 대청소였다. 일단 바닥에 깔린 얇은 돗자리부터 방 밖으로 내던졌다. 이어 발자국 천지인 바닥에다 수차례 물을 뿌렸으니, 그렇게 해서라도 벌레들이 쓸려 가기를 바랐던 것이다. 대신 벽에 쳐진 거미줄은 평화의 상징으로 놔두기로 했다. 어지간히 방청소가 마무리되자 우리는 접이침대를 가져와 펼쳤다. 나무 기둥에서 모기장 끈을 묶어 놓을 옹이도 발견했다. 이로써 30분 만에 잠자리가 깨끗이 정리되었다. 그동안 사환이 툇마루에 찻물을 끓여 놓았으니, 차 한 잔에 우리의 근심마저 싹 잊히는 듯했다.

그런데 이게 웬일인가. 아까 조랑말에게 콩을 삶아 준다고 불을 지폈던 아궁이의 배출구가 방바닥 밑을 지나면서 방을 점점 달구고 있는 게 아닌가. 침대 쪽 바닥은 이미 손을 못 댈 정도로 후끈거렸다. 만일 조랑말에게 먹일 콩을 푹 익혀야 했다면 아마도 우리는 침실 바닥에서 케이크를 구울 수도 있었으리라. 발밑이 이렇게 뜨거워 보기는 또 난생 처음이었다! 우리는 일일이 바닥에 손을 대 보며 조금이라도 덜 뜨거운 곳이 있나 찾아보았다. 저 구석 자리가 그나마 좀 나았기에, 거기다 모기장과 접이침대를 처음부터 다시 설치했다.

하지만 그게 다가 아니었다. 마을로 달걀 심부름을 보낸 짐꾼이 돌아와 하는 말이, 마을을 샅샅이 뒤져도 달걀이 없다는 것이었다. 찾는 무언가가 없을 때 듣게 되는 대답에 한국어로 '몰라*'라는 말이 있었다. 우리가 자주 겪은바, 이 '몰라'는 낯 두꺼움과 게으름의 표현에 지나지 않았다. 하지만 오늘 저녁엔 이 문제를 두고 골똘히 생각하거나 손수 달걀을 찾아 나설 시간이 없었다. 우리에게는 돼지기름이 여러 통 있었고, 이 밖에도 일본에서 사온 감자가 아직 자루에 많이 남아 있었다. 우리는 재빨리 감자를 깎았고, 화로에 냄비를 올려 돼지기름을 끓였다. 노릇한 감자튀김과 익히지 않은 햄을 먹고, 차를 여러 잔 곁들이며 우리는 하루의 피로를 풀었다. 오늘은 이 정도로 만족하고 제대로 된 식사는 내일 아침으로 미루기로 했다.

---

* 원문에 'mola'로 표기

어쨌거나 짐꾼들 식사 문제로 고민할 필요가 없다는 게 그렇게 편할 수가 없었다. 약속대로 이들은 알아서 밥을 먹었는데, 어느새 작고 둥그런 밥상에 둘러앉아 부지런히 쇠그릇 쪽으로 손을 뻗고 있었다. 그릇에는 콩밥을 비롯해 약간의 채소 반찬, 달걀채, 기타 음식들이 담겨 있었다. 하지만 거개가 매운 양념이라 우리 입에는 통 맞지가 않았다. 이 밖에 원산 거리에 널려 있던 마른 생선이며 다른 그럴듯한 반찬들도 눈에 띄었다. 사환에게도 근사한 건어물 반찬이 제공되었으니, 그 먹음직스러운 음식에 손을 갖다 대는 녀석의 입에는 벌써부터 군침이 돌기 시작했다. 원래가 먹보인 데다 배까지 잔뜩 곯아 있던 녀석은 서둘러 콩밥을 수저 가득 떠 입안에 넣었다. 순간 녀석의 표정이 돌변했다. 볼록해진 볼로 자리에서 튀어 오른 녀석은 툇마루로 달려가더니 그 근사한 한국 음식을 바닥에 내뱉는 것이 아닌가. 자리로 돌아온 녀석은 낙담한 얼굴로 이렇게 말했다.

"도저히 못 먹겠어요!"

먹보에다 배까지 곯은 중국인이 못 먹을 정도라면 대체 얼마나 끔찍한 음식일까! 할 수 없었다. 우리는 녀석이 따로 요리할 수 있게 작은 냄비를 빌려 주었다. 또 요코하마에서 가져온 햄의 가장자리 부위도 잘라 주었다. 물론 약간의 감자도 잊지 않았다. 녀석은 이

둘을 냄비에 볶았고, 완성된 음식을 맛있게 먹어 치웠다.

피곤했던 우리는 차츰 눈이 감겨 왔다. 그리하여 사환이 우리 침실을 찾아와 이렇게 투덜댔을 때는 이미 깜빡 잠이 들고 난 다음이었다.

"나리, 주인 나리. 잠을 잘 수가 없어요!"

떠듬거리는 피진잉글리시로 그 자세한 이유를 설명하기는 어려운 법. 나는 할 수 없이 침대에서 일어나 가운을 걸치고선 녀석과 함께 규방으로 향했다. 원래 녀석은 짐꾼들과 함께 그 방에서 자기로 되어 있었다. 관솔 횃불이 검게 그은 거미줄투성이의 방을 어렴풋이 밝혔다. 사내 일곱이 온돌* 위에서, 즉 밑으로 연기가 지나가고 있는 높이 솟은 방바닥에서 자고 있는 모습이 그 불빛에 비춰졌다. 통역과 여섯 명의 짐꾼들이, 사환이 차마 목구멍으로 넘길 수 없었던 그 한국 음식을 돼지처럼 먹고서는 부른 배로 코까지 골며 잠에 빠져 있었다. 이렇게 그들은 무더웠던 오늘 하루를 보상받고 있었다. 빼곡히 누워 자는 그 일곱 사내의 꼴이란! 온돌방은 길이가 몇 미터에 불과했고, 너비도 사람 키 정도였다. 일곱 명이 등을 바닥에 댄 채 나란히 잔다는 건 어림도 없었다. 그리하여 다들 몸을 오른쪽

---

* 원문에서는 중국 북방 지역의 난방 시설을 가리키는 캉炕이라는 용어가 사용되었다.

으로 돌리고 누웠는데, 이래야 겨우 한방에서 잘 수가 있었다. 물론 혼자만 몸을 왼쪽으로 튼다든지 하는 일은 불가능했다. 그 경우 명령에 따르듯 전원이 동시에 몸을 돌려야 했다. 누구는 오른쪽, 누구는 왼쪽으로 눕는 일은 상상도 못 했다. 결국 사환이 짐꾼들과 함께 자려면 포개진 짐꾼들을 가로질러 눕는 수밖에 없었다. 물론 녀석으로서는 기겁할 일이었다. 하지만 코까지 골며 자는 꼴을 보건대 이처럼 다닥다닥 붙어 자는 게 한국인들에게는 대수가 아닌 듯했다. 그들은 땀까지 흘렸으니, 바닥이 잘 데워져 있는 데다 빼곡히 누운 것도 열기를 높이는 데 한몫을 했기 때문이다. 그나저나 한국인들이 풍기는 땀내는 그 어디서도 맡기 힘들 만큼 독특했다.

사환과 방에 돌아온 나는 방금 목격한 해괴한 광경을 아내한테 설명하고는 불쌍한 녀석을 우리 방에 함께 재우자고 청했다. 녀석이 딱했던지 아내도 우리 옆에 요를 펴게 했다. 그런데 녀석은 하필 우리가 처음 접이침대를 폈던 그 지점에 요를 펴면서, 뜨거울수록 좋다며 고집을 피우는 것이었다. 이에 나는, 주인인 우리가 너를 믿고 특별히 호의를 베푼 것인 만큼 성소에 들어왔다 생각하고 최대한 정중하고 조신하게 행동하라고 일렀다. 녀석은 피진잉글리시로 특유의 수다를 늘어놓으며 내 말에 맞장구를 쳤다. 하지만 약속과 실천은 엄연히 다른 법. 녀석은 밤새 코를 고는 것으로 자신의 약속을 이행했다. 나는 세 차례나 침대에서 일어나 조용히 하라고 주의를 주었다. 하지만 코 고는 소리는 도무지 그칠 줄을 몰랐고, 당초 숨을 가볍게 몰아쉬는 정도, 그러니까 느린 아다지오 근처에서 맴돌던 게 갈수록 격렬해지더니 끝내는 계곡물 소리에 육박하는 최강음 포르티시모까지 커지고 말았다. 녀석은 새벽까지 코를 골더니, 어느 샌가 자리에서 일어나 찻물을 끓이기 시작했다.

8. 저녁이 되고 아침이 되니 둘째 날이 밝았다

아침의 평화

모기장 안이 달싹거렸다.

"당신, 잘 잤어요?"

"일어났군요. 당신도 잘 잤어요?"

"그럼요! 그런데 여보?"

"어서 말해 봐요!"

"배가 고픈 걸요!"

이 말이 떨어짐과 동시에 사랑스런 아내는 "아함!" 하고 하품을 했다. 나와 결혼을 결심할 무렵 자기를 먹여 살릴 자신이 있는지 물어보았던 아내! 그때 나는 잠시 생각한 뒤 자신 있는 목소리로 크고 분명하게 "예"라고 대답하지 않았던가. 그 아내가 지금 허기를 느낀다니! 이럴 때는 입술을 쑥 내밀고 휘파람을 불어야 한다. 하지만 휘파람을 불기 전 나는 괜스레 입을 내밀어 보았다. 아내 역시 "아함!" 소리를 내느라 한껏 벌렸던 입을 다물고는 쭉 입을 내밀었다. 휘파람 소리는 들리지 않은 채 두 입술이 서로를 향해 움직였고, 우리는 마침내 달콤한 아침 키스를 나누었다.

"여보, 그냥 누워 있구려. 내가 알아서 준비할 테니!"

"당신이 최고예요!"

아내는 이렇게 말하며 다시 몸을 오른쪽으로 돌렸다. 30분이라도 더 잠에 빠져 배고픔을 잊으려는 거였다. 물론 "아침 시간은 입에 황금을 물고 있다"는 속담을 우리 부부도 모르는 바 아니었다. 하지만 아침 시간의 입속에서 어떻게 황금을 끄집어내는지 그 방법조차 배우지 못한 우리였다. 게다가 남의 입에 든 황금이 대체 내게 무슨 소용이란 말인가?

남편은 먼저 베개 밑에 손을 넣어 보았다. 베개는 총 다섯 겹으로 되어 있었다. 맨 위는 하얀 플란넬 시트, 그 아래로 왕겨로 채운 일본 베개, 안장, 지폐와 장전된 권총이 든 작은 가방 등이 차례로 있었고, 맨 아래에 놓인 것은 접이침대의 매트였다. 남편이 지난밤 마지막으로 만진 게 가방과 권총이었고, 아침에 눈을 뜨자마자 처음

만진 것도 그 두 가지였다. 사실 장전된 권총을 모기장 아래 두는 게 썩 내키는 일은 아니었다. 하지만 모기장에서 꺼내기가 거추장스럽다고 총을 밖에다 둔다면 무슨 일이라도 생겼을 때 그 총이 무슨 소용이겠는가? 베개 밑에 가방을 놓아둔 데에는 그만한 이유가 있었으니, 그 밑에다 권총을 숨겨 두었던 것이다. 아내는 권총을 보지 못했던지라 그토록 곤히 잠에 빠져들 수가 있었다. 아내 곁에 남편이 있는 한, 어떤 흉악한 한국인이 찾아온들 아무 일도 일어나지 않을 것이다. 아내도 이를 알고 있으리라!

"여보!"

"당신 일어났군요!"

"우리가 어제 저녁 석왕사에 못 간 걸 만하이머 씨가 어떻게 생각할까요?"

"그렇지. 참 좋은 분이셨는데!"

"정말 좋은 분이세요! 우리한테 근사한 샐러드도 보내 주셨잖아요. 저, 여보(아내는 이제 몸을 일으켜 세웠다). 어서 아침을 준비해 만하이머 씨가 준 삶은 구스베리도 함께 먹도록 해요. 예?"

"그래요, 여보. 사환 녀석은 또 화로를 하나만 갖다 놓았구만! 보이! 화로를 하나 더 가져오너라!"

"그게 답니다."

녀석이 대답했다.

"구해 오너라! 찾아보면 있다!"

"한국 사람한테 물어보았는데 없답니다!"

"누구한테 물어보았느냐?"

"마부한테 물어보았는데 '몰라, 몰라!' 했습니다!"

"몰라!"

남편은 잔뜩 성이 났다.

"다시는 '몰라'라는 말을 입에 담지 말거라! 어디 보자. 내가 직접 찾아보겠다!"

이 말이 떨어지기 무섭게 남편은 마구간 겸 부엌으로 쿵쿵 걸어가서는 화로를 찾기 시작했다. 문을 열자 말이 히힝 울었고, 잠자던 당나귀도 어느새 구유 앞으로 걸어가 먹을 채비를 끝냈다. 그런데 지난밤 말 먹이를 끓이느라 뜨겁게 달군 바로 그 아궁이 위에 주인과 그 가족들이 누워 있는 것이었다. 솥에 나무 뚜껑을 덮어 일종의 구들을 만든 것인데, 그 위에서 주인 내외와 딸, 남녀 하인들이 다닥다닥 붙어서 자고 있었다. 주인을 깨울 생각에 나는 나무토막을 들어 급소를 제외한 그의 몸을 쿡쿡 찔렀다. 사내는 여전히 비몽사몽이었다. 일어서기도 곤란했던 게, 그러자면 일단 부인과 딸, 하인들부터 일어나야 했다. 그들은 서로가 옷이 깔린 채 누워 있었던 것이다. 결국 하녀, 하인, 딸, 부인 순으로 한 사람씩 잠에서 깨어난 뒤에야 주인도 일어설 수가 있었다. 그런데 구들 끝자락에 있던 주인은 서둘러 일어서다가, 곁에서 그의 옷을 깔고 누워 있던 부인이 몸을 세우는 순간 곧장 중심을 잃고는 바닥으로 추락하고 말았다.

나는 사환을 통해 주인에게 화로 하나를 더 부탁했다. 녀석은 그 내용을 쪽지에다 한자로 적어 주인에게 전달했다. 바닥에 앉아 잠시 그 한자를 들여다본 주인은 천천히 일어나 크고 또렷한 소리로 이렇게 외쳤다.

"몰라!"

이와 동시에 역시 크고 또렷하게 '찰싹' 하고 나무토막이 부딪치는 소리가 들렸다. 위생상 손대신 나무토막을 쳐든 내가 주인의 등짝 아랫부분을 때린 것이다. 나 또한 거기다 대고 "몰라!"를 외쳤는데, 억양만 다소 달랐을 뿐이었다. 맞은 데를 손으로 만져 보며 그곳이 무사히 붙어 있음을 확인한 주인은 마당으로 난 문을 열고 화로를 가져 왔다. 그 민첩함과 마법사 같은 솜씨에 나는 다시 등짝을 때려 줌으로써 답례했는데, 이번에도 억양만 바꾼 채 "몰라!"를 외쳐 주었다. 주인은 맞은 자리를 기억해 두었다 세 번째로 손을 뻗어 살점이 온전히 붙어 있는지를 확인했다. 내가 화로를 툇마루로 옮겨 놓자, 사환이 히죽이며 숯을 들고 와 불을 피웠다. 어렴풋 잠에서 깨어난 아내가 물었다.

"여보, 화로는 구했어요?"

"그럼요. 벌써 타고 있구려!"

"아, 타고 있군요."

아내는 다시 잠이 들었다. 잠시 후 나는 쌀을 씻어 냄비에 담고는 물의 3분의 2가 쌀 위로 오게 넉넉히 물을 부었다. 사환이 냄비를 화로에 올려놓자 아내가 다시 잠에서 깼다.

"만하이머 씨 부인이 음식을 차려놓고 우리를 기다렸으면 어쩌지요!"

"아직도 기다릴 거요, 여보!"

"아, 그럴까요."

아내는 하품을 한 뒤 다시 깜박 잠이 들었다.

아쉬운 석왕사 만찬

아닌 게 아니라 우리는 결국 일을 그르치고 말았다. 만하이머 씨가 석왕사로 만찬에 초대했건만, 우리는 어젯밤에 형편없는 식사로 만족해야 했다. 더구나 만하이머 부인은 우리를 위해 특별 음식까지 준비해 놓지 않았던가! 부인은 우리 부부를 마음에 들어했다. 만하이머 씨는 언제 원산으로 쳐들어올지 모르는 러시아인들 때문에 ─ 이들 때문에 그는 집에 있는 깃대에다 대형 독일 국기를 휘날리게 해 놓았던 것이다 ─ 아내를 산중의 석왕사로 대피시키고, 스스로는 두 한국인 하인과 원산 자택에 머물고 있었다. 만하이머 씨가 우리를 돕고자 다양한 방식으로 베풀어 준 성의와 친절은 실로 감동적이었다. 줄곧 우리의 통역 노릇을 해 주었고, 원산에서는 보기 드문 푸른 채소와 과일을 주기적으로 갖다 주기도 했다. 특히 땀을 뻘뻘 흘리면서 우리가 묵고 있던 중국인 집까지 흥분해 달려왔던 그날 이후로 우리 일이라면 몸을 아끼지 않고 도와주었다.

30년 넘게 타향 생활을 했지만 여전히 유대 억양이 섞인 독일어를 말하는 만하이머 씨. 이스라엘의 자손으로는 드물게 '바다'로 나갔다가 30여 년 전 한국 해안으로 표류해 온 이후, 줄곧 여기 머무르며 해관에 근무하다 결국 원산의 항만장까지 되었지만, 그런 그도 끝내 유대식 말투는 못 버린 것이다. 그는 정말이지 고상한 인격의 소유자였다. 그의 '고상한' 독일어 사투리에 우리는 몰래 웃기도 했는데, 그때마다 그런 우리의 무례함에 대해 속으로 용서를 빌었다. 그때도 예외가 아니었다. 하지만 흥분한 채 달려와 모자를 벗어 급히 인사한 뒤, 멋쩍은 웃음과 함께 이렇게 이야기하던 모습은 과연 사랑스럽기 그지없었다.

"용서하십시오, 부인. 제가 그만 누구신지 몰라 뵈었습니다. 이건 구스베리를 절인 통조림입니다. 제가 직접 설탕을 넣어 가며 끓인 거랍니다! 진작에 알아 뵈었어야 했는데, 죄송합니다. 그리고 제 처에게 편지를 보냈답니다. 아내는 지금 석왕사에 은신 중인데, 러시아 놈들 때문에 제가 산으로 보냈지요! 편지로 독일인 내외분께서 원산에 오셨다고 알렸습니다. 제 처는 교양 있는 여자랍니다. 예전엔 베를린의 여러 상류 집안에서 가정교사로 있었지요. 또 연극과 문학에도 늘 관심이 많았답니다. 말하자면 교양 있는 숙녀가 저랑 결혼을 해 준 셈이지요. 아내가 바로 답장을 보내왔는데, 남편께서 중국에서 「포시셰차이퉁Vossische Zeitung」*에 기고하던 바로 그 유명한 필자이신지 알려 달랍니다. 아내는 가정교사로 있던 상류 가정에서 늘 그 신문을 읽었지요. 정말 그분이 맞으십니까?"

그 이후로 만하이머 씨는 우리에게 각별한 호의를 베풀었다. 출발 며칠 전부터 말하길, 석왕사에 있는 아내에게 편지를 보내 우리와 함께 몇 날 몇 시 그곳에 도착할 테니 귀빈에게 어울리는 훌륭한 저녁을 준비해 놓고 기다리라고 했다는 것이다. 실로 그 손님은 독일의 진수성찬을 먹어 본 지가 하도 오래여서, 석왕사에서 그 맛을

---

* 베를린에서 발행되던 유력 일간지. 18세기 초 창간되었으나 1934년 나치가 강제 폐간했다.

다시 느껴 보기를 학수고대하고 있었다. 하지만 세상사가 종종 그렇듯이, 이번에도 같은 일이 벌어지고 말았다. '개가 소시지를 물고 냅다 거리로 달아나면,' 그저 멀뚱히 쳐다보는 수밖에 없지 않겠는가?

"일어날래요!"

사랑스러운 아내가 익살스레 외쳤다. 저기를 좀 보시라! 모기장이 흔들리더니 짙은 흰 구름을 뚫고 진갈색 고수머리가 기어 나왔다. 잠에 취한 두 눈이 빛을 받아 신비롭게 반짝인다!

"여보, 이리 와서 아침 먹읍시다. 만하이머 씨가 준 구스베리도 차려 놓았어요."

아침 식사가 끝났다. 우리는 물론이고 양계장 식구 중 마지막으로 남은 칠면조 세 마리도 맛있게 식사를 마쳤다. 여행하는 동안 우리는 이 녀석들을 짚으로 만든 자루 속에 넣고 헐겁게 묶은 다음 짐꾼이 메고 가는 타자기 위에 얹어 놓아, 녀석들이 머리를 내밀고 밖을 볼 수 있게 해 주었다. 그러면 짐꾼 등에 얹혀 목을 길게 뺀 채 세상을 굽어보는 모습이 어찌나 애처로워 보이던지. 마치 사람의 먹잇감으로 희생되는 게 제 존재 이유라는 것을 아는 듯도 했다. 물론 휴식 시간에는 녀석들을 풀어 놓았는데, 그때마다 늘 사람들의 관심을 독차지했다. 깨끗한 물이며 쌀 바구니를 갖다 주면, 잠시 어리둥절해하다가 곧 모이를 먹기 시작했다. 녀석들은 지난밤 마구간에서 잔 덕분인지 한결 생기가 넘쳤다. 모이를 주자 늘 그렇듯이 위엄을 차리면서도 탐욕스레 달려갔고, 심지어는 겁 없이 마을까지 산책을 나가서 사환 녀석이 쫓아가 겨우 붙잡아 오기도 했다. 그 벌로 칠면조들은 다시 짚 자루로 들어갔는데, 그 안에서 녀석들은 전처럼 유유히 웅크리고 앉아 있었다. 암컷은 이번에도 혼자 생각에 잠겼고, 수컷은 예의 그 골골골 소리를 냈다. 제3의 성을 가진 칠면조만 좀체 제 처지에 만족할 줄을 몰랐는데, 비좁은 자루 안에서 퍼덕거리다 끝내는 불편한 자세로 앉고 말았다. 녀석은 수컷인지 암컷인지 아직도 그 정체를 밝히지 않고 있었다.

밥값과 품삯

아침을 든 짐꾼들이 하나씩 터벅터벅 걸어 나왔다. 다들 잠이 덜 깬 모습들이었다. 그들이 원하는 건 이번에도 돈이었다. 밥값을 낼 차례였던 것이다. 우리 역시 주인에게 계산을 치러야 했기에 — 정작 우리 쪽에서는 여기 음식에 입도 대지 않았는데 — 곧 전부가 나서는 한바탕 법석이 일어났다. 한국의 주막에서 숙박비는 공짜라고 말한 적이 있을 것이다. 즉, 사람과 동물이 먹은 음식에만 값을 치른다. 주인을 부르자 그는 곧 계산에 나섰다. 그나저나 한국인들에게 돈은 신비로운 마력을 발휘하는 모양이었다. 짐꾼 중 가장 힘센 자가 묵직한 엽전 자루를 끙끙대며 끌고 오자, 그때까지 툇마루의 이 방인들을 멀찍이서 지켜만 보던 주민들이 한걸음씩 몰려들기 시작하였다. 그들은 우리 쪽으로 바짝 붙어서 천천히 지나가다 한 번씩 멈춰 서곤 했다. "가" 하고 거칠게 외치면 그제야 다시 발걸음을 떼었다. 하지만 우리가 돈을 세느라 정신을 파는 즉시 그들은 다시 멈춰 섰다. 누군가 먼저 용기를 내면 나머지가 따라 하는 식으로, 어느새 인간 장벽이 만들어져 우리를 에워싸고 있었다. 어제 원산 장터에서 말을 거래할 때와 똑같은 상황이 벌어진 것이다. "가" 하고 외쳐도, 더욱 거칠게 "가. 가!"를 외쳐도 꿈쩍하지 않았다. 그들이 거세게 밀고 올 경우를 대비해 나는 가죽띠를 준비했다.

그런데 이 멍청한 통역은 아주 간단한 말조차 제대로 옮기지를 못했다. 게다가 우리가 지불할 돈이라며 터무니없는 액수를 부르는 것이 아닌가. 사환의 도움을 빌려 한참을 계산하고 모래에 끼적거리며 우리가 얻어 낸 결과는 조랑말과 당나귀가 320푼어치를 먹어 치웠다는 사실이었다. 마부 겸 통역은 두 끼 식사에 각각 80푼을, 사환은 먹지도 못한 어제저녁에 80푼을 내야 했다. 이 밖에 우리는 아침에 달걀 한 꾸러미를 얻었다. 어제 저녁만 해도 "몰라!" 하던 달걀이었는데, 밤새 암탉이 우리에 빚진 의무를 깨닫기라도 한 모양이었다. 그 달걀이 120푼이었다. 참고로 7푼이 1센, 그러니까 3.5푼이 1페니히 정도였다. 아울러 주인에게 방값과 땔감비 조로 200푼을 얹어 주었는데, 주인은 이를 퍽 고맙게 여겼다.

이제 짐꾼들 차례였다. 통역은 4엔을 선불로 받은 터라 당분간 품삯을 받을 일이 없었다. 게다가 행군을 하면서 통역으로서 낙제라는 점이 확실해졌으므로, 본업인 마부로 차차 그 지위를 격하시킬 생각이었다.

품삯을 나눠 주느라 장부를 정리하던 우리는 이참에 짐꾼들의 이름도 알게 되었다. 물론 그것은 진짜 이름은 아니었고, 별칭 혹은 임시 번호였다. 이를테면 이랬다. '반장을 포함해 짐꾼 1~5번은 홍가, 박 서방, 강 서방, 진 서방, 엄 서방, 정 서방이었다.'

계약상 이들은 엽전 500닢을 일당으로 받기로 했다. 하지만 나는 절반만을 바로 지급했고, 나머지 절반은 돌아갈 여비에 쓰도록 서울에서 줄 생각이었다. 그러니까 현재는 250푼만 받는 셈이었다. 나는 한시바삐 엽전을 줄이고 싶었다. 마침 아침에 통역한테서, 어제 돈을 나르던 짐꾼이 발에 상처가 나 제대로 걷지 못하게 되었다는 소식을 들은 터라 엽전을 줄이는 일이 더욱더 절실해졌다. 사실 200푼도 짐꾼들에게는 충분한 돈이었다. 그들은 행군 중 밥값으로 평균 80푼을 썼다. 한국인들은 보통 하루 두 끼, 즉 아침과 저녁만 먹는다. 설령 우리 짐꾼들이 하루 세 끼를 먹는다손 치더라도 240푼이면 족했을 것이다. 그러고도 담배 살 10푼의 여윳돈이 남았다. 점심때 짐꾼들이 배를 채우지 않을 경우에 생기는 또 다른 이점은, 밥 먹고 늘어져서 지금보다 더 느려질 위험이 없다는 것이다. 오늘 아침 우리의 계산 결과는 이러했다.

방값과 땔감비 : 200푼
말 세 마리의 먹이 : 320푼
내가 지불한 통역 식사비 : 160푼
사환의 한 끼 식사 : 80푼
달걀 한 꾸러미 : 120푼
짐꾼들 하루 품삯, 즉 현금으로 지불한 절반 : 1,500푼

총: 2,380푼

이를 독일 화폐로 환산하면 대략 6.80마르크였다. 앞으로 주기적으로 등장할 금액이었다.

몇 차례 가죽띠를 휘두른 것을 제외한다면 전반적으로 평온한 분위기에서 계산은 이루어졌다. 비트적거리기가 한국인의 장기라는 사실은 이곳 시골에서도 변함이 없었다. 띠가 공기를 획 가르기 무

섭게 – 맞아도 하나 안 아픈 그 띠는 위협용에 불과해서 사람에게 맞는 일도 드물었다 – 한국인들은 다리를 하늘로 쭉 뻗고 나자빠짐으로써 이에 감사히 화답하는 것이었다. 실수로 인의 장막에 휩쓸려 간 통역까지도 채찍이 공기를 쌩 가르자 명령에 따르듯 뒤로 넘어지며 다리를 치켜들었다.

조랑말 천국

어제 같은 불상사를 또다시 겪기 싫었던 나는 기회를 보아서 마소 한 마리를 더 빌리거나 사기로 했다. 하지만 경험상 한국에서는 이 두 가지 일이 모두 만만치 않았다. 아무튼 일단은 빌려 보기로 했다.

이 마을의 말이나 황소 한 마리를 빌리겠다는 뜻을 통역에게 이해시키기까지는 다소 시간이 걸렸다. 그런데 할 일이 생겼다는 사실을 깨닫자마자 그는 웃으며 "몰라!" 하고 대꾸했다. '몰라!'와 동시에 가죽띠가 그의 코밑을 휙 지나가자, 웃음을 머금은 채 몸을 휙 돌려 땅바닥에 주저앉더니, 아니나 다를까 다리를 공중으로 뻗치는 것이었다. 자리에서 일어난 그는 제 임무를 알아차리고는 얌전히 한국인들 쪽으로 걸어갔다. 좀 전까지 두둑한 돈 자루를 보며 희희낙락대던 그 한국인들에게 혹시 말이나 황소를 빌려줄 수 있는지 묻기 위해서였다. 하지만 여기저기서 들려오는 대답이란 오로지 "몰라!"였다. 하지만 내 앞에서 또 한 번 "몰라!"라고 할 자신이 없었던 통역은, 내가 종종 그러는 걸 보고 배웠는지, 곧장 어느 농가로 들어가는 것이었다. 그러자 돌연 신이 난 말 임자가 통역의 뒤를 따라 들어갔다. 이윽고 통역은 말 두 마리를 찾았다는 기쁜 소식을 갖고 나타났다.

그런데 말 임자인 농부가 오더니 말 한 필을 빌리는 대가로 하루 2,000푼을 요구했다. 짐꾼 네 사람 일당과 맞먹는 돈이었다. 흥정이 시작되었다. 30분쯤 흘렀을까. 우리는 마침내 말 두 필과 마부 한 명을 하루 2,400푼에 빌리기로 합의했다. 일이 이렇게 술술 풀리다니 더없이 다행이었다. 하지만 웬걸, 서울까지 가는 돈을 미리 달라고 하는 게 아닌가. 어림없는 소리였다! 새벽에 말을 끌고 줄행랑이라도 치면 대체 어쩌란 말인가? 할 수 없이 나는 매일 그 다음 날 삯을 선불로 주겠다고 했다. 농부는 내 제안을 거절했다. 그러고는 대놓고 나를 비웃으며 무언가 건방진 말을 내뱉더니 말들을 데리고 길을 되돌아가려 했다. 하지만 순순히 보내 줄 내가 아니었다. 나는 사내의 목덜미를 확 낚아챘다. 그가 습관대로 나자빠지지만 않았어도 그 두꺼운 피부를 무두질해 한 단계는 더 말랑말랑하게 해 놓았을 것이다. 이 모습을 본 아내는 까르르 웃음을 터뜨렸고, 나도 얼결에 따라 웃고 말았다. 땅에서 몸을 일으킨 사내는 황급히 말들을

쫓아갔다. 갑작스런 공격에 말들까지 겁을 집어먹곤 들판으로 뛰쳐
나간 것이다.

망연자실해진 나는 잠시 툇마루에 앉았다. 그리고 통역을 시켜
짐꾼들에게 이르길, 동물들을 구하는 데 계속 비협조적으로 나온다
면 나 역시 당신들을 도울 이유가 없어지는 만큼, 행군 중 낙오하거
나 속도를 못 맞추는 자가 있으면 사정없이 가죽띠로 후려치겠다고
했다. 그제야 짐꾼들은 마을 농가를 돌아다니며 짐을 싣고 갈 동물
들을 수소문하기 시작했다. 하지만 그때마다 들려오는 소리란 오로
지 "몰라. 몰라!"였다.

그렇게 기운이 빠진 채로 앉아서, 일이 돌아가는 꼴을 우두커니
바라보고 있을 때였다. 웬 농부 하나가 종종걸음을 치며 겁도 없이
마을로 들어오고 있었다. 자그만 조랑말을 끌고 왔는데, 크게 힘을
쓸 것 같지도 않았고 마른 데다 암컷이었다. 하지만 어쨌거나 말은
말이었다! 농부는 호기심 가득한 눈빛으로 툇마루 앞에 멈춰 서더니
마치 세계의 불가사의라도 되는 양 우리를 쳐다보았다. 반갑게 자리
에서 일어난 나는 가볍게 웃음을 보냈다. 그 역시 기뻐하며 웃음으
로 답례했다. 나는 다정히 다가가 조랑말의 등이며 꼬리를 쓰다듬었
다. 조랑말은 히힝 소리를 내며 꼬리를 휘둘렀다.

마침내 통역이 도착했고, 사환과 짐꾼들까지 합세한 가운데 주민

전체가 우리를 빙 둘러쌌다. 그러자 덜컥 겁이 났는지, 농부는 다시 고삐를 쥐고는 가던 길을 계속 가려 했다.

"잠깐, 굳이 그럴 필요가 있는가? 나한테 말을 팔게나!"

하지만 의심을 못 떨친 농부는 내 청을 거절했다. 그러자 짐꾼 여섯이 그를 향해 일제히 고함을 지르며, 일단 값부터 부르라며 으름장을 놓았다. 기대에 부풀어 농부의 입을 바라보는 짐꾼들 표정이 제발 입을 열어 값을 부르라고 말하는 듯했다. 농부가 드디어 꾹 다문 입을 열자, 이제 모든 눈길이 내게로 쏠렸다. 그가 조랑말을 파는 대가로 일본 돈 30엔을 원한다고 통역이 전해 왔다. 어쨌든 말을 파는 건 기정사실이 된 셈이었다. 보통은 여기까지만 최소 30분이 걸렸다. 가격까지 말했으니, 거기다 30분을 더 번 것이 아닌가! 하지만 더는 일본 주화로 거래하고 싶지 않았던 나는 엽전으로는 얼마인지 물어보았다. 엽전이 너무 많아 무게를 줄일 심사였다. 게다가 한국인들은 일본 돈으로 환산하는 경우보다 자기네 돈으로 셈할 때 훨씬 가격을 낮게 불렀다. 정말이지 농부가 부르는 액수는 30엔을 크게 밑돌았다.

이제 본격적인 흥정이 시작되었다. 그동안 우리는 '시험 삼아' 조랑말에 짐을 가득 실어 보았다. 거래를 받아들일지 그가 장고에 장고를 거듭하는지라 나는 중간치인 24엔을 제시하고는 가타부타를 말하라고 했다. 이는 충분하고도 남는 액수였다. 한국인이었다면 14엔 언저리에서 살 수 있었으리라. 그가 여전히 망설이자 나는 왼손에 조랑말 고삐를, 오른손에 돈을 쥐고는 둘 중 하나를 택하라며 그에게 내밀었다. 말고삐보다 돈을 좀 더 앞으로 내밀었음은 물론이다. 그는 먼저 고삐부터 잡았지만 이내 왈칵 양손을 뻗어 돈을 쥐는 것이 아닌가. 그러자 좌중을 짓누르던 긴장감이 풀리면서 순식간에 화기애애한 분위기로 바뀌었다. 사람들은 농부의 어깨를 두드리며 잘 팔았다며 축하 인사를 건넸고, 그도 얼른 주머니에서 담배를 꺼내 나눠 주었다. 다들 결과에 흡족해했다. 특히 내가 그랬는데, 오늘은 웬만큼 멀리 갈 수 있으리라는 기대감 때문이었다.

짐을 꾸리고 싣는 사이에 나는 지도를 연구하며 몇 가지 메모를 했다. 한국 지도가 있었지만 이를 읽을 만한 사람이 주위에 있을 리 없었다. 나는 마을로 사람을 보내 지도를 볼 줄 아는 사람을 찾아오라 했는데, 내 앞에 나타난 사내를 보고는 깜짝 놀라지 않을 수 없었다. 예전에 나한테서 두들겨 맞을 뻔했던 바로 그 사내였던 것이다. 하지만 그자는 그때 일을 까맣게 잊은 듯했다. 사람들은 그를 촌장이라 소개했다. 우쭐대며 지도를 들여다본 그는 내가 가리키는 지명을 소리 내 읽어 주었고 나는 이를 메모장에 받아 적었다. 하지만 그 사내 말고도 여러 사람들이 순전히 호기심에 이끌려, 앞에서 혹은 내 어깨너머로 지도를 들여다보고 있었다. 까막눈인 그들은 촌장이 지명을 얼마나 잘 읽나 못내 궁금했던 것이다. 내게 머리를 한 대씩 쥐어 박히자 비로소 머리들을 뺐는데, 그러면서도 마냥 즐거워했다. 마침내 헤어질 시간이 찾아왔다. 우리가 말에 올라타려고 할 때 주민들이 말을 붙잡아 주었다. 9시가 조금 지났을 무렵, 우리는 기분 좋게 산 쪽으로 난 길을 따라갔다. 오늘따라 산이 유난히 가까이서 우리에게 손짓하는 듯했다.

미행

  아름다운 아침이었다. 우리는 어젯밤에 온 길을 되밟아 다리까지 갔다. 또 한 번 다리를 건널 차례였다. 지난밤은 천사의 은덕에 심연으로 추락하는 일을 면했지만, 오늘은 우리 스스로 조심해야 했다. 여차하면 사람은 물론 동물들도 발이 틈새로 빠지거나 썩은 나무를 밟고 밑으로 떨어질지도 몰랐다. 그런데 다리를 지나 어제 온 길을 다시 가려던 참에 아내가 뭔가에 흠칫했다. 이유를 물어도 말을 못하더니, 대답을 조르자 화내지 않을 것을 약속하라고 했다. 그러마고 대답한 나는, 끔찍한 무엇이 가엾은 아내의 가슴을 짓누르고 있는지 들을 각오를 했다. 하지만 막상 아내가 가리킨 것은 다리목 주막이었다. 어제 우리가 잠시 쉬어갔던 바로 그곳이었다. 그 집 툇마루를, 어제 저녁 우리 부부가 나란히 앉아 있던 바로 그 자리를 지금 플릭과 플록이 차지하고 앉은 것이었다.

돗자리에 나름대로 점잖게 앉아 있던 그들은 우리를 곁눈질로 훔쳐보고 있었다. 무슨 일이라도 생길까 늘 마음 졸이는 아내의 만류를 뿌리치고 나는 농가로 말을 몰았다. 그리고 큰 소리로 이렇게 외쳤다.

"안녕들 하시오. 혹시 영어를 하십니까?"

키다리 플릭은 검은 턱수염 사이로 난 몇 가닥의 노란 털만 만지작거렸으나, 검은 안경을 쓴 플록은 입을 다물고 있을 수만은 없다고 느꼈는지 – 당연히 – "아이 두 노_{I do no}" 하고 대꾸했다. 나는 아침을 들었는지도 물어보았다. 그러면서 오늘 먼 길을 갈 예정이니 함께 갈 생각이라면 단단히 짐을 꾸리는 게 좋을 거라는 충고도 잊지 않았다. 들려온 대답은 예의 그 "아이 두 노"였다. 나는 침을 빨아들이는 그 해괴한 인사 방식을 흉내 내 절을 하며 "또 봅시다!" 하고 인사를 건넸다. 플릭은 노란 털이 섞인 검은 수염 안에서 뭐라고 우물거렸는데, 그들도 곧 출발할 게 틀림없었다.

내가 돌아오자 아내는 안도의 숨을 내쉬었다. 그 일본인들이 두려웠던 것이다. 성격이 무딘 사람이라도 막상 이 같은 미행을 당하면 신경이 곤두서게 마련이다. 하지만 이럴 때일수록 울상을 짓기보다는 웃어넘기는 것이 중요했다. 플릭과 플록 때문에 이 멋진 아침과 상쾌한 기분을 망칠 수는 없는 노릇이었다. 암, 절대 그럴 수는 없지!

사랑에 빠진 조랑말

그런데 마침 플릭과 플록을 단숨에 잊게 하는 사건이 벌어졌다. 사건의 주인공은 새로 산 조랑말이었다. 우리 부부가 타고 있는 두 조랑말이 오늘따라 유독 신이 나 있었다. 아무래도 삶은 콩이 녀석들의 입맛에 맞았던 모양이다. 그런데 안장을 얹으려고 밖으로 끌고 나오는 순간 놈들이 서로 다투기 시작했다. 힝힝 소리를 내고 뒷발로는 춤을 추며 상대에게 돌진하는데, 말들을 갈라놓느라 통역은 짐꾼들까지 불러야 했다. 가까스로 얌전해진 말들은 우리가 안장깔개 밑에다 거적 하나를 덧까는데도 가만히 있었다. 우리 안장은 원래가 덩치 큰 말에 사용하는 것이었다. 끈에 구멍을 내 조절했지만, 말을 타다 보면 어느새 안장이 느슨해져 그때마다 매번 고정시키는 수고가 필요했다. 게다가 익숙하지 않은 펠트 깔개에 말이 땀을 많이 흘려, 등에 자국이 생기지나 않을까 염려도 되었다. 등짝을 완전히 덮는 두툼한 거적을 사다 안장 밑에 깐 것도 그런 이유에서였다.

그런데 새 조랑말을 몰기로 한 통역이 글쎄 말을 저 혼자 걷게 놔둔 바람에, 내가 플릭과 플록과 재회했을 즈음엔 어느덧 조랑말이 아내의 밤색 말 앞에 와 있었다. 한동안은 별일이 없었다. 하지만 두 일본인에게서 막 돌아온 내가 그 이야기를 들려주려는 순간, 아내가 비명을 지르는 것이었다. 그리고 비명 소리가 내 귀에 채 닿기도 전에, 밤색 말이 크게 히힝거리며 불끈 솟아오르는 게 아닌가. 마치 내 갈색 조랑말과 한판 대결이라도 벌이겠다는 기세였다. 하지만 그 소리에는 어딘가 애정이 깃들여 있었다. 뒷발로는 춤을 추었고 앞발을 곡마단의 말처럼 허공에서 흔들어댔다. 아내는 말의 갈기를 붙잡고 있었다. 녀석은 이 당당한 자세로 암말에 접근했는데, 암컷도 그런 구애가 싫지는 않은 눈치였다. 어느새 얌전해진 암말은 등짝의 짐도 잊은 듯 뒷발굽으로 땅을 차며 수컷의 애정에 응답했다. 하마터면 우리는 백주 대로에서 말들의 사랑놀이를 구경할 뻔했다. 말에서 얼른 내린 나는 다행히 밤색 말의 고삐를 틀어쥐고 녀석의 네 발을 땅에 붙이는 데 성공했다. 그러나 녀석은 그런 내 간섭이 성가신 듯 물려고 달려들더니 제가 마치 페가수스*라도 되는 양 거듭 솟구치듯 몸을 쳐들었다. 재갈 따위로 기죽을 녀석이 아니었다. 짐꾼들에게 도움을 청해 보았지만 그들도 다가올 엄두

---

* 그리스 신화에 등장하는 날개 달린 천마.

를 못 냈다. 결국 나는 과감하게 엄지와 중지로 말의 콧구멍을 집어 버렸다. 내 급조된 코뚜레에 녀석은 마침내 천상의 페가수스와 경쟁하기를 포기하고선, 네 발을 지상에 내려놓기로 마음을 돌려먹었다.

대열이 정비되자 우리는 다시 길을 재촉했다. 한동안은 물가를 따라 말을 달리다 계곡을 벗어나면서 서쪽으로 길을 틀었다. 점토질의 습곡 지형을 통과하자 길은 원산을 굽어보는 산맥 쪽으로 이어졌다. 석왕사가 자리한 그 산맥은 정확하게 서쪽으로 뻗어 있었다. 미리 말하자면 20~30킬로미터 정도 내륙 쪽으로 더 달리다 또 다른 산맥과 예각으로 만나게 되는데, 이 새로운 산맥의 최고봉이 바로 안변 남쪽에 있는 금강산이었다. 한편 우리 오른쪽 산은 들골산*과 풍류산, 왼쪽은 정능산**이라 불리고 있었다. 적어도 우리 쪽 지맥은 이 같은 이름을 하고 있었다.

숲 속의 황홀경

우리는 점심때 남산 마을에서 쉬어 가기로 목표를 정했다. 석왕사

---

* Tel-kol-san.
** Tschong-nung-san.

가 있는 산은 거기서 4~5킬로미터쯤 더 떨어져 있었다. 여기서 남산까지는 약 15리, 즉 7~8킬로미터 거리라고 했다. 물론 거리 표시를 그대로 믿기는 어려웠다. 플릭과 플록도 골려 주었겠다, 밤색 말과 암말 사이에 벌어진 한바탕 희비극적 소동도 무사히 넘긴 우리는 이제 말 등에 올라탄 채로 주변의 황홀한 절경에 흠뻑 빠져들었다. 다채로운 들꽃이며 히스, 노간주나무 따위로 뒤덮인 들판이 우리 앞에 펼쳐졌다.

우리는 향기 그득한 아름다운 침엽수림도 통과했다. 등에 햇살이 쏟아지고 있었지만 숲 속이라 그런지 바닷가만큼 따갑지는 않았다. 나무들의 윤곽이 햇빛을 배경 삼아 또렷이 드러났다. 특이하게도 이곳 극동의 침엽수는 늘씬하고 곧게 뻗는 대신 아취 있게 굽이굽이 올라가는 경향이 있었다. 부챗살처럼 갈라지는 가지들도 하늘로 자라기보다는 아래로 기울기를 좋아했다. 그 결과 야릇하고도 정다운, 독특한 풍광이 탄생해 여행객의 눈길을 사로잡았다. 거기다 숲의 향기는 덤이었다. 벌써 오전 10시가 다 되었지만, 관목과 침엽수 가지에 쳐진 거미줄에는 진주알이라도 떨어진 듯 굵은 이슬방울이 송글송글 맺혀 있었다. 빗방울 대신 그 사랑스러운 이슬을 받아 마시려는 풀, 히스, 꽃 등이 꽃받침과 숨구멍을 활짝 열어 놓은 덕에 우리도 환상적인 향기를 맛보게 된 것이다. 풍요롭고 관능적인 숲에 둘러싸인 우리는 그 세계를 한껏 느껴 보고자 했다. 하지만 숲길은 너무도 일찍 끝나고 말았다. 그래도 숲 속의 마력에 30분간 푹 취해 본 우리로서는, 매순간 화낼 일만 없다면 과연 한국 여행이 어떠했을까 충분히 상상해 볼 수 있었다.

숲의 마력이 사라진 자리엔 이제 팍팍한 현실이 들어섰다. 우리가 화가 난 것은 이번에도 짐꾼들 때문이었다. 원산을 떠난 이후 절반 가까이나 짐을 줄여 주었고, 오늘도 낙오하면 매를 들겠다고 으름장까지 놓았건만, 출발하고 1시간쯤 지나자 대열은 또다시 꼬리가 잘리고 말았다. 한번 생각해 보시라. 원산에서 짐꾼들은 몇 시간의 실험 끝에 여섯 명으로도 충분히 서울까지 짐을 나를 수 있다는 결론에 다다랐고, 이후 나는 당나귀며 말까지 한 필씩 구입했다. 이 두 녀석이 최소한 짐꾼 세 명 몫의 짐을 덜어 주었다. 원산에서는 또 무거운 돈을 엽전과 백동화로 나눠 환전하기도 했다. 게다가 주막집에 묵으며 감자를 비롯해 수 파운드 무게의 식량을 먹어 치웠고, 2,000푼이 넘는 엽전을 주인에게 건넸으며, 암말을 사느라고 24엔에 해당하는 엽전까지 써 버렸다. 그런데도 이 게으른 작자들은 또다시 낙오한 것이다! 오직 세 사람이 우리와 보조를 맞췄는데, 모두가 힘센 젊은이로 특히 한 명은 용모도 준수해 여러 여인들이 그에게

반할 성싶었다. 다만 한국 여인의 아름다움에 관해서라면, 알아
서들 생각하시길habeat sibi*!

　나는 마침내 진짜 게으름뱅이가 누구인지를 알게 되었으니, 달랑
총만 메고 가는 통역, 돈을 나르는 가장 힘이 센 사내, 툭하면 주저
앉는 또 다른 두 명이 바로 그들이었다. 15킬로그램이 채 못 되는
짐을 지면서 어찌 그리도 엄살들이 심할까! 아무튼 또 낙오할 경우
두들겨 맞을 줄 알라고 미리 경고해 둔 터였다. 욕을 퍼붓는 정도로
끝낼 수도 있었지만, 그럼 내 권위는 끝장이었다. 마침 그들은 한
사람씩 띄엄띄엄 도착했다. 일단 먼저 온 자부터 손보기로 했다. 끙
끙대고 비트적거리며 오는 게 천 근의 짐이라도 진 모습이다. 눈앞
으론 여전히 아름답고 푸른 숲이 펼쳐진 이곳에서, 나는 채찍을 들
어 벌을 내렸다. 어느덧 두 번째 게으름뱅이가 도착했고, 그 역시
규정대로 죗값을 치렀다. 세 번째는 돈 자루를 짊어진 거구의 사내
였다. 발싸개를 풀려는 듯 도착하자마자 또 주저앉으려 했다. 하지
만 어림없었다. 예의 그 쪼그려 앉는 자세를 취하기 전에 나는 그자
를 붙잡아 주인의 당연한 권리인 징계권을 행사했다. 그 비겁하고
게으른 거구의 사내가 어린 학생처럼 매 맞는 광경에 다른 사람들도

* 자신은 부정적이라는 뜻.

재미있어라 했다.

마지막으로 통역이 도착했다. 암말과 함께 대열 끝을 지키며 게으른 짐꾼들이 뒤처지지 않게 감시하는 게 그의 일이었다. 통역은 늦은 이유로 그 핑계를 갖다 댔다. 하지만 가장 게으른 짐꾼보다도 한참을 늦었으니 그 같은 변명이 통할 리 만무했다. 나는 이참에 통역에게도 매를 들었는데, 그만 다리를 쳐들며 넘어지는 통에 벌을 용케 피하고 말았다. 이제 게으름뱅이들에게 본격적인 벌이 내려졌다. 다른 짐꾼들은 15분의 휴식을 받았으나 그들은 곧바로 출발하도록 한 것이다. 선두에 암말을 포함해 통역이 섰고 – 통역이 지나가는 동안 그 잘생긴 한국 청년은 밤색 말의 머리를 붙잡아 딴 쪽으로 돌려야 했다 – 그 뒤를 게으른 세 짐꾼이 따랐다. 이어 조랑말을 탄 우리 부부, 활달한 세 짐꾼, 사환 등이 대열을 이루었다. 한편 숲을 가장 마지막으로 통과했어도 결코 지칠 줄 모르는 자들이 있었으니, 물론 플릭과 플록이었다.

우리가 가는 길은 햇볕에 진흙땅이 굳어 더없이 단단했다. 어느덧 고원을 지나 그 끝자락에 닿았다. 움푹 꺼진 길이 골짜기를 향해 아래로 나 있었는데, 골짜기 너머에 검푸른 빛을 발하는 산줄기 하나가 도드라져 보였다. 그곳 남동쪽 비탈에 석왕사가 있었다. 우리가 석왕사로 가는 중이라고 여긴 짐꾼들은 맞은편 숲을 향해 반갑게 손을 흔들었다. 그늘진 푸른 산중 어딘가에 절이 있었던 것이다. 언제 벌을 받았느냐는 듯 그들은 쾌활했다. 자갈 때문에 말들이 애를 먹은 좁은 고갯길도 뒤로한 채, 어느새 우리는 종곡의 바닥을 지나고 있었다. 종곡은 오른편에 보이는 야트막한 산줄기 기슭을 따라 계속 이어져 있었다. 지금 우리가 가는 길은 과연 '길'이라는 이름에 손색이 없었으니, 바로 서울로 가는 정식 대로*였던 것이다. 하지만 나중에 이 대로는 우리가 가게 될 길에서 남동쪽으로 꺾여 회양 쪽으로 이어졌다.** 수풀과 농지가 번갈아 나타났다. 논밭은 어디나 경작 상태가 훌륭했으며, 무리 지어 일하는 농부들의 모습이 보였다. 4시간여를 행군한 끝에 점심 무렵, 마침내 풍류산에서 발원한 것으로 보이는 개울에 다다랐다.

한낮의 휴식

우리는 말을 몰아 다시 한 번 숲 속으로 들어갔다. 길이 굽은 지점에서 가지가 무성한 한 그루 거목이 홀연 우리의 눈길을 끌었다.

---

* 조선시대에 서울, 원산, 함흥을 지나 경흥까지 이어진 경흥대로를 가리킨다.
** 저자는 이른바 '삼방로三防路'를 타고 서울까지 간 것으로 보인다. 조선시대 동북 교통로였던 삼방로는 경기도를 지나 강원도 평강에서부터 안변까지 이어지는 길을 가리켰다. 원래는 안변 남쪽으로 관문關門이 있어 철령鐵嶺을 넘어야 했으나 사람들이 험한 그 길을 피해 다니면서 세 군데 삼방 샛길이 생겼다.

일단의 한국인 나그네들이 나무 그늘 아래 모여 앉아 정오의 휴식을 즐기고 있었다. 날씨는 포근했고, 말을 세우는 우리를 보자 예의 바른 그 한국인들은 그늘 속 명당자리를 우리에게 양보했다. 나무 뒤로는 지척에 남산 마을이 이어져 있었고, 마을 뒤로는 다시금 석왕사로 이어지는 갈림길이 나 있었다. 사근사근하게 "가" 한마디를 던지자 우리의 쉼터를 둘러싸고 구경하던 한국인들이 자리를 비켜 주었다. 그 땅은 이제 우리 차지였다. 일단 주위를 한 번 둘러보았다. 잎이 무성한 이 나무 옆에는 얕은 시냇물이 둥글둥글한 자갈과 모래 위를 졸졸 흐르고 있었다. 시냇가 주위로는 푸른 관목이 보였으니, 그 사이사이의 빈터에 자라나 있는 향긋한 풀을 우리 말들이 좋아할 것 같았다. 그리하여 안장과 고삐를 풀고 목에 긴 줄을 달아서 녀석들을 크게 자란 풀밭 한복판에 매 놓았다. 두 수컷은 앞발을 쳐든 채 서로 물려고 달려들 기세였지만, 당나귀는 입마개를 풀어주자 아예 풀밭에서 코를 뗄 생각조차 하지 않았다. 새로 산 암말은 짐꾼 하나가 강 건너편 관목에다 매 놓았다. 바람둥이 밤색 말이 펼칠지도 모를 공격에 대비하기 위해서였다.

게으름이 몸에 밴 세 짐꾼은 아침에 그토록 매타작을 당했건만 그것으로 부족했는지 또다시 우리와 걸음을 맞추지 못했다. 이번에도 대열 뒤로 처져 한 사람씩 터벅터벅 걸어오더니, 별 무겁지도 않은 짐을 끙끙대며 내려놓고선 모래 바닥에 주저앉으려 했다. 하지만 그럴 수는 없는 노릇이었다. 나는 쉬기 전에 일단 마른 장작부터 모아 오라고 했다. 마침 우리는 나무와 좀 떨어진 곳에서 돌로 만든 화덕 하나를 발견했다. 밑에 불을 피우고 솥만 없으면 근사한 오찬이 완성될 것 같았다. 게으른 세 짐꾼과 통역은 마른 나무를 한 아름 가져와 불을 지폈고, 그제야 부지런한 나머지 세 짐꾼과 함께 마을로 점심을 먹으러 갈 수 있었다. 그때까지 우리와 경쾌하게 보조를 맞추었던 다른 짐꾼들은 동물들을 챙긴 뒤에 휴식을 취하고 있었던 것이다. 목가적인 이곳에 단둘이 있고 싶었던 우리 부부는 사환한테도 자유 시간을 주었으니, 녀석을 통역과 짐꾼에게 보내 모두 여덟 명이 마을에 가서 점심을 먹도록 한 것이다. 물론 어제 저녁의 콩밥을 또 다시 먹어야 한다는 법은 없었다.

칠면조 결투

아시아인들이 모두 사라지자 비로소 우리만의 여유가 생겼다. 반짝반짝 흐르는 시원한 냇물이 옆에서 우리를 유혹했다. 발을 담그고 싶은 생각이 들었다. 저 건너편에선 이를 부드득거리며 싱싱한 풀을 씹고 있던 조랑말이 가끔씩 제 흥에 겨워 풀밭에 몸을 묻은 채 신나

게 뒹굴고 있었다. 그리고 이쪽 편에선 신발과 양말을 훌훌 벗어던
진 내외가 졸졸대는 시냇물 속을 휘젓고 다니며 마치 어린 시절로
돌아간 듯 즐거워하고 있었다. 바지를 접고 치마를 얌전히 들어 올
리고는 동네 연못 혹은 소나기가 지나간 뒤 생긴 마당 웅덩이에서
철벅철벅 돌아다니던 그 시절이 떠올랐다. 대로에는 다행히 오가는
행인들이 없었다. 짚으로 만든 자루에서 빠져나온 칠면조 세 마리만
이 개울가에서 우리를 물끄러미 바라보고 있었다.

그런데 이런 우리 꼴이 칠면조 수컷의 눈에는 그렇게나 한심해
보였던 것일까? 암컷에게 강한 인상을 주기라도 하려는 듯 수컷은
꼬리를 활짝 펼치고는 긴 주둥이를 새빨갛게 물들였다. 이때 녀석은
제3의 성을 가진 칠면조에게 너무 바짝 다가갔던 모양이다. 아니면
무슨 다른 이유라도 있었을까? 아무튼 옆에 있던 칠면조의 주둥이도
금세 빨갛게 변했다. 게다가 이제껏 매끈하게 붙어 있던 깃털도 곤
두섰고, 젊은 혈기에 목까지 둥글게 부풀어 오르면서, 울긋불긋한
꼬리털을 부채처럼 쫙 펼치는 게 영락없이 수컷 칠면조에게서나 볼
수 있는 광경이었다. 이제야 녀석의 정체가 드러난 것이다. 제3의
성을 가진 칠면조는 암컷이 아닌 수컷이었다! 곧 이 놀라운 발견을
재확인할 기회가 찾아왔다. 여태 제3의 성으로 여겼던 칠면조가 돌
연 목을 버찌 빛으로 물들이더니 늙은 칠면조에게 달려든 것이다.

그러면서 마치 총신에서 꽂을대를 급히 꺼낼 때와 같은 소리를 내질러 댔다. 하지만 노신사도 결코 호락호락 당하지만은 않았다. 위엄을 잃지 않은 채 노전사 특유의 노련함으로 청년의 공격을 훌륭히 막아 냈다. 오랫동안 확실한 제 차지였던 지금의 암컷도 한때는 이같은 육박전 끝에 힘들게 차지한 것이리라. 늙은 수컷은 새빨갛게 부어오른 젊은 칠면조의 주둥이를 물고선 이리저리 흔들어 댔다. 그러자 뒤늦게 수컷으로 밝혀진 젊은 칠면조는 꼬리 깃털을 펴는 것도 잊은 채 처연한 울음소리와 함께 날개를 파닥거렸다.

이 돌발 사태에 우리는 물장난을 중단했고, 서두르는 바람에 뾰족한 돌멩이에 차여 비틀걸음으로 급히 개울가로 올라갔다. 그러고는 갈수록 격해지는 녀석들의 싸움에 끼어들었다. 늙은 수컷이 좀체 자신의 산 제물을 양보할 생각을 않는 바람에, 나는 할 수 없이 녀석의 부리에다 연필을 쑤셔 박았다. 젊은 칠면조는 주둥이를 어찌나 꽉 물렸던지 그 빛깔이 새하얗게 변해 있었다. 가문의 명예를 짓밟혀 극도로 흥분한 남편이 죽기 아니면 살기로 용을 쓴 결과였다. 느닷없이 주둥이를 물린 젊은 칠면조는 빨간 부리에 꼬리를 펴고 골골골거리는 게 저한테 얼마나 안 어울리는 짓인지를 깨달았을 것이다. 한편 늙은 칠면조는 이와 똑같은 유혹의 기술을 동원해 법적인 부인에게 수줍게 구애를 시도하고 있었다.

내 도움으로 겨우 풀려난 젊은 칠면조는 저 멀리 달아나더니, 반쯤 뜯긴 코를 모래에 문지르며 구슬피 울기 시작했다. 우리는 일단 녀석을 먹이로 달래 보려 했다. 하지만 이런 판에 어찌 먹이 따위가 눈에 들어오랴! 울어 대는 녀석이 측은해진 우리는 상의 끝에 그 고통에 마침표를 찍어 주기로 했다. 이왕이면 수컷으로 드러났으므로 짚 자루에서 나와야 한다는 사실에 낙담하기 전에 손을 쓰기로 했다. 게다가 어린 칠면조가 구이용 고기로 제격이라는 것은 익히 알려진 사실이었다.

그리하여 맞은편 숲 속에선 조랑말이 유유히 풀을 뜯고 있던 이 목가적인 장소가 일순 형장으로 돌변했다. 사환이 돌아오자 우리는 녀석에게 죄수를 인도하고는 사형집행인의 역할까지 맡겼다. 그런데 이게 웬일인가! 주머니칼을 든 사환 녀석이 연방 울어 대며 반쪽 난 코를 슬퍼하는 그 불쌍한 칠면조를 향해 달려들더니, 산 채로 모가지의 털을 뜯기 시작하는 것이었다. 녀석은 칠면조 잡는 법에는 도통 캄캄했다. 결국 우리는 칠면조의 고통을 덜어 주기 위해 손도끼로 목을 내리칠 수밖에 없었다. 그런데 아직 기력이 남아 있던 칠면조가 머리가 잘린 채 우리에게 그늘을 드리워 주던 나무 정상까지 날아오르더니, 영혼이 빠져나간 몸으로 물속으로 곤두박질을 치는 것이 아닌가. 우리는 사환을 시켜 당장 그 칠면조를 건져 오게 했다. 하지만 녀석이 겁을 먹고 미적거리는 통에, 마침 바지를 걷어 올리고 있던 내가 나서서 구이용으로 쓸 그 고기를 집어 왔다. 우리를 피해 하늘로 날아 올라간 칠면조가 이번엔 '헤엄쳐' 달아나려던 참이었는데, 이야말로 '머리'를 안 쓰면 어떤 최후를 맞게 되는지를 여실히 보여 주는 사례가 아닐 수 없었다.

온기가 채 가시지 않은 칠면조 털을 뽑는 일은 이제 사환의 몫이었다. 돌 화덕에 올려놓은 찻물도 끓었고, 드디어 점심 식사가 시작되었다. 만하이머 씨가 싸 준 절인 구스베리도 이참에 모조리 비울 수 있었다. 사환이 그사이에 접이침대를 펴 놓아 우리는 잠시 휴식을 취하기로 했다. 녀석에게는, 만일 한국인 나그네가 걸음을 멈추고 우리를 구경하거든 친절한 말투로 "가"라고 하고, 그래도 말을 듣지 않으면 더욱더 친절하게 "가, 가"를 외치라고 당부했다. 세 번째 "가" 소리에도 꿈쩍 안 하면 그때는 나를 깨우라고 일렀다.

달아난 짐꾼

갑자기 사환이 우리를 깨웠다. 하지만 그 이유가 뜻밖이었다. 물러가라는 명령을 한국인들이 무시해서가 아니라 너무나도 말을 잘 들은 나머지 점심 먹고 돌아온 한국인의 수가 넷밖에 되지 않았기 때문이다. 사환이 "한국인이 가 버렸습니다" 하면서 나를 깨웠을 때 나는 그런 시시한 소식을 전하는 녀석을 당장 혼내 주려 했다. 하지만 게으름뱅이 세 짐꾼이 돈보다는 편안함을 택해 달아났다는 소리에 적이 당황하지 않을 수 없었다. 그들은 심지어 짐을 실었던 지게마저 내팽개친 채 사라져 버렸다. 오죽 일이 싫었으면 몇 킬로그램 안 되는 짐을 지고 느릿느릿 행군하는 일조차 내키지 않았을까.

이 뜻밖의 일에 분통이 터진 건 사실이었지만, 한편으론 그간 유능한 일꾼으로 입증된 튼튼한 세 청년이 남은 것이 다행스럽기도 했다. 하지만 도망간 자들의 짐까지 떠맡을까 봐 청년들 얼굴엔 수심이 가득했다. 우리는 일단 새 짐꾼부터 구하기로 했다. 그리하여 마을로 통역을 내려 보냈으나, 남산을 통틀어 짐꾼이 되겠다는 자는 단 한 사람도 없었다. 동물을 수소문해 보았으나 역시 허사였다. 이번에도 "몰라. 몰라!" 일색이었다. 백인 사내의 권위가 통할까 해서 내가 직접 가 보았지만 결과는 마찬가지였다. 남산 지역 농부들의 의심과 낯 두꺼움 앞에서는 그 권위도 무용지물이었다. 한마디로 최악의 상황이었다. 무엇보다도 남은 세 명의 짐꾼을 붙잡아 두는 일이 시급했다. 제 이익이 달린 문제라면 두뇌 회전이 빠른 자들답게 그들은 이 틈을 타 임금 인상을 요구해 왔다. 비록 그들의 바람에는 못 미쳤지만 나는 일당에 100푼을 더 얹어 주기로 했다. 그럼

500푼이 아니라 600푼을 받는 셈이었다. 남산의 농부들은 남은 짐들을 다음 숙소까지 나르는 일마저 싫다고 해 도저히 어쩔 도리가 없었다. 그리하여 우리는 이 목가적인 쉼터에 편히 앉아서 왕래하는 여행객들을 일일이 붙잡아 세우는 수밖에 별 도리가 없었다. 우리 쪽에서는 짐꾼이나 동물을 구하고 그쪽에서는 부수입을 챙기는 기회를 잡을 수 있을지 또 누가 알겠는가. 하지만 그럴 가능성은 희박해 보였다. 짐꾼들이 마치 노상강도라도 되는 듯 잇따라 행인들에게 달려들었지만, 그들은 대개 흥정조차 마다했고, 심지어는 우리 부탁을 듣고선 놀라서 도망가는 자들도 허다했다. 이제 우리의 앞날은 안 보아도 뻔했다. 목가적인 이곳 경치에 혹한 죄로 꼼짝달싹 못하게 된 것이다. 오늘 밤은 물론이고 며칠을 더 그렇게 지낼지도 모를 일이었다.

이렇게 마음의 준비를 하고 있을 즈음, 마을 쪽에서 홀연 '음매!' 하는 정겨운 소리가 들려왔다. 그것은 다음 숙소까지 갈 수 있다는 신호였다. 돈과 적당한 말로 설복해야 할 나그네의 등장을 알리는 소리였다. 과연 오붓한 이곳에 이마가 널찍한 뿔 달린 짐승이 나타나더니 우리 앞에 우뚝 멈춰 서는 게 아닌가. 두 발짝 뒤로 키 큰 한국인 하나가 따라왔는데, 대나무로 짠 검은 모자를 쓴 그 사내는 검은 수염이 구릿빛 얼굴을 덮고 있었고, 처음엔 흰색이었을 옷이 몸의 나머지 부분을 감싸고 있었다. 농부는 미더운 인상을 주었다. 일단 그는 황소의 동작을 고대로 따라 했는데, 걸음을 멈추고 우리의 기이한 야영지를 바라보았다. 이번만큼은 그의 타고난 호기심이 전혀 거슬리지가 않았다. 한편으로는 놀랄까 봐 조심하면서, 나는 처음 본 그 농부에게 스스럼없이 다가가 환영의 뜻으로 엽전 한 움큼을 내밀었다.

대체 무슨 영문인지, 꿈은 아닌지 어리둥절해진 농부는 차마 돈을 받을 엄두를 내지 못했다. 나는 그의 손을 오므리게 한 뒤 거기다 엽전을 쥐어 주었다. 그러자 수염 난 얼굴에 흐뭇한 웃음이 번졌다. 그는 분명 스스로를 교차로를 지나가다 웬 친절한 나그네한테서 보물을 얻은 행운아로 여겼을 것이다. 이제부터는 환심을 사기 위해 따로 애쓸 필요가 없었다. 우리는 드디어 원하는 바를 제시했는데, 잠시 황소에 짐을 싣고 갈 수 있겠는지를 물어보았다. 이 갑작스런 청을 듣고서 놀라는 모습을 보아하니, 우리가 처음부터 대뜸 의도를 드러냈다면 그 역시 먼젓번 사람들처럼 틀림없이 황소와 함께 줄행랑을 쳤을 것이다. 이 귀한 손님을 우리 편으로 만드는 데 짐꾼들 또한 비상한 관심을 보였는데, 역시나 농부를 붙잡기란 쉽지가 않았다. 하지만 일단 붙잡는 데 성공한 우리는 하나하나 합의를 이루어 갔다. 그는 집에 가겠다며 자꾸만 몸을 뺐지만 결국은 다음에 도착할 큰 마을 평강까지 우리를 데려다 주기로 했다. 그러면서 하루 1,200푼을 요구했다. 이는 당연히 진심에서 나온 액수가 아니었으므로, 우리는 1,000푼에 최종 합의를 보았다.

이제는 짐을 꾸릴 차례였다. 무겁고 거추장스러운 짐은 전부 황소에게 갔는데, 짐꾼 네 명 몫은 거뜬히 나를 태세였다. 소 임자는 한 상자만 실으라며 따지고 들었지만, 그와 황소 모두가 우리 것이 된 마당에 사정을 봐줄 까닭이 어디 있겠는가. 소에다 꽤 많은 짐을 실은 우리는 반나절을 걷느라 진이 빠진 암컷 조랑말의 짐도 덜어

우리 황소와 소몰이꾼.

주었다. 짐꾼들의 짐도 한결 가뿐해졌다. 이제 소만 제대로 가 준다면 짐 문제는 한시름 놓은 셈이고, 적어도 며칠간은 계획대로 움직일 수 있으리라.

오늘도 갈 길이 멀었다. 비록 5시가 다 되어서 출발했지만 뙤약볕을 피해 간다는 이점은 있었다. 우리가 처음으로 지난 곳은 20호 정도가 모여 사는 남산 마을이었다. 마을 바로 뒤에서 오른쪽으로 꺾으면 석왕사 가는 길이었다. 하지만 우리는 직진을 했고, 여기서부터는 완만한 오르막이 시작되었다. 앞서 말한 대로 왼쪽엔 정능산, 오른쪽엔 풍류산을 거느린 고갯길이었다. 그 두 산 사이는 경사가 급했고 초목도 무성했다. 마을이 드물었기 때문에 숙소에 닿기 위해서는 차가운 달이 하늘에 뜰 때까지 말을 달려야 했다. 벌써 밤 8시였다. 구름 한 점 없는 밤하늘의 별들이 길을 밝혀 주는 가운데 우리는 마침내 울창한 언덕을 내려와 어느 골짜기에 도착했다. 개울을 가운데 두고 정답게 마을이 자리하고 있었다. 마을 이름은 용지원이었다. 자주 쉰 것치고는 그래도 오늘 하루 동안 30리나 이동한 셈이었다. 원산에서 여기까지가 80리 길이라고 하던데, 내 메모를 보아도 얼추 맞는 이야기 같았다.

9. 한여울* 기슭

악화惡貨

용지원의 주막은 어제 안변에 비하면 훨씬 널찍하고 시설도 좋았다. 크고 훌륭한 마구간을 비롯해 짐꾼들 방까지 따로 있을 정도였다. 주인은 농사가 주업인 듯했으나, 소, 당나귀, 말 따위의 동물들이 들어 있는 큼직한 외양간도 마련되어 있었다. 우리를 신기해하긴 이곳 주민들이라고 예외가 아니었다. 주막에 도착해서 등불 아래서 짐을 풀고 비누 거품을 내어 종일 쌓인 먼지를 씻어 내려고 할 때였다. 동네 사람들이 순식간에 우리를 벽처럼 에워싸더니, 그중 제일 대담한 자가 손가락에 거품을 묻혀 맛을 보는 것이었다. 그러자 다

* 한탄강의 옛 이름.

른 사람들도 너도나도 비누칠한 자리에 손가락을 대 보려 했다. 그 이상한 흰색 물체의 맛이 못내 궁금했던 모양이다. 그때 이 성가신 행동이 무례한 짓임을 잘 알고 있던 미남 청년 엄 서방Om sa ban이 – 짐꾼 가운데 가장 유능했던 이 사내를 우리는 개인적 도움이 필요할 때마다 부르곤 했다 – 눈치 빠르게 나타났다. 그리고 그들을 잘 타일러 결국 물러가도록 해 주었다. 하지만 다 씻고 난 우리가 툇마루에서 방으로 들어갈 때까지도 그들은 여전히 컴컴한 마당에서 뒷문을 통해 우리를 바라보고 있었다. 오늘 아침 우리가 길을

툇마루 앞의 구경꾼.

떠날 때도 사정은 마찬가지였다. 이런 기이한 민족에게 자애로운 신께서는 빼어난 자연 경관을 선사하셨으니, 아닌 게 아니라 우리가 다시금 행복감을 느끼는 것은 길을 가면서 자연을 만끽하는 바로 그 순간이었다.

이날은 품삯을 나눠 주는 과정에서 작은 소동이 빚어졌다. 짐꾼들은 오늘부터 300푼을 받기로 했다. 그런데 수차례 큰돈이 나가면서 어느새 엽전도 꽤 줄어들어 있었던지라 우리는 남은 엽전은 자잘한 물건들을 살 때 쓰고, 짐꾼들 품삯은 백동화로 지불하기로 했다. 원산에서 백동화를 환전할 때 환율은 2전5푼짜리 백동화 1개당 엽전

한국 화폐. 왼편은 골동품이거나 장식용이다. 오른편 위 구석은 기본 화폐인 엽전. 맨 위는 한국 문장이 새겨진 병사 휘장이다.

19푼이었다. 공식 환율은 25푼이었다. 백동화 20개가 1원이었고, 이는 약 반 엔의 가치가 있었다. 1원은 5냥, 1냥은 2전5푼 백동화가 4개에 해당했다. 공식 환율을 따르자면 1냥에 100푼을 받아야 했다. 하지만 평판이 나쁜 백동화는 원산에서 고작 19푼의 가치밖에 없었다.* 백동화를 보자마자 짐꾼들은 입부터 삐죽거렸고, 품삯을 받은 뒤에는 너나없이 한 손 가득 백동화를 들고 와서 질이 나쁜 돈이라고 우겨 댔다. 우리는 하급품이라는 백동화를 얼른 거두어 자루에 던져 넣고는 다시 한 번 – 물론 똑같은 자루에서 꺼내어 – 품삯을 지불했다. 거기도 질 나쁜 주화가 들어 있긴 매한가지였지만 이번엔 불만의 소리가 한결 잦아들었고, 이후에도 천연스레 돈을 회수한 우리는 그것을 자루에 떨어뜨리고는 똑같은 자루에서 마치 다른 것처럼 돈을 꺼내 주었다. 이 과정이 수차례 거듭되었고 결과적으로 짐꾼들도 하나같이 흡족해했다. '꼼꼼한 검사' 덕에 그들 모두가 양화良貨만을 받게 된 것이다. 나중에 우리는 돈을 자루에 넣고 섞고 꺼내는 따위의 수고를 생략한 채 손에 쥐었다가 그대로 다시 내주기만 했다. 품삯을 나눠 줄 때마다 어김없이 백동화 절반이 악화라는 불평이 터져 나왔다. 하지만 자루가 비는 날, 비로소 그 돈 전부가

---

* 1892년부터 보조 화폐로 유통된 백동화는 발행이 남발된 데다 불법 화폐까지 만연해 그 가치가 폭락했다.

양화였음이 드러날 것이다.

예정된 시각에 무사히 길을 떠나기는 오늘이 처음이었다. 이 소몰이꾼을 쓰기로 한 건 백번 생각해도 잘한 일 같았다. 줄행랑친 게으름뱅이 짐꾼들이 하나도 아쉽지 않았는데, 쉬는 법 없이 천천히 한결같이 움직여 준다는 점에서 황소는 퍽 유용한 존재였다. 이로써 일정한 속도로 움직이게 되었으니, 모두에게 잘된 일이었다.

우리가 묵었던 곳은 냇물 골짜기에 자리하고 있었다. 이편 물가에는 나무들이 그늘을 드리운 가운데 저 건너로는 1킬로미터 정도 소나무 숲이 우거져 있었다. 갈수록 산악 지대다운 풍모가 완연했다. 우리는 고개를 넘을 예정이었는데 그러면 산맥의 최동단을 넘는 셈이었다. 일단은 큰 농촌 마을인 징용지원*으로 내려갔다. 산협에 들어선 이 목가적인 마을은 울창한 산으로 둘러싸여 있었다. 다들 일하느라 분주했다. 수확한 첫 곡물이 당나귀에 실려 마을로 들어오는 중이었고, 두 번째 파종을 준비하는 농부는 땅을 갈 쟁기 준비에 여념이 없었다. 한국은 이모작의 나라였다. 겨울은 매섭게 추웠지만 여름도 그만큼 더웠던 것이다. 거둔 곡물을 길바닥 여기저기서 타작하는 모습이 눈에 띄었다. 그리고 우람한 나무 한 그루가 나지막한

---

* Tsing yöng schi won.

초가집에 그늘을 드리운 채 치솟아 있었는데, 그 비스듬한 나뭇가지로 길게 그네 하나가 매달려 있었다. 유난히 깨끗한 옷차림의 아이들이 - 독일에서도 왕왕 보듯이 - 신나게 그네를 타고 있었다. 아이들의 뺨은 햇볕에 그을려 있었지만, 한국인은 비교적 피부색이 밝아서 햇볕조차도 그 선홍색 뺨을 깡그리 태워 놓지는 못했다. 우리는 그 사랑스런 광경을 좀 더 가까이서 보고 싶었으나, 아뿔싸, 하얀 귀신이 다가오는 것을 본 아이들이 그만 겁에 질려 달아나 버리는 게 아닌가.

농촌 모습. 쟁기를 든 한국인이 보인다.

플릭과 플록을 따돌리다

오늘은 행군 도중 뜻밖의 일이 우리를 기다리고 있었다. 아침에 출발하면서 우리는 혹시 플릭과 플록이 있나 주위를 살폈지만 아무도 보이질 않았다. 하지만 일단 길에 들어서자, 그들의 반가운 모습을 발견하기까지는 그리 오랜 시간이 걸리지 않았다. 징용지원으로 막 접어들 무렵이었다. 우리를 얼른 확인한 뒤 한발 앞서서 마을 다른 쪽으로 빠져나가는 녀석들의 모습이 눈에 들어왔다. 어제 다리목 주막집에서 재회한 효과가 톡톡히 나타난 셈인데, 내게 두 번 조롱당하기가 싫었던 녀석들이 작전을 바꾼 것이다. 지금까지는 우리를 쫓아다니기만 했는데 오늘은 먼저 출발한 뒤 우리가 자기네를 따라오는지 가끔씩 뒤돌아보는 게 전부였다. 게으름뱅이 삼총사가 모두 달아나버린 마당에 이제 남은 게으름뱅이는 통역뿐이었다. 우리는 그를 당나귀와 함께 줄곧 선두에 세웠다. 이렇게 하면 통역을 감시하기가 쉬웠을 뿐더러, 또 다른 이유는 오늘 중에 현재의 대로에서 서울 가는 지름길이 갈라지는 지점을 지나게 될 것이라 예상했기 때문이다.

그런데 공교롭게도 출발 직후에 작은 암말의 짐이 잘못 꾸려진 사실이 드러나게 되었다. 짐꾼들이 한쪽으로 짐을 너무 많이 싣는 바람에 그만 안장이 미끄러져 내린 것이다. 나는 두 짐꾼과 남아서 안장을 다시 정돈해야 했다. 자연히 시간은 지체되었고, 우리가 뒤 따라갔을 때에는 통역도 이미 멀찌감치 사라진 뒤였다. 이윽고 우리도 갈림길에 도달했다. 실수하지 않도록 여행객들에게 물어 어느 길이 서울로 가는 지름길인지를 재차 확인했다. 통역이 당나귀를 데리고 옳은 길로 갔으리라 믿은 우리는 기분 좋게 앞으로 나아갔다. 물론 통역이 갈림길에서 우리를 기다렸다 옳은 길로 안내하는 것이 마땅한 처사였겠지만, 천성이 우매한 통역에게 그런 머리까지 바라기는 무리였다. 통역을 따라잡기 위해 우리는 길을 재촉했다. 한 시간은 족히 지났을까. 통역의 행방은 여전히 묘연했다. 그를 보았다는 여행객도 없었다. 아무래도 이 미련한 자가 대로를 따라 곧장 가 버린 게 분명했다. 하지만 어쩌겠는가. 아내에게 일행을 인솔하라고 부탁한 나는 고삐를 틀어쥐고 들판을 가로질러 말을 내달렸다. 풀밭과 들판을 지나 대로에 이르러 통역을 따라잡을 작정이었다. 가엾은 말은 무거운 기수를 태운 데다 구보법까지 낯설어 뚝뚝 땀방울을 흘렸지만 용케도 잘 참아 주었다. 30분 뒤에 나는 마침내 대로에 접어들었다. 하지만 통역은 온데간데없었다. 굼뜨기로 유명한 통역이 벌써 저 멀리 갔으리라고는 믿어지지 않아 나는 다시 길을 거슬러 갈림길까지 말을 몰았다. 길섶 풀밭에서 쉬던 나그네 둘이서, 남자 하나가 당나귀를 데리고 갈라진 길 쪽으로 갔노라고 알려 주었다. 재차 말을 채찍질한 나는 속보로 혹은 전력 질주로 왔던 길을 되돌아갔다. 하지만 통역도 일행도 모두 보이질 않았다.

앞서 일행과 헤어졌던 내평리 마을이 가까워지는 가운데 나는 좁은 분지를 통과하고 있었다. 그때였다. 조랑말이 뭔가에 소스라치게 놀라는 것이었다. 한 사내가 길에 비스듬히 누운 채 자고 있었는데, 가까이서 보니 바로 우리 짐꾼 중 하나였다. 잠에서 깬 그는, 아내가 자신을 연락원으로 남겨 두었다고 했다. 그런데 사내는 실용과 편의라는 두 마리 토끼를 다 잡을 욕심에 그만 기다리는 시간을 사적 쾌락에다 쓰고 있었다. 그것은 다름 아닌 한국 전역에서 사랑받는 잠이었다. 그나마 내가 그냥 지나치지 않게 길에 비스듬히 눕는 꾀를 썼던 것이다. 아무튼 그는 방금 전 '마부'가 지나갔다고 알려 주었다. 뒤늦게 실수를 깨달은 통역이, 내가 벌판을 가로질러 말을 달리는 사이에 갈림길로 되돌아가 옳은 길을 찾아간 것이다. 나는 짐꾼을 태운 뒤 서둘러 말을 몰았다. 2킬로미터쯤 달리자 또 다른 연락원이 한 갈림길에 앉아 있었다. 나는 그자도 함께 거두어 갔다. 따로 지시가 없었는데도 아내는 마치 전술에 해박한 장교처럼 이 상황에 대처했고, 덕분에 나는 한 시간 뒤 검산동* 마을에서 나머

* Kom son tong.

지 일행과 무사히 재회할 수 있었다.

미리 와 있던 통역은 나한테 호된 꾸지람을 들었다. 하지만 우매한 그의 행동 때문에 고마워할 게 있다는 사실이 뒤늦게 밝혀졌다. 선두에 선 통역이 뒤에 오고 있는 것을 본 플릭과 플록이 안심하고 계속해서 대로를 따라감으로써 정작 통역이 되돌아간 사실을 까맣게 모르고 있었던 것이다. 이들은 새로운 전략에 따라 지금쯤 틀림없이 대로변 어딘가에서 우리가 오기만을 기다리고 있을 것이다.

농촌 마을 산가마골.

반면에 우리로서는 그들을 따돌리고 자연의 아름다움을 흠뻑 즐기는 일이 훨씬 더 중요했다. 바야흐로 우리는 그 자연 속으로 뛰어들기 일보 직전이었다.

아침나절을 알차게 보내기로 결심한 우리는 거의 여섯 시간을 쉬지 않고 행군했고, 한낮의 무더위 앞에 어쩔 수 없이 걸음을 멈춰야 했다. 설령 우리 부부가 점심 휴식처로 최고의 장소를 물색하고 다닌다 한들 어느 누가 뭐라고 하겠는가? 하지만 짐꾼들이 마을 주막에서 식사를 함으로써 우리는 늘 마을 부근에서 쉴 수밖에 없었다. 마침 지금 도착한 마을 윗자락에 숲이 있어서 우리는 그곳에서 쉬어 가기로 했다. 숲 아래로는 산가마골* 마을의 초가지붕이 내려다보였다. 우리는 숲 언저리의 무성한 풀밭 속에 동물들을 길게 매 놓았다. 짐꾼들이 물통을 빌려 마을에서 이곳까지 물을 날라 왔고, 우리는 화구를 파 마른 장작에 불을 붙이고 우리가 가진 가장 큰 냄비를 그 위에 올려놓았다. 그리고 극동에서 즐겨 쓰는 우묵하고 둥그런 솥에다가 칠면조 고기를 집어넣었다. 오븐이 없으니 고기를 삶을 수밖에 없었다. 한편 숲에는 나무가 듬성듬성해 응달진 곳이 드물었기 때문에 이불과 비옷을 이용해 천막 비슷한 것을 만들었다. 그리

---

* Son ka mei kol.

고 칠면조는 사환에게 맡긴 채 15분만 쉬자며 얼른 접이침대에 몸을 뉘었다. 하지만 이게 웬일인가. 15분이라고 했던 게 1시간 15분이 되어 버렸고, 잠에서 깨어 하품을 할 때까지도 솥 안의 칠면조는 좀체 익을 생각을 하지 않았다. 두 시간이 지나도 사정은 마찬가지였다. 우리는 끝내 고기 수프를 마시고 질긴 고기를 뜯는 것으로 만족해야 했다. 진이 빠진 우리는 남은 칠면조 두 마리는 꼭 살려두리라 다짐했다. 먼저 하직한 제3의 성을 가진 칠면조에게 한 번 당한 마당에, 다른 녀석들까지 솥으로 보내 똑같은 실망을 다시 맛보고 싶지는 않았기 때문이다.

산간 지역

순탄한 길도 이것이 마지막이었고, 이제부터는 좁은 산길뿐이었다. 그 길을 따라 숱한 언덕을 넘고 비탈을 오르다 보면 어느덧 고산지역으로 접어들 것이다. 말 그대로 낭만적인 풍광이 눈앞에 펼쳐졌다. 길은 안변강이라 불리는 계곡물을 따라 이어졌다. 이름을 보건대 안변에서 위험천만한 다리를 건넜던 그 시냇물의 상류가 분명했다. 하나 중요한 사실은 똑같은 강물이라도 어디를 지나느냐에 따라 그 이름이 달라진다는 점이었다. 그 이름은 '물Mul'로 끝나며, 앞부분은 대개 물이 통과하는 지역의 이름이었다. 이곳의 강물은 산을 두 쪽으로 갈라놓고 있었는데, 절단면 일부는 편암으로, 일부는 역암으로 이루어져 있었다. 그 깊이 파인 틈을 따라갈수록 경치는 더욱더 낭만적으로 변해 갔다. 대체 이런 절경을 본 것이 또 언제였던가.

하지만 중간 중간 나타나는 위험천만한 길은 어쩔 수가 없었다. 골짜기가 협곡으로 변하면서 길은 암석을 깎아 만든 좁은 계단식 모양으로 이어졌다. 현기증을 견디지 못한다면 하산하는 것이 상책이었다. 더구나 옆으로 퍼지게 실은 짐에 익숙한 말들은 한 사람만

산악 지대.

태웠을 뿐인데도 여전히 길 바깥쪽을 따라 걸었다. 저 50미터 아래
에선 초록빛 물줄기가 단단한 바윗돌을 쏜살같이 스치며 거품이 피
어오르는 계단식 폭포를 만들어 내고 있었다. 이제 이 좁은 길마저
물 위에서 수직으로 끊기며 높다란 기슭 쪽으로 뻗어 오르니, 차마
길이라는 이름이 무색할 지경이었다. 길 일부는 계단식으로 층이
져 있었고, 높이가 반 미터나 되는 층계도 있었다. 감탄을 금치 못했
던 것은 작은 말들이 멈칫거림도 없이 계단에서 계단으로 잘도 뛰어
올라갔다는 사실이다. 그리고 내려올 때는 일단 뒷다리를 윗계단에
걸쳐 앉고선 앞발을 아랫계단으로 뻗으며 몸의 나머지를 천천히 끌
어내리는 것이었다. 이와 달리 사람들은 계단 같은 길은 물론, 자갈
투성이인 절벽 길을 통과하느라 고생이 이만저만이 아니었다.

어느덧 골짜기가 넓어지면서 사방이 꽃 천지로 탈바꿈했다. 놀랍
게도 우리는 독일에서나 볼 수 있음직한 식물 군락을 여기서 만나게
되었다. 노간주나무, 들장미, 푸른 들백합, 냉이, 눈동이나물 같은
이름을 가진 정겨운 고향의 꽃들이었다. 한국에서 이들과 다시 인사
를 나누게 된 우리는 도중에 꽃다발 하나를 만들어 조랑말의 머리를
장식해 주었다.

오르락내리락하기를 수차례, 드디어 협곡이 완만한 분지로 넓어
지면서 우리는 겨우 한숨을 돌릴 수가 있었다. 가지런히 초록빛을

띠고 있는 콩밭이 그 모습을 드러냈고, 물가에는 모가 자라는 진녹색 묘포가 보였다. 아직은 물웅덩이에 불과한 논 여기저기에는 이미 모심기가 끝난 곳도 있었다. 논의 단골손님은 단연 큰 무리를 지어 나타나는 왜가리였다. 그중 강청색 깃털을 가진 종류는 자주 볼 수 있지만, 그 수가 희귀할 뿐더러 장식 깃털 때문에 최고로 쳐 주는 왜가리는 흰색 외양을 하는 녀석이었다. 동아시아 전역에 분포하는 이들 종류는 백로라 불렸는데 – 그것은 아마도 몸집이 작은 쇠백로

산골짜기에 펼쳐진 콩밭.

일 것이다 – 우리가 본 것은 몇 마리 되지 않았다. 백로의 가늘고 긴 머리 깃털은 이곳 극동에서 꽤 진귀한 상품에 속했고, 유럽에서도 최고급 모자 장식으로 꼽혔다. 하지만 그럴수록 자주 눈에 띈 것은 왜가릿과가 확실한 엷은 강청색 깃털을 지닌 녀석들이었으니, 이들은 물고기와 양서류 따위를 찾아서 부지런히 논을 순찰하고 다녔다. 그런데 하필 이럴 때 산탄총이 없다는 게 아쉬웠다. 왜가리를 쓰러뜨린답시고 여러 발의 총탄을 발사했으나 모두가 비껴가는 통에 결국은 한바탕 웃음만 쏟아지고 말았다.

날은 저물어 가는데 우리는 아직도 길 위를 벗어나지 못하고 있었다. 높은 덤불과 떡갈나무, 나무딸기 따위로 둘러싸여 있는 길은 때로는 가파르게 이어지고 때로는 울퉁불퉁하기까지 했다. 하룻밤 묵을 만한 마을에 닿으리라는 기약도 없었다. 간신히 북펑리*에 이르렀을 때에는 이미 땅거미가 지고 있었다. 하지만 농가만 있는 이 마을에 우리가 묵을 만한 곳은 없었다. 설상가상으로, 느릿느릿 따라오는 일행을 기다리는 동안 이곳 벌들이 이방인의 출현에 어찌나 흥분을 하던지, 우리 부부는 예비용을 포함해 갖고 있던 모든 담뱃대에 일제히 불을 붙여 서로의 머리를 연기로 뒤덮어 주어야 했다.

* Buk peng yi.

30분을 더 가면 조주포*라는 마을이 나온다고 했다. 일행은 다시 움직였다. 그러나 30분이라고 했던 게 어느덧 1시간 30분이 되었다. 구름이 짙게 끼어 등불 하나를 밝혔고, 짐꾼 우두머리를 선두에 세워 장애물을 볼 때마다 소리를 지르게 했다. 여러 농가를 지났는데 이곳은 피나무터**라 불리는 지역이었다. 드디어 어떤 집 앞에 멈춰 섰을 때, 우리는 달콤한 잠에 빠져 고단한 하루를 마감하고픈 것 외에는 아무 생각도 나지 않았다.

산속을 지나는 일행.

* Tscho tsu po.
** Pië na mo toa.

통역을 해고하다

우리는 이곳 조주포에서 대열을 상대로 마지막 수술 작업을 벌였다. 이참에 행군을 방해하는 골칫거리들을 정리할 작정이었다. 바보짓의 선수인 통역 감오이스텐Kam oi sten 씨는 지난 사흘간의 행군 중 통역으로서 낙제라는 사실을 여지없이 증명해 보였다. 할 줄 아는 영어라고는 예스와 노, 기타 여섯 단어가 전부였다. 게다가 말과 당나귀를 몰 줄 모른다는 사실도 탄로났다. 물론 그 무능 덕에 우리가 성가신 플릭과 플록한테서 해방된 점은 인정해야겠지만, 그 공적도 실은 기막힌 우연에 불과했기에 정상 참작의 여지가 별로 없었다.

그런데 오늘 도를 넘어선 일이 벌어졌으니 명색이 통역이라는 자가 숙식비를 정산할 때 우리를 속여 돈을 가로채려 한 것이다. 계산서를 달라고 하자 그는 열띤 목소리로 그러나 도통 알아듣기 힘든 말로 뭔가를 설명하려 했다. 또 지불할 액수를 대라고 하자, 항상 그랬듯 얼토당토않은 가격을 불렀다. 도무지 말이 통하지 않아 우리는 끝내 돈 자루를 건네주며 집주인에게 줄 돈을 직접 세라고 했다. 그러자 그는 우리가 전에 지불한 것의 갑절도 넘는 돈을 헤아리는 것이 아닌가. 이제껏 숙식비는 늘 통역의 손을 거쳐 지불해 왔다. 그렇다면 이 자는 우리한테서 훨씬 많은 돈을 뜯어내 남는 것을 제

주머니에 챙길 속셈이란 말인가. 나는 통역한테는 당나귀 짐을 실으라 하고, 여주인과 사환, 심복인 엄 서방을 한쪽으로 불러냈다. 엄 서방이 한자를 좀 쓸 줄 알았기에 함께 땅바닥에 앉게 했다. 이제 통역을 뺀 채로 다음과 같은 대화가 진행되었다. 내가 사환에게 피진잉글리시로 질문하면, 녀석은 나무젓가락을 집어 내 말을 모래땅에 한자로 적고, 이를 엄 서방이 여주인에게 한국어로 통역하면, 잠시 후 엄 서방이 여주인의 대답을 다시 한자로 모래에 적고, 그럼 중국인 사환은 내게 피진잉글리시로 통역해 주는 식이었다. 상황이 심상치 않음을 눈치 챈 감오이스텐 씨가 몇 차례나 대화에 끼어들고자 했지만, 나는 당나귀 짐이나 잘 실으라는 말로 그를 제지했다. 그러는 동안 주인이 요구한 액수가 차차 우리 앞에 그 실체를 드러냈다.

그런데 이참에 배운 게 있었으니, 이 고장부터 서울까지는 2전5푼 백동화(1/4냥)의 환율이 19푼인 대신 25푼이라는 사실이었다. 말하자면 우리는 환율 경계를 통과한 셈이었다. 앞으로 만날 지역에서는 백동화 시세가 오르는 것인데, 그간의 낮은 시세는 원산의 일본인 거류지의 영향 때문이었다. 그렇다면 이곳 숙식비도 종전에 비해 떨어지는 게 당연했다. 하지만 원산보다 2전 5푼 백동화의 시세가 오른 만큼 이곳 물가도 함께 뛰었기에 결국엔 요금이 똑같았다. 엽전으로 계산했다면 차이를 느꼈겠지만 백동화로 값을 치른 우리에게는 그 액수에 변함이 없었던 것이다. 그나저나 통역은 이 고장의 고물가를 핑계로 원래 값의 두 배를 청구했다. 진상을 파악한 내가 손짓 발짓을 써 그에게 당장 원산으로 돌아가기를 명했을 때 통역은 별로 당황하는 기색이 아니었다. 선불로 일찌감치 4엔을 챙겼기 때문일까. 그것은 한국 돈 8원을 웃도는 액수로 이날까지의 품삯보다도 훨씬 많은 돈이었다. 나는 나머지는 원산 가는 노잣돈으로 쓰도록 했다. 통역은 제 잘못을 아는지 얼른 짐을 챙기더니 왔던 길을 되돌아갔다.

하지만 통역을 둘러싼 말썽은 거기서 끝나지 않았다. 감오이스텐이 사라지자마자 짐꾼 하나가 시름에 잠긴 얼굴로 사환에게 다가오더니 통역을 내쫓았는지 물어 왔다. 그렇다고 하자 그는 곧 울상이 되었다. 그 짐꾼은 다시 내게로 와선 이리저리 손짓을 해 보였고, 나머지 두 짐꾼도 나를 찾아와 똑같은 행동을 했다. 결국엔 통역이 한 짐꾼에게서 300푼을 빌렸음이 드러났다. 나는 당장 조랑말에 올라 통역을 뒤쫓았다. 물론 가져간 돈을 찾아올 요량이었다. 말을 달린 나는 언덕에서 길이 빠져나오는 지점까지 되돌아가 보았으나 그는 온데간데없었다. 도중에 몸을 숨긴 게 틀림없었다. 돌아오는 길에 나는 길가의 한 농가를 뒤져 보았다. 아니나 다를까 그자는 온돌

위에 앉아 있었고, 밖으로 끄집어내 앞장을 세우자 겁에 질려 몸을 떨었다. 통역이 도착하자 짐꾼 셋이서 당장 그를 덮칠 기세였다. 통역은 300푼을 빚진 사실은 순순히 인정했으나 지금은 수중에 돈이 없다고 했다. 그러나 누가 그 말을 믿겠는가. 앞일을 예상하고 농가에 돈을 두고 온 모양이지만 부질없는 짓이었다. 통역은 짐 보따리를 저당 잡히고 여주인한테서 300푼을 꾸었다. 돈을 돌려받은 짐꾼은 얼굴에 희색을 감추지 못했다. 일이 해결되자 나는 통역을 풀어주었다. 그자가 짐꾼들에게 흠씬 두들겨 맞는 장면이 눈에 선하게 떠올랐던 것이다. 하지만 그 같은 불상사가 닥치기 전, 그 사기꾼은 이미 저 멀리 줄행랑을 치고 없었다.

그나저나 갑자기 통역을 해고하면서 뜻밖의 문제가 생겼다. 행군을 함께하며 통역과 친해진 마부가 혼자 길을 가야 한다는 사실에 심통이 난 것이다. 두 사람은 아무래도 함께 돌아오기로 약속한 모양이었다. 하지만 마부는 일당을 손에 쥐자 금세 얼굴이 환해지며, 이런 일이 반복되리라는 기대 때문인지 우리 곁에 남기로 마음을 바꾸었다. 물론 나는 이날도 일당을 줄 때 어제의 요령을 재탕했다. 처음엔 나눠 준 백동화 가운데 절반이 하급품이라며 반납되었다. 하지만 그 과정이 서너 차례 되풀이되면서 모두가 만족한 가운데 백동화 전체가 양화이며 진품이라는 결론이 내려졌다. 이런 일들로

세 시간 가까이를 허비한 우리는 10시가 다 되어서야 남에서 서쪽으로 20도 되는 방향으로 다시 길을 나섰다. 우리의 길은 줄곧 안변강을 따라 이어졌다. 수차례 다리를 건넜는데 그중 몇몇은 실로 위험천만했다. 30분 뒤에는 계곡에 자리한 아름다운 차샘 마을을 지났고, 다시 30분을 더 가 숲을 지나자 이번에는 삼방 마을이 나타났다. 우리는 줄곧 오르막길을 타고 갔다. 이곳 산악 지대는 그 경치가 빼어났는데, 특히 좌우 산을 뒤덮은 초록빛 숲의 장관에 우리는 경탄을 금할 수가 없었다. 길 양편의 높은 산줄기들은 대개 북에서 남으로 뻗어 있었다. 우리 행로는 산줄기 사이로 난 종곡을 따라 이어졌는데, 이 종곡이 위로 뻗치며 종국엔 고원으로 연결되었다. 계단식 지형의 끝자락을 벗어난 우리는 이제 고원에 오르는 일만 남은 셈이다. 고개로도 이용되는 이 고원은 물이 동해*와 황해로 각각 갈라져 흐르는 분수계를 이루기도 했다.

고원

왼편에 솟아 있는 산과 금강산 사이로, 이편의 종곡과 평행하나

---

* 원문에는 '일본해'로 표시되어 있다.

좀 더 깊게 파인 종곡을 따라 어제 우리가 벗어났던 대로가 달리고 있었다. 금강산으로 말하자면 우리 양옆의 산괴로부터 훨씬 동쪽 방면에서 이와 나란히 달리다 약 1,850미터 높이까지 치솟는다고 했다.* 그 대로가 회양과 금성을 거쳐 서울로 이어져 있는 반면에, 우리 길은 평강이라는 중요한 마을을 통과하게 되어 있었다. 약수포와 구수당** 마을에서 두 차례 물을 건넌 우리는 좌우로 숲과 관목이 있는 가파른 길을 타고 왼편 산비탈을 올라갔다. 그러자 고원에서 떨어지는 물줄기가 계단식 지형을 지나 골짜기로 쏟아지는 일대 장관이 눈앞에 펼쳐졌다. 고개이기도 한 그 고원은 여기서부터 200미터쯤 위에 자리하고 있었는데, 가파른 계단식 지형으로 된 언저리가 우리 쪽으로 드러나 있었다. 우리는 계속 협곡과 산길을 따라갔고 마을은 갈수록 드물었다. 사람이 살지 않는 제법 큰 농가도 있었는데, 사찰 같았으나 지금은 폐허로 변해 있었다.

다시금 푹 파인 침식골로 내려간 우리는 또 한 번 험준한 돌투성이 산길을 올라갔다. 이런 길을 타는 것도 이번 행군을 통틀어 마지막이었다. 그리고 마침내 계단식 지형 가운데서도 가장 높은 계단, 이미 수차례 언급한 바로 그 드넓은 고원에 다다랐다. 고원 위에

* 금강산의 정확한 높이는 1638미터이다.
** Ksu tang.

서자 산줄기들의 전경이 한눈에 내려다보였다. 사방 어디를 보아도 온통 고산준봉이어서 각각의 산줄기가 내닫는 형세를 개관하려면 세심한 주의가 필요했다. 이곳이 강력한 화산 활동으로 생성된 산악 지대라는 점은 의심의 여지가 없었다. 우리가 올라선 이 고원에는 고산 지대에서 낙하한 침식물, 노두의 풍화물 따위가 쌓여 있었다. 화산의 작용으로 깎아 세운 듯 솟아 있는 수많은 노두는 풀로 덮여 있는 땅거죽을 뚫고 곳곳에서 그 날카로운 모습을 드러내고 있었다. 산으로 둘러싸인 이 고원에는 샘이 풍부한 아름다운 풀밭이 펼쳐져 있었다. 그러나 이 위에는 사람이 거의 살고 있지 않았다. 마을이라고 해야 초가집 몇 채에 불과했는데, 주민 대다수가 가축을 기르며 생활하는 듯했고, 경작지는 드물었다. 공기가 맑고 깨끗해 그 공기를 들이마시느라 우리 폐가 정신을 못 차릴 지경이었다. 이곳의 서늘한 공기 덕에 우리는 어느새 저 아랫세상에서 겪은 불쾌한 무더위를 싹 잊어버리고 말았다. 원산에 머무는 동안은 더위 때문에 낮 외출을 꺼렸을 정도였다.

점심때 쉬어 간 곳은 추가령이었다. 안변강 원류가 흐르는 작은 마을이었다. 잎이 넓적한 멋진 풀들이 개울가에 무성했는데, 풀이 얼마나 높게 자라 있는지 그 속에서 신나게 풀을 뜯던 우리 당나귀 녀석은 그저 기다란 귀만 삐죽 내비치고 있었다. 산중 초원이 발하는 향기로운 공기는 우리의 식욕까지 돋우었다. 그간 음식 솜씨가 부쩍 는 사환이 인근 주막의 아궁이를 빌려다 우리에게 간단한 요리를 만들어 주었다. 이윽고 우리는 접이침대를 펼쳐 몸을 뉘었는데, 하늘을 바라보던 중 두 마리의 수리에 시선이 머물렀다. 이 산 저 산으로 날아다니던 녀석들은 때마침 우리 위에서 빙빙 원을 그리며 날고 있었다. 우리의 야영지를 한번 자세히 보고 싶기라도 했던 것일까. 그러고선 이렇다 할 날갯짓도 없이 유유히 저 푸른 산정을 향해 멀어져 갔다. 수 마일 거리의 그 정상은 맑은 공기 덕에 유난히 가깝게 느껴져 손을 뻗으면 금방이라도 잡힐 듯했다. 하지만 북쪽에 있으면서 곡산이라 불리는 그 산은 며칠 동안 우리 여행의 길잡이가 되어 줄 것인데, 특이하게도 끝이 부러져 위가 판판한 원추형 모양을 하고 있었다.

다시 길을 재촉한 우리는 3시간 15분을 더 가서야 비로소 진정한 의미의 분수령에 닿게 되었다. 그동안 심한 오르막은 없었다. 우리가 만난 마을은 단 두 곳이었는데, 출발 뒤 한 시간이 지났을 무렵에 통과한 새술막* 마을에는 한국 병사들이 약간 있었고, 안변강 지류인 풀묵골물**이 흐르고 있었다. 이 마을은 물론이고, 뒤에 통과한

* Ssa sul ma.
** Pul muk gol mul.

두성* 마을도 주변에 작은 밭뙈기를 거느린 게 고작이었다. 하지만 소들이 풀밭에서 풀을 뜯는 모습은 여러 차례 눈에 띄었다. 행군 내내 우리 오른쪽으로 곡산이 보였는데, 앞의 다른 봉우리들에 가려 있다가도 어느새 구름까지 치솟은 검푸른 봉우리가 우리를 향해 반짝이고 있었다. 곡산은 똑같은 이름으로 불리고 있을 산줄기에서 가장 높은 산임이 분명했다. 초가집 몇 채가 있는 갈무개를 지난 뒤 우리는 마침내 동해와 황해의 분수령에 도달했다.** 이곳은 안변강과 한강이 갈리는 분수령이기도 했는데, 이중 규모가 훨씬 큰 쪽은 한강 유역이었다. 이곳 분수계의 상징격인 한 그루의 나무 앞에 서자, 우리는 비로소 목표에 제대로 왔음을 실감했다. 한글과 한자가 함께 새겨진 석판 하나가 이 중요한 이정표를 찾아온 나그네를 반겨 주고 있었다. 고원은 3~4킬로미터 정도 더 펼쳐져 있었지만, 우리는 고원 서쪽과 맞닿은 언덕으로 올라가서 개울 하나를 건넜다. 산에서 흘러내리는 그 물은 그동안 보아 왔던 것과는 반대 방향으로 흐르는 최초의 물이었다. 개울 맞은편에서 우리는 또 한 번 언덕을 올랐다. 나지막한 덤불이 우거진 곳이었다.

---

* Tu seng.
** 강원도 세포군의 추가령을 분수령으로 안변남대천이 북동 방향으로, 임진강 지류인 역곡천이 남서 방향으로 흐른다.

호랑이 사냥꾼

우리가 호랑이 사냥꾼을 만난 것도 바로 여기에서였다. 한국인들 사이에서 명성이 자자한 만큼 두려움의 대상이기도 한 호랑이 사냥 꾼들은 특수 계층으로서 우대를 받으며 용맹하다는 평을 얻고 있었 다. 또한 일종의 정예 민병대로 전쟁이 나면 우선적으로 동원되기도 했다. 지난 몇십 년간 한국의 예전 주인인 중국인을 가장 괴롭힌 것도 바로 이들이었다. 그 뛰어난 총 솜씨에 대해서는 이미 소문이 자자했다. 믿을 만한 증언에 따르면 한국 사냥꾼들은 총을 뺨에 대 는 대신, 개머리판을 땅바닥에 받친 상태로 손을 뗀 채 가늠자와 가늠쇠를 보지 않고 조준하는데, 그러는 동안 심지를 통해 화약접시 의 화약에 불을 붙인다고 했다. 이 특이한 조준법에도 불구하고 목 표물을 비껴가는 법이 거의 없고, 심지어 나는 새도 떨어뜨릴 정도 라는 것이었다.

나는 사냥꾼과 한참 이야기를 나누었다. 키가 작달막한 사내가 거친 데라고는 전혀 없이 상냥하고 순박했다. 그는 자기가 들고 다 니는 사냥 도구를 비롯해 흥미로운 각종 소지품들을 보여 주었는데, 화승총을 꺼내서 설명할 때는 과연 놀라지 않을 수 없었다. 듣던 대로 바닥에 총을 댄 그는 일본 성냥갑을 꺼내 화약접시에 든 화약에 불을 붙이는 시범을 보여 주었다. 나머지 장비들도 흥미롭기는 마찬가지였다. 특히 나무를 깎아 만든 화약통을 차고 있는 게 눈에 띄었다. 숯 껍질을 깎아 만든 예쁜 유인용 새소리 피리도 있었고, 자그마한 검은색 뿔로 만든 또 다른 유인용 피리도 있었다. 가죽으로 만든 사냥 포대에는 한국의 전통 문양을 그리거나 아로새겨 놓았다. 꽤 후한 값을 제시했음에도 그는 꿈쩍도 않으며 장비를 팔 생각이 없다고 했다. 나는 그 굉장한 장비들을 눈으로 보고 설명을 듣는 걸로 만족해야 했다. 고마움의 표시로 돈을 한 움큼 쥐어 주었고, 사냥꾼은 비탈진 언덕배기를 함께 내려와 마을까지 우리를 배웅해 주었다.

우리는 이곳에 여장을 풀 생각이었다. 한국에 머무는 동안 경관이 빼어난 숱한 마을들을 보아 왔지만 검불랑이라는 이 마을은 그중에서도 가장 목가적인 곳으로 꼽을 만했다. 앞서 건넜던 개울이 깊은 두메산골에 자리한 이 마을에 물을 대고 있었다. 또 마을 쪽 비탈면에 자리한 높고 아름다운 떡갈나무 숲이 아래편 초가집들의 보호막 노릇을 해 주었다. 실제로 초가집 여러 채가 쭉 뻗은 떡갈나무 가지들의 그늘 밑에 들어서 있었다. 숙소는 깨끗했다. 주민들도 눈에 띄게 싹싹하고 민첩했다. 어찌 된 일인지 우리는 "몰라" 소리를 듣지 않고도 닭과 달걀을 살 수 있었다. 밤색 말과 암갈색 말은 안장을 벗자마자 신바람이 나 격렬한 몸싸움을 벌였고, 그에 겁먹은 짐꾼들이 고삐를 놓쳐 버리는 통에 마을 사내들이 달려들어 그 수말 두 마리를 갈라놓았다. 그러자 이번에는 말들이 마을을 뛰쳐나가는 바람에 다시 전 주민이 그 뒤를 쫓아가는 법석이 벌어졌다. 다행히 녀석들은 5분도 못 되어서 붙들려 왔고, 때마침 뜨끈한 콩 요리와 여물을 구유에 부어 놓았던 터라 둘은 아무 일 없었다는 듯이 태연

검불랑 숙소.

히 구유에 머리를 파묻었다. 검불랑 주민들은 여태 수고한 대가로 우리의 일거일동을 자유로이 관찰할 특권을 제공받았다. 그런데 우리가 이미 들어와 모기장 안에 누워 있을 때, 주민의 손가락 하나가 모기장 한쪽 귀퉁이를 슬그머니 들치는 게 보였다. 물론 몰래 안을 들여다보려는 수작이었다. 나는 다급히 "가. 가"를 외쳤고, 결국 사환을 불러 통풍을 위해 열어 놓은 툇마루 쪽 문 앞에서 누워 자라고 했다. 그렇게 해서 녀석을 인간 장벽으로 삼을 요량이었던 것이다.

일요일 아침이었다. 숙소에서 다소나마 편안함을 느낀 것도 이번이 처음이라, 일찍 눈이 떠진 우리는 다시 눈을 붙이고서 하루를 쉬고 싶은 마음이 간절했다. 그런데 웬걸, 검불랑의 전 주민이 툇마루 앞에 집합해 신나게 칠면조 구경을 하고 있는 것이 아닌가. 사환이 풀어 준 칠면조 두 마리가 흰옷의 무리들이 이룬 원을 따라 우쭐대며 걷고 있었다. 꼬리를 활짝 편 칠면조 수컷이 "후룹" 하고 빈병에서 코르크 마개를 뽑을 때 나는 것 같은 소리를 낼 때마다 좌중에서는 높다란 웃음소리가 터져 나왔다. 이런 판국에 어찌 누워만 있겠는가! 맑고 시원한 계곡물에 몸을 씻자 금세 원기가 돌아왔고, 우리는 당초 계획대로 휴식을 갖지 않기로 결정했다. 평소 일과대로 필담의 도움을 받아 한국 지도를 연구한 뒤 다시금 길을 재촉했다.

개울을 건너 숲을 지났는데, 나무들이 듬성듬성해지며 숲이 끝날 즈음에 우리가 여전히 넓은 고원에 있다는 사실을 깨닫게 되었다. 고원은 동쪽을 제외하고는 그 나머지가 산줄기에 둘러싸여 있었다. 전방 남서쪽으로 끝이 뭉툭한 원추형 산 하나가 보였다. 우리는 몇 시간에 걸쳐 경사면이 일정한 그 산을 목표로 전진했다. 길은 남에서 서쪽으로 15도 이상을 벗어나지 않았다.

물 대기

고원 지역은 경작 상태가 훌륭했다. 높은 곳엔 잘 자란 콩밭이, 낮은 곳엔 논이 들어서 있었다. 산의 남서쪽 비탈 대부분이 양지밭라서 이 지역 벼농사는 산 너머보다도 작황이 좋았다. 못자리가 벌써 비어 있었으니, 여기서 키운 모를 어느새 물이 찬 본답에 옮겨심은 것이다. 한창 바쁜 농부들은 콩밭에 앉아 사이사이 자란 풀을 뽑거나 여기저기 개울이며 도랑에서 윗논에 물을 대고 있었다. 이때 사용하는 것이 양쪽에 줄이 달린 납작한 바구니였다. 한 조를 이룬 두 사내가 물을 퍼낼 웅덩이를 사이에 두고 마주 서 있었다. 바구니 뒤로 매달려 있는 줄은 물을 푸는 내내 팽팽했고, 앞쪽 끝에 연결되어 있는 줄은 물에 바구니를 담글 때까지는 느슨하다가 반동력을 얻도록 뒤로 힘껏 당기는 순간 다시 팽팽해졌다. 그 반동력으로 바구니에 물이 채워지는 동시에 논둑 너머로 물이 퍼 올려지는 원리였다. 물을 긷는 일은 일정한 박자에 맞춰 진행되었다. 옆에서 시계로 측정한 결과, 이들은 전혀 힘든 기색 없이 1분에 24~25차례 바구니를 던졌다. 바구니 하나당 3리터의 물을 퍼 올린다고 치면 그 수량이 1분이면 72~75리터, 15분이면 약 1세제곱미터에 이르렀다. 이 정도면 실제로 꽤 흡족한 작업 성과로, 능률적이라는 평가가 어색하

콩밭의 일꾼들.

지 않을 정도였다.

계산 이야기가 나왔으니 행군 속도에 관해서도 한마디 해야겠다. 행군 속도를 계산할 때 내가 기준으로 삼은 것은 우리 가운데서도 걸음이 가장 일정한 짐말이었는데, 수차례 측정한 결과 그 조랑말의 한 걸음은 평균 129센티미터였다. 조랑말이 1분에 평균 58걸음을 걸으므로 거리로는 74.82미터가 되고, 1시간이면 4489미터로 약 4.5킬로미터가 되는 셈이다. 이 기준값은 여행 경로를 정하는 데

바구니로 물을 길어 논에 물을 대는 농부의 모습.

매우 유용했다.

우리가 지나온 여러 마을 중 제법 큰 곳으로는 작은배나무정*과 배나뭇딩**이라는 마을이 있었다. 정오 즈음에 우리는 남에서 뻗어 온 구릉맥丘陵脈이 강물까지 육박해 온 지점에 다다랐다. 수많은 지류가 모여 개울은 어느덧 당당한 강으로 변신해 있었다. 북서쪽에서는 여전히 곡산이 우리를 향해 눈짓하는 가운데, 두수촌*** 마을에서부터는 굽이굽이 흐르는 강줄기를 따라갔고 이후에는 대체로 남쪽 방향으로 이동했다. 구릉맥을 휘돌자 인구가 조밀하고 넓고 기름진 골짜기가 동에서 서로 펼쳐졌다. 우리 행로도 그쪽으로 이어졌는데, 남에서 서쪽 15도 방면에 뭉툭한 원추형 산의 모습이 보였다. 점심때가 다 되었지만 아직 기운이 팔팔했던 우리 부부는 힘차게, 그것도 주로 걸어서 이동했다. 복계와 복계거리를 비롯한 여러 마을과 숱한 외딴 농가를 거쳐 온 우리는 이제 강을 따라 움직였다. 그 강물은 이곳의 비옥한 골짜기 땅을 지나가면서 강기슭을 화북의 황토 지형처럼 깎아 놓고 강바닥도 굴곡이 심하게 파 놓고 있었다. 낚싯대를 든 아이들이 물가에 서 있었으나, 물고기가 낚싯줄을 무는 모

---

* Schagen pa na mu scheng.
** Pe na mu ting.
*** Tu su tion.

습이라고는 통 볼 수 없었다.

우리가 세교동* 마을에서 쉰 것은 2시 30분이 다 되어서였다. 마을에서 좀 떨어져 개암나무가 우거진 곳에 쉴 터를 잡았는데, 개암나무를 비롯해 가지들이 위로 부챗살처럼 갈라진 소나무 몇 그루가 숱한 용수로에 그늘을 드리우고 있었다. 우리는 구덩이를 파 불을 피웠고, 곧 물이 끓기 시작했다. 일요일이니만큼 마지막 남은 코코아 통조림과 역시 단 하나 남은 2파운드짜리 돼지기름 통조림을 열었다. 그사이 사환 녀석은 감자를 깎아 잘게 썰었다. 여행 중 쓸모가 많았던 우리의 소중한 감자였다. 마침내 쉿쉿, 부글부글 소리를 내며 감자가 노랗게 튀겨졌다. 아쉽다면 달걀이 떨어진 것이었다. 하필 깨끗한 물을 가져오라고 사환을 마을로 보냈던 참이라, 구경 온 마을 주민들에게 우리가 찾는 것을 어떻게 설명할지가 막막했다. 결국은 앉았다 일어섰다를 반복하면서 암탉인 양 꼬끼오 소리를 내고 알 낳는 시늉을 하는 수밖에 없었다. 사람들은 배꼽이 빠져라 웃어 댔고, 신기하게 이번에도 "몰라" 소리를 듣지 않고서 한 바구니 가득 달걀을 얻게 되었다. 감자와 달걀이야말로 이번 여행 내내 우리의 주식이나 마찬가지였다. 우리의 소원이라면 다름 아닌 제대

* Sche kio tong.

로 된 빵 한 덩어리를 먹어 보는 것이었다.

주민들은 우리에게 온갖 친절을 베풀었다. 그런데도 이곳에서의
휴식은 씁쓸한 결말을 맞고 말았다. 짐을 싸려는데 글쎄 도끼가 없어
진 것이다. 나무를 잘게 쪼개는 데 쓰는 도끼였는데 아무리 뒤져 보
아도 보이질 않았다. 아무래도 그 친절한 주민 가운데 하나가 도끼를
쓴 뒤 도로 갖다 놓는 것을 잊은 모양이었다. 이 사실이 알려졌어도
도끼를 보았다는 사람은 아무도 없었다. 이제껏 성가실 정도로 친절
을 베풀던 사내들도 속속 그 자취를 감추었다. 하지만 쉽게 물러설
내가 아니었다. 나는 사환과 엄 서방을 마을로 보내 촌장으로 하여금
도끼를 찾아내게 했다. 하지만 촌장은 금시초문이라며 "몰라. 몰라"
를 되뇔 뿐이었다. 이럴 때 그것은 하등 도움이 안 되는 말이었다.
우리 일행은 짐을 싸 들고 당장 촌장 집으로 달려갔다. 그동안 왕성
한 호기심을 자랑하던 주민들이 하나같이 집 안으로 쏙 들어가서는
겁에 질렸는지 대문이며 문짝을 꽁꽁 닫아 걸고 있었다. 촌장 역시
문짝을 걸어 잠근 채 모습을 감춰 버렸다. 하지만 그럴수록 우리 짐
꾼들은 더욱 기세등등해졌고, 특히 엄 서방은 촌장 집 문짝을 두들겨
대며 인근의 평강으로 끌고 가겠다고 으름장을 놓았다. 도끼를 내놓
지 않으면 전 주민을 평강의 관원들에게 고소한다는 것이었다. 하지
만 도끼는 끝내 나타나지 않았고, 촌장은 엄 서방에게 보상금 조로

한국 돈 1원을 건넸다. 나는 수고비라며 그 돈을 엄 서방에게 돌려주
면서 동료들과 함께 담배나 약주를 사는 데 쓰라고 했다.

평강, 철원

산줄기를 피해 어언 30분을 둘러 갔지만 이번에는 그 지맥이 우리
길로 끼어들었다. 수목이 우거진 서쪽 산비탈에 절 한 채가 있었는데,
그 바로 옆이 평강읍이었다. 한국 군사가 주둔하고 있는 평강읍은
이 나라 기준으로는 꽤 큰 마을에 속했다. 지도에는 그저 평강으로
표시되어 있어서 남서쪽으로 8~9킬로미터쯤 떨어져 있는 평강원리
와 헷갈리기 쉬웠다. 평강읍 바로 뒤편에서 우리는 앞에서 언급한
넓은 골짜기로 들어섰다. 당고개 방향에서 뻗어 온 그 골짜기는 우리
가 따라온 골짜기와 나란히 달리다 밑에서부터 이 골짜기와 가까워지
면서 평강읍과 평강원리 사이에서 마침내 하나로 합쳐져 있었다. 널
따란 골짜기 너머 정동쪽 방면으로, 대산괴大山塊가 골짜기에서 시작해
1,200여 미터 높이로 급하게 치솟은 모습이 한눈에 잡혔다. 산의 나
머지 부분이 평행한 두 골짜기 사이의 낮은 산등성이에 가려져 있었
기 때문에 이제까지는 산의 정상 부분만 보였던 것이다. 20~30도쯤
서쪽으로 방향을 튼 우리는 골짜기 바닥에 펼쳐진 평원을 가로질러

말을 달렸다. 왼쪽으로는 앞서 말한 구릉대가 벌판 위로 솟아 있었고 오른쪽으로는 곡산이, 왼쪽 전방에는 뭉툭한 원추형 산이 보였다. 길은 낮고 평탄했다. 우리 왼쪽으로 이어져 있는 남쪽 산줄기 기슭에서 몇 백 미터를 더 가면 평강원리였다. 주막이 많은 제법 큰 마을이었다. 한 주막집을 찾아 들어간 우리는 이번에도 수월하게 달걀을 구할 수 있었다. 그러나 달걀을 하나씩 깨기 시작하는데, 아, 모조리 부화 직전의 알들이 아닌가. 대부분이 부리와 눈까지 자라 있었다. 이런데도 어찌 입맛이 달아나지 않을 수 있을까. 이왕 시간도 늦고 해서 오늘은 식사를 거른 채로 잠자리에 들었다.

다음 날도 우리는 계속해서 넓고 울창한 골짜기 바닥을 따라갔다. 저 앞에는 여전히 뭉툭한 원추형 산이 서 있었다. 이제야 우리는 그 산 이름을 알게 되었으니 바로 철원 금학산이었다. 시시때때로 좁아지는 꼬불꼬불한 골짜기를 지나느라 종종 방향을 틀기는 했지만, 그 산이 목표라는 점에는 변함이 없었다. 오전에는 가니피와 병망터*를 지나갔다. 여기 지명은 철원으로 시작되는 경우가 많았다. 이를테면 절이 있던 어떤 마을은 철원도래지**라 불렸고, 여기다 '물'을 붙이면 이제껏 우리가 따라온 강의 이름이 되는 식이었다.

* P'hjöng meng to.
** Scho ron to rei si.

강물이 남서쪽으로 꺾이면서 어느덧 그 강과도 마지막 인사를 나누었다. 우리는 어느 샛강 골짜기를 올라가 왼편에 있던 산줄기의 지맥을 넘어갔다. 주위가 푸른 논으로 둘러싸인 신영소리*와 신간솔** 마을에서 길은 다시 가팔라졌다. 그리고 우측 전방으로 철원 금학산이 보였다.

12시 30분쯤 고말 마을을 통과한 우리는 빗방울이 듣기 시작하자 1시를 조금 지나 왜매기 마을의 어느 주막 툇마루에서 비를 피했다. 여기서 5시까지 머물며 비가 멈추기를 기다렸는데, 우리 말고도 여러 명의 독장수들이 처마 밑에서 비를 긋고 있었다. 그들은 거대한 항아리들을 사람 키만 하게 피라미드 모양으로 묶어서 등에 멘 지게에 잘도 실어 놓았는데, 짐을 진 그 자세가 기이하면서도 위태로워 보였다. 마을 뒤로 이어져 있는 길은 꽤 가팔랐다. 정상에 다다르자 왼쪽이 철원 금학산이었다. 강물이 금학산을 남동쪽과 남쪽에서 휘도는 가운데 우리는 산의 북쪽과 동쪽 사면으로 난 지름길을 타고 갔다. 이 원추형 산은 사방에서 가지런히 뻗어 오르며 주변의 산 위로 우뚝 치솟아 있었다. 우리는 남서쪽으로 두 시간 더 말을 달렸다. 처음에는 완만하던 길이 이내 급한 오르막으로 변

---

* Sching ning so ri.
** Sching gan sol.

했다.

우리가 묵어 갈 마을은 언덕으로 둘러싸인 제법 큰 분지 마을로, 물가에 자리한 풍광이 꽤나 낭만적이었다. 짐작대로 우리는 이곳에서 철원도래지물과 다시 만났다. 마을로 내려가기 직전에 혼례식을 하고 있는 일행과 맞닥뜨리기도 했는데, 이들은 꽃으로 장식한 사당에 붉은 천이 깔린 상을 놓고 향과 술, 음식 따위를 바치고 있었다. 마을 이름은 철원 용담, 강은 용담물이라고 했다. 여러 정황상 철원도래지물과 동일한 물줄기였다. 다만 수

왜매기 마을 주막집 툇마루에서 식사 준비하는 모습.

량이 풍부한 점으로 보아 철원도래지물이 철원 금학산 남쪽에서 용담물과 합류한 듯했다. 일본 지도와 한국 지도 어디를 보아도 이 고장의 수로 사정을 옳게 파악하기가 어려웠다. 결국 스스로의 추리에 의지할 수밖에 없었는데 흡사 어둠 속을 더듬는 기분이었다.

다음 날, 우리는 40여 킬로미터를 행군해 한강 건너까지 갈 예정이었다. 아침 일찍 길을 나섰고, 한 시간 뒤에는 가마거리*와 새술막 마을을 통과했다. 처음 몇 시간은 용담물 왼편을 따라 주로 남으로 이동했다. 꽤 좁은 골짜기였는데도 사람들이 많이 살고 있었다. 계곡을 벗어난 우리는 남으로 흘러가는 용담물을 뒤로한 채 이번에는 서쪽에서 흘러오는 지류를 따라 나아갔다. 그동안 지나온 마을들을 꼽아 보자면 소목개, 대광, 고래골, 정말, 도랑창거리** 등이었다. 이 밖에도 길에서 떨어져 있어 미처 그 이름을 확인 못한 마을이 네다섯 군데 더 있었는데, 우리는 한 시간 만에 그곳을 모두 통과할 수가 있었다.

---

* Ka ma gori.
** To rang tschang kori.

물레방아, 한여울

　도매기* 마을에 다다르자 다시 골짜기가 좁아졌다. 곳곳이 잘 경작된 이 마을에서는 개울물을 이용해 쌀 찧는 방아를 돌리고 있었다. 물이 바퀴 밑으로 흐르는 하사식下射式 수차 바퀴에 방아틀이 달린 굴대가 보였다. 이 방아틀은 독일의 기계 망치와 같은 원리로 긴

물레방아.

* To mae gi.

지렛대를 들어 올리게 되어 있었고, 지렛대 끝에는 망치에 해당하는 방앗공이가 달려 있었다. 지렛대는 오두막 내부로 길게 이어져 있었고, 오두막 바닥에는 구덩이가 파여 있고 거기에 점토가 발라져 있었다. 그러니까 이 구덩이에 곡물을 넣고 방앗공이로 가루를 빻는 원리였던 것이다. 그런데 이런 종류의 물방아를 목격한 것은 한국에서 이곳이 유일했다. 계곡 상류의 물이 남쪽으로 급히 방향을 틀고 있었다. 개울물을 이용해 논에 물을 대는 이 마을 주민들의 솜씨는 실로

하곡의 들판.

대단했다. 감탄할 만한 관개시설이 아닐 수 없었으니 한국 농부들의 부지런함이 엿보이는 대목이었다. 솔직히 해안 지역의 한국인들은 유약하고 게으르며 미덥지 못한 인상을 주었지만, 이곳 내륙 지방에서는 그 같은 판단을 여러모로 수정하지 않을 수 없었다. 잊지 말아야 할 점은 한국에서는 농민들이 나라 살림의 근간을 이루고 있으며

노간주나무.

가뜩이나 재정이 열악한 이 나라의 주 세금원이라는 사실이다.

어느덧 지류 하나가 북쪽에서 흘러들면서 수목이 듬성듬성 자란 주변 언덕들과 어울려 정겹고 인상적인 경관을 빚어내고 있었다. 우묵한 골짜기 한복판의 나지막한 언덕 위로 하곡이란 마을이 들어서 있었는데, 그 지세에 혹한 우리는 결국 마을로 올라가, 그 작은 고원의 나무들 밑에서 낮 휴식을 취했다. 부챗살처럼 늘어진 가지들

마을 어귀의 솟대. 새가 지키고 있다가 악귀가 마을로 들어오면 쫓아낸다는 상징적 의미가 담겨 있다.

사이로, 저 아래 그림 같은 논 풍경이 펼쳐졌다. 우리에게 그늘을 드리워 준 나무 중에는 어른 세 사람 키만 한 노간주나무도 있었다. 오후녘에 다시 길을 떠난 우리는 또 한 번 오르막을 만났다. 구릉맥이 야트막해, 머지않아 골짜기가 끝나리라는 것을 짐작할 수 있었

장승과 비석.

다. 계곡을 벗어난 우리는 이정표의 일종인 비석을 따라 구릉맥을 넘었다. 숱하게 볼 수 있는 그 비석들은* 통나무를 조각해 만든 것으로, 그 끝이 찡그린 표정의 사람 머리로 장식되어 있었는데 악귀를 쫓는 신통력을 지녔다고 한다. 구릉맥 반대편에서 하산하자 수리울** 마을이 우리를 맞아 주었다. 이곳은 거의가 주막집이었다.

한여울.

<hr />

* 저자는 장승을 비석과 혼동한 듯하다.
** Ssu li wol.

짐꾼들이 하곡에서 아무것도 먹지 못했기 때문에 우리는 여기서 15분간 쉬어 가기로 했다. 나는 이참에 군청 소재지 연천에서 서울로 이어지는 길이 이곳을 지나는지 확인하고 싶었다. 그 길은 물가를 따라 이어져 있었는데, 한강 지류로서 연천거리물이라 불리는 그 개천을 우리는 마을 150미터쯤 뒤에서 건넜다. 그러고는 이 계곡을 따라가는 대신 남남서 방면으로 말을 달려 거웃재*와 수구메기 마을을 통과했다. 이곳은 그 지세가 훨씬 유순했는데, 톱 모양의 뾰족한 산줄기가 저 멀리서 시야를 막는 게 전부였다.

큰 마을 통재를 포함해 여러 곳을 거쳐 세 시간여를 행군한 끝에 마침내 모래 언덕을 내려오자, 눈앞으로 놀라운 광경이 펼쳐졌다. 폭이 넓고 수량이 엄청난 강을 만난 것이다. 사람을 꽉꽉 실은 나룻배들이 큰 낙차에 힘입어 날쌔게 골짜기 쪽으로 흘러가고 있었다. 한여울로 불리는 이 강은 한국에서 압록강 다음으로 물살이 세다는 한강의 가장 큰 지류였다. 강을 건너는 데 필요한 나룻배는 건너편 놀미에 있었다. 한참이 지나서야 사공이 이리로 배를 젓기 시작했다. 그런데 물가에서 배를 기다리는 동안 실성한 것으로 보이는 여인 하나가 우리 쪽으로 다가왔다. 혼자 뭐라고 욕을 퍼붓는데 그냥 모른

* Kö ud je.

척하기로 했다. 골이 오른 여인은 돌덩이를 들어 나룻배를 향해 던질 기세였다. 마침 우리는 말과 짐을 끌고서 배에 오르려던 참이었다. 여인은 서로 구면인 듯한 사공에게 고분고분 끌려갔는데, 모래에 앉는가 싶더니 어느새 풀쩍 뛰어올라 악을 써 댔고, 떠나는 배에 돌을 던지기 시작했다. 이 와중에 우리는 말들의 민첩함에 감탄을 연발할 수밖에 없었는데, 등에 짐을 진 채 뱃전을 홀쩍홀쩍 뛰어넘는 그 모습이 흡사 매일같이 이런 훈련을 받기라도 한 듯했다.

결국 무사히 강을 건넌 우리는 한 시간 넘게 움직인 끝에 덕영리* 마을의 주막에 도착했다. 이곳에도 한국 군사가 있었는데, 우리가 도착했을 때 그들은 주막집 주위에 모여 있었다. 만돌린 비슷한 세 줄짜리 악기를 타는 한 떠돌이 가객이 뭔가 익살스런 노래를 부르는 듯했다. 그나저나 우리의 등장이 병졸들의 흥을 깨뜨리고 말았으니, 이들은 한동안 입을 다물지 못하고 그저 우리를 멍하니 바라볼 뿐이었다.

우리의 행로는 한여울과는 그 방향이 사뭇 달랐다. 한여울은 북서쪽으로 좀 더 흐른 뒤 서울 부근에 이르러 이천**에서 내려오는 한강에 합류했고, 이때부터는 한강이 그 주도권을 차지했다. 한편 창

---

* Tok yong ni.
** I tsch'höng dju.

말*이라는 마을이 한여울의 지류 한 곳에 있었는데, 그 물은 아래로 몇 킬로미터정도를 더 흘러가다 한여울로 빠져나가는 듯했다. 이곳 주민들의 말로는 큰 지방 도시인 양주는 여기서 60리, 그러니까 약 30킬로미터 거리에 있고, 서울까지는 110리, 약 55킬로미터라고 했다. 그렇다면 우리는 아직 하루 반을 더 가야 서울에 도착한다는 이야기였다.

---

* Tschong mal.

10. 서울 가는 길

즐거운 여행

여행 초반에 일어난 잦은 말썽 때문에 애를 먹었던 우리는 여행이
이토록 즐거워지리라고는 미처 상상도 못 했다. 하루를 빼고는 줄곧
날씨도 좋았고, 골짜기를 오를수록 더위도 한결 참을 만했다. 더위가
다시 기승을 부리고 있었지만, 우리는 이 아름다운 자연 속에서 비할
데 없는 행복감을 맛보았다. 말 등에 얹혀 몸이 살랑살랑 흔들리는
가운데, 너른 골짜기 바닥을 따라 이어지는 논길을 지났는가 하면,
어느새 매끈한 길로 접어들면서 주변이 온통 화려한 꽃 천지로 탈바
꿈했고, 늘 우리 곁을 지켜 주는 산줄기는 그 변화무쌍하고 기기묘묘
한 경관으로 새롭고도 경이로운 볼거리를 쉴 새 없이 선사해 주었다.

여행에서 부닥치는 크고 작은 역경과 시련을 이기기에는 적절한 유머만큼 값진 것도 없다. 신이 난 우리 부부는 말에 고삐를 내맡긴 채 환호성을 지르며 힘껏 말을 달렸는가 하면, 기분 전환을 위해 말에서 내려 함께 팔짱을 끼거나 장밋빛 미래를 꿈꾸며 경쾌하게 걷기도 했다. 우리의 이런 기분이 한국인 짐꾼들에게 옮아가기도 했는데, 특히 자기네만 있다고 느낄 때가 그랬다. 그럴 때 그들은 가성으로 구슬픈 가락을 뽑으며 그 박자에 맞춰 힘차게 발을 내딛곤 했다. 그러다 지칠라치면 얼른 자리에 앉아 장죽 끝 작은 쇠 대통에 토종 담배를 채운 뒤, 몇 모금을 빨며 기력을 되찾았다. 세 청년이 우리 곁에 남은 것은 암만해도 행운이었다. 여행 내내 행실이 발랐던 그들에게 우리는 기꺼이 각종 자유를 제공했다. 특히나 그들은 흠뻑 취할 때까지 담배를 피워 대는 골초였는데, 한잠 푹 자고서야 겨우 니코틴의 도취에서 빠져나올 정도였다.

부지런한 아낙

아닌 게 아니라 한국인들은 대체로 쉬이 도락에 빠지고 절제라고 는 모르는 민족인 듯했다. 내륙 사람들이라고 예외는 아니었다. 길 위에 허연 무언가가 누워 있는 장면을 허다하게 볼 수 있었으니,

장터에 다녀오다 곤드레만드레 취해 집에도 못가고 길바닥에서 곯아떨어진 사람들이었다. 이를 목격한 우리 짐꾼들이 입맛을 다시는 건 당연한 일이었다. 이들이 울적한 표정으로 단잠에 빠진 취객을 내려다볼 때는 나조차 마음이 짠해지곤 했다. 그러면 나는 자루에서 돈 몇 푼을 꺼내어 이들이 주막에서 술판을 벌이게끔 선심을 베풀었다. 한국의 남정네들이란 본디 유유자적한 삶을 즐기는 작자들 같았는데, 일도 집안 여자들 손에 맡겨 버리기가 일쑤였다. 다만 농부들

곤드레만드레.

에게서는 도회지 사람들만큼 심한 나태함을 찾아보기는 어려웠다.

그러나 분명한 건 이곳 농촌에서조차 여자들이 일을 도맡다시피 한다는 사실이다. 곡식을 타작해 거리와 마당에서 묵직한 절구로 빻는 것도 여인들 몫이었다. 또 아낙들이 무리 지어 들일을 하고 김을 매고 모를 심는 광경도 심심찮게 눈에 띄었다. 이때 아이들은 발가벗은 채 물에서 물장구를 치거나 먼지 자욱한 길에서 뛰어놀았다. 귀여운 한 무리의 아이들이었다. 이 꼬마들의 그을린 피부는 먼지와 때가 엉킨 딱지에 가려 잘 보이지도 않았지만, 노인을 연상시

탈곡 장면.

쌀 찧는 한국 여인.

물가에 모여 본업의 하나인 남편 옷 빨기에 한창인 한국 여인들.

키는 그 거동에는 기품과 절도가 배어 있었다. 나는 이제껏 중국과 일본 그리고 한국을 비롯한 동아시아 그 어디에서도 아이들을 매질하는 광경을 본 적이 없었다. 아이들은 날 때부터 예절이 몸에 밴 듯했고, 부모에 대한 사랑을 최고의 윤리 종교적 계율로 배우며 자라 왔다.

한편 일부다처제는 여느 극동 지역처럼 한국에서도 흔한 풍습이었다. 이때 중요한 요인은 재산이었다. 부유한 농민이라면 말, 황소, 당나귀 외에도, 취향과 재력에 따라 많고 적은 차이는 있었지만 대

한국 아이들.

부분 첩을 거느리고 있었다. 정실 부인은 어릴 적 부모가 정해 주는 게 보통이었다. 하지만 그 뒤로는 본인이 원하고 능력이 된다면 연애결혼도 가능했다. 첩을 둘 때 신분의 차이는 별 상관이 없었다. 도시의 경우 첩은 대개 일본의 게이샤에 해당하는 계층 출신이었다. 이들을 하녀로 이해한다면 큰 오산이다. 자기네만의 특수 계층을 이루고 있는 이들은 한국에서 특이하게도 불가의 비구니 신분과 동격으로 취급되었다. 게이샤를 비롯해, 중국과 한국에서 이에 상응하

부인들과 함께 앉아 있는 한국의 농부(가운데).

는 신분층은 각종 기예를 갖춘 고급 매춘부라 할 수 있었다. 실제로 이들에게는 중국, 일본, 한국 등지에서 예부터 여성에게 전해 내려오는 최고 수준의 교육이 이루어졌다. 한국에는 또 '기생' 교육을 전담하는 특수 학교도 있었다. 거기서는 주로 가난한 집에서 팔려온 어린 소녀들을 대상으로 읽기와 쓰기, 한국 고전 문학, 표준 중국어, 기악, 춤, 노래, 그 밖의 한국 남정네들이 좋아하는 온갖 기예를 가르쳤다. 숱한 고관들의 첩, 심지어는 황제와 황태자들의 첩조차 기생 출신이었다. 비슷한 의미에서 중국의 황후도 일종의 기생 출신이라 말할 수 있을 것이다.

제련소

서울 가는 길은 그 경치만으로도 여러모로 흥미로웠다. 길도 골짜기도 한결 넓어졌지만 여전히 산이 압도하는 지세였다. 수도 서울의 동쪽 경계를 이루는 것도 가파른 산이었으므로, 덕영리를 출발한 우리는 오전 내내 그 산을 길잡이 삼아 움직였다. 몰똥고개*를 지나면서 어느덧 그 높은 산의 시야를 막고 있던 마지막 산등성이가

---

* Mol ton ko ge.

우리 뒤로 자취를 감추었다.

이 지역은 광물이 풍부하기로 유명했는데, 그중에서도 으뜸은 금이었다. 이곳 말고도 한국에서는 현지인들의 금 채취가 한창이었다. 금 채굴이 수지맞는 사업이라는 것은 수출액에서도 잘 드러났다. 한국 해관을 통관한 금 수출액만 보더라도 연간 평균 50만 영국 파운드에 달했다. 하지만 밀수품까지 합하면 그 액수는 더욱 늘어나 정식 수출품을 훨씬 앞지를 것이다. 금은 밀수가 쉬운 품목이었는데 특히 해안 지역에 사는 중국인들이 금 밀수의 주범으로 꼽혔다. 그나저나 지구에서 가장 흔한 금속 중 하나가 금이라면 여러분은 과연 믿겠는가? 물론 이때 중요한 것은 채광할 가치가 있을 만큼 금이 많이 섞여 있는가 하는 점일 것이다. 이를 알아내기 위해 한국에서도 다양한 노력이 이루어지고 있었지만 아직까지 속 시원한 해결책은 얻지 못한 실정이다. 다만 한국인들이 수없이 시도하고 있는 지극히 원시적인 방법이 나름대로 수확을 얻고 있는 게 사실이었다.

그런데 장기간의 금 채굴권이 독일, 미국, 영국, 프랑스를 비롯해 최근에는 일본의 손으로 넘어갔지만 특이하게도 미국과 일본의 사업만이 번창하고 있었다. 당고개*에 있는 독일의 대규모 금광은

---

* 1898년 독일은 강원도 금성군 당현 금광 채굴권을 획득했다.

한때 많은 기대를 모았으나 현재는 운영이 전면 중단된 상태라고 들었다. 독일 금광이 실패한 데는 아마도 매장량이 부족하다는 것보다 다른 더 중요한 이유가 있었을 것이다.

한국인들의 금 채굴 방식이 원시적이라고 말했는데, 이들은 추려 온 충적층 자갈을 길쭉한 함지나 어설프게 설치한 경사면에 놓고는 길어 온 물을 끼얹어 가며 자갈들을 씻어 냈다. 또는 산허리에 드러난 석영 광맥을 직접 공략하기도 했다. 다시 말해 풍화작용으로 노출된 현장에서 광석을 분리해, 망치로 큰 덩어리를 잘게 부숴 차곡차곡 철판에 담은 뒤 불 속에 집어넣는 방법이었다. 이는 황철광이 많이 들어 있는 광석에서 황을 제거해 쉽게 부서지게 하는 과정이었다. 그러고는 가열된 암석을 물이나 가축이 돌리는 방아로 보내어 가루로 만든 뒤 세척한다. 세척 방식은 충적층 자갈의 경우와 동일했다. 물론 화학 약품을 쓰지 않는 이 방식으로는 많은 수확을 바라기가 어려웠지만, 숱한 한국인들을 금광에 붙잡아 둘 만큼의 돈벌이가 되는 것도 사실이었다. 하지만 이들 금광이 규칙적으로 운영되는 일은 드물었다. 농사가 주업이다 보니 자투리 시간을 쪼개서 그 '풍부한' 매장량을 자랑하는 보물 캐기에 나설 수밖에 없었기 때문이다.

우리가 이날 오전에 발견한 원시적 제련소도 말하자면 그런 경우였다. 상봉암리* 마을 부근의 그 제련소는 한 철광산 기슭에 있었다.

산에는 갈색 철광석이 넓은 층을 이룬 채 훤히 드러나 있었고, 길에도 여기저기 쇠붙이가 널려 있었다. 그 산을 비롯해 이 지역 모두를 조산으로 불렀다. 나는 휴업 중인 그 작업장을 자세히 살펴보기로 했다. 길가의 작업장은 막돌과 점토를 대강 섞어 만든 제련소와 무겁고 두툼하고 모양이 둥그런 특이한 옹기들이 들어 있는 창고로 되어 있었다. 현재는 비를 막느라 짚으로 창고를 덮어 놓았는데, 옹기들의 용도는 용해된 광석을 받아 모으는 것인 듯했다. 용광로의

한국의 제련소.

* Sang phu am ni.

핵심은 점토와 돌로 만든 큰 통이었다. 이 고장에 풍부한 철광석을 목탄과 섞어 통에다 쏟고는 그 위를 두터운 점토로 덮는 것 같았다. 큰 통은 구멍이 두 개뿐인데 모두 바닥 쪽에 나 있었다. 긴 쪽에 난 구멍은 바깥 구덩이로 연결되어 있었고, 구덩이에는 용해된 금속을 받는 질그릇이 들어 있었다. 다른 구멍으로는 광석과 목탄의 혼합물에 숯불을 피우는 것 같았는데, 이 숯불 역시 점토로 덮여 있었다. 그러니까 풀무를 이용해 용광로 속의 혼합물에 바람을 불어넣으

용광로.

면서 차차 내부 전체를 달구는 원리였다. 직육면체 상자 모양의 풀무는 움직이는 내부 칸막이에 나무 막대가 붙어 있었고, 그것이 한쪽 덮개의 구멍을 통해 밖으로 나와 있었으며, 그 끝에 손잡이가 있어서 증기 기관의 피스톤처럼 밀고 당길 수 있는 구조로 되어 있었다. 덮개는 밸브처럼 움직였는데 이것이 열리면 공기가 실린더로 공급되었고, 막대를 앞으로 미는 즉시 밸브가 닫히도록 되어 있었다. 제련 과정에서 일꾼들이 풀무를 부지런히 밀고 당기면 결국 용광로 전체가 불에 타면서 금속이 녹게 되는 것이었다. 물론 이 같은 원시적 용광로에서 작업이 깔끔하게 이루어지기를 기대하기는 어려웠다. 이를 입증하듯 목탄이 섞인 쇠붙이가 여기저기 널브러져 있었다. 그 조각들을 주워 모으던 나는 이곳의 철로 주조한 조악한 모양의 말 두 점을 오두막 부근에서 발견하기도 했다. 한편 제련소 옆에는 마을 수호신을 모신 작은 사당이 있었는데, 바닥에는 접시에 담긴 채 남아 있는 제사 음식들이 눈에 띄었다.

뱀 사냥

우리는 세 개의 뾰족한 화강암 봉우리를 바라보며 거의 정남正南으로 뻗어 있는 길을 따라 갔다. 서울까지 우리의 이정표가 되어 줄

기이한 모양의 봉우리들이었다. 제련소를 뒤로하고 1킬로미터쯤 가니 꽤 큰 마을인 정말이 나타났고, 몇 분 뒤에는 거의가 주막뿐인 동도내 마을을 만났다. 주막집 앞에는 영업장을 표시하는 둥그스름한 물체가 막대에 매달려 있었다. 길고 화려한 종이 술로 만들어져 있는 그 물체에 사람들은 축원의 뜻이 담긴 한국어를 금종이로 오려 붙여 놓았다. 우리는 줄곧 남쪽으로 전진했다. 지낭대* 마을에서는

길가의 기념비.

---

* Tsi nang tei.

실로 오랜만에 일본제 재봉용품과 통조림을 파는 상점을 보았다.
어느덧 산줄기가 기울며 낮은 모래 언덕들로 바뀌었고, 무성한 관목
들을 좌우로 거느린 개울이 언덕 사이로 유유히 흘러가고 있었다.
물에서는 한 어부가 가는 실로 엮은 끌그물로 고기를 잡고 있었다.
개울가의 조수가 그물 한쪽 끝을 잡고 있는 동안, 벌거벗은 어부는

한국 어부.

나머지 한쪽을 잡고서 그물을 둥그렇게 말았다. 이제 두 사람이 함께 그물을 개울가로 끌어당기니, 손가락만 한 물고기 서너 마리가 그물코에 걸려 퍼덕였다. 수량이 풍부한 골짜기에서 여러 물줄기가 너도나도 강으로 흘러들었지만 강은 수심이 얕을 뿐더러 낙차도 미미했다. 이전에 대면 논도 별로 보이지 않았다. 이제껏 지나온 골짜기들과 달리 아무래도 땅에 모래가 많기 때문인 듯했다.

다시 행로에 오른 우리는 옆에서 흐르고 있던 개울에서 길이 1.5

그물 치는 장면.

미터쯤 되는 뱀이 헤엄치는 모습을 보았다. 일순 호기심이 동했다. 나는 겁도 없이 그만 뱀을 향해 총을 쏴 버렸다. 총알이 발사되면서 일어난 진흙이 물살에 휩쓸려 가자, 모래 바닥에선 납 총알만 발견되었을 뿐, 정작 뱀은 온데간데 없었다. 그때였다. 저 아래에 있던 아내가 "여기요!" 하고 소리쳤다. 그리로 달려간 나는 물속을 요리

노획한 뱀.

조리 헤엄치는 뱀을 지팡이로 내리쳐 기절시킨 뒤, 물 밖으로 건져
냈다. 잠시 후 저쪽 다른 곳에서 피가 보이더니 아까 쏜 뱀이 발견되
었다. 총알에 몸뚱이를 관통당한 녀석은 둘둘 말린 채 물에 떠내려
가던 중이었다. 머리통을 한 대 때려 고통을 멈추게 해 주고는 이
녀석 역시 물에서 끄집어냈다. 마침 휴식 시간이어서 우리는 이참에
뱀 두 마리의 껍질을 벗겨 냈다. 가죽은 집으로 가져갈 일종의 전리
품이었다. 그러나 짐꾼들은 뱀을 죽인 게 영 못마땅한 눈치였다. 뱀
하나하나에 정령이 깃들어 있다고 믿고 있어서 뱀의 살생을 터부시
했던 것이다.

대로변 마을들

  세 시간여를 움직여 덕영* 마을에 도착한 우리는 마침내 남쪽 전
방에서 하나의 산괴山塊를 형성하고 있던 세 산의 이름을 알아냈다.
이들은 북서쪽에서 남동쪽 방향으로 각각 불국산, 수락산,** 고봉
산***이라 불리고 있었다. 다시 한 시간을 더 가니 벌말이 나타났고,

---

* Tok yŏng.
** Sho rab san.
*** Ko bok san.

15분 뒤에는 절을 하나 만났다. 불국산 동쪽 지맥의 어느 모래 언덕 기슭에 자리한 절로 이름이 샘니*였고, 인근의 두 마을은 각각 새매와 탐내라고 했다. 육박해 오는 모래 언덕을 피해 잠시 동쪽으로 길을 꺾은 우리는 어느새 넓고 평탄한 골짜기로 들어섰다. 골짜기는 정확히 북동쪽으로 뻗어 있었다. 그리고 마침내, 원산을 떠나 이틀 만에 벗어났던 서울 - 원산 대로에 다시 접어들게 되었다. 탐내와 해기 사이로 길 하나가 합류했는데, 군청 소재지 양주와 서울을 잇는 길이었다. 불국산 북동쪽 자락에 자리한 듯한 양주는 우리 길에서 오른쪽으로 몇 킬로미터 떨어진 곳에 있었다. 사람들의 왕래가 부쩍

서울 북동쪽에 있는 지역의 풍경.

* Säm ni.

늘어난 이 길을 따라 우리는 계속해서 서울로 향했다. 내일 낮이면 서울 땅을 밟을 듯했다. 그리하여 비교적 이른 시각임에도 불구하고 우리는 부유한 농촌 마을 성넘어에서 오늘 여정을 마치기로 했다. 주막집이 없던 이 마을에서 마침 우리를 반겨 주는 한 농가를 발견해 그곳에서 하룻밤을 묵게 되었다. 그나저나 마당 처마 밑으로 농작물을 가득 실은 지게들이 보였는데, 특히 볏짚에 다섯 개씩 두 줄로 싼 신선한 달걀을 보는 순간 우리는 반가움을 감출 수 없었다. 내일 새벽 서울 장터로 팔려 나갈 물건들이었다. 이 나라 수도가 코앞에 다가왔음을 실감하는 순간이었다. 행군 중에 겪어야 했던 숱한 고생과 궁핍에서 해방될 날도 이제 머지않은 것이다!

짐꾼들도 내일 난생처음 제 나라 수도를 밟게 된다는 사실을 잘

불국산.

알고 있는 터라 서로들 머리를 매만져 주느라 정신이 없었다. 한국
의 총각들은 머리를 땋고 다녔다. 하지만 일단 장가를 들면 칼로
머리 가운데를 밀고선, 옆과 뒤에 남아 있는 긴 머리칼을 삭발된
부분 위로 틀어 올려 단단히 묶었다.* 그 머리를 보니 독일 헤센

머리 깎는 모습.

* 저자는 상투머리를 부정확하게 설명하고 있다.

416

지방의 트라이자 지역, 슈발름Schwalm* 마을의 시골 아낙네 머리가 눈앞에 어른거렸다. 삭발에 쓰이는 도구는 나무 칼집에 들어 있는 단도 모양의 작은 칼로, 어지간한 한국 남자라면 통상 허리띠에 차고 다니는 것이었다. 그 칼은 예전만 해도 온갖 정성과 애정으로 한국에서 만들어졌지만, 근래에 와서는 저질의 일본 수입품이 판을 치는 실정이었다. 그들은 물만을 써서 면도질한 머리털을 조심스레 나무판에 모아, 나중에 마지막 한 올까지 말끔히 불살랐다. 머리털이 엉뚱한 자의 손에 들어가는 일을 막기 위해서였다. 흔히 원시 민족들이 그렇게 믿고 있는 것처럼, 만일 그렇게 되면 타인의 신체 일부를 차지한 새 임자가 원래의 임자를 지배하게 되고, 이 관계가 이승을 넘어 저승까지 이어져 혼백이 안식을 못 찾은 채 이리저리 떠돌게 된다는 것이었다. 짐꾼 두 사람은 그 머리 모양을 보건대 장가를 간 것이 틀림없었다. 반면 우리 심복인 엄 서방은 아직도 총각이었다. 그는 팔뚝 굵기의 새까만 댕기머리를 하고 있었는데 더없이 아름다운 그 머리는 안나 칠락**조차 샘을 낼 만한 것이었다.

새 아침을 맞아 우리는 다시금 기분 좋게 길을 떠났다. 대도시에

---

* 독일 중부에 위치한 슈발름 마을은 특히 화려한 전통 의상으로 유명하다.
** 안나 칠락Anna Csillag은 20세기 초 발모제 광고에 등장해 유명해진 가공의 여인으로, 아름다운 머리를 발끝까지 늘어뜨리고 있다.

대한 기대감, 무엇보다도 고된 육로 여행 뒤에 누릴 휴식 생각에
절로 힘이 솟았다. 서울을 둘러싼 성곽까지는 아직 20킬로미터쯤
더 남아 있었다. 어제까지 우리 길잡이가 되어 준 세 개의 산봉우리
가 오른편 바로 위로 우뚝 솟아 있었다. 그 산기슭을 한 시간쯤 지나
서 서쪽으로 살짝 방향을 틀자, 기암 괴봉들도 어느덧 우리 뒤로
자취를 감추고 말았다. 하지만 바위를 훤히 드러내고 있는 또다른
뾰족한 현무암 산줄기가 계속해서 우리 오른쪽으로 이어졌고, 이를

대로변 마을.

배경 삼아 마침내 한국의 수도가 그 모습을 드러냈다. 길은 사람들로 북적거렸다. 짐을 꽉꽉 실은 조랑말 대열이 꾸역꾸역 서울로 모여들고 있었고, 이에 못지않은 수의 조랑말들이 서울을 빠져나와 집으로 돌아가고 있었다. 이때는 짐 대신 마부가 안장을 차지하고 있었는데, 여자들처럼 옆으로 말을 탄 마부들은 이리저리 흔들리는 와중에도 용케 그 균형을 잃지 않았다. 우리가 통과한 마을은 그 숫자가 꽤 되었다. 직접 손으로 꼽아 본 것만 해도 상당했다. 마을은 불과 몇 분 거리로 떨어져 있었다. 제법 컸고 주민들도 많았으며, 길도 널찍한 데다 그림 같은 나무들이 마을 위로 뻗어 올라 있었다. 의정부*라는 마을에서는 실로 오랜만에 일본군 병참 기지를 다시 만났다. 그 결과, 시모노세키와 부산, 원산 등지에서 그랬듯 다시금 두 일본인의 끈덕진 미행이 시작되었다. 이 둘은 새로운 종류의 플릭과 플록으로, 원산에 있던 녀석들에게 우리 소식이 전신으로 통고된 게 아닌가 의심이 들 정도였다. 그동안 우리가 통과한 주요 마을은 운예머리**와 당수***, 또 같은 이름이 무려 네 군데 마을에서 등장하면서 지역 전체가 다락원으로 불리는 곳도 있었다.

* 원문은 Wo tschong ku이나 정황상 의정부를 가리키는 듯하다.
** Yuen jae mo ri.
*** Tang su.

아침 9시 30분 무렵, 우리는 끝이 톱니처럼 솟아 있는 원추형의 현무암 산 기슭에 접근했다. 산은 깎아지른 절벽을 우리를 향한 채 솟아 있었고, 아래쪽엔 절이 있어 한결 한국적인 운치를 더해 주었다. 원추형의 산 사이로 나 있는 골짜기는 푸석한 모래로 가득했고, 골짜기를 에워싸고 있는 언덕이며 들판도 온통 모래 천지였다. 차낭대*에 이른 우리는 오른편에 놓인 가파른 산줄기 기슭을 비켜 가느라 한 번 더 남쪽으로 향했다. 마지막으로 수락산을 바라본 것은 산갈무니**에서였다. 안장처럼 가운데가 푹 꺼진 그 산이 어느덧 북쪽에서 사라지고 있었다. 오가는 행인들이 늘어나면서 우리는 정

입경入京 전에 본 마지막 산의 모습.

* Tscha nang dae.
** San gal mu ni.

신을 바짝 차려야만 했다. 무네미 마을에서는 오랜만에 인력거가
서 있는 광경을 목격했는데 반가운 나머지 절로 입가에 웃음이 번졌
다. 한시라도 빨리 도착하고픈 마음에 아내와 나는 말을 달려 멀찌
감치 앞서 갔다. 작은무네미 마을에서는 마침 높다랗게 자란 수려한
침엽수림의 그늘이 우리를 맞아 주어, 그 안에 머무르며 한낮의 땡
볕을 피해 갈 수 있었다. 오늘따라 유독 햇살이 따가웠다. 풀 한
포기 없는 환한 모래 비탈에, 빛과 열기가 하얗게 반사되며 곱절로
늘어나는 바람에 그 더위도 한결 심하게 느껴졌나 보다. 실은 여기

나무 그늘에서.

서 한 번 더 쉬어 가는 게 현명한 선택일지도 몰랐다. 하지만 서울에
가면 영국 호텔의 식사가 기다리고 있다는 기대에 우리는 그 같은
예방 조치를 단념하기로 했다. 그리하여 일행과 합류한 우리는 뙤약
볕을 무릅쓰고 다시금 가던 길을 재촉했다. 징검돌 마을에 이르니,
풀 한 포기 없는 모래 골짜기에서 오른편 산줄기를 따라 길이 급하
게 뻗어 오르고 있었다. 한 시간쯤 행군하자 마침내 높게 뻗친 침엽
수림이 한 폭의 그림처럼 우거져 있는, 푹 꺼진 산마루에 다다르게
되었다. 숲에는 찻집들이 여럿 들어서 있었다.

서울 입성

하지만 그보다도 정작 우리 가슴을 뛰게 한 것은 정상에서 내려다
본 서울 북동쪽 성문의 전경이었다. 아직 그곳과 우리 사이에는 그
림자 한 점 없는, 2킬로미터 정도의 드넓은 모래 분지가 가로놓여
있었다. 우리는 분지로 내려갔다. 여태 그 도시에 관해서 본 거라고
는 지붕 달린 성문을 포함한 성곽의 일부가 고작이었다. 짧지만 가
파른 길을 넘어 우리는 마침내 성문에 도착했다. 이어 동소문*을

---

* 혜화문의 옛 이름으로 한양성 4소문의 하나다.

통과해 성벽 안으로 입장한 순간, 우리는 깜짝 놀라지 않을 수가 없었다. 난생처음 한국의 수도를 둘러본 우리는 이곳이 암만해도 도시 같지 않다는 사실에 놀란 것이다. 성문이 서 있는 둥근 언덕에 오르자, 수 킬로미터는 되어 보이는 성벽이 언덕에서 골짜기로 급하게 떨어지다가 어느새 다시 솟구쳐 뾰족한 원추형 산과 골짜기, 언덕 등지로 이어져 있는 광경이 한눈에 들어왔다. 하지만 성벽에 감싸여 있는 이 거대한 분지는 집들이 들어선 곳이 그 10분의 1도 되지 않았다. 흡사 마을이 조밀하게 모여 있는 평원을 높다란 벽으로 둘러싸 놓은 듯한 인상마저 주었다. 우리는 주거지에서 주거지로, 또는 들판을 지나거나 농가 사이를 따라 계속해서 움직였다. 이윽고 양쪽으로 집이 늘어서 있는 거리에 다다르게 되었고, 이곳에선 그나마 도회지 분위기가 좀 느껴졌다. 하지만 사방 어디를 둘러보아도 초가집과 기와집을 덮고 있는 우중충한 잿빛 지붕뿐이고 그 위로 어엿한 건물 한 채 솟아 있지를 않았다.

30분 동안 말을 달리고서야 우리는 웬만큼 건물 양식이 통일되어 있는 구역에 다다를 수 있었다. 그런데 한국의 수도에 왔음을 실감케 하는 또 다른 징표들이 목격되었다. 우리가 들어선 거리에 전선과 전화선이 설치되어 있었던 것이다. 그뿐 아니라 양쪽에 낮은 집들을 거느리고 있는, 넓지만 울퉁불퉁 모래투성이인 그 거리가 몹시도 붐비고 있었다. 우리는 곧 전찻길이 깔린 시 중심가로 들어섰고, 전차 한 대가 우리 조랑말 쪽으로 달려드는 바람에 말이 혼비백산하기도 했다. 이 전차야말로 서양 과학 기술의 열매가 마침내 한국 수도에까지 당당히 입성했음을 보여 주는 것이었다. 우리는 물어물어 호텔 가는 길을 알아낼 수 있었다. 시 전체를 지나 다시 동쪽의 성문 한 곳으로 빠져나간 우리는 1시간 30분 만에 겨우 영국 호텔에 도착했다. 호텔은 그 옆에 몇 주 전에 화재가 일어났던 새 황궁이

역에서 바라본 서울의 모습.

있었고, 성곽 밑에 있는 공사관 구역과도 거리가 가까웠다. 또 제물포에서 출발한 기차가 들어오는 곳도 이 근방이었다. 짐꾼들이 말들을 데리고 주변에서 여관을 찾는 사이, 우리는 9일 간의 여행 동안 쌓인 먼지를 씻어 내고 뒤늦은 점심을 들며 기운을 되찾았다. 방에 들어간 우리는 고베를 떠난 이래 처음으로 서양식 침대에 몸을 뉘었고, 피곤한 나머지 곧장 잠에 빠져들었다.

11. 서울

미스터 핼리팩스

서울 주재 독일 변리공사관에 우리 앞으로 도착한 우편물 중에는 요코하마의 동료가 보낸 전보 한 통도 들어 있었다. 나는 그에게 참모부를 상대로 부재중인 내 권익을 대변하도록 부탁해 둔 터였다. 전보의 내용은, 몇 달 전 내려진 '승인'에 의거해 내가 속한 종군기 자단 3진이 곧 만주의 구로키 부대로 파견될 예정이니 그에 대비하라는 것이었다. 하지만 '곧'의 의미를 누구보다도 잘 아는 나는 일본으로의 신속한 귀환을 요청하는 그 전문에 크게 개의치 않았다.

한편 일본 당국은 종군기자단 2진이 출발을 독촉하자 이들을 일종의 의원 연수 항해에 참가시킴으로써 문제를 정리해 버렸다. 다시

426

말해, 러시아에게서 **빼앗은** 기선 '만슈마루호'에 기자들을 태워 한국과 만주의 연안을 돌게 한 것이다. 그런데 이 항해의 원래 목적은 일본의 정당 지도부로 하여금 정부가 계획한 채권 발행 및 차관 도입에 우호적 태도를 갖게 하려는 것이었다. 항해 참가 대상에는 일본의 거물급 사업가와 은행가도 포함되어 있었다. 또 '종군기자'나 '무관' 외에 국내 위험 세력들도 승선시켰으니, 이들이 이렇게나마 전쟁 분위기를 느낄 수 있도록 배려한 것이다. 물론 이들이 듣게 될 포성의 정체란 싸구려 저질 샴페인을 터뜨리는 코르크 마개 소리가 될 공산이 컸다. 말하자면 상륙 때마다 샴페인이 오른 식탁이, 첫 돌격 목표로 정해진 요새인 양 곳곳에 차려져 있었던 것이다. 이로써 일본은 사업가, 은행가, 의원 들한테서는 전쟁 지지 분위기를 유도하고, 종군기자와 무관들한테는 늘 그랬듯이 일본인의 농간에 놀아나는 치욕을 선사할 속셈이었다.

이런 상황에서 우리는 일본으로 속히 귀환한다는 원칙을 정했다. 하지만 그렇다고 일행을 해산하고 동물을 파는 데 너무 서두르지는 않기로 했다. 하지만 파는 일은 사는 일보다 더 어렵게 마련이었다. 원산에서 말들을 사면서 했던 고생을 생각하면, 되팔 때 결국 기대에 못 미치는 값을 받은 것도 놀라운 일은 아니었다. 그런데 원산에서 데려온 짐꾼들은 이곳 실정에 어두웠을 뿐더러 그 행실마저 불량

했다. 그들은 서울에 도착하자마자 품삯의 나머지 절반을 지급받았
다. 하지만 원산에 돌아갈 노자였던 그 돈을 단 하룻밤 새에 유흥비
로 탕진하고 말았으니, 이제 그자들을 붙들어 둘 이유는 더더욱 없
어진 셈이었다. 우리는 여비에 보태 쓰라고 약간의 돈을 쥐어 주고
는 당장 짐꾼들을 해고했다.

그나저나 이 호텔도 지내기가 영 불편했다. 한국 장사꾼들은 길게
흥정할 처지가 못 되는 나그네한테서 어떻게 하면 말들을 거저 얻을
수 있을까 그 기회만 호시탐탐 노렸던 것이다. 마침 서울에 몇 주
더 머물 참이었던 우리는 숙소를 옮기기로 했다. 다행히 빈 집 하나
를 발견했는데, 이 도시 한복판의 오아시스 같은 그 집은 서울 외국
어 학교의 영국인 교사인 핼리팩스 씨*의 빌라 별채였다. 그리하여
일행 모두가 마지막으로 한 번 더 짐을 꾸렸고, 짐 일부는 일본인
수레에 나눠 실은 채 무사히 이사를 마칠 수 있었다. 그런데 핼리팩
스 씨는 마침 소형 축음기를 구입한 직후라 온통 정신이 거기에 팔
려 있었다. 임대 계약을 맺는 순간에도 축음기 소리가 마당까지 울
려 퍼졌다. 우리 쪽은 계약이 급했고, 핼리팩스 씨도 얼른 축음기
있는 데로 돌아가고 싶은 마음뿐이었기에 거래는 순식간에 이루어

* 동문학, 육영공원, 한성영어학교 등지에서 영어를 가르친 영국인 핼리팩스T. E. Halifax를
말하는 듯하다.

졌다.

"서양인 둘에 사환이 하나 딸려 있습니다."

"하루에 2달러 50센트를 주시면 되지요."

"말 세 필과 당나귀 한 마리도 있습니다."

"마리 당 하루 25센트씩 추가됩니다."

"물론 가구는 없습니다."

"그건 아내가 드릴 겁니다."

"칠면조도 두 마리가 있습니다만."

"따로 돈을 안 받습니다. 다만 정원을 돌아다닐 경우 녀석들이 먹어 치운 만큼만 지불하시면 됩니다."

"그 밖에 필요한 것은?"

"아내가 빌려드릴 겁니다."

"이거 폐가 많습니다."

"그럼! 이만 실례하겠습니다. 축음기가 멈췄군요."

그는 벌써 사라지고 없었다.

이사한 날 저녁, 핼리팩스 씨 부인이 우리를 찾아왔다. 양장 차림의 일본 여인으로 서양식 교육을 받은 데다 영국식 매너가 몸에 배어 있었다. 부인은 우리 부부를 저녁 식사에 초대했다. 우리가 식사를 앞두고 응접실에서 대기하는 동안 핼리팩스 씨는 축음기 앞에 앉아 있었다.

"여송연이나 파이프 아니면 궐련을 한 대 피우시지요."

축음기에서 '떠나지 마세요'가 막 끝났다. 핼리팩스 씨는 담배와 여송연, 궐련을 얼른 탁자에 올려놓고는 새 전축판과 바늘을 올렸다. 이제 '양키 두들' 차례였다. 마르고 키 큰 핼리팩스 씨가 가느다란 긴 팔을 옆으로 펼치고는 긴 다리를 들어 펄쩍 뛰면서 뻣뻣한 사람 특유의 우아함으로 엉덩이를 흔들었다. 다음 곡으로 '수자 행진곡'이 연주되었고, 드디어 저녁 식사가 시작되었다. 응접실과 식당 사이의 문이 열려 있었는데, 수프를 든 핼리팩스 씨가 자리에서 일어나 "죄송합니다!" 하며 양해를 구하더니 축음기에 새 판을 걸고 다시 바늘을 올려놓았다. 돌아와서는 "베리 나이스. 오오, 베리, 베리, 나이스!" 같은 말만 되뇌었다. 생선을 먹고서, 또 양 갈비, 비프 스테이크, 푸딩, 과일 등을 먹고 나서도, 끝으로 '핑거볼'에 손을 씻은 뒤에도 그 말을 잊지 않았다. 심지어 '과일'과 '핑거볼' 사이에 또 한 번 자리를 떠 축음기판을 바꾸는 수고를 마다하지 않았다. 레퍼토리가 어느새 바닥이 나자 모든 것을 처음부터 반복하면서, "베리, 베리, 나이스!"를 다시 외치기 시작했다.

이제 자러 갈 시간이었다. 하지만 사환이 등에 불을 붙이기가 무섭게 침실에 모기들이 들끓었다. 만일을 위해 우리는 핼리팩스 부인이 빌려 준 큰 갈색 모기장 아래에 우리 모기장을 덧대었다. 하지만 모기들은 독일 제국의 집배원 뺨치게 번지수 찾는 일에는 귀신 같아서 그 이중 그물코까지도 가뿐히 뚫고 들어오는 것이었다. 몸이 녹초가 된 우리는 금방이라도 눈이 감길 것 같았다. 하지만 계속 그 단계를 넘어서지 못했다. 저쪽에선 축음기가 "디델둠디델둠데에"를 떠들어 댔고, 귓전에서는 쉴 새 없이 윙윙 소리가 울려 댔다. 제발 그 모기 소리만 멈춰 준다면 1달러라도 바치고 싶은 심정이었다. 하지만 우리가 할 수 있는 일이란, 손 아니면 뺨 어딘가에 죽은 모기가 달라붙어 있기를 바라면서 따귀나 때리며 스스로를 학대하는 것이었다. 축음기는 여기에 맞춰 '양키 두들'을 노래했고, 우리는 머릿속으로 핼리팩스 씨가 팔다리를 위협적으로 흔들면서 뻣뻣한 몸으로 멋지게 엉덩이를 흔드는 광경을 떠올렸다. 우리는 할 수 없이 초와 성냥을 가져와 모기장 안을 밝혔고, 아내가 불을 비춰 주는 가운데 남편은 놈들이 전멸할 때까지 모기 사냥에 나섰다. 하지만 초와 성냥을 침대에 갖다 놓는 새 그만 또 다른 녀석이 모기장 안으로 들어왔으니…… 다음 날 아침, 나는 몸이 펄펄 끓기 시작했다. 이질에 걸린 것이다. 예전에 모로코에서도 한 번 걸린 적이 있는 친숙한 녀석이었다. 아무 일도 못 하고 침대 신세를 지는 끔찍한 며칠이 흘렀다. 먹는 것이라고는 미음과 다량의 아편 팅크제를 삼키는 게 전부였다. 서울에서 계획한 일은 모두 취소할 수밖에 없었다.

어느덧 다시 바깥출입이 가능해지면서 하루는 장을 보러 나갔다. 마침 흰옷을 입은 신분 높은 한 한국인이 외국어 실력을 발휘해 나를 도와주었는데, 외부外部 소속 통역관이라고 했다. 게다가 말 장수까지 소개해 주었는데, 그는 오랜 흥정 끝에 그동안 정들었던 우리 조랑말을 가져가는 대가로 30엔을 내주었다. 우리가 샀던 가격은 그 네 곱절이었다. 그래도 나는 당장 말을 처분했는데, 조속히 한국을 뜨기로 마음을 굳혔기 때문이다. 이곳에서는 병의 완치도 어려웠거니와, 신혼여행을 마치고 귀국할 때 아내에게 병든 남편을 끌고 가게 할 수도 없는 노릇이었다. 데리고 있던 동물 중에는 이제 칠면조 두 마리만 남은 셈이었다. 우리는 순수한 애정에서 그 귀여운 녀석들을 잡아먹고도 싶었지만, 예전에 제3의 성을 가진 녀석이 그랬던 것처럼 한사코 입안의 애무에 저항할 게 두려워 결국 그 일을 단념하기로 했다.

칠면조 문제로 고민에 빠진 우리의 구세주는 다름 아닌 핼리팩스 부인이었다. 칠면조에 반한 부인이 제발 녀석들을 두고 가라며 간청하는 것이었다. 부인이 부른 가격은 마침 우리 집세와도 일치했다. 핼리팩스 씨는 이번에도 축음기에 혼이 팔려 있었다. 남편이 그 거래에 동의하는지 부인이 창문으로 소리쳐 물었을 때, 핼리팩스 씨는

무슨 말인지 알아듣지도 못한 채 "예스. 오우 예스, 마이 러브!" 하고
는 승낙을 내려 버렸다. 이로써 거래가 성사되었으니, 가엾은 두 칠
면조 녀석도 그간의 곡절 많은 삶을 일단락 짓게 된 셈이었다. 적어
도 핼리팩스 부인이 허락하는 동안은 마음대로 알을 품고 낳을 수
있을 테고, 골골골 혹은 후룹 소리를 내며 핼리팩스 부인과 한국인들
에게 한바탕 웃음을 선사할 수도 있을 것이며, 또 돈 걱정 없이 마음
껏 정원의 푸성귀를 뜯어 먹을 수도 있을 것이다. 그러고 보니 녀석
들도 그동안 남다른 신혼여행을 경험한 셈이었다. 우리는 요코하마
에 살 적에 두 칠면조를 각각 다른 축사에서 데려와 부부의 연을
맺어 주었다. 그 둘은 부산으로, 원산으로, 또 짐꾼들이 지고 가는
타자기 위 자루 속에 묶여 머리를 밖으로 내민 채 서울까지 따라오더
니, 이제는 핼리팩스 씨 댁 정원에 살며 세상을 뜰 때까지 축음기에
서 흘러나오는 천상의 음악을 감상할 팔자를 맞이하게 된 것이다.

　우리 것보다 훨씬 좋은 오븐이 있었던 핼리팩스 부인은 일찌감치
내게서 늙은 칠면조를 위한 조리법까지 배워 놓았다. 즉, 오븐에 칠
면조를 넣고 다섯 시간을 약한 불로 굽는 것인데, 일단 그 전에 심줄
을 제거하고, 신선한 사과로 속을 채우고, 가슴 부위는 훈제된 베이
컨 조각으로 덮어 놓는다. 모이주머니 구멍에는 돼지고기와 송아지
고기가 반반 섞인 소를 채워 넣는데, 이 소를 만들 때는 적신 롤빵을

넣어 부드럽게 해 주고, 이때 다진 칠면조 간도 함께 섞는다. 또 오븐에 굽는 동안 계속해서 육즙을 고기 위에 부어 주고, 접시에 내놓기 직전에 소금을 약간 치면 된다. 아무쪼록 이 조리법대로 요리에 성공하시길!

제물포행 열차

떠날 시간이 되자 우리는 안도감이 들었다. 우체국에 들러 부산과

서울-제물포 노선의 서울 정거장.

일본으로 가는 일본 기선의 시간표를 확인했다. 출발일 이른 아침, 우리는 기분 좋게 인력거에 몸을 싣고서 가장 가까운 역으로 향했다. 핼리팩스 부인이 전화로 부른, 일본인들이 끄는 두 대의 짐수레가 우리 짐을 높다랗게 싣고 갔다. 그동안 수집한 민속학 관련 물품들로 짐이 꽤 불어 있었다. 역에서 제물포로 짐을 부칠 때 창구의 일본인 직원이 큰돈을 잘못 계산했는데 – 물론 자신에게 유리한 쪽으로 – 우리는 일본 경찰을 부르고서야 그 돈을 되찾을 수가 있

경인선 열차.

었다.

고된 육로 여행 뒤라서 그랬는지, 철도 객차가 더없이 편하게만 느껴졌다. 마침내 기차가 움직이기 시작했고 우리는 비로소 사람으로 돌아온 기분이었다. 여러 역들을 통과한 기차는 몇 킬로미터를 지나자 한강의 드넓은 골짜기로 진입했다. 그리고 얕은 언덕들이

급수탑.

있고 일부는 모래밭인데도 농촌 마을이 즐비하게 늘어서 있는 평야를 지나갔다. 특이한 것은 역마다 나무로 된 급수탑이 있어 어디서나 풍경의 일부를 이루고 있다는 사실이었다. 우리 객실에는 각국에서 온 각양각색의 사람들이 있었다. 서울 주재 청국공사관 직원, 양복을 빼입었지만 버릇없이 앉아 있는 일본인 사내들, 신문에서 전쟁 소식을 읽고 있는 머리에 기름을 바른 일본 여인 등이 우리와 합석했다.

철로를 발판으로 한반도의 일본화가 차근차근 진행 중임을 우리는 이곳 구간에서도 똑똑히 볼 수 있었다. 철로 변 곳곳에서 일본인

객실에서 신문을 읽고 있는 일본 여인.

들의 건설 현장이 목격되었고, 일본인 거류지가 우후죽순처럼 생겨
나고 있었다. 또 여행 중 일본인 이주민이 있는 곳에서라면 어김없
이 눈에 띄었던 점을 여기서도 재확인할 수 있었는데, 그것은 이들
이 하나 같이 상인 아니면 노동자였으며 농업 이주민은 하나도 없다
는 사실이었다. 일본은 자국 영토로는 국민들을 부양하는 데 충분하
지 않다는 이유를 내세우며 한국에 대한 팽창 정책의 불가피성을
역설해 왔으나, 내가 목격한 사실은 일본 측 주장이 얼마나 공허한
것인지를 여실히 증명하고 있었다. 일본은 영토 북단 홋카이도 섬에

철로변 일본의 건설 현장.

수천 제곱킬로미터의 처녀지가 있었지만 이주에 익숙하지 않은 일본 농부들은 그 땅에 별 관심을 두지 않았다. 이주에 대한 욕구 자체

일본군 병참 기지.

가 없는 셈이었다. 또 일꾼들이 남아돈다고 해도 새 식민지 획득이 급할 이유는 없었다. 타이완만 해도 아직 영토 확장의 여지가 충분한 데다, 여태껏 굴복시키지 못한 그곳 원주민들부터 사냥하기로 작정한다면 일본인들로서도 공훈을 세울 기회가 많아질 것이었기 때문이다.

서울 — 제물포 구간의 역들 주변으로는 병참 기지들이 들어서 있었다. 칸막이 객실에 앉아서 창밖을 내다보니 새삼 우리가 묵었던

열차에서 바라본 제물포.

누추한 오두막들이 떠올랐다. 이윽고 우리는 난생처음 제물포의 모습을 보게 되었다. 기차가 제물포역에 도착하는 데는 두 시간이 채 안 걸렸다. 이곳 제물포에는 한국에서 유일하게 유럽인들의 무역 근거지 노릇을 하는 유럽인 거류지가 있었다. 독일, 영국, 프랑스 세 나라는 웬만큼 비중 있는 상사를 하나씩 운영하는 중이었다.* 이에 비해 일본인 상사는 수백 개에 달했고, 청국도 넓은 거류지를

해관 건물이 보이는 제물포항.

* 당시 제물포에는 독일인 마이어Eduard Meyer가 설립한 '세창양행世昌洋行'이 있었다. 함부르크에 본사를 둔 마이어 상사는 홍콩, 상하이 등지에 지점을 두었는데, 1884년 카를 볼터Karl Wolter를 책임자로 제물포에 지점을 차리면서 세창양행이란 간판을 달았다.

거느리고 있었다. 우리는 이번에도 사소한 일들로 성가신 통관 절차를 거쳐야 했으니, 선적 허가를 얻느라 여기저기를 힘들게 뛰어다녀야 했다. '호텔' 두 군데서는 — 참고로 일류 여인숙 수준의 — 하나같이 형편없는 음식만을 팔고 있었다. 배에서도 고생길이 훤하긴 마찬가지였는데 선상에서는 양식 자체를 구경할 일이 없었던 것이다. 부산에서 원산까지의 항해를 떠올리면 아직도 치가 떨릴 지경이었다. 이 밖에도 우리는 각별히 위장을 조심해야 한다는 특별한 사정이 있었다. 만일을 위해 프랑스 상인에게서 약간의 통조림을 구입한 우리는 마침내 보트를 타고 일본 우편기선으로 향했다.

카레예츠호와 바략호

제물포는 러일전쟁이 시작된 곳이기도 했다. 당시 러시아 전함 카레예츠호와 바략호는 일본의 공격을 받을 뒤 자폭하였다. 현재 바략호의 인양 작업이 한창이나 아직까지는 별다른 성과가 없는 실정이다. 들은 이야기들을 종합해 볼 때 실상 그것이 일본에게 썩 영예로운 사건은 아니었다. 어떤 부정한 수단을 동원해서라도 최초의 공격을 자신에게 유리하게 이끌려는 일본의 의도가 거기서 드러났던 것이다. 특히 이 공격은 일본에 절실했던 차관 도입에 각별한 의미가 있었다. 두 러시아 전함은 전쟁 전부터 제물포항에 정박 중이었는데, 협상이 결렬되었고 전쟁이 임박했다는 것을 알리는 전문이 뤼순에서 즉각 이들 배로 타전되었다. 하지만 국제법을 무시한 일본이 그 전보를 자기네 전신선에서 차단해 버리는 바람에 정작 러시아 함장은 아무런 소식도 들을 수가 없었다. 그리하여 일본 함대에 절대 열세에 놓여 있던 두 척의 러시아 전함은 느닷없이 전쟁이 시작되었으니 항구를 떠나라는 일본의 통첩을 받게 되었다. 게다

공격받는 '카레예츠호'와 '바략호'(일본 삽화).

가 불응하면 정박 중인 그 상태에서 공격을 당할 거라는 경고도 함께 떨어졌다. 만일 러시아 함장이 이 명령에 불복했다면 과연 어떤 상황이 벌어졌을까? 항구에는 여러 척의 유럽 선박들이 장기 정박 중이었거니와, 중립항에 정박한 배를 공격하는 행위는 해당국의 중립성에 대한 공격일 뿐만 아니라 국제법 정신을 해치는 일이기도 했던 것이다. 아무튼 일본의 요구에 굴복한 러시아인들은 항구 밖에서 일본 함대의 공격을 받은 뒤 전투력을 상실했고, 일단 귀항한

제물포에 상륙하는 일본 부대.

부하를 찾고 있는 히로세 함장(일본 삽화).

다음에 결국은 자폭의 길을 선택하고 말았다.

제물포에 있으니 아닌 게 아니라 갖가지 전쟁 소식들이 귀에 들려왔다. 일본군 부대를 실은 수송선까지 도착해 부대 상륙이 한창이었다. 들어온 소식 가운데는, 모항을 떠난 스크리들로프 휘하 블라디보스토크 함대가 원산항을 재방문해 일본인 거류지를 포격했다는 내용도 있었다. 전쟁 일화 또한 넘쳐흘렀다. 그중 단연 돋보인 것은

침몰하는 '페트로파블로브스크호'의 마카로프 제독(일본 삽화).

히로세* 함장에 관한 일화였다. 당시 히로세는 뤼순 항 어귀를 봉쇄할 화공선火攻船 한 척을 지휘 중이었다. 자신의 함선에 구멍을 낸 히로세는 배를 수로까지 함께 예인해 간 부하들과 함께 준비해 둔 보트로 내려갔다. 러시아 측 요새의 집중포화 속에 보트가 함선을 떠나려는 순간, 히로세는 하사관이 사라진 사실을 알게 되었다. 그러자 그는 실종된 부하를 찾아 침몰 중인 배에 세 차례나 올라갔다. 세 번째도 헛수고를 한 뒤 다시 보트로 내려온 순간, 히로세는 그만

한국 북부의 어느 성곽 아래에서 벌어진 전투(일본 삽화).

* 히로세 다케오는 1904년 3월 27일 전사했으며, 일본 최초로 군신軍神으로 추앙된 인물이다.

러시아 포탄의 파편을 맞고선 바다 속으로 내동댕이쳐졌다. 그리고 오로지 살점 하나, 그의 귓불만이 보트 안으로 떨어졌다. 그 남은 귓불은 귀중한 유품이 되어 도쿄로 보내졌고, 화려한 의식 속에 매장되었다. 그리고 히로세의 조상들에게는 관례에 따라 20대까지 거슬러 귀족 칭호가 수여되었다. 이후 일본에서는 이 애국자의 공적을 칭송하는 수많은 그림들이 등장했다.

제물포에서 부산까지

그런데 우리에게도 영웅적 행위를 발휘할 기회가 주어졌다. 이틀이면 닿으리라 예상했던 부산에 무려 닷새가 지나서야 도착하게 된 것이다. 제물포를 떠난 지 얼마 안 되어 안개와 만났는데 설상가상 파도까지 높게 출렁였다. 게다가 우리에게 배당된 선실은 바퀴벌레가 수백 마리씩 우글대는 통에 도저히 이용하기가 어려운 상태였다. 서양인이 눕기에 길이와 폭이 모두 좁았기에 망정이지, 하마터면 얼굴이며 손 위로 바퀴벌레가 기어 다니는 꼴을 볼 뻔한 것이다. 우리는 옛 방법에 의지하는 수밖에 없었다. 뒤쪽 조타실 위로 모기장을 고정시키고, 그 위로는 천막 대용의 비옷을, 거기다 다시 범포를 부착했다. 마지막으로 천막 안에 접이침대를 펼치니 이제 밤낮에 상관없이 사용할 수 있는 거처 하나가 마련된 셈이었다. 수차례 안개를 뚫고 나아간 끝에 일본인들만 사는 작은 항구도시 군산에 겨우 도착할 수가 있었다.* 하지만 본격적인 고생은 이제부터였는데 반나절을 꼼짝없이 안개 속에 갇히고 말았다. 거기다 파도까지 무섭게 출렁이는 통에 항해 경험이 풍부한 우리조차도 조타실 위에 머물며 불안에 떨어야 했다. 물론 식사는 엄두도 못 냈다. 잠드는 데 겨우 성공한 어느 밤, 선장과 버릇없는 사관들이 우리를 거칠게 깨웠다. 배는 멈춰 있었고, 조타실 위에 있던 천막이며 접이침대가 죄다 아래로 날려 갔다. 사방에서 휘몰아치는 폭풍우 속에서 우리는 겨우 얇은 옷 하나 걸친 채 갑판 위에 서 있었다. 파도는 흡사 거대한 장난감 대하듯 배를 갖고 놀았고, 키 사슬마저 끊기면서 키가 파도에 속절없이 흔들거렸다. 한마디로 통제 불능의 상태였다. 설상가상으로 거센 조류까지 밀려들었다. 당장 키 사슬을 고치지 않으면 육지로 떠밀려 난파당할 수도 있었다. 이야말로 날랜 일솜씨가 절실한 순간이었다! 결국엔 급히 자재를 챙긴 선원들이 파손된 곳을 수리하는 데 성공했다. 하지만 우리는 독감에 걸리고 말았다. 기선이 다시 움직이기 시작했지만 우리의 고통은 여전했고, 나흘 뒤 목포항에

---

* 물론 이는 저자의 오해다.

들어설 무렵에야 비로소 증세가 가라앉았다. 배는 잠깐 정박하더니 다시 마산포로 선수를 돌렸다. 러시아 군함 때문에 줄곧 해안에 붙은 채로 항해했는데, 사실 다도해의 좁은 수로를 통과하는 일만 해도 결코 만만치가 않았다. 항해 중 우리는 묽은 귀리죽만 먹다시피 했다. 일종의 비상식량이었던 셈이다.

그리고 마침내 부산항 어귀가 보이자 우리는 얼마나 안도했던가! 탈진하다시피 뭍에 오른 우리는 꿈에도 그리던 양식당으로 달려갔다. 일본인이 운영하는, 한때 끔찍하게만 여겨졌던 이른바 양식 레스토랑 두 곳 중 하나였다. 묽은 '부용', 곰팡이가 난 빵, 상한 버터, 가시투성이 대구, 콩기름, 비프스테이크 따위가 이제는 낯설지 않았다. 다시 '양식'을 먹는다는 사실만으로도 감지덕지해서, 예전에 그 음식들을 두고 늘어놓았던 불평들은 모두 취소하기로 했다.

기운을 되찾은 우리는 해관으로 향했다. 깐깐한 그 일본 노인에게 멀리서부터 납세필증을 들어 보이며 5엔에 대한 환불 명령을 써 달라고 요구했다. 그는 단단히 약이 올랐겠지만 우리로서는 통쾌할 따름이었다. 한마디로 한국에서도 이 속담이 통한다는 말이었다.

"이 사람 눈엔 올빼미, 저 사람 눈엔 밤꾀꼬리!"

집으로!

이런 의미에서 우리는 한국에 작별을 고했고, 다시 기선에 올랐다. 그런데 러시아 함정을 만날까 봐 선장을 비롯한 그 버릇없는 사관들이 돌연 겁에 질려 있었다. 배는 밤이 깊어서야 부산을 떠나 위험한 쓰시마 해협으로 향했다. 배 전체가 경계 상태에 돌입한 가운데 러시아 배의 출현을 예의 주시했다. 며칠 전에는 블라디보스토크를 출항해 원산을 거쳐 남진하던 러시아 군함이 일본 기선 수척을 포격하고 부대 수송선 한 척마저 침몰시킨 일이 있었다. 어느덧 동쪽 하늘에선 아침이 밝아오고 있었다. 이때 선원들이 술렁이기 시작했다. 조타실 위에 누워 있던 우리는 뒤쪽에서 무서운 속도로 접근해 오는 발광체 하나를 목격했다. 배가 5분 안으로 러시아 어뢰에 격침되리라는 예감이 들었다. 그런데 일본 구축함 두 척이 우리 배로 바짝 붙더니 하나는 오른쪽, 하나는 왼쪽으로 급선회하면서, 왔던 만큼이나 빠르게 반대편으로 사라졌다. 그들은 우리 배가 스크리들로프 함대도 — 나중에 이 해협에 묻히게 될 — 러시아의 거대한 유럽 함대도 아니라는 사실을 확인했던 것이다.

어느덧 우리는 평온한 내해로 접어들었고, 무사히 가나가와 집에 도착했다. 모든 게 떠날 때 그대로였다. 하지만 그사이 내 병세가 다시 악화되었고 종기까지 생기는 바람에, 다음에 출발하는 독일 우편선에 몸을 싣고 귀향하기로 마음을 정했다. 떠나기 8일 전 군 사령부에서 날아온 통지서도 그 같은 결심을 돌려놓지는 못했다. 도쿄에서 열리는 회의에 참석하라는 소식이었다. 내가 부대로 가는 날짜가 7월 23일로 확정되었는데 공교롭게도 우리가 타고 갈 우편 선이 요코하마를 떠나는 날과 겹쳐 있었다.

출항의 날이 밝았다. 우리 부부는 어느새 근사한 독일 우편선 '프 린츠레겐트 루이트폴트호'의 난간에 서 있었다. 존경하는 친우 미슈 케가 배 안까지 우리를 배웅했는데, 종군기자를 수송하는 마지막 배가 오늘 전장으로 떠났다는 소식도 들려주었다. 아래로 내려간 그는 돌아갈 생각도 잊은 채 부두 잔교에 서서 우리를 향해 손을 흔들어 주었다. 시커먼 거선이 서서히 육지에서 몸을 떼 냈다. 우리 둘은 서로 몸을 끌어당겼고, 하나가 된 마음은 어느덧 몸보다 앞서 저 곳을 향해 날아가고 있었다. 고향으로, 저 평화로운 고향으로!

12. 한국 '독립'의 역사

    중국, 일본, 한국 등 동아시아 문명 삼국은 통상조약의 체결로 대외무역을 개방하면서 서양문명권 나라들과 정식 관계를 맺게 되었다. 그런데 조약 체결을 요구해 온 외부 세력들이 중국과 일본의 경우 애초부터 독립 주권국과 상대한다는 점을 의심하지 않았던 반면, 한국은 그 점이 명확하지 못했다. 주권국 사이의 조약을 통해 한국의 독립이 인정된 것은 1895년 5월 8일 체푸에서 비준된 시모노세키 강화조약이 처음이었다. 물론 이에 근거해 '원칙적'이고 '여전히', 즉 독립이 인정된 후 11년이 지난 지금까지도 한국이 공식적으로 독립국이라고 역설한다면 의아하게 들릴지도 모르겠다. 그러나 이는 틀림없는 사실이고, 이 특이한 정황만으로도 한국 '독립'의 과정을 그 시작부터 현재까지 간략히 살펴볼 필요가 있다. 이 같은 고찰은 앞으로 다른 나라들이 한국과 관계를 맺을 때 판단 기준을 세우는 데도 도움이 될 것이다. 내가 한국을 방문한 게 불과 얼마 전 일이었지만 이후로 워낙 상황이 변화무쌍하게 전개된 탓에 이 순간까지 한국에서 일어난 일을 모두 설명하기는 사실상 불가능하다. 한 가지 분명한 사실은, 일본이 세계사의 단골 메뉴인 뻔하고도 허황한 거짓말을 동원해 서구 열강들의 이권 추구를 저지하는 데 성공했다는 점이다. 물론 열강들이 한국에서 차지한 이권은 중국에서와 마찬가지로 정당한 것이었다. 이로써 일본은 '한국의 독립을 지지한다'는 예의 그 낡은 거짓말을 내세워 한국 땅에서 제멋대로 활개를 치게 되었다. 이제 우리는 과연 그 독립의 실상이 무엇인지를 살펴보고자 한다.

(1) 개항에서부터 청일전쟁까지

한국의 과거사는 숱한 내전과 이웃 국가들이 감행한 일련의 침략 전쟁으로 얼룩져 있었다. 다시 말해 한국의 내분을 통해 이득을 챙기고자 한 일본과 중국이 내전과 같은 혼란을 틈타 정벌에 나섰던 것이다. 그 결과 한국은 양국에 대해 일종의 종주 관계에 놓이게 되었다. 하지만 이런 관계가 지속된 것은 오로지 중국에 대해서뿐이었다. 히데요시가 주도한 한국 원정 이후 한국은 일본에 사절단을 파견했지만, 결국은 일본 측에서 중단시켰다. 그 후 한국 사절단은 대한해협에 놓인 큰 섬, 즉 쓰시마 섬의 영주들을 방문했으나 이마저도 세월이 흐르면서 완전히 중단되고 말았다.* 따라서 형식적으로라도 종주 관계가 지속된 것은 중국뿐이었으며, 한국 측 사절단이 베이징을 정기적으로 방문했고, 베이징에서도 서울로 사절단을 파견했다. 중국인들은 이때 달력을 전달했는데, 동아시아의 오랜 관례에 따라 달력을 받는 것은 통치권을 인정한다는 뜻이었다. 그럼에도 중국은 한국에 대해 형식적 종주 관계를 넘어 실질적 지배를 행사하지는 않은 듯하다. 한편 일본이 자기네 권리를 다시 주장한 것은 현 천황 정부가 출범한 이후의 일로, 한국 정부에게 느닷없이 국내 지도를 보내라고 요구해 온 것이다. 조공국에게나 어울릴 법한 그 요구를 한국은 일소에 부쳤다.

이 무렵 한국과 일부 열강 사이에 발생한 알력을 자세히 언급할 필요는 없을 것이다. 다만 프랑스의 선교 활동에서 촉발된 한불 양국의 충돌 가운데서 한청 관계에 관련된 부분이 우리의 이목을 끈다. 청국은 대체로 열강을 상대로 한국이 자국의 조공국이라는 원칙

---

* 조선통신사는 조공 사절이 아니라 일본 막부의 요청으로 조선 국왕이 파견한, 선린 우호를 위한 국가 사절단이었다.

을 견지했다. 그런데 청국이 범한 실수라면 조공국과 열강이 충돌했을 때 확고한 원칙 없이, 즉 형편에 따라 조공국에 대한 내정 간섭을 일절 거부하거나, 때로는 보호자로 나서곤 한 것이다. 한불 두 나라 사이에 문제가 생기자 그들은 전자를 택했다. 폰 브란트* 씨의 말에 따르자면, 청국은 이 '첫 번째 치명적 행보'로 말미암아, 특히 한국에 대한 그 불분명한 태도 때문에 일본과 한판 전쟁을 벌이게 되었고, 그 결과 군사적 위신이 실추되면서 이것이 장차 한국 문제의 향방에 중대한 영향을 끼치게 되었다.

1875년 한일 두 나라 사이에 벌어진 사건**이 분쟁으로 치달았을 때, 일본은 그 같은 청국의 모호한 태도를 자국에 유리하게 이용했다. 한국인들이 강화도에 상륙한 일본 수병들을 공격한 그 사건은 전쟁 대신 조약 체결로 일단락되었다. 당시 일본은 조약 체결에 앞서 베이징에 전권공사를 파견해 한국에 대한 청국의 입장을 확인하고자 했다. 하지만 청국은 이번에도 한국에서 일어난 사건에 대해 그 어떤 책임도 지지 않으려 했다. 이를 확인한 일본은 한국을 청국의 품에서 떼어낸 뒤 따로 처리할 속셈을 품게 된다. 실제로 1876년

---

* 막스 폰 브란트Max von Brandt(1835~1920) : 1875년부터 1893년까지 주청 독일 공사를 역임.
** 운요호 사건.

2월 27일 한일 양국은 청국의 관여 없이 조약을 체결하는데,* 그 즉시 부산이 일본 통상에 개방되었고, 1880년 5월에는 원산, 1880년 말에는 제물포가 그 뒤를 따랐다. 또 개항장에는 일본 영사와 상인, 서울에는 일본 대표 1인을 두기로 합의했다. 한편 한국과 최초로 체결한 이 통상조약에는 일본이 한국을 독립국으로 인정한다는 조항도 들어 있었다. 그렇지만 이 조약은 한국의 전면적 통상 개방을 이끌어 내지는 못했는데, 오히려 여기에는 ─ 당시 사람들이 받은 인상으로는 ─ 다른 나라와 그 상인들을 되도록이면 한국에 발을 못 붙이게 하려는 두 나라의 의도가 깔려 있었던 것이다.

한국의 통상 개방은 사실 청국의 달라진 태도에서 비롯되었다. 지배권을 일관되게 주장하지 못한 실수를 뒤늦게 깨달은 청국은 열강들이 한국에 관심을 보임으로써 일본의 성공이 상쇄될 수 있으리라 계산한 것이다. 이 정책을 주도한 것은 북부 지방의 총독인 리훙장李鴻章**으로, 한국을 비롯한 이웃 조공국의 정세 안정에 단독으로 책임을 지고 있어서 그 같은 독자적인 정책이 가능했다. 그의 눈에 가장 안심할 수 있고 비호전적인 나라로 비쳐진 것은 다름 아닌 미

---

* 강화도조약.
** 리훙장(1823~1901): 청국의 정치가. 1870년부터 25년간 직례총독直隸總督을 역임.

합중국이었다. 이런 앞뒤 사정이 있었기 때문에 한미통상조약이 체결될 당시 청국은 그 형식에서 한국에 대한 자국의 종주권이 분명히 유지되는 데 각별한 주의를 기울였다. 체결할 통상조약의 기본 틀을 리훙장과 사전 합의한 미국 전권공사는 청국의 전권사절과 전함을 대동하고 자국의 무장 범선을 타고 제물포에 입항했다. 1882년 5월 22일, 협상이 제물포 인근에서 개시된 지 얼마 되지 않아 마침내 한미통상조약이 타결되었다. 한국은 외국 열강과 맺은 이 최초의 조약을 통해 대외무역을 전면 개방하게 된다. 협상에 앞서 한국 전권대표는 이 조약에도 불구하고 기존의 한청 관계에는 아무런 변화가 없다는 내용의 성명을 문서로 발표했다. 곧이어 5월 30일*에는 영국과도 조약을 맺었는데, 내용은 한미조약과 동일했다. 그리고 같은 해 6월 30일 당시 주청 독일 공사였던 폰 브란트 씨가 한국의 전권사절과 한독수호통상조약을 체결했다. 이 조약 역시 청국 정부와 사전 협의를 거친 것으로, 청국 관리 1인이 협상장의 한국인들을 보좌한다는 조건이 달려 있었다. 다만 앞선 두 조약과의 차이라면, 조약을 조인한 시점부터, 즉 정부의 비준을 거치기 전이라도 독일 정부와 국민이 조약상의 모든 혜택을 누릴 수 있다는 조항이 추가된

---

* 양국이 한영수호통상조약에 조인한 것은 6월 6일이었다.

것이다. 이 조약이 끝내 영국 정부의 요청에 따라 독일 정부의 재가를 받지 못한 점에 비추어 그 조항은 특히 중요한 것으로 드러났다.* 한독 양국은 1883년 겨울, 결국 새 통상조약을 체결했고 이듬해 비준서를 교환했다.**

하지만 이 같은 조약 체결은 한국의 반외세 운동에 직접적 불씨로 작용했고, 1882년 여름의 봉기***로까지 이어졌다. 이 사건은 무엇보다 일본을 겨냥한 것이기도 했다. 봉기 진압 후 한국 조정은 일본이 요구한 배상금을 신속히 지불했을 뿐만 아니라 일본 공사관의 경비대 설치도 허가해 주었다. 한편 봉기가 빨리 진압된 이유는 청국이 이례적으로 신속하고 강력하게 개입한 공이 컸는데, 청국은 현 황제의 생부였던 대원군을 혁명 주동자로 체포하는 데 성공한 것이다. 리훙장 역시 변화된 정세에 부응해 기존의 한청 관계를 새 조약의 기초 위에 세울 필요성을 느꼈다. 이를 위해 리훙장과 한국 정부 사이에 두 가지 조약이 맺어졌으니, 1882년 9월의 첫째 조약****은 수로 통상 및 양국에 거주하는 상대국 백성의 지위에 관한 것이었

---

* 영국은 고율의 관세 등에 불만을 품고 한국과 맺은 조약의 비준을 거부했다.
** 1883년 11월 26일 새로이 한독 및 한영 조약이 조인되었고, 1884년 11월 18일자로 한독 조약의 비준 교환이 이루어졌다.
*** 7월 23일, 임오군란.
**** 한청상민수륙무역장정: 8월 23일 체결되어 9월 12일 청국 황제의 재가를 받아 실효를 보게 되었다.

고, 1883년 3월의 두 번째 조약*은 육로 통상을 다룬 것이었다. 양 문서는 한청 사이의 전통적 관계가 새 통상조약에도 불구하고 변함없음을 확인했고, 양국이 상대국에 제공한 이권들을 제3국이 요구할 가능성도 철저히 배제했다. 그 밖의 주요 조항은 한국 개항장의 상무 위원 임명권을 리훙장에 위임하는 것이었다.

이 새롭고 복잡한 정세 속에서 왕실 세력의 제거를 꾀하는 반외세적 성격의 모반**이 일어났다. 일본 공사는 경비대를 출동시켜 왕궁 경호를 맡아 달라는 요청을 받았지만, 청군의 지휘관이 군대를 궁 앞까지 끌고 와 왕을 배알하겠다고 하는 바람에 — 전투 여부는 불분명한 가운데 — 결국 일본 경비대가 철수하고 말았다. 일본 공사는 경비대를 데리고 제물포로 퇴각했고, 서울은 이제 청군의 주도로 질서를 되찾게 되었다. 복수를 벼르던 일본은 제물포로 함대를 파견했고, 청국 정부의 조언에 따라 한국은 일본의 요구에 양보할 수밖에 없었다. 한편 일본의 서울 탈출은 청일 두 나라의 외교 교섭으로 이어졌다. 1885년 4월 18일 마침내 협정***이 체결되었다.† 이에

---

* 육로 통상에 관한 세부적 규정이 처리되지 않아 부속 장정의 체결을 위해 1883년 3월 14일 중강무역장정이 체결되었다.
** 1884년 12월 4일, 갑신정변.
*** 톈진 조약.
† 1885년 4월 18일 톈진에서 체결된 조약의 주요 내용은 다음과 같다.
청국은 자국 공사관 보호를 목적으로 서울에 주둔한 군대를 철수하고(일본은 공사관의 호위를 위해 한국에 주재한 군대를 철수한다. 차벨의 원문에는 이 내용이 빠져 있다. —

따라 두 나라는 각각 한국 주둔군을 철수시키고, 불가피한 상황으로 재파병할 경우 이를 상대국에 즉시 통고하며, 그에 따라 상대국은 파병 여부를 스스로 결정하기로 했다.

일본이 최근 한국과의 관계에서 유리한 위치를 점하는 데 법적 근거를 제공한 것이 바로 이 톈진 조약이었다. 폰 브란트 공사는 흥미로운 일화 한 토막을 전해 주었는데, 바로 그가 총리아문總理衙門*을 방문했을 때 일이었다. 공사가 청국 대신들에게 1894년 일본에 전쟁의 빌미를 제공한 톈진 조약을 언급하자, 뜻밖에도 그 조약은 전적으로 리홍장의 소관 사항이었기 때문에 청국 정부는 협정에 관해 아무것도 몰랐다는 답변이 돌아왔다. 그것은 중앙 정부가 조공국과 교류할 권한을 그 인근 지방의 총독에 위임한 데 따른 자연스러운 결과였다. 또 다른 일화는, 청일전쟁이 시작되고 청국의 난양南陽 함대 일부가 일본에 나포되자 이에 격분한 중부 지방 총독이 일본 정부에 직접 각서를 보내 '자신의' 함대를 압류한 사실을 엄중 항의한 사건이었다. 전쟁은 리홍장의 사안이지 자신과는 무관하다는 것

옮긴이) 조인한 날로부터 4개월 이내에 전원을 철수하며, 이 기간 내 양국은 양국 간 일체의 분쟁을 피하기 위해 군대 철수를 완료한다.
양국은 한국 국왕에게 병사를 교련함으로써 스스로 치안을 담당하도록 권고한다. 또한 한국 국왕으로 하여금 제3국의 무관 1명 또는 수명을 고용해 교련을 위임하도록 하고, 이후 청일 양국은 교관을 파견해 한국에서 교련하는 일이 없도록 한다.
장래 한국에 만약 변란이나 중대 사건이 발생해 청일 양국 또는 일국이 파병을 요청할 때에는 반드시 쌍방이 문서로 사전 통지하고, 일이 진정되면 즉시 철수하고 머물지 않는다.
* 외교를 담당한 청국의 관아.

이 그 이유였다.

이후 지금까지 9년 동안 한국에 대한 청국의 영향력은 갈수록 일본에 비해 약화되었다. 일본은 한국 문제에서 청국보다 늘 공세적이었다. 특히 한국에 주재한 일본 공관원들은 이 시기에 꽤나 수상쩍은 역할을 맡고 있었다. 이들은 한국의 암담한 정세를 틈타 일본당을 결성하고, 한국 내정에 독자적으로 간섭할 기회를 노리면서 한국은 물론 청국과의 관계 파탄에 힘을 쏟았던 것이다. 1894년 일종의 종교 결사인 동학당東學黨이 봉기를 일으킴으로써 마침내 일본이 바라던 그 기회가 찾아왔다. 일본은 이 틈을 타 과도한 수의 병력을 파송했고, 청국 측은 당연히 일본군의 한국 점령에 항의하고 나섰다. 하지만 일본은 꿈쩍을 안 했고, 청국 역시 1885년의 조약을 근거로 한반도 북부에 병력을 파견했다. 일본은 이때도 선전포고 없이 증원군을 싣고 가던 청국 함대를 격침시켰다. 이어지는 전황을 여기에서 자세히 전할 필요는 없으리라. 청일전쟁이 빚어낸 새 정치 지형은 시모노세키 강화조약으로 명문화되었으니, 한국과 관련한 그 첫째 조항은 다음과 같았다.

"청국은 한국의 완전한 독립과 자치권을 인정한다."

(2) 시모노세키 조약에서 러일 대립까지

1895년 시모노세키에서 타결된 강화 조건이 그 합의대로 실현되지 않은 것은 널리 알려진 사실이다. 압록강 어귀에서 랴오허遼河 강 어귀에 이르는 펑톈성奉天省 남쪽 지역, 즉 랴오둥 반도를 청국이 일본에 할양하는 것으로 합의가 되었지만 이에 서구 삼국이 반기를 들고 나선 것이다. 흔히 삼국간섭은 러시아가 주도하고 독일과 프랑스는 단지 외교적 지원만을 보낸 것으로 알려졌다. 독일 언론조차도 책임의 일부를 독일에서 러시아로 떠넘기려 했는데, 이 같은 경향은 삼국간섭에 참가한 뒤 독일에 대한 일본 측의 호감이 사라졌다는 소식이 전해진 이후로 더욱 심해졌다. 그 같은 분위기 반전은 특히 일본 실업계에서 두드러진다고 했다. 하지만 이는 어디까지나 주장일 뿐이었다. 또 기왕에 저질러진 일의 책임을 전가하는 태도도 적절한 것은 아니다. 물론 러시아가 자국에 유리하게 정황을 이용하면서 마치 독일이 러시아에게 선행이라도 베푼 듯한 인상을 주었기 때문에 그 같은 책임 전가가 한결 수월할 수밖에 없었다. 하지만 사태의 진상은 오히려 이러했을 것이다.

수십 년에 걸친 영러 양국의 대립이 동아시아 정책을 좌지우지해 온 가운데, 중국에 대해 순전히 상업적 측면에서 관심을 갖는 열강들을 중심으로, 문호개방정책을 선포함으로써 중국의 상황을 안정된 기반 위에 올려놓자는 어찌 보면 당연한 요구가 퍼져 갔다. 그 정책의 전제는 적어도 아시아 대륙에 있는 청 제국에 한해서라도 영토 보전을 유지하자는 것이었다. 그런데 일본에 랴오둥 반도를 할양할 경우 그 영토 보전의 원칙이 허물어지게 된다. 이에 독일이 국제적 간섭을 제안했다. 그 목적은 오로지 일본을 문호개방정책으로 유도하는 것이었다. 하지만 미국과 영국을 끌어들이는 데 실패하면서 그 시도는 반쪽 성공에 그치고 말았다. 미국에 관해서라면 그다지 놀라운 일이 아니었다. 미국은 원칙상 청국 내정에 간섭하기를 거부해 왔고, 1900~1901년 의화단 난이 일어났을 때에도 그 견해를 바꾸지 않았다.

미국 군대가 톈진 파병*에 참가한 것을 두고 이 원칙을 어겼다고 보기는 힘들다. 미국은 당시 톈진에 갇힌 백인들을 보호하기 위해 파병했을 뿐이라는 견해를 고수했다. 반면에 영국의 태도는 의구심을 자아내기에 충분했으니, 중국의 영토 보전에 관해서라면 늘 특별한 수호자로 자임해 온 영국이 장고 끝에 결국 국제적 공동 대응에 불참키로 결정했던 것이다. 그렇다고 독일, 러시아, 프랑스 등과 대치한 일본에 외교

---

* 1900년 5월 의화단원들이 베이징 주변에 집결하자 6월 초 영국, 프랑스, 미국, 독일 4개국과 일본, 러시아, 이탈리아, 오스트리아 등이 군대를 조직해 톈진에서 베이징으로 급파했다.

적 지원을 보낸 것도 아니었다.

한편 랴오둥 반도를 포기하는 문제로 일본과 협상이 벌어지던 당시, 러시아가 그 틈을 타 나가사키 항에 전함들을 집결시켜 무력 시위를 벌인 것은 놀랄 일도 아니었고, 그렇다고 독일에 책임을 물을 일도 아니었다. 러시아는 그동안 중국 정책에서 늘 그래 왔듯이 새로운 상황을 이용해 자국의 이득을 챙기려 한 것뿐이었다. 따라서 러시아가 독·러·불 삼국의 공동 대응에서 ─ 이는 그 자체로만 보아서는 일본에 적대적인 행위라고 할 수 없고 러시아에 이롭다고는 더더욱 말할 수 없는 조처였는데 ─ 전면에 나선 것은 협상 초반이 아니라 협상이 진행되고 있던 기간과 협상 이후였다. 상황이 이럴진대, 특히 러시아가 이후 만주에서 보인 움직임과 관련해 (물론 독일은 이를 승인한 적도 부추긴 적도 없었다) 일본이 독일을 러시아의 공범자로 지목했다고 해서 일본을 못마땅하게 여길 필요는 없을 것이다. 그 자세한 내막은 유럽에조차 베일에 싸여 있었던 터라, 독일이 시모노세키 조약에 반대한 것은 만주 점령을 꾀하는 러시아에 길을 터 주기 위해서였다는 의견이 독일 내에서까지 만연했던 것이다.

일찍이 영국은 일본에는 이롭지만 일본을 비롯한 극동 전역에서 유럽의 위신을 크게 추락시키는 조치를 취했다. 1894년 7월 16일

일본의 관세율 인상을 승인하고 동시에 재일 외국인의 치외법권 폐지를 골자로 하는 새 통상조약을 일본과 체결한 것이다. 이로써 영국인들부터가 일본 사법권의 지배를 받게 되었다. 그런데 영국에 돌아간 반대급부란 것이 아무래도 수상쩍었다. 일본 국내를 여행하는 외국인의 여행권 소지 의무가 폐지되었고 전국적인 통상 개방도 이루어졌으나, 정작 외국인 토지 소유권이라는 중요한 토대는 간과되었던 것이다. 독일의 일본 열광자들은 잘 모르겠지만, 이 문명국에서는 외국인이 개인 자격으로 토지를 취득하는 것이 현재까지도 금지되어 있거니와, 이야말로 외국 자본의 자유롭고도 독자적인 활동에 큰 걸림돌이 되고 있었다. 결국 나머지 열강들도 영국의 행보를 따를 수밖에 없었고, 이 덕분에 급성장한 일본은 마침내 서양 열강들을 능가하기에 이른다.

이 같은 식으로 청일전쟁 뒤에 국세가 급신장한 일본은 과연 한국에 대해서는 어떤 태도를 취했을까? 청일전쟁 시작 때부터 또 전쟁 기간 내내 독립국 한국의 지위를 누차 강조해 온 것이 바로 일본이었다. 물론 꼭두각시놀음에서 어릿광대의 재담이 빠질 수 없는 법. 1895년 1월 8일 일본은 한국 국왕을 부추겨 중국으로부터의 독립을 엄숙히 선언케 했다. 그러나 일본으로서는 국왕한테 엄숙히 맹세를 받은 내정 개혁의 속도가 도무지 성에 차지 않았다. 물론 개혁을 담당할 이른바 개혁부*가 설치되었고 서양식 군대도 창설되었다. 그러나 국왕의 개혁 조치는 한국 백성들의 거센 반발을 불러일으켰다. 한국인들은 내정 간섭을 일삼는 일본인들이 못마땅하기만 했으니, 한국의 독립이 방금 선포되었는데도 그들이 막무가내로 내정 간섭권을 주장하고 관철하려는 무례를 범했기 때문이다.

1895년 서울은 일본과 반일 세력 사이에 벌어진 야만무도한 음모의 장으로 변했다. 책임은 일차적으로 육군 중장 출신의 일본 공사 미우라 자작에게 있었다. 일본 주도로 창설되어 신식 훈련을 받던 3개 대대가 왕비의 사주로 해체되면서 일본이 배후에서 조종한 정변이 발생한 것이다. 1895년 10월 8일, 궁중에 난입한 무장 패거리들이 왕비를 살해하는 일이 벌어졌다.** 미우라 자작이 공모자라는 비난이 공개적으로 일면서 분위기는 러시아에 유리한 쪽으로 흘러갔다. 그 겨울 러시아 함대는 당시만 해도 청국령이던 자오저우 만에 정박 중이었다. 수차례의 궁중 정변을 통해 일본당과 급조된 러시아당이 번갈아 득세하는 가운데, 1896년 2월 11일 러시아 군함 '코르닐로프 장군호'가 자국 공사관을 보호한다는 명목으로 200명의 수병을 상륙시켰다. 이 파병이 왕의 요청에 따른 것인지, 독자적

---

* 1894년에 설치된 군국기무처를 말하는 듯하다.
** 을미사변.

으로 이루어진 것인지는 확실하지 않다. 어쨌거나 러시아당은 조정의 주도권을 장악하는 데 성공했다. 하지만 일본당에서 재차 궁중정변을 꾀하면서 급기야 왕은 러시아 공사관으로 몸을 피했고,* 러시아는 한국의 신식 군대를 자국 교관의 통제 아래에 두게 되었다. 러일 양국은 충돌을 방지할 목적으로 5월 14일 협정을 체결했는데, 안녕질서를 유지하기 위해 독립국 한국의 국왕을 지원하기로 합의했다. 당시만 해도 러시아는 일본이 무서운 적수가 되리라고는 꿈에도 생각하지 못했다. 오히려 일본과 협정을 맺음으로써, 한국을 둘러싼 러일 사이의 분쟁으로 사태가 악화되기 바라는 영국을 견제하려는 것이 러시아의 진짜 속셈이었는지도 모른다.

　반면 왕비의 시해에 가담함으로써 명예가 바닥에 떨어진 일본은 한국과 관련해 그 운신의 폭이 좁아질 수밖에 없었다. 일본 정부는 미우라 공사를 비롯해 시해 당시 서울에 근무했던 관리 전원을 ─ 라인**에 따르면 민간인 44명과 군인 8명을 ─ 즉각 일본으로 소환했다. 그리고 히로시마의 우지나宇品항에 상륙한 그들을 체포해 살인 및 살인 공조, 공공질서 방해 등의 죄목으로 재판을 받게 했다. 비록 피고인들이 증거불충분으로 무죄 판결을 받았다고는 하지만, 일본

* 아관파천. 1896. 2. 10 ~ 1897. 2. 20.
** 독일의 지리학자이자 일본학자인 라인Johannes Justus Rein(1835 ~ 1918)으로 추정된다.

이 한국 땅에 남긴 안 좋은 인상을 씻어내기는 어려운 노릇이었다. 그런데 일본은 엊그제 그곳에서 한국의 독립을 위한다는 명분 아래 전쟁까지 벌였으니 이 얼마나 얄궂은 운명인가.

한국이라는 이해관계의 각축장에 러시아가 등장한 건 분명 일본으로서는 뜻밖이었다. 전보다 훨씬 고약한 상대가 나타난 것이다. 얼마 전 별 볼일 없는 군사력이 탄로 나고 만 청 제국이라는 둔중한 거인 대신, 훨씬 위험한 또 다른 거인이 출현한 것이었다. 지난 40년간 성공적인 동아시아 정책을 펼쳤던 러시아는 제국의 동쪽 경계를 부동항이 있는 남쪽으로 급속히 확장시켜 놓은 상태였다. 어쨌거나 앞에서 언급한 1897년 2월 24일* 체결된 러일협정의 조항에서는 한국에 대해 어느 정도 일본의 지위를 인정해 주고 있었다. 협상은 서울에서 개시되어 모스크바에서 종결되었다. 우선 양자 사이에 각서**가 합의되었는데, 1897년 3월 6일자 「재팬위클리메일Japan Weekley Mail」***은 그 내용을 이렇게 전하고 있다.

　서울 주재 러일 양국 대표는 각자의 정부로부터 같은 내용의 훈령을 받고 협의한 뒤 다음과 같이 협정한다.

* 어떤 협정을 언급하는 것인지 불분명하다.
** 베베르 – 고무라 각서.
*** 일본 요코하마에서 발행되던 영국의 주간지.

1. 한국 국왕폐하의 환궁은 폐하의 결정에 일임하지만, 러일 양국 대표는 폐하가 환궁하더라도 그 안전에 의심을 품을 필요가 없다고 판단될 때는 환궁할 것을 충고한다. 또 일본국 대표는 일본인 소시_{壯士}*의 단속에 엄격한 조치를 취할 것을 보증한다.

2. 현재의 내각대신은 폐하 스스로가 임명하였고, 대부분은 지난 2년간 대신 혹은 기타 고관직을 역임한 관대온화한 인물로 알려진 터라, 러일 양국 대표자는 폐하가 관대온화한 인물을 내각대신에 임명하고 너그럽게 신민들을 대할 것을 항상 권고한다.

3. 러시아 대표는 다음 사항에 대해 일본국 대표와 의견을 같이한다.

한국의 현재 상태로 보아 부산-서울 간의 일본 전신선 보호를 위해 특정 지점에 일본국 위병을 설치할 필요가 있다. 그러나 현재 3개 중대로 이루어진 위병은 가급적 속히 철수하고 대신 다음과 같이 헌병을 배치한다. 즉, 대구에 50명, 가흥에 50명, 부산-서울 간 10개 파출소에 각 10명으로 한다. 이 같은 배치는 변경할 수도 있으나 헌병대의 총수는 200명을 넘을 수 없으며, 이들 헌병도 장래 한국 정부가 안녕질서를 회복하면 각지에서 점차 철수한다.

4. 서울 및 각 개항장에 있는 일본인 거류지를 한국인의 습격에서 보호하기 위해 서울에 2개 중대, 부산과 원산에 각각 1개 중대의 일본

---

* 소시란 일정한 직업 없이 살인, 공갈, 청부를 업으로 하는 자들을 일컫는다.

병력을 둘 수 있다. 단, 1개 중대의 인원은 200명을 넘지 못한다. 이 병력은 각 거류지 근처에 주둔하되 습격의 우려가 사라지면 철수한다. 또 러시아 공사관 및 영사관 보호를 위해 러시아 정부도 위 지역에 일본 군의 수를 넘지 않는 위병을 둘 수 있다. 그러나 이 위병은 한국 국내가 평온을 회복하면 철수한다.

1896년 5월 14일 서울

고무라 주타로

베베르

「재팬위클리메일」에 따르면 모스크바에서 체결된 정식 협정은 다음과 같았다.*

일본국 황제 폐하의 특명 전권대사 육군 대장 야마가타 후작과 러시아국 외무대신 로바노프 공은 한국의 형세에 관해 그 의견을 교환하고 다음 내용의 협정을 체결한다.

1. 러일 양국 정부는 한국의 재정난을 구제하기 위해 한국 정부에 과잉 지출을 삭감하고 지출과 세입의 균형을 이루도록 권고할 것이다. 만약 개혁이 불가피해 외채에 의존하게 될 경우에는 러일 양국 정부의

---

* 로바노프Lobanov – 야마가타 의정서 혹은 모스크바 의정서.

합의 아래 한국에 원조를 제공할 것이다.

2. 러일 양국 정부는 한국의 재정 및 경제적 상황이 허락하는 한, 외국에 도움을 청하지 않고 내국인만으로 국내 질서 유지와 국경 수비에 충분한 수의 군대 및 경찰을 창설, 유지하는 일을 한국에 일임한다.

3. 한국과의 통신을 용이하게 하기 위해 일본 정부는 현재 점유 중인 전신선을 계속 관리한다. 러시아는 서울과 자국 국경†사이의 전신선 가설권을 보유한다. 이들 전신선은 한국 정부가 매수에 필요한 자금을 마련할 때 되찾을 수 있도록 한다.

4. 상기 조항에 대해 더 정확하고 상세한 정의를 요하거나 상의가 필요한 문제가 발생할 경우, 양국 대표는 이를 우의적으로 타협할 수 있는 권한을 위임받는다.

1896년 5월 28일 ~ 6월 9일

모스크바에서 작성

야마가타

로바노프

비록 이 협정문에는 한국 군대의 훈련을 담당할 러시아 장교와 하사관의 파견 문제가 언급되어 있지 않지만, 실제로는 교관이 파견

---

† 당시 염두에 둔 것은 한국과 연해주 사이의 경계였다. 예컨대 한만 경계는 아직 고려의 대상이 아니었다.

되었고 이는 ‒ 러시아 측 주장을 받아들인다면 ‒ 한국 국왕의 확고한 요청에 따른 것이었다.

러시아당의 영향 아래 러시아에 대한 호감은 더욱 커졌고 이는 1897년 10월 3일 한러 양국의 협정을 통해 명문화되었다. 일본으로서도 어쩔 수 없는 일이었다. 한국의 재정을 러시아 관리에 맡긴다는 내용의 이 협정*으로 러시아는 한국에서 그 우월한 지위를 인정받게 되었다. 역습에 나선 러시아는 시위라도 하듯 이른바 한국의 독립을 장려해 10월 12일, 그러니까 협정 체결 나흘 만에 국왕으로 하여금 황제 즉위식을 거행하게 했다.** 이처럼 독립을 재천명하도록 한 것이 일차적으로 일본을 겨눈 조처였다는 것은 의심의 여지가 없었다. 일본 또한 뒤질세라 예의 그 맹렬함으로 한국 내정에 책동을 부리며 당 결성을 꾀했다. 그 성과가 없지 않았는데, 러시아 출신 교관과 황제 고문의 등장이 반외세 당을 만드는 데 훌륭한 빌미를 제공했던 것이다.

러시아 정부가 1898년 3월자 「정부 통보」***에 게재한 포고문은 당시의 상황을 잘 보여 주고 있다.

* 러시아 고위 세무관리 알렉세예프K. A. Alekseev를 재정고문에 임명하는 계약.
** 이와 동시에 국호를 대한제국으로 고친다.
*** Pravitel'stvennyi Vestnik.

최근 서울에서 전해 온 바로는 그곳의 관민 모두가 정치적 동요 상태에 빠져 있다고 한다.

국내정치적 요인을 들자면, 최근 결성된 반외세 성향의 당들이, 독립의 길로 나선 한국 정부는 이제 내정 문제에 있어 일절 외국의 도움이 필요 없다고 천명한 것이다.

상황이 이럴진대, 고종 황제와 정부의 요청으로 서울에 파견된 교관과 재정고문의 활동이 지장을 받고, 맡은바 직분을 원활히 수행하는 데 각종 난관에 부딪치게 되었다.

이는 결코 러시아가 원하던 바가 아니다.

그리하여 폐하의 명령을 받들어 서울 주재 러시아 대표부에 훈령을 내렸으니, 조정의 안전과 군대 교관, 재정부의 자문과 관련해 앞으로도 우리의 도움을 필요로 하는지 친히 황제와 그 정부에 문의하도록 했다.

이에 대해 서울 주재 러시아 대리공사 앞으로 다음과 같은 내용의 회답이 도착했다. 즉, 한국 정부는 러시아 폐하께서 한국에 베푸신 도움에 깊이 감사를 표하며, 현재 정황으로 볼 때 군사 및 재정 분야를 자력으로 운영할 수 있다고 판단하는바, 대한제국 황제가 페테르부르크에 특별 공사를 파견해 러시아 황제께 따로 감사 인사를 전하기를 희망한다는 것이다.

이 소식과 관련해 러시아 제국 정부는, 한국 황제와 대신들에게 다음과 같이 알리도록 서울 대표부에 훈령했다. 이제 한국이 외국의 도움 없이 자력으로 내정의 독립을 지킬 수 있다고 하니, 지체 없이 재정고문을 소환할 것이며, 한국 군대를 떠난 군사 교관들은 불확실한 한국 내 사정을 감안해 당분간 러시아 공관의 임무를 맡도록 한다.

이로써 러시아 교관 및 고문의 상주로 인해 져야 할 책임에서 벗어난 러시아는 이제 한국 문제에 적극 관여할 필요가 없게 되었다. 모쪼록 러시아의 원조로 강건해진 이 신생 국가가 국내 질서를 비롯해 완전 독립을 자주적으로 유지하게 되기를 희망하는 바이다.

그렇지 못할 경우 러시아 제국 정부는 한국의 이웃 나라로서 러시아 에게 주어진 권익을 지키기 위해 필요한 조치를 강구할 것이다.

표면상의 유화적인 어조에도 불구하고 이 발표문에는 한국에서 획득한 지위를 포기하기는커녕 필요하다면 무력을 써서라도 지켜 내겠다는 러시아의 결의가 내비쳐 있다. 러일 양국은 갈수록 '한국 의 독립'이라는 말을 강조했는데, 이는 이권 쟁탈에 나선 자국의 집 중 공세를 감추려는 속셈에 지나지 않았다. 1898년 4월 25일 양국 이 도쿄에서 체결한 한국 관련 의정서가 그 점을 분명히 하고 있 다.* 앞에서 언급한 두 협정을 보충하는 그 협정의 내용을 러시아 「정부 통보」는 이렇게 전하고 있다.

* 로젠-니시 협정.

전 러시아 황제 폐하의 시종 특명전권공사 로젠 남작과 일본국 황제 폐하의 외무대신 니시 남작은 1896년(5월 28일~6월 9일) 모스크바에서 국무비서 로바노프 공과 육군대장 야마가타 후작이 서명한 의정서 제4조에 따라 전권을 위임받아 다음 조항에 합의한다.

1. 러일 양국 정부는 한국의 주권과 완전한 독립을 확인하고, 한국의 내정에 직접 간여하지 않을 것을 약정한다.

2. 장래 서로 간의 오해를 피하기 위해, 러일 양국은 한국이 일본 또는 러시아에게 조언 또는 원조를 청할 때 군사 교관이나 재정고문의 임명에 대해 사전에 서로 협의하지 않고서는 어떠한 조치도 취하지 않을 것을 약정한다.

3. 러시아 정부는 한국에서 일본의 상공업 분야 기업이 크게 발달했다는 사실과 한국에 거류하는 일본국 신민이 다수임을 인정하고, 한일 양국 간의 상공업 분야 관계 증진을 방해하지 않을 것을 약정한다.

흥미로운 것은 의정서에 관한 「정부 통보」의 논평으로 1898년 5월 12일자로 이러한 내용의 포고문이 발표된 것이다.

청일전쟁이 종결된 이래 러시아 제국 정부는 한국의 영토 보전과 완전 독립의 보장에 줄곧 큰 관심을 가져왔다.

재정 및 군사 조직을 굳건한 기반 위에 세우는 일이 최우선 과제로 대두된 신생국 한국은 당연히 외국의 원조에 의지할 수밖에 없었다.

이에 따라 한국 국왕은 1896년 황제 폐하께 러시아 교관들과 재정고문 1인을 서울로 파견해 줄 것을 간청했다. 때맞춰 제공된 러시아의 원조로 이제 한국은 내정을 스스로 관장할 능력을 갖추게 되었다.

이에 러일 양국은 최근 형성된 한반도 정세를 감안해 양국 관계를 구체적이고 명확하게 규정하기 위해 우호 협상을 개시했다.

그 결과 체결된 협정은, 1896년의 모스크바 의정서를 보완하는 것으로 황제 폐하의 명령에 따라 도쿄 주재 러시아 공사가 서명하였다.

양국 정부는 이 협정의 특별 조항을 통해 대한제국의 자립과 완전 독립을 인정하고, 동시에 어떠한 내정 간섭도 삼가기로 서로 합의했다. 한국이 양 체약국 중 일국의 지원을 필요로 할 경우, 러일 양국은 사전 합의를 하기 전에는 한국과 관련해 어떠한 조치도 취하지 않는다.

「정부 통보」는 발표된 의정서에 다음과 같은 말을 덧붙이고 있었다.

이 외교 문서가 입증하는바, 극동 지역에 광범위하면서도 상충되지 않는 이해관계를 공유한 양 우방국이, 신생 대한제국의 독립과 국내 질서를 보장함으로써 이웃한 반도의 안녕을 상호 보장할 필요성에 공감했다.

이 우호적 협정이 체결됨으로써 러시아는 마침내 태평양 연안에서 부여받은 평화로우면서도 역사적인 사명을 이룩하는 데 매진할 수 있게 되었다.

이것이 바로 뤼순이 러시아에 '조차'되기 전, 그리고 동청철도 부설권이 허가되기 전까지 한반도를 둘러싸고 있던 정세였다. 이로써 우리는 일본이 한국에 대해서 청일전쟁을 통해 형식상 달성했고 실제로도 주머니에 챙겼다고 믿었던 그 성공을 정작 러시아는 인정하고 있지 않았다는 점을 알 수가 있다. 러시아가 한국에서 일본의 상공업 활동을 방해하지 않기로 약속한 정도가 일본이 지켜 낸 특권의 전부였던 것이다.

일본이 한국 땅에서 버거운 적수를 만났다는 사실은 갈수록 뚜렷해졌다. 러시아 함대는 1897~1898년 겨울 아홉 척의 전함으로 편성된 블라디보스토크 함대의 월동 장소로 랴오둥 반도 남단의 뤼순을 택하였다. 이 같은 '부동항의 일시적 점령'에 일본이 극도로 동요한 건 당연한 일이었다. 시모노세키 강화조약 이후 랴오둥 반도를 반환해야 했던 일본 측의 사정, 다시 말해 이미 한국에서 껄끄러운 사이였던 적에게 칼 한 번 쓰지 못한 채 전승 노획물을 넘겨주어야 했던 그 괴로운 심정을 생각한다면, 일본의 불안감이 얼마나 대단했을지는 능히 짐작이 간다. 이후 몇 년간 한국에 대한 일본의 영향력은 러시아에 비해 갈수록 열세였다. 일본의 영향력 자체는 커졌을지 모르지만, 그만큼 러시아의 영향력도 함께 증가했던 것이다. 그 이유로 우리는 당시 빠르게 진행 중이었던 러시아의 남진 정책을 꼽을 수 있다. 19세기 중반 무라비요프 아무르스키Muravyov Amurskii 백작*이 주도한 팽창 정책이 극동에서 대성공을 거둔 이래로 이 정책은 수십 년간 좀처럼 정체 상태를 벗어나지 못했다. 하지만 일본이 청국을 군사적으로 제압하고 독일이 랴오둥 문제로 개입함으로써 러시아의 진출에도 청신호가 켜졌다. 새로운 상황에 고무된 러시아는 마침내 그 활동을 재개했는데, 실상은 절호의 기회를 이용한 것이어서 크게 용기랄 것도 필요하지 않은 상황이었다. 극동에서 벌인 러시아의 확장 정책은 일찍이 숱한 경탄의 대상이었거니와, 그것이 무혈로 이루어지다시피 한 것은 유명하다. 러시아가 인적이 뜸한 이 지역에 진출하면서 군사력에서 엇비슷한 세력과 맞붙은 적은 딱 한 번 있었다. 즉, 수백 년 전으로 거슬러 올라가 당시만 해도 문화적 선진국이었던 중국이 아무르 계곡에 있던 러시아의 오랜 식민지, 특히 알바진Albazin을 정복했을 때의 일로, 러시아는 끝내 치욕스런 네르친스크

---

* 무라비요프 아무르스키(1809~1881) : 제정 러시아의 정치가. 1847년에 동부 시베리아 총독에 임명되어 아무르 강(헤이룽 강) 지방을 점령했고, 1858년에는 아이훈 조약으로 청에게 아무르 강 이북의 땅을 얻었다. 1860년 베이징 조약을 통해 우수리 강 동쪽의 연해주를 얻어 러시아의 극동 경영에 기여했다.

강화*를 감수해야 했다. 그로부터 200여 년이 흘러 접경 지역에 재진출한 러시아는 안팎의 숱한 전쟁으로 기진맥진하고 있는 적을 마주한 것이다. 이 정도 상대라면 정복 정책은 커녕 점령 정책이라는 말이 더 어울릴 판이었다. 하지만 러시아의 불행이라면 이 같은 상황이 반세기 넘게 지속되면서 그 동아시아 정책도 점점 대담해져, 급기야는 아시아인 전체를 얕잡아 보기에 이르렀다는 것이다. 이에 대해 러시아는 뒷날 그 대가를 톡톡히 치르게 된다. 러시아의 만주 진출도 결국은 그 같은 기존의 틀을 벗어나지 못하고 있었다.

　1897년, 독일 자본도 일부 참여한 영국의 신디케이트가 화북 지방 최초의 철도인 '청제국철도'를 개통했다.** 이는 바이허白河 강 어귀의 탕구塘沽를 각각 베이징과 산하이관으로 잇는 노선이었다. 또한 산하이관 노선을 연장해 묵덴牧丹***을 지나 북만주의 수도 지린吉林까지 닿게 하는 계획도 세워져 있었다. 러시아는 이때를 자국의 시베리아 횡단철도 설계를 변경할 적기로 판단했다. 원래는 시베리아 횡단철도를 아무르 강 왼편을 따라 하바로프스크까지 달리게 한 뒤,

* 1689년에 체결된 네르친스크 조약으로 러시아는 아무르 강 유역에서 철수했고, 러청의 국경이 스타노보이 산맥과 아르군 강을 따라 정해졌다.
** 정확히 말하면 1881년 리훙장이 탕산唐山에 건설한 약 10킬로미터 거리의 석탄 수송용 철도가 화북지방 최초의 철도로 꼽힌다. 이것이 바로 '청제국철도', 또는 '경봉철도'라고도 불리는 노선의 기원을 이룬다.
*** 한때 펑톈奉天으로 불렸으며 현재 명칭은 선양瀋陽.

남으로 블라디보스토크까지 잇는 것이 러시아의 계획이었다. 그러던 차에 일본이 랴오둥을 양보함으로써 새 노선의 가능성이 열리게 된 것이다. 뤼순을 일시 점령한 러시아는 이를 발판으로 이듬해 베이징에서 외교 공세를 벌여 만주의 철도 부설권을 따냈고, 동시에 이 노선의 남쪽 지선 종점으로 뤼순과 다롄 만이 있는 랴오둥 반도 남단까지 조차했다. 이 같은 조처에 일본이 한국 문제를 비롯한 자국의 이익에 위협을 느낀 것은 당연한 일이었다. 만주에 철도를 보유한 러시아가 한국에서 적극적 공세를 펼칠 탄탄한 기반을 확보한 셈이었으니, 일본은 한국 등지로 꾸준히 진출을 노리는 러시아를 막는 데 외교력을 총집중했다.

독일은 시모노세키 조약에 맞서 삼국간섭에 동참한 바 있다. 그런데 그에 대해, 이후 러시아 측이 허울 좋은 약속을 남발해 가며 밀어붙인 분리주의 정책을 독일이 처음부터 의도적으로 지원한 것이라고 주장한다면, 이는 독일 제국의 정책에 대한 모욕이나 다름없는 일이다. 물론 중국의 접경국인 러시아는 동시베리아에서 추진해 온 자국의 팽창 정책 때문에, 수십 년간 중국의 문호개방정책을 지지해 온 이른바 조약 열강들에 진심으로 속해 본 적이 없었다. 중국에서 열강들과 줄곧 보조를 맞추기는 했다지만 틈만 나면 자국 중심의 영토 정책을 펴 온 게 바로 러시아였다. 러시아의 정책은 통상에 국한된

다른 열강의 정책과는 본질적으로 달랐다. 따라서 당시 러시아가 만주에서 취한 조치는 전 열강의 이익에 심각한 위협을 초래했다. 이에 비해 나머지 열강들이 중국의 영토 보전을 비롯해, 통상 정책과 관련해 문호개방정책을 지지한 것은 진정한 확신에서 우러난 행동이었다. 이 같은 사정은 1900~1901년 사이에 의화단 난이 벌어졌을 때 러시아가 만주 문제를 다룬 방식에서 잘 드러나고 있다.

그 혼란의 와중에 만주를 찾았던 나는 외국인으로선 최초로 다음과 같은 사실을 확인할 수 있었다. 즉, 러시아는 중국이 혼란에 빠져 있는 동안 자국 철로를 보호할 목적으로 만주를 일시 점령했다고 주장하지만, 실상은 만주를 자국의 동아시아 영토로 귀속시킬 만반의 준비를 끝낸 상태였고, 중국에 반환할 뜻이 전혀 없었다는 것이다. 러시아는 압록강 유역에서도 활발한 활동을 펼쳤는데, 지난 60년간 그들이 추구해 온 극동 진출의 원칙을 잘 들여다보면 그 의도는 분명해진다. 다시 말해 늘 그랬듯이 몰래 뒷문으로 들어가 여타 이해 관계국들을 우롱하며 슬그머니 한국에 둥지를 틀려는 게 러시아의 속셈이었던 것이다. 일본이 진정 한국의 독립을 원했다면, 설령 그 의도가 자국과 러시아 사이에 약간의 저항력을 갖춘 완충국을 만들려는 것이었을지라도, 한국에서 벌어지는 일본의 반러시아 정책에 우리가 이의를 제기하기는 어려웠을 것이다. 일본 역시 일단은 한국과 만주 양 지역의 영토 보전을 러시아에게 확인받고자 할 뿐이라는 입장이었다. 러일전쟁이 일어나기 전인 1901년과 1904년 사이에 러시아가 자국 철도의 안전을 청국이 보장하는 즉시 만주를 반환하겠다고 거듭 약속한 것은 널리 알려진 사실이다. 아울러 서구 열강들이 이 문제를 놓고 의견을 표하는 과정에서, 러시아가 중국 영토 보전의 원칙을 깨뜨린 것을 묵인한 잘못도 널리 알려져 있다. 독일 또한, 영토 보전은 지지하지만 만주는 예외라고 선언함으로써 부적절한 처신을 하고 말았다. 열강의 이 같은 행동, 특히 독일의 무원칙한 태도가 없었더라면 아마도 유럽의 위신에 치명타를 날린 일련의 사건들을 동아시아에서 피할 수 있었을지도 모른다. 러일전쟁도 예외가 아니었다.

의화단 난이 있기전, 리훙장이 고관들에게 보낸 글에서 열강의 분열이야말로 중국을 유지하는 최선의 보장책이라고 말했는데, 이는 옳은 지적이었다. 일본이 눈 깜짝할 새 동아시아 정책의 주도권을 차지한 것에는 우리의 잘못도 없지 않았다. 하지만 이를 되돌리기에는 이제 너무 늦어 버렸다. 독일이 진정 자신을 생각하고 러시아의 좋은 친구가 되길 원했다면, 독일을 비롯한 열강들이 1900년부터 그 이듬해까지 의화단 난에 개입하면서 외쳤던 그럴듯한 구호들에 따라, 만주는 물론 청 제국의 영토 보전을 준수하도록 러시아에 촉구해야만 했다. 게다가 러시아의 조치는, 청국과의 통상조약을 통해 열강들이 얻게 된 일정한 배타적 권리를 심각하게 침해했다. 따라서 만주도 그 같은 조약이 유효한 청국의 영토임을 러시아에게 확약받을 필요가 있었다. 특히 러시아는 만주의 핵심 조약항인 뉴좡을 멋대로 자국 관할로 편입시켰다. 청국과 조약을 맺은 각국은 자국 영사를 통해 조약항 관리에 참여하고, 개항으로 얻은 무역상의 이득을 조약 당사국들끼리 골고루 나눠 갖을 권한이 있었다. 한때 영국이 양쯔 강 유역에서 자국의 특권을 억지 주장했을 적에 독일의 개입이 정당한 조치로 인정되었듯이, 이 경우도 독일의 간섭은 온당했을 것이다. 알다시피 당시 독일의 개입은 영국과의 협정*으로 이어졌고, 영국은 양쯔 강 유역에서 독일의 이권을 자국과 동등하게 인정했다. 과연 만주 문제에서 그 같은 협정은 요원한 것이었을까?

이에 관해 유독 초지일관한 나라가 일본이었다는 점은 우리도 인정할 수밖에 없다. 일본은 러시아를 상대로 만주 철군을 비롯해 열강들이 청국과의 조약으로 만주에서 얻은 권리를 존중해 줄 것을 거듭 주장해 왔던 것이다. 일단 만주에 터를 잡은 러시아는 이를 기정사실화하려 했고, 온갖 허울 좋은 약속에도 불구하고 1903년에

---

* 1900년 10월 16일 독일과 영국은 양쯔 강 유역에서의 현상 유지를 원칙으로 하는 '양쯔강 협정'을 체결했다.

는 점령 행위에 법적 토대를 마련하고자 만주 지역의 총독에 알렉세 예프를 임명하기에 이르렀다.* 이것은 한마디로 만주를 러시아에 병합한 조치나 마찬가지였다. 의화단 난 이후 영국의 정책이 일본을 이용해 러시아의 영향력을 무력화하는 데 집중되었다고 해서 영국을 비난한다면, 사실 독일도 그 일단의 책임을 피하기는 어려울 것이다. 그것은 만주를 포함한 중국 전역에서 취득한 자국의 권리를 강조함으로써 러시아가 그 권리를 보호하고 인정하도록 압박하지 못한 책임이었다. 독일은 끝내 사안의 심각성을 깨닫지 못한 듯했다. 독일의 반민반관 진영에서 발표한 성명들을 살펴볼 때, 독일은 일본이 협상장에서 철저히 반대 입장을 고수하고 있던 상황이 전쟁으로 이어지리라고는 러일전쟁 발발 직전까지도 예상을 못 했던 것 같다. 오히려 우리는 만주 내 러시아의 동향에 대항해 조약 열강의 공동 이익을 대변할 자격을 일본에 허락함으로써, 한국 땅에서 제 이익을 관철시키는 데 유용하게 쓰일 사이비 권한까지 쥐어 준 꼴이 되었다. 이제 일본은 러시아를 상대로 극동 정세에 이해관계를 갖는 각국으로부터 도덕적 권한이라도 위임받은 양 행동했다. 러일전쟁 초, 서방 국가들이 청국을 압박해 중립을 지키고 영토 일부가 전장

---

* 1903년 8월 러시아는 극동총독부 설치와 함께 예프게니 알렉세예프Evgenii Alekseev를 극동 총독에 임명한다.

이 된 것을 감수하도록 한 것은 독일의 주도로 이루어졌지만, 그렇다고 극동 정책에서 범한 독일의 실수가 지워지는 것은 아니었다.

러일 관계가 첨예화한 과정을 잘 보여 주는 자료로, 일본 정부가 백서 형식으로 발간한 외교 문서들이 있다. 거기에는 갈등의 발단과 전쟁으로 치닫게 된 경위 등이 기록되어 있다. 이 자료를 바탕으로 이제 양국의 주요 협상들을 좀 더 상세히 살펴보기로 하자. 공식 문서의 성격상 본의를 감추기 위해 언어 선택에 각별한 주의를 기울이고 있음에도 불구하고 이 자료들에는 일본의 의도가 잘 드러나 있다. 외교 언어에 익숙한 사람이라면 여기서도 어렵지 않게 행간의 의미를 읽어 낼 수 있을 것이다.

하지만 그에 앞서 당시 영국의 정치적 입장에 관해 짧게 언급하고자 한다. 영국은 일본과 더불어 러시아의 만주 점령에 강력히 항의한 유일한 나라였다. 영국의 동아시아 정책은 한때 최선두를 달렸던 바, 독일은 이를 방패로 극동 무역에 급신장을 이뤄 마침내는 영국을 위협하는 경쟁자로 떠오르게 된다. 이러한 영국에게 러시아의 성공은 자국 정책의 패배나 다름없었다. 동아시아에서 오랫동안 문호개방주의의 수호자 노릇을 해 온 영국은 일찍이 한 가지 실수를 범했는데, 전통 깊은 이 원칙의 대상에서 일본을 제외했던 것이다. 1894년 8월 27일 영일 두 나라가 새로 체결한 통상조약은 일본에서 외국인의 치외법권을 폐지했고, 나아가 영국은 1902년 영일동맹을 맺음으로써 퇴색한 동아시아 패권의 동맹자로 일본을 선택하기에 이르렀다. 발표된 내용만 보자면 그 동맹은 철저하게 평화적 목적을 추구했다. 다시 말해 한청 양국의 영토 보전과, 양국의 상공업 분야에서 각국이 동등한 권리를 누리도록 한다는 것이 그 취지였다. 그럼에도 이 동맹의 창끝은 명백히 러시아를 향하고 있었다. 양국은 상기 목적이 침해당할 경우 상대국과 그 국민에 대해 상호 원조할 의무를 지게 되었다.

이 동맹을 바라보는 나머지 나라들의 심정은 착잡함 그 자체였다. 이는 곧 극동 지역에서 유럽의 희생을 담보로 일본의 영향력을 증진시키는, 돌이킬 수 없는 걸음을 뜻했기 때문이다. 이 동맹으로 말미암아 영국은 유럽의 통상 이익을 위해 한청 양국의 영토 보전을 지지하는 열강들 사이에서 그 주도권을 잃게 되었다. 영국은 한청 두 나라의 영토 보전과 양국에서 각 통상국의 공동 이익이 유지되는 것을 원칙적으로 지지했지만, 동시에 일본의 노골적인 자국 이익 정책을 도와주는 기묘한 상황에 빠지고 말았다. 한국을 놓고 볼 때 이 점은 의심의 여지가 없었다. 그간 한국에서 일어난 상황들을 보건대, 일본이 중국의 영토 보전을 내세워 만주와 한국에서 러시아를 몰아내는 데 성공할 경우, 그들은 양 지역에서 러시아는 저리가라

할 만큼 혹독하게 나머지 열강의 통상 확대를 제한할 게 뻔했다. 한마디로 기이한 역할 교환이 이루어지는 셈이었다. 원래 만주와 한국의 맹주였던 청국은 일본의 공세에 밀려 일단 한국에서 그 지위를 내주고 만다. 청일전쟁 뒤에 일본은 그 자리를 다시 러시아에게 빼앗기게 된다. 그리고 일본이 한국에서 그랬듯, 러시아는 만주에서 청을 상대로 공격적인 정책을 펼쳐 나갔다. 러일전쟁이 끝난 지금, 한국에 러시아식 쇄국 정책을 그대로 옮겨 놓은 일본은 만주에서 다른 열강들을 배척하며 러시아의 역할을 대신할 태세이다.

그런데 운명의 장난일까. 당시 일본과 동맹을 맺은 영국의 속셈은, 만주와 한국에서 러시아를 몰아낸 뒤 여타 조약 열강의 통상 이익을 위해 양 지역을 존속시키는 것이었다. 그것은 자국의 통상 이익을 위한 것이자 또한 그동안 추구해 온 자유무역정책에 따른 것이었다. 하지만 결국에는 한만 양 지역에서 러시아의 정책을 답습하고 있는 일본과 맞닥뜨리고 말았다. 바로 그 정책 때문에 러시아는 지난날 영국의 원성을 한 몸에 받은 바 있었다. 그 두 지역에서 일본은 오로지 제 이익만을 위해 자국의 영향력을 발휘하고 있는 중이며, 영국을 비롯한 다른 열강의 영향력을 말살하거나 그 싹을 잘라내는 데 혈안이 되었다. 머지않아 이런 사정에 눈뜬 영국이 엄청난 외교적 실수를 통감하는 날이 찾아오리라. 그 실수란 바로 영

일동맹처럼 도무지 격이 맞지 않는, 자살 행위나 다름없는 동맹을
탄생시킨 것이었다. 다음 장에서는 이 같은 상황을 이해하는 데 도
움이 될 몇 가지 사례들을 살펴보고자 한다.

(3) 러일 양국의 개전開戰 외교

한국 문제라면 늘 그렇듯 이번에도 공세적인 쪽은 일본이었다.
1903년 7월 28일 일본 외상 고무라 남작이 페테르부르크 주재 주러
공사 구리노에게 보낸 한 통의 전문을 계기로 일본은 마침내 러시아
와 교섭에 나서게 되었다. 거기 담긴 훈령의 내용은 이러했다.

만주의 정세를 예의 주시해 온 일본 정부는 그곳의 현 상황에 심각
한 우려를 표하지 않을 수 없다. 러시아가 청에 대한 의무를 이행하고
만주 철병에 관해 열강들에 약속한 사항들을 준수하리라 기대한 일본
정부는 그동안 상황을 주시하며 자제를 해 왔다. 그러나 베이징에서
새 요구를 내놓고, 감군은커녕 만주 점령을 한층 공고히 하는 등 최근
러시아의 조처는 만주 철병의 뜻을 완전히 접었다는 것을 확인시켰을
뿐이다. 동시에 한국 국경을 따라 활발해지고 있는 러시아의 활동을
보면 그들의 끝 모를 야욕이 의심스럽다. 한 치 양보 없이 계속되는
러시아의 만주 점령은 하나의 선례가 되어 일본의 안보와 권익에 영향

을 미칠 것이다. 그 같은 점령 행위는 기회 균등의 원칙을 깨뜨리고, 중국의 영토 보전을 침해하는 것이다. 또 일본 정부에게는 훨씬 심각한 문제로서, 한반도 측면에 포진한 러시아는 한국의 독립에 끊임없는 위협으로 작용할 것이다. 이로써 러시아가 한국의 지배적 세력으로 부상하리라는 것은 너무도 자명하다. 그러나 한국은 일본 방어선의 핵심 전초기지를 이루는 곳으로, 일본은 한국의 독립을 자국의 안녕과 안보를 위한 필수 전제로 간주함이 당연하다. 한국에 정치적, 상공업적으로 막중한 권익과 영향력을 보유한 일본으로서는 자국의 안보를 감안할 때 이를 타국에 양도할 수도 또 공유할 수도 없는 상황이다. 그리하여 이 문제를 신중히 검토한 일본 정부는 우호 정신에 입각해 허심탄회한 태도로 러시아 정부와 협정 체결을 시도하기로 결정했다. 그 협정은 현재의 당연한 우려를 불식시킬 터, 일본 정부는 지금이 정세를 재편할 적기라고 판단한다.

공사의 판단력과 수완을 신뢰한 일본 정부는 이 중차대한 일을 공사에게 위임하기로 결정했다. 러시아 정부에 공식 요청을 전달하기로 한 일본 정부는 람스도르프Lamsdorf 백작에게 다음 내용의 구상서口上書를 제출할 것을 공사에 훈령한다.

"일본 제국 정부는 양국 관계에서 일체 오해의 소지를 없애야 한다는 데 러시아 제국 정부와 한뜻이라는 판단 아래, 양국의 이권이 놓인 극동 지역의 정세를 검토, 해당 지역에 대한 양측의 특수 이익을 규정하는 일에 러시아 제국 정부와 함께하기를 희망하는 바입니다. 바라건대 이

제안에 원칙상 동의하실 경우, 일본 제국 정부는 제안한 협정의 성격과 방향에 관해 러시아 제국 정부에 설명할 용의가 있습니다."

공사는 백작에게 구상서를 전달하는 자리에서, 일본의 의도는 순수하게 선린 우호 정신에 바탕을 두고 있지만 동시에 이 일에 중차대한 의미를 부여한다는 점도 반드시 언급하기 바란다. 또 조속히 구상서를 전달한 뒤, 이 훈령을 근거로 공사가 취한 조치에 관해 내게 상세히 보고한다. 러시아 정부의 긍정적 답변이 이곳에 도착하는 즉시 우리의 제안 내용을 공사에게 타전할 것이다.

일본 공사 구리노는 7월 31일 러시아 외상 람스도르프 백작에게 구상서를 전달했다. 이를 우호적으로 받아 든 백작은 양국의 의견 합일이야말로 바람직한 일일 뿐더러 최선의 정책이라는 것이 자신의 평소 지론이었음을 강조했다. 또 러일 양국이 일단 완전한 합의를 이루기만 한다면 어느 쪽도 장차 분쟁의 씨앗을 뿌릴 일은 없을 것이라고 말했다. 이어 자신은 일본 정부의 견해에 전폭 동의하지만, 차르와 상의한 뒤 확답을 주겠다고 밝혔다. 이 같은 정보가 8월 2일 고무라 남작에게 도착했고, 남작은 8월 3일 구리노에게 일본의 협상 초안을 전달했다. 아울러 구상서에 대한 러시아 정부의 공식 답변을 통보할 때 그다음 지시를 내릴 예정이니 그때까지 대기하라는 말을 덧붙였다. 일본 측 초안은 이런 내용이었다.

제1조. 청한 양 제국의 독립 및 영토 보전을 존중하고,[†] 이 양국에서 각국의 상공업에 대해 기회균등주의를 유지할 것을 상호 약속한다.[††]

제2조. 러시아는 한국에서 일본의 우월한 이익을 승인하고, 일본은 만주의 철도 경영에서 러시아의 특수 이익을 승인한다.[†††] 아울러 제1조에서 확정된 양국 각자의 이익을 보호하기 위해 필요한 조치를 일본은 한국에서, 러시아는 만주에서 취할 권리를 상호 승인한다.[††††]

제3조. 양국은 제1조[†††††]의 조항에 배치되지 않는 한, 한국에서는

[†] 청국을 언급한 것은 러시아에게 중국의 독립과 영토 보전이라는 국제적으로 합의된 원칙을 만주에 대해서도 인정하게 하려는 것이다. 러시아는 이미 청국과의 숱한 조약을 맺어 암묵적으로 그 원칙에 동의는 하고 있었으나, 그동안 허울 좋은 약속에도 불구하고 만주에 대해서는 사실상 그 원칙을 인정하지 않았다. 한편 한국 정부와 러시아 외교관 및 민간인 사이에 체결된 일련의 협정들이 있었지만, 그 어느 것도 엄밀한 의미에서 국가 조약의 성격은 아니었다. 따라서 러시아가 한국의 독립과 영토 보전을 국법으로 정식 인정하거나 규정한 것은 아니었다. 반면에 앞에서 소개한 러일 간 협정에는 그 같은 승인이 포함되어 있었는데, 여기서는 그 내용을 거듭 언급한 것이었을 뿐이다.

[††] 일본은 한국 내 상공업 분야에서 각국이 동등한 권리를 유지하는 문제를 한 번도 진지하게 생각해 본 적이 없었다. 그런데도 이 문구를 넣은 것은 러시아를 상대하면서 일단 조약 열강들의 환심을 사 두려는 의도임이 분명했다.

[†††] 일본은 한국 내 모든 분야에서 우세한 자국의 이익을 관철시킬 권한을 여기서 처음으로 독점적으로 주장하였다. 즉, 러시아 측에서는 재한 러시아인들의 이익이 그사이 우세해졌다고 역설하고 있지만, 일본은 그 이익을 포기하라고 러시아에게 요구하는 것이다. 일본의 요구는 겉으로만 상호주의적 성격을 띠는데, 이는 만주에서 오로지 철도에 한해 러시아의 이권을 인정하고 있는 점에 잘 나타나 있다.

[††††] 이 문구 역시 교묘히 계산된 것으로, 만주에서 러시아가 군사력을 사용하는 것을 러시아 철도와 연관해서만 허용하고 있다. 반면에 일본은 한국에서 자국의 권리가 침해당했다고 판단될 경우 자위를 위해 병력을 소집할 권리를 주장한다.

[†††††] 이미 제1조에서 청한 양국에서 상공업에 관한 각국의 기회 균등을 보장하겠다고 약속한 마당에 이 조항은 사소한 듯 보인다. 다시 말해 그 같은 조건 속에서 이루어지는 러시아의 한국 내 활동과 일본의 만주 내 활동이 양 체약국에게 각각 방해받지 않을 것을 굳이 재확인할 필요는 없었을 것이다. 하지만 이 규정이 일본에게 중요했던 것은, 러시아에 정치경제적으로 타격을 입힐 특정 요구의 배경이 되기 때문이다. 그 구체적 요구가 바로 제3조의 두 번째 내용을 이루고 있다. 일본의 속셈은 서울—의주 간 철도 공사를 압록강 너머 만주까지 이어 가는 것이었다. 일본이 훗날 청국

일본 그리고 만주에서는 러시아의 상공업 활동의 발달을 방해하지 않을 것을 상호 약속한다. 그리고 추후 한국 철도를 남만주로 연장해 동청철도 및 산하이관 - 뉴좡선에 접속시키는 일이 있더라도 이를 방해하지 않을 것을 러시아가 약속한다.†

정부에게 압록강에서 뉴좡에 이르는 철도 부설권이라도 따내게 되는 날이면 사소해 보이는 이 규정이 러시아의 손발을 묶어 놓게 될 것이다. 청제국철도와 동청철도에 각각 중계 노선을 접속하는 내용인 이 두 번째 부분에서 일본은 바로 그 경우를 염두에 두고 있었다.

† 일본의 차지가 되는 한국 철도와 청국 및 영국이 관리하는 청제국철도의 연결, 또 청제국철도와 러시아 철도의 접속에 동의하라는 것은 러시아에게는 실로 위협적이면서도 수용하기 힘든 요구였다. 따라서 러시아의 찬성 가능성은 처음부터 희박했다.

협상 결렬의 주원인도 바로 여기에 있었다. 그럼 여기서 잠시 그간의 경위를 살펴보도록 하자. 일찍이 러시아가 만주철도 부설권을 획득함으로써, 청제국철도가 자신의 노선을 산하이관 너머 묵덴을 지나 지린까지 연장하려던 계획이 무산된 바 있었다. 부설권 협상 과정과 타결 직후에, 러시아는 이미 자국의 '동청철도' 남만주 노선의 예정선 설정을 끝낸 상태였는데, 약삭빠르게도 모든 대도시, 특히 묵덴을 그 예정 노선의 동편에 두려고 했다. 청제국철도의 기술자들이 자신들의 노선을 묵덴에 가깝게 설정하려 들자, 러시아인들은 자국 철로를 교차 통과할 수 있는 권리를 거부해 버렸다. 러시아는 또 청제국철도와 동청철도를 직접 연결하는 것도 반대했다. 그 결과 청제국철도를 부설한 신디케이트는 묵덴과 지린 노선을 포기할 수밖에 없었다. 이들의 노선은 만주의 거우방쯔溝幇子 역에서 꺾어져 조약항인 뉴좡으로 내려와 랴오허 강 오른편에서 끝났다. 러시아 역시 다스차오 역에서 꺾어지는 동청철도 노선을 뉴좡까지 보유하고 있었지만, 이 노선을 랴오허 강 왼편에서 멈춘 채, 두 철로를 다리나 선로로 연결하는 일에는 한사코 반대했다. 그런데 이제 일본이 그 연결에 관한 권리를 주장하고 나선 것이다. 그 경우 러시아가 입게 될 경제적 타격은 불을 보듯 뻔했다. 다스차오에서 뤼순, 아울러 새로 건립된 다롄에 이르는 주노선이 결국 은 지선으로 전락할 것이고, 중국으로 향하는 화물들은 청제국철도와 그 접속 구간을, 한일 간 화물 운송은 앞으로 건설할 접속 구간을 택하게 될 것이었다. 결국 뤼순과 다롄 구간은 동청철도 소속의 신설 해운 노선과 더불어 맥을 못 추게 될 터였다. 더구나 일본은 한국 철도를 만주까지 연장함으로써 러시아와 마찬가지로 만주에 철도 이권을 보유할 것이고, 이를 통해 만주에서 경제적으로는 물론 정치적으로도 러시아의 위험한 맞수로 부상할 것이다. 따라서 일본의 요구가 실현될 경우, 러시아가 만주에서 직면하게 될 위협은 일본이 한국에서 러시아에게 당하게 될 위협을 훨씬 능가하는 것이었다. 양측의 요구에 담긴 의미를 평가할 때, 우리는 이러한 앞뒤 관계를 눈여겨보아야 한다. 일본은 한만 국경에 포진한 러시아 때문에 멀리 떨어진 본토에서까지 위험을 느낀다고 강조하고 있었다. 그러면서 러시아 못지않은 자신의 꿍꿍이속을 드러낸 셈이니, 러시아는 만주에 보유하고 있는 재산에 대해 바짝 긴장할 수밖에 없었을 것이다.

제4조. 제2조에서 제기한 이익을 보호하려는 목적으로 또는 국제 분쟁을 일으킬 반란이나 소요를 진압할 목적으로 일본에서 한국으로 또는 러시아에서 만주로 파병할 필요가 있을 경우, 그 파견군은 어떠한 경우에도 실제 필요한 수를 넘지 말아야 하며, 또 임무를 마침과 동시에 철수할 것을† 상호 약속한다.

제5조. 한국의 개혁과 선정善政을 위한 조언과 원조(필요한 군사적 원조를 포함) 제공은 일본의 전권임을 러시아가 인정한다.††

제6조. 본 협약은 종전에 한국에 관해 러일 양국 간에 체결된 모든 협정을††† 대체한다.

이 밖에도 람스도르프 외상에게 일본의 제안을 전달할 때 이는 어디까지나 협상의 기초라는 점을 강조하고, 러시아 측이 수정안이나 새 제안을 내놓으면 일본 정부는 즉각 호의적으로 고려할 것임을 약속하라는 지시가 구리노에게 내려졌다. 그리고 일본의 초안은 그 자체로서 의미가 명백하니 개별 사항의 자세한 설명은 삼가라는 당부와 함께, 이 초안은 양국 정부가 이미 인정한 원칙들과 양국의 기존 협정들에 포함된 조항들의 논리 타당한 연장선 위에 있으며

---

† 이는 러시아의 만주 철군을 유도하는 규정이다.
†† 여기서도 공세를 펼치는 쪽은 일본인데, 이전에 러일 간 조약에서 양국이 포기했던 권리를 이번에는 일본의 독점적 권리로서 주장하고 있다.
††† 469쪽 이하의 내용을 참고할 것.

그 실천에 불과하다는 점, 그리하여 이전 조항들을 새 협정으로 대체할 시기가 되었다는 점도 언급하도록 했다. 초안을 입수한 구리노는 8월 5일 고무라에게 타전, 람스도르프 백작이 일본의 첫 번째 구상서와 관련해 자신과 교섭을 개시할 권한을 차르에게 위임받았음을 보고했다. 이어지는 교섭 과정은 편의상 날짜별로 설명한다.

8월 6일. 러시아 정부의 교섭 용의를 알리는 페테르부르크발 소식이 도쿄에 도착. 일본의 초안 전달을 구리노에게 전보 훈령.

8월 12일. 람스도르프 백작의 바쁜 일정으로 면담이 오늘에서야 성사되었음을 구리노가 보고함. 구리노는 일이 지연될수록 극동의 정세는 더욱 혼란에 빠질 뿐이라며 람스도르프에게 신속한 일 처리를 요청했고, 백작은 일본 측 초안을 신중히 검토할 것을 약속했다.*

8월 24일. 구리노를 접견한 람스도르프는, 기동 훈련 때문에 현재로서는 차르가 이 문제에 관해 어떤 조치도 취할 수 없을 뿐더러, 러시아 정부는 알렉세예프에게 협상을 위임할 계획이고 교섭 장소로 도쿄를 희망하며 일본 측 초안을 이미 알렉세예프에게 검토하도록 전달했음을 알려 왔다. 한편 백작은 일본의 만주 철도 사업에

---

* 일본의 기초안이 전달된 이날, 알렉세예프가 극동총독에 임명되어 한중일 삼국과 벌일 외교통할권까지 관장하게 된다.

문제의 소지가 있음을 지적했으나, 다른 사항은 러시아 정부도 합의가 가능하리라 시사했다.

8월 26일. 고무라 남작은 교섭 장소를 일본으로 못 바꾸게끔 저지하라는 훈령을 구리노에게 보냈다. 세부 사항보다는 원칙상의 조율이 중요하므로, 극동 현지 사정에 관한 구체적 정보가 필수는 아님을 근거로 내세우게 했다.

8월 27일. 구리노가 페테르부르크에서 교섭을 속개할 것을 독촉하자, 러시아 정부는 차르의 해외 순방이 임박했고 람스도르프 백작이 부재 중이라는 이유를 들어 난색을 표한 뒤, 도쿄에서라면 한결 빠르고 쉽게 합의에 이를 것이라고 주장했다.

8월 29일. 고무라 남작은 구리노에게 지시해, 교섭 장소로 재차 페테르부르크를 내세우고 동시에 일본 안이 협상 기초로 인정될 경우 도쿄 교섭도 가능함을 약속하게 했다.

8월 31일. 구리노는 러시아가 계속해서 페테르부르크를 거부하고 있다고 고무라에게 타전해 보고했다. 러시아 측은 협상 용의와 회담 장소는 별개의 문제라며, 여러 실무적인 문제를 고려해야 하는 만큼 이에 정통한 쪽은 람스도르프 백작보다는 도쿄 주재 러시아 공사인 로젠 남작과 알렉세예프임을 강조했다. 아울러 극동 사정에 밝은 그 두 사람이 러시아의 대안을 마련하고 있는 중이므로, 회담장을 도쿄로 옮길 경우 교섭이 빠르게 진행될 것으로 예상한다고 밝혔다. 또 일본 안을 그대로 기초안으로 삼기는 곤란하므로 러시아는 처음부터 이 제안에 얽매이지 않을 것임을 못 박았다.

9월 2일. 고무라는 주러 일본 공사에게 훈령을 보내, 일본의 초안을 교섭의 기초로 인정한다고 해서 결코 수정안이나 대안을 배제하는 것이 아님을 해명하도록 했다.

9월 5일. 구리노와 재차 면담한 자리에서 람스도르프 백작은 대강 다음과 같은 내용을 전했다.

"지난 40년 동안 외무성에서 경험한 바로는 항상 한쪽 협상국의 초안에 상대 협상국의 대안을 연결해 국제 교섭이 이루어졌거니와, 한쪽의 초안만을 기초로 협상하는 일은 드문 일이다. 현재 로젠 남작이 지시를 받아 일본 정부의 초안을 자세히 검토하고, 알렉세예프 총독과도 수시로 연락하며 대안을 완성하는 중이다. 러시아의 대안이 일본 정부의 초안과 함께 협상의 기초로 인정된다면 일본 정부가 원하는 대로 당장에라도 협상은 가능하다. 그러나 일본 공사가 자국의 초안만을 협상의 기초로 고집한다면……."

그러면서 백작은 이렇게 말을 이어 갔다.

"일본 측 초안을 전달받았을 때 러시아로서는 거부와 협상, 오직 두 가지 선택이 있었다. 러시아 정부는 후자를 택했지만, 그렇다고 그 제안을 전부 혹은 원칙적으로 수용했다는 뜻은 아니다. 오히려 협상에 나서기로 했을 때에는, 초안을 검토하고 대안을 만들어 두 가지를 협상의 기초로 사용한다는 또 다른 결정이 있었던 것이다. 참고로, 일본 측 초안에는 러시아의 권익에 배치되어 수정이 필요한 몇 가지 사항들이 눈에 뛴다."

백작은 대강 이 같은 요지의 이야기를 들려주었다. 구리노는 고무라에게 타전해, 페테르부르크를 교섭 장소로 원하는 일본 정부의 뜻을 관철시키기 위해 자신은 그동안 최선을 다했고, 람스도르프마저 차르를 알현하려 9월 10일 독일 다름슈타트Darmstadt로 떠나므로, 일본으로서는 협상을 도쿄에서 속개하는 것 외에 다른 대안이 없어 보인다고 보고했다.

9월 9일. 고무라 남작이 공사에게 이렇게 훈령했다.

"교섭 장소를 도쿄로 옮기는 데 일본이 동의했음을 러시아 정부에 전달하고, 바로 협상에 돌입할 수 있도록 러시아 측 대안을 속히 제출하라는 내용의 훈령을 러시아 정부가 도쿄 주재 러시아 공사에게 보내도록 요청한다."

같은 날 구리노는 다음 내용을 고무라에게 보고했다.

"람스도르프 백작에 따르면, 조속히 대안을 완성해 협상을 개시하라는 훈령이 황제의 명으로 로젠 남작과 알렉세예프 총독에게 타전되었다고 한다."

구리노는 그 훈령의 내용을 반복해 전하지는 않겠다고 덧붙였다.

9월 24일. 알렉세예프와 함께 러시아 측 대안을 확정 짓기 위해 로젠 남작이 9월 22일 뤼순으로 출발했으며, 11일 뒤에는 귀환 예정이라고 고무라 남작이 구리노 공사에게 통지했다.

10월 5일. 고무라가 구리노에게 전한 바에 따르면, 10월 3일 도쿄로 귀환한 로젠 남작은 같은 날 고무라를 방문해 다음 조항들을 러시아의 대안으로 제출했다.

제1조. 러일 양국은 대한제국의 독립과 영토 보전을 존중한다.

제2조. 러시아는 한국에 대해서 일본이 갖는 우월한 권리와, 제1조의 규정에 위배되지 않는 한 일본이 대한제국의 민정 개량을 위해 조언과 원조를 제공할 권리를 인정한다.

제3조. 러시아는 한국에서 일본의 상공업 활동을 방해하지 않고, 제1조의 규정에 위배되지 않는 한 이를 보호하기 위한 조치들을 반대하지 않는다.

제4조. 일본이 같은 목적으로 한국에 군대를 파견할 권리를 인정하지만, 러시아에 그 사실을 통지해야 하며, 그 파견군은 실제로 필요한 인원수를 넘지 않는다. 그 임무가 끝나는 대로 위 군대를 소환한다.

제5조. 러일 양국은 한국 영토의 어느 일부도 전략적 목적으로 사

용하지 않으며, 대한해협의 자유로운 통행에 위협을 줄 수 있는 어떠한 군사적 공사도 한국의 해안에서 실행하지 않는다.

제6조. 러일 양국은 한국 영토의 39도 이북 지역을 중립 지대로 인정해, 위 지역에 군대를 투입하지 않는다.

제7조. 일본은 만주와 그 연안이 모든 점에서 일본의 이익 범위 밖임을 인정한다.

제8조. 본 조약은 종전에 한국에 관해 러일 양국 간에 체결된 기존의 모든 협정을 대체한다.

10월 8일. 고무라는 구리노에게 보낸 통지문에서, 자신은 일본의 초안과 러시아의 대안을 기초로 도쿄 주재 러시아 공사와 교섭에 들어갔으며, 가능하면 러시아 측이 일본의 초안에 담긴 취지를 수용해 주기를 기대한다고 알려 왔다.

10월 16일. 고무라 남작은 구리노에게 장문의 전보를 보내 러시아 측 대안에 관한 일본의 수정안을 통보했다.

교섭은 일단 10월 29일까지 계속되었다. 여기서 개별 사항을 놓고서 초안과 대안을 일일이 검토할 수는 없을 것이다. 1903년 10월 29일 다음과 같은 결과가 나왔다.

다음 조항들이 잠정 합의되었다.

제1조. 러일 양국은 한국의 독립과 영토 보전을 존중한다.

제2조. 러시아는 한국에 대해서 일본이 갖는 우월한 권리와, 제1조의 규정에 위배됨이 없이 일본이 한국의 통치 개선을 위해 군사적 원조를 포함한 조언과 원조를 제공할 권리를 인정한다.

제3조. 러시아는 한국에서 일본의 상공업 활동을 방해하지 않고, 제1조의 규정에 위배되지 않는 한 그 이익을 보호하기 위한 조치들을 반대하지 않는다.

제4조. 위의 조항에 따른 목적이나 국제적 분규를 야기할 수 있는 봉기나 혼란을 진압하기 위한 목적으로 일본이 한국에 군대를 파견할 권리를 인정한다.

제5조. 러시아 측 대안과 동일함.

제6조. 러일 양국은 한만 경계에 양측 각각 50킬로미터의 중립 지대를 설치하고, 양 체약국은 상대의 동의 없이 이 지역에 군대를 투입하지 않는다.

합의에 실패한 것은 러시아 측 대안에서 유일하게 만주 문제를 언급한 제7조 때문이었다. 채택되지 않은 일본 측 수정안은 이러했다.

러시아 안의 제7조는 다음과 같은 세 조항으로 대체된다.

제7조. 러시아는 만주에서 청국의 주권과 영토 보전을 존중하고,

일본의 자유로운 상업 활동을 방해하지 않는다.

제8조. 일본은 만주에서 러시아의 이익을 인정하고, 그 이익을 지키는 데 필요한 조치를 취할 권리를 러시아에게 인정한다. 단, 이러한 조치는 이전 조항(제7조)의 규정에 위배되지 않아야 한다.

제9조. 양국은 한국 철도와 동청철도가 압록강 쪽으로 확장될 경우, 두 철도의 연결을 방해하지 않기로 상호 약속한다.

러시아 안의 제8조를 제10조로 삼는다.

러시아 측 대표는 잠정 합의안에 받아들여지지 않은 일본의 수정안에 관해 다음과 같은 견해를 밝혔다.

"러시아 측 대안에서 제7조는 러시아가 한국에 관해 양보한 것을 보상해 주는 유일한 것으로, 이 조항의 일본 측 수정안을 수용하는 것은 러시아가 견지한 원칙에도 위배되는 일이다. 그것은 바로 만주 문제는 전적으로 러청 양국의 문제이므로 제3국의 관여를 불허한다는 원칙이다."

이에 대해 일본은, 만주에 관해 결코 러시아의 양보를 요구하는 것이 아니며, 일본 안의 의도는 러시아 스스로가 누누이 밝혀 왔던 원칙들을 협정을 통해 명문화하려는 것뿐임을 역설했다. 아울러 만주에 조약상의 권리와 상업 이익을 보유한 일본이 러시아에 그 권익의 보장을 요구하는 것은 지당한 처사라며, 러시아의 만주 점령이 확정될 경우 위협받게 될 한국의 독립도 함께 보장해 줄 것을 요구했다.

이 교섭에 근거해 고무라 남작은 10월 30일 로젠 남작에게 새로운 협정문을 전달했다. 이 협정문은 잠정 합의된 조문들과 비교해 최종 편집판에서 다소 차이를 보였다. 이에 대해 로젠 남작은 거기 새로 포함된 조항들은 자신의 소관 밖이라며, 이 확정 수정안 전문을 페테르부르크 정부에 전보 통지할 뜻을 밝혔다. 바야흐로 이 시점에서 교섭의 새로운 국면이 시작되었다. 정확히는 러시아 측에서 교섭을 끌었다고 말하는 편이 맞을 텐데, 거기에는 아마도 이후 전쟁 준비에 박차를 가한 양국의 사정이 영향을 끼쳤을 것이다. 일본 정부의 확정 수정안은 다음과 같았다.

제1조. 러일 양국은 한청 양 제국의 독립과 영토적 불가침성을 존중한다.

제2조. 러시아는 한국에 대해서 일본이 갖는 우월한 이익과 일본이 대한제국의 통치 개선을 위해 군사적 원조를 포함한 조언과 원조를 제공할 권리를 인정한다.

제3조. 러시아는 한국 내 일본의 상공업 활동을 방해하지 않고,

제1조의 규정에 위배되지 않는 한 그 이익을 보호하기 위한 조치들에도 반대하지 않는다.

제4조. 위의 조항에 따른 목적이나 국제적 분규를 야기할 수 있는 봉기나 혼란을 진압하기 위한 목적으로 일본이 한국에 군대를 파견할 권리를 인정한다.

제5조. 일본은 대한해협의 자유로운 항해에 위협을 줄 수 있는 그 어떠한 군사적 공사도 한국의 해안에서 실행하지 않는다.

제6조. 러일 양국은 한국 국경에 양쪽 50킬로미터 너비로 중립 지대를 설치하고, 양 체약국은 상대의 동의 없이 군대를 위 지역에 투입하지 않는다.

제7조. 일본은 만주가 자국의 특수 이익 범위 밖임을 인정하고, 러시아도 한국이 자국의 특수 이익 범위를 벗어남을 인정한다.

제8조. 일본은 만주에서 러시아의 특수 이익을 인정하고, 러시아가 그 이익을 보호하는 데 필요한 조치를 취할 권리를 인정한다.

제9조. 일본은 러시아가 한국과의 조약을 통해 획득한 상업 및 거주상의 권리와 각종 면제권에 간섭하지 않을 것을 약속하고, 러시아도 일본이 청국과의 기존 조약에 따라 만주에서 획득한 상업 및 거주상의 권리와 각종 면제권에 간섭하지 않기로 약속한다.

제10조. 양국은 한국 철도와 동청철도가 압록강 쪽으로 확장될 경우, 두 철도의 연결을 방해하지 않기로 상호 약속한다.

제11조. 이 협정은 한국과 관련해 러일 양국 간에 체결된 모든 조

약을 대체한다.

공정히 평가하자면, 부차적 의미를 띤 편집상의 소소한 변화를 제외하고는 주요 쟁점들에 대한 일본 측 수정안이 일정 부분 러시아의 요구를 수용한 점을 인정해야 한다. 유념할 점은, 이때까지 러시아는 조약에서 만주 문제를 완전 배제한 채 오로지 한국에 관한 협정만을 맺으려 했다는 사실이다. 반면 일본은 이참에 만주 문제까지 정리하는 일이 시급했다. 그 결과 제7조에서 러시아와 한국, 일본과 만주의 관계를 놓고 일종의 상호 관계가 형성된 것이다. 더구나 이를 이차적 상호 관계가 보완해 주면서 러시아 측의 수용 가능성도 전혀 없지는 않았다. 제9조가 언급하듯, 그 이차적 상호 관계란 일본이 만주를 비롯해 중국에서 획득한, 또 러시아가 한국에서 획득한 조약상의 상업 및 거주의 권리에 관한 것이었다. 제8조 역시 일종의 양보로서, 러시아는 만주에서 오로지 철도 이권을 지키기 위한 조처만 취한다는 제약이 사라진 것이다. 물론 만주에서 러시아의 이익은 대체로 철도 이권에 국한된다는 '본심 아닌 의사표시reservatio mentalis'를 일본 측에서 했다고 가정해 볼 수도 있다.

그러나 더 중요한 것은 한청 간의 철도 접속에 관해서 일본이 행한 양보였다. 제10조의 새로운 문안은, 러시아가 청제국철도의 접속과 한국 철도를 압록강 너머로 연장해 동청철도에 접속하는 일에 동의하도록 요구하는 대신, 한국 철도와 러시아의 동청철도가 각각 압록강까지 연장될 경우 두 철로의 연결에 반대하지 않을 것을 요구할 따름이다. 이 요구 뒤에 숨은 일본의 의도가 뻔해 보이기는 했지만, 어쨌거나 이 조문은 러시아로 하여금 애당초 동청철도를 압록강 쪽으로 연장하는 일을 관두도록 하는 것이었다. 만일 이 뒤에 단서만 붙지 않았더라면 제10조의 규정이 러시아에게 불쾌할 까닭은 없었을 것이다. 결국은 이 조항 역시 러시아의 심기를 건드렸으니, 일본이 부설한 한국 철도가 시베리아 횡단철도로부터 이득을 누리는 일을 러시아로서는 용납하기 어려웠을 것이다. 러시아는 아마도 동청철도 지선을 압록강 방면까지 건설하는 미래의 프로젝트를 조약으로 명문화함으로써 이를 획책하는 일본에 근거를 대 줄까 두려웠을 것이다. 일본의 계획이 실현된다면, 492쪽 이하 주에서도 분명히 설명했듯이, 러시아로서는 심각한 문제가 아닐 수 없었다. 만일 일본이 중국으로부터 부설권을 따내서 ─ 이는 법적으로 문제될 게 없었는데 ─ 이를 근거로 접속 노선의 연장에 나설 경우 상황이 복잡해질 게 뻔했다. 이 같은 추측은 일본 측 초안에 나타난 의도를 떠올려 볼 때 결코 허황된 것만은 아니었다.

1903년 11월 1일 고무라 남작은 페테르부르크 주재 일본 공사에게 훈령을 타전해, 람스도르프 백작이 자리를 비운 동안 외상 대리에게 일본 정부의 확정 수정안을 수용하도록 권유하고, 수정안을 작성할 때 러시아 정부의 요구를 충분히 참고했음을 설명하도록 했다. 훈령은 이렇게 계속되었다.

일본 정부는 한청 양국의 독립과 영토 보전에 관한 조약을 제안하면서 러시아 정부 스스로가 한 약속들이 명시화되기를 바랐을 뿐이다. 러시아가 한국에 대해 이 같은 협정을 맺을 용의가 있다면, 중국 문제에서 굳이 다른 태도를 보일 이유가 없을 것이다. 일본 정부는 자국의 권익이 침해되지 않는 한 만주 문제는 전적으로 러청 양국의 사안이라는 점을 인정할 준비가 되어 있다. 하지만 일본 역시 만주에 중요한 권익을 갖고 있는 만큼 일본 정부가 만주를 자국의 특수 이익 범위 밖이라 선언할 경우 이에 상응한 약속, 즉 일본이 청국과의 조약을 통해 만주에서 획득한 이권을 인정한다는 약속을 러시아 측에도 요구할 권리가 있다고 판단한다. 지금 러일 양국이 교섭을 벌이는 목적은 양국의 공동 이익이 놓인 극동의 해당 지역에서 각자의 특수 이익을 확인하는 데 있다.

협상에 응한 러시아 정부가 일본의 특수 이익이 지배하는 지역(즉, 한국을 말한다)만은 협상 대상으로 원하리라고는 일본 정부도 미처 예상을 하지 못했다.

이 훈령에 따라 구리노는 11월 2일 오블렌스키Obolenskii 공*을 방문했다. 공은 최대의 걸림돌은 철도 문제라는 점을 재차 강조했다. 이어 11월 13일 구리노는 귀국한 람스도르프 백작과도 면담했다. 독촉하는 구리노에게 람스도르프 백작은 알렉세예프와 로젠 남작에게 거듭 대안을 완성하라는 지시를 내렸노라고 전했다. 오블렌스키 공이 한국과 만주 양 철도의 연결을 협상의 큰 걸림돌로 지적했다고 구리노가 전하자, 백작은 자신의 판단으로는 만주 문제에서 양국의 견해가 갈리는 것 같다고 답변했다. 또 자신은 애초부터 이 문제가 러청 두 나라의 소관임을 주장해 왔고, 만주에서 러시아의 특수 이익을 보장하는 일체의 조치를 취할 권리는 – 물론 청국과의 협정을 통해 – 러시아 정부에 있다고 설명했다. 그러자 구리노는, 일본이 바라는 것은 중국의 독립과 영토 보전이 존중되고 그 지역에서 일본의 권익이 공식 보장되는 것이라고 답했다. 그러자 람스도르프는 못마땅한 것은 제안의 내용이라기보다는 그 형식이라고 지적했다. 다른 열강들도 만주에 이권을 보유한 마당에 러시아가 만주 문제로 그 나라들과 일일이 협상을 벌일 수는 없다는 것이었다. 이에 구리노는 러시아 정부가 일본에 원칙적으로 동의하지만 단지 적절한 형

* 당시 러시아 외무성 사무국장.

식을 찾지 못해 합의를 못 한다는 점이 심히 유감이라고 응수했다. 그러면서 흡족한 해결책이 나오게끔 힘써 달라고 백작에게 간청하는 것 말고는 자기로서는 별수가 없다고 밝혔다.

합의를 막는 최대의 장애물이 알렉세예프였다는 점은 의심의 여지가 없었다. 그는 11월 13일 로젠 남작을 배제한 채 대안에 관한 자신의 소견을 직접 페테르부르크에 타전했다. 11월 21일 로젠 남작은 여전히 새 훈령을 받지 못한 상태였다. 교섭의 신속한 진행을 촉구하는 일본 정부의 목소리도 날이 갈수록 높아졌다. 구리노는 11월 22일 람스도르프를 재방문했고, 람스도르프는 단도직입적으로 이렇게 자신의 소회를 털어놓았다.

러시아로서는 중요한 양보를 해서라도 당장 일본과 한국에 관한 협정을 체결할 용의가 있다. 하지만 만주에 관해서라면, 일찍이 러시아는 정복자의 권리로써 그 땅들을 차지한 것이다. 그럼에도 만주를 청국에 돌려줄 의향이 있다. 다만 러시아가 만주에 보유한 상당한 이권을 보호해 준다는 청국의 약속이 선행되어야 한다. 이 약속이 미루어지는 동안에는 러시아도 제3국과 만주에 관한 협정을 맺기가 어려운 노릇이다.

그러자 구리노는, 일본은 러청 두 나라의 협상에 간여할 생각은 추호도 없고, 단지 러시아가 중국의 독립과 영토 보전을 재확인하는 동시에 만주에 있는 일본의 이권을 보장해 주기를 바랄 뿐이라고 답했다. 구리노는 이 같은 합의가 있어야만 러청 사이의 협상도 한결 수월하게 결론이 날 것이라는 말을 빠뜨리지 않았다. 람스도르프는 일본 측 의견이 담긴 각서를 요청하면서 그쯤에서 이야기를 끝내려 했다. 그러면 자신이 11월 25일에 차르를 알현하기로 예정되어 있으니 그때 각서를 전달하겠다는 것이었다. 구리노는 보고문에 이렇게 덧붙였다.

람스도르프 백작의 말로 미루어 판단하건대, 알렉세예프 총독이 제시한 수정안은 중국과 만주에 관한 우리 측 제안에 부정적인 것으로 보인다.

11월 28일 고무라는 람스도르프가 차르를 알현한 결과를 알아내라고 구리노를 다그쳤다. 하지만 고무라의 전문은 구리노의 11월 27일자 전문과 엇갈린 것으로, 이미 구리노는 황후의 병환으로 알현은 취소되었으나 자신의 각서는 람스도르프를 통해 22일 황제에게 전달되었다고 보고했다. 이에 고무라 남작은 다음 내용을 신속하고도 단호하게 람스도르프 백작에게 전달하라는 훈령을 내렸다.

일본은 애초부터 협상 쟁점들의 조속한 타결을 최우선으로 해 왔거니와, 이러한 중요 사안에서는 빠른 결정이야말로 원만한 합의의 열쇠라는 것이 본인의 소견이다. 일본 정부는 교섭 과정에서 러시아 측의 제안마다 줄곧 신속한 답변을 내놓았다. 교섭이 시작된 지 벌써 넉 달이 넘어가지만 타결의 기미는 좀체 보이지 않고 있다. 현 상황의 심각성을 인식한 일본 정부는 그 일차적 원인으로 협상의 지체를 꼽을 수밖에 없다.

12월 3일 구리노를 접견한 람스도르프 백작은 알렉세예프 및 로젠 남작과 협의가 진행 중이며, 내주 화요일 차르를 알현한 이후에나 확답을 줄 수 있다고 다시금 말을 둘러댔다. 12월 9일 구리노는, 알렉세예프의 새 대안을 기초로 협상을 속개하라는 지시가 전날 알렉세예프 총독과 로젠 남작에게 내려졌다고 보고했다. 2~3일 뒤 도쿄의 로젠 남작을 통해 전달될 것이라며 람스도르프는 공사에게 새 대안의 내용을 밝히지는 않았다. 러시아는 12월 12일 다음과 같은 제2차 대안을 내놓았다.

제1조. 러일 양국은 한국의 독립과 영토 보전을 존중한다.
제2조. 러시아는 한국에 대해서 일본이 갖는 우월한 이익과 민정 개량에 대한 조언을 통해 한국을 도울 일본의 권리를 인정한다.
제3조. 러시아는 한국 내 일본의 상공업 활동을 방해하지 않으며,

그 이익을 보호하기 위해 취하는 조치들에도 반대하지 않는다.

제4조. 러시아는 위의 조항에 따른 목적이나 국제적 분규를 야기할 수 있는 봉기나 부실 경영을 막기 위한 목적으로 일본이 한국에 군대를 파견할 권리를 인정한다.

제5조. 러일 양국은 한국 영토의 어느 곳도 전략적 목적으로 이용하지 않으며, 대한해협의 자유로운 항해에 위협을 줄 수 있는 그 어떠한 군사적 공사도 한국의 해안에서 실행하지 않는다.

제6조. 러일 양국은 39도선 이북에 위치한 한국 영토를 중립 지대로 인정하고, 이곳에 양국 군대를 파견하지 않는다.

제7조. 러일 양국은 한국 철도와 동청철도가 압록강까지 확장될 경우, 양 철도의 연결을 방해하지 않는다.

제8조. 한국과 관련한 러일 양국의 이전 조약은 모두 무효화한다.

우리는 러시아 측이 제안한 중립 지대에 원산항도 포함되어 있다는 점을 주목할 필요가 있다. 이로써 일본은 중립 지대에 관한 러시아의 안을 받아들이는 순간 현지 이익을 보호할 목적이 있더라도 원산에 파병할 권한을 잃게 되는 것이다. 이 대안에서 러시아는 만주 문제와 관련해 한 발짝도 물러서지 않았는데, 중국의 독립과 영토 보전에 관한 어떤 협상도 원칙적으로 배제했다. 또 제2조에서는 '민정'을 강조함으로써 일본에게서 한국에 군사상 조언과 원조를 제공할 권리를 앗아 갔다. 제4조에서는 종전 러시아 측 제안에 들어 있던 일본의 의무, 즉 한국에 파병할 경우 러시아에 통고할 것, 파병 인원이 각 사안에 필요한 수를 초과하지 않을 것, 임무가 끝나는 즉시 철수할 것 등의 의무를 삭제했다. 제5조와 제6조는 러시아의 이전 문안과 차이가 없었다. 반면 제7조는 철도 문제에서 일본에 양보한 것으로, 지난번 일본 안의 제10조와 동일하다. 단, 이 조항은 러시아 안의 제6조가 전제될 때에만 러시아가 수용할 수 있는 것으로, 그러면 철도를 연결하는 역이 압록강 오른쪽에 자리할 경우 이 역을 자국의 군사적 통제 아래 둘 수 있기 때문이다. 반면 일본으로서는 파병이 금지된 중립 지역의 건너편이 압록강에서 끝나게 된다. 만일 러시아가 일본이 제안한 압록강 양쪽 50킬로미터 지대를 받아들인다면, 연결되는 역이 중립 지역 안으로 들어올 것이다. 반면 러시아의 제안대로라면 설사 연결되는 역이 압록강 왼편에 올지라도, 러시아의 완전한 통제를 받게 되는 것이다.

따라서 일본이 12월 23일 구리노를 시켜 러시아 정부에 항의 구상서를 전달하도록 한 것은 당연한 일이었다. 이는 러시아 측에서 양국의 이해관계가 걸린 극동 지역에 관해 협약을 맺자는 일본의 요청을 원칙적으로 수락해 놓고도, 아무런 실질적 조처를 취하지 않은 데 대한 항의였다. 그 같은 협약의 필요성은 협상 수용의 전제

조건으로 이미 양측의 동의를 받은 것이라는 게 일본의 주장이었다. 러시아 정부에 전향적 태도를 촉구한 일본은 러시아 측 대안에 관해 다음과 같은 수정안을 제시했다.

제2조에 대한 수정안
러시아는 한국에서 일본이 갖는 우월한 이익과 일본이 한국의 통치 개선을 위해 조언과 원조를 제공할 권리를 승인한다.[†]

제5조에 대한 수정안
러일 양국은 대한해협의 자유로운 통행에 위협을 줄 수 있는 그 어떠한 군사적 공사도 한국의 해안에서 실행하지 않는다.[††]

제6조는 모두 삭제함.

답변을 독촉하라는 훈령이 구리노에게 내려왔지만, 일본 외상 고무라 남작이 로젠 남작을 통해 러시아의 회신 각서를 받은 것은 1904년 1월 7일에 이르러서였다. 그 내용은 이러했다.

러시아 대안의 제2조에 관한 일본 측 수정안에 러시아 정부는 이의가 없으나, 다음 내용은 반드시 유지되도록 한다.

[†] 민정에 국한하지 않고 한국의 통치 전반을 언급하고 있다.
[††] 앞 문구가 삭제되어 있다.

1. 제5조의 원래 문안. 러시아 제국 정부는 이 조항을 이미 다음과 같이 규정한 바 있다. '러일 양국은 한국 영토의 어느 곳도 전략적 목적으로 이용하지 않으며, 대한해협의 자유로운 통행에 위협을 줄 수 있는 그 어떠한 군사적 공사도 한국의 해안에서 실행하지 않는다.'

2. 중립 지대에 관한 제6조. 이 조항은 장차 일체의 오해의 소지를 제거하자는 것이 목적으로, 이는 일본 정부의 의도와도 일치한다. 예컨대 중앙아시아에 이미 비슷한 성격의 지대가 러시아와 영국의 속령 사이에 존재하고 있다.

러시아는 이 조건들이 수용될 경우, 협정문에 다음과 같은 조항을 추가할 뜻이 있음을 밝혀 왔다.

일본은 만주와 그 연안이 자국의 이익 범위 밖임을 인정하고, 러시아는 일본과 다른 열강이 청국과의 유효한 조약을 통해 이 지역에서 획득한 권리 및 특권의 향유를 방해하지 않는다. 단 거류지 설치에 관한 권리는 예외로 한다.†

고무라의 훈령을 받은 구리노는 1월 13일자로 새 구상서를 전달

---

† 만주에서 외국인의 거류지 설치 가능성을 배제함으로써 러시아는 청국의 주권을 결정적으로 침해한다. 이로써 청국은 만주의 항구와 도시를 대외 통상에 개방할 기회를 빼앗긴 셈이다. 따라서 이는 청국과 조약 관계에 있는 모든 열강의 공동 이익을 침해하는 요구나 다름없다.

했다. 일본 측에서는 쟁점들을 '평화적으로 타결'하기 위해 다음과 같은 수정이 필요하다는 의견을 밝혔다.

1. 1903년 12월 11일 로젠 남작이 전달한 러시아 측의 두 번째 대안 중 제5조의 첫 문장, 즉 한국 영토의 어느 부분도 전략적 목적으로 사용되어서는 안 된다는 조항은 삭제한다.

2. 중립 지대에 관한 조항 전부를 삭제한다.

3. 만주에 관한 다음 규정들을 포함시킨다.

    a) 일본은 만주 및 그 연안이 자신의 이익 범위 밖임을 승인하고, 러시아는 만주에서 중국의 영토 보전을 인정한다.

    b) 러시아는 만주에서 일본 및 다른 열강이 청국과의 현행 조약으로 획득한 권리 및 특권을 향유하는 것을 방해하지 않는다.

    c) 러시아는 한국 및 그 연안이 자신의 이익 범위 밖임을 인정한다.

4. 다음 조항을 부가한다.

일본은 만주에서 러시아의 특수 이익을 승인하고, 이를 보호하는 데 필요한 조치를 취할 권리를 러시아에게 인정한다.

일본이 수정안을 내놓은 이유는 앞에서 이미 충분히 설명했다.

덧붙이자면, 만주에서의 거류지 설치에 관한 조항을 빼도록 요구한 것은 이 조항이 청일 두 나라의 새 통상조약과 모순되었기 때문이다. 아울러 이 구상서에는, 일본 정부는 변함없이 선린 우호 정신에 입각하고 있지만 쟁점의 타결이 계속 미뤄진다면 양국 모두가 큰 불이익을 입게 될 것이라는 경고도 담겨 있었다. 구상서를 전달한 지 열흘 뒤 구리노는 지난 각서에 대한 회신이 언제 도착할지 문의하라는 훈령을 받았다. 하지만 람스도르프는 1월 24일 구리노를 접견한 자리에서 자세한 언급은 피한 채, 26일 각의를 소집해 그 사안을 다룰 예정이라고만 밝혔다. 1월 26일 고무라는 다음과 같은 훈령을 타전했다.

마냥 지체할 수만은 없는 상황이므로 공사는 속히 람스도르프 백작을 방문해, 현 상태가 지속될 경우 문제가 더 심각해질 뿐이라는 점, 또 일본 정부는 신속한 답신을 바란다는 점을 전하고, 언제 답신을 받게 될지도 문의한다.

람스도르프 백작이 공사에게 알려 온 바에 따르면, 육군과 해군 대신을 비롯한 관계 당국자들이 1월 28일의 회의에 소집되었고, 이들이 검토서를 제출하면 황제에게 올려 재가를 받을 계획이라고 했다. 또 당초 알렉세예프 총독도 페테르부르크로 올 예정이었으나 일정이 취소되면서 총독의 검토서는 따로 전보로 요청했다고 덧붙였다. 이런 상황인지라 언제 회신이 갈지 확답을 주기가 어렵다는 것이었다. 그렇지만 일본 정부가 오래 기다릴 일은 없을 거라며 안심을 시켰다. 한편 백작은 일본이 상당한 병력과 탄약, 전쟁 물자 등을 한국에 보냈다는 소식을 공식 소식통을 통해 입수했다며 그 해명을 요구했다. 공사는 전혀 아는 바가 없노라고 답했지만, 구리노의 훈령에 따라 1월 28일 공식 성명을 내놓았다. 즉, 한국에 주둔하고 있는 일본 부대에 통상적으로 필요한 것 외에는 최근 한국에 부대와 탄약을 보낸 적이 없다는 것이었다. 한편 28일 열린 내각회의의 내용을 알아내라는 훈령을 받은 구리노는 대답을 둘러대는 람스도르프에게 현 상황이 지속되는 것은 바람직하지 못할 뿐더러 위험스러울 수도 있으므로 조속한 회답이 최선책이라고 설명했다.

2월 1일 일본 정부의 채근에 람스도르프는, 상황의 심각성을 충분히 인식하는 터라 스스로도 회답을 독촉하고 싶지만 사안이 사안인지라 신중할 필요가 있다고 해명했다. 더구나 일단 각료들과 알렉세예프 총독의 의견이 조율되어야 하는데, 이 과정에서 일이 지체될 수밖에 없다고 했다. 따라서 회답 발송 시점에 관해 확답을 주기가 곤란하다는 것이었다. 모든 게 황제의 결정에 달려 있기에 더더욱 그러한데, 그럼에도 불구하고 일이 빨리 진행되도록 영향력을 발휘해 보겠노라고 약속했다.

이 같은 공허한 약속을 전달받은 일본 정부는 교섭의 중단이 불가피하다고 판단했다. 구리노는 장황하고 복잡한 문장들로 이루어진 전문을 고무라에게 타전했고, 마침내 교섭은 파국을 맞게 되었다.

도쿄, 2월 5일 오후 2시 15분

현 상황이 지속되는 것을 묵과할 수만은 없는 제국 정부는 교착 상태에 빠진 협상을 중단하고, 제국 정부의 위태한 지위를 수호하고 그 권익을 보호하는 데 필요하다고 판단되는 조치를 독자적으로 취하기로 결정했다. 그러므로 아래의 서명인은 공사에게 훈령하는바, 이 전보를 받는 즉시 다음과 같은 공식 각서를 람스도르프 백작에게 전달한다.

아래 서명한 일본 천황 폐하의 특명 전권공사는 정부 훈령을 받아 전★ 러시아 황제 폐하의 외무대신 각하께 다음 사실을 전하는 바입니다. 일본국 천황 폐하의 정부는 대한제국의 독립과 영토 보전을 자국의 안녕과 안전의 일부로 간주하는 까닭에, 한국의 상황을 위협하는 그 어떠한 행위도 수수방관할 수 없는 입장입니다. 일본 정부는 대한제국의 독립과 영토 보전 그리고 한반도에 대한 일본의 지배적 이익을 지키기 위해 한국과 관련한 제안들을 제시했으나 러시아 제국 정부는 받아들이기 힘든 수정안과 제안 등으로 이를 거부해 왔고, 아울러 청국에 대한 조약상의 의무와 해당 지역에 이해관계를 가진 열강들에 대한 거듭된 약속에도 불구하고, 계속해서 만주를 점령함으로써 중국의 영토 보전을 심각히 침해하고 이의 준수를 거부해 온바, 일본 제국 정부는 이와 관련해 어떠한 자구책을 강구할지 고심하지 않을 수가 없었습니다. 납득할 만한 해명이 없는 작금의 지체 상황과 평화적 의도와는 무관한 육해상의 군사 활동이 벌어지는 상황에서도 일본 제국 정부는 관련 교섭에서 충분한 인내심을 발휘했고, 이로써 훗날 러시아 제국 정부와의 관계에서 오해의 소지를 없애려는 일본 정부의 충심이 충분히 증명되었다고 판단됩니다. 그러나 일본의 노력에도 불구하고, 러시아 제국 정부가 일본의 온건하고 사심 없는 제안을 비롯해 확고하고도 영원한 극동 평화를 위한 그 어떤 제안에도 관심을 가지리라는 가망이 없어졌기에, 일본 정부는 현재의 무익한 교섭을 중단하는 것 외에는 다른 결정이 불가능한 상황에 이르렀습니다. 이 같은 결정을 내린 일본 제국 정부는 위태해진 지위를 수호하기 위해 또 기존의 권리와 정당한 이익을 보호하기 위해 최선이라 판단되는 조치를 독자적으로 강구할 것임을 밝히는 바입니다.

서명인

이와 함께 구리노는 철수 당일 러시아 정부에 국교 단절을 통보하라는 지시도 전달받았다. 구리노는 2월 6일 두 통의 공식 각서를 전하는 자리에서, 1904년 2월 10일자로 공관원들과 함께 페테르부르크에서 철수할 것임을 알렸다. 이후 일련의 성명과 반대 성명이 잇따라 발표되었다. 2월 8일 어전회의를 열어 계엄 선포를 결정한 일본은, 2월 9일 제물포항에 정박하고 있던 러시아 군함 두 척을 비롯해, 뤼순 항 정박지에서 군사 훈련 중이던 러시아 함대를 동시 공격함으로써 마침내 전쟁을 개시했다. 양국이 공식적으로 선전포고를 한 날짜는 1904년 2월 10일로 기록되어 있다. 바야흐로 일본이 한국 '독립'을 위해 벌인 두 번째 전쟁이 공식적으로 시작된 날이었다.

(4) 러일전쟁과 한일 관계

이 자리에서 전황의 추이를 살피는 것은 글의 의도를 벗어날 뿐더러 가능하지도 않은 일이다. 중요한 것은 일본이 개전과 함께 어떻게 한국의 독립을 확인하려 들었는지 그 방법일 것이다. 그러나 아쉽게도 일본 정부는 러시아와의 교섭 때와는 달리 한국에 대해서는 그 흥미로운 협상 과정을 낱낱이 공개하지 않았다. 결국 우리는 협상 결과를 명문화한 조약문을 참고하는 수밖에 없다. 아울러 협상

취지에 관해서도 일본 언론에 발표된 것만을 출처로 삼는다는 점을
미리 밝혀 둔다.

개전 2주 만인 1904년 2월 23일 한일 양국은 서울에서 다음과
같은 내용의 협정*을 체결했다.

대일본 제국 황제 폐하의 특명 전권공사 하야시와 대한제국 황제
폐하의 외부대신 임시서리인 육군 참장 이지용은 각각 필요한 권한을
위임을 받아 다음 조항을 협정한다.

제1조. 한일 양 제국 간에 항구불역의 친교를 유지하고 동양 평화
를 확립하기 위해 대한제국 정부는 대일본 제국 정부를 확신하고 시정
개선에 관해 그 충고를 수용한다.

제2조. 대일본 제국 정부는 대한제국 황실을 확실한 친의로써 안전
강녕케 한다.

제3조. 대일본 제국 정부는 대한제국의 독립과 영토 보전을 확실히
보증한다.

제4조. 제3국의 침해나 내란으로 인해 대한제국 황실의 안녕 혹은
영토 보전에 위험이 있을 경우 대일본 제국 정부는 속히 필요한 조치를
취하고, 대한제국 정부는 이러한 대일본 제국 정부의 행동이 용이하도록

---

* 한일의정서.

충분한 편의를 제공한다.

대일본 제국 정부는 전항의 목적을 이루기 위해 전략상 필요한 지점을 언제나 수용할 수 있다.

제5조. 대한제국 정부와 대일본 제국 정부는 상호 승인 없이는 본 협정의 취지에 반하는 협약을 제3국과 체결하지 않는다.

제6조. 본 협정에 관계된 미비한 세목은 일본 제국 대표자와 대한제국 외부대신 간에 임기하여 협정한다.

협정문의 의미는 더할 나위 없이 명백했다. 한국 정부가 내정 개선에 관한 일본 측 조언을 자동적으로 받아들인다는 조항은, 일본이 원하는 바가 곧 한국 정부의 법이 된다는 말이나 다름없었다. 한국의 독립과 영토 보전은 제3국의 위협에 대해서만 분명히 보장되었는데, 이는 일본의 조언에 의탁한 한국이 일본에 대해 더는 독립과 영토 보전을 주장할 수 없게 되었고, 이 조약으로 인해 자치행정마저 불가능한 일본의 속령으로 전락했다는 것을 뜻한다. 이처럼 제4조는 한국 황실과 영토 보전이 한국 백성의 반란이나 제3국에게 의해 위협당하는 상황만을 가정하고 있으며, 일본에 의한 위협은 애초부터 배제되어 있다. 이로써 일본은 한국을 위한다는 미명 아래 전략적 목적으로 한국 땅을 점령할 특권까지 얻게 되었다. 나중에 밝혀지겠지만, 그 전략적 관점이란 게 너무나도 포괄적으로 해석되는 바람에, 심지어는 일본인 정원사, 여인숙 주인, 장사꾼까지도 전략적 목적으로 점령하게 된, 다시 말해 턱없이 적은 보상금을 주고 한국인과 외국인한테서 빼앗은 토지에 정착하는 일이 벌어졌다. 더구나 개간된 땅, 특히 건물이 들어선 땅은 전략적 목적에 적합한 것으로 판정된 반면, 미개간지는 아예 처음부터 부적격 판정을 받았다. 이런 마당에 제5조에서 보듯이, 자국이 취한 특권을 제3국과 공유하는 조약을 맺지 않기로 일본이 한국에 약속한 것은 한마디로 불필요한 처사였다. 그 같은 일을 단념하기로 한국이 약속한 것만으로도 충분했던 것이다. 어쩌면 이조차도 불필요했을지 모른다. 일본이 다 알아서 처리해 줄 것이기 때문이다. 제6조도 마찬가지였다. 왜냐하면 한국 정부가 제1조에서 정부에 관한 일본의 조언을 일체 받아들이기로 한 마당에, 개별 사안에 관해 한국 대신과 일본 대표 사이에 '합의'하기로 약속한 것은 기껏해야 형식상의 예를 갖추는 일에 불과했기 때문이다.

어쨌거나 개전 2주 만에 성립된 이 조약은 일본이 한국의 독립과 영토 보전을 어떻게 이해하고자 했는지를 여실히 보여 주는 첫 번째 사례로서, 사실 여기에는 우스꽝스러운 구석도 없지 않았다. 나머지 열강들이 대체 이 협정의 원칙과 어긋나지 않는 어떤 이권을 취할 수 있을지를 생각해 볼 때 더욱 그랬다. 중국에 관해서라면, 조약 열강들은 통상의 자유를 위해 중국의 독립과 영토 보전을 지지하고 있었다. 그리고 이를 '문호개방정책'이라고 불렀다. 한국에 진출한 일본 역시 '문호개방' 원칙에 전적으로 부응한 가운데 한국의 독립과 영토 보전을 지지하고 있었다. 하지만 그 열린 문으로 들어갈 자격은 오직 일본에게만 있었고, 일단 들어간 다음에는 거만함에 부풀대로 부풀어 버렸으니, 그런 곳에 다른 나라들이 끼어들 자리라고는 도무지 찾아볼 수가 없었다. 이것이 바로 흔히 말하는 정치적 귀결이라는 것이었다.

이 사실이 좀 더 분명해진 것이 1904년 8월 22일 맺어진 한일 양국의 두 번째 협약*으로서, 일본의 9월자 제국 관보에 그 내용이 공포되었다. 일본에서 발행되는 독일어 신문인 「도이체야판포스트」에 따르면 이 협약은 3개조로 구성되어 있었다.

1. 한국 정부는 일본 정부가 추천하는 일본인 1명을 재무고문으로 채용해 재무에 관한 일은 모두 그 의견을 물어 시행한다.
2. 한국 정부는 일본 정부가 추천하는 외국인 1명을 외부外部의 외교고문으로 채용해 외교에 관한 안건은 모두 그의 의견을 물어 시행한다.

* 제1차 한일협약.

3. 한국 정부는 외국과 조약을 체결할 때 또는 기타 중요한 외교 안건, 즉 외국인에 대한 특권 양여 혹은 계약 등의 처리에 관해서는 일본 정부와 사전 협의한다.

「야판포스트」는 이렇게 논평했다.

"이제 한국은 독립국의 지위를 상실했다. 한국의 '황제'가 조만간 필요한 조치를 취할 것으로 예상된다."

그러나 이는 섣부른 예단이었다. 필요한 조치를 취하는 일은 이제 껏 늘 일본의 몫이었기 때문이다. 게다가 이 같은 사안에서 한국 황제와 「도이체야판포스트」를 전부 합해 놓은 것보다 훨씬 일관된 쪽은 바로 일본이었다. 새 조약만 해도 1904년 2월 28일 조약의 제1조와 제6조의 당연한 귀결이었을 뿐이다. 또는 첫 번째 조약의 제3조에 나타난 한국의 독립과 영토 보전에 관한 일본 측 해석에서 도출된 것으로도 볼 수 있었는데, 두 번째 조약에서는 이 내용이 좀 더 자세히 규정된 셈이었다.

이새 조약에 따라 한국 정부는 일본의 완전한 보호를 받게 되었 고, 재정과 외교의 모든 부문에서 그 자격을 박탈당했다. 앞으로 이 분야는 일본이 임명한 후견인들이 – 외교 문제를 담당한 자는 심지 어 외국인이었다† – 맡았고, 일본은 제3조에 열거된 사항들에 관한 최고 결정권을 차지했다. 이로써 장차 일본 상인이 한국 정부와 납품 또는 이권에 관한 계약을 맺고자 하는 경우, 한국 정부가 일본 고문의 허가를 받는 것으로 충분하게 되었다. 또 일본과 조약이나 협정을 맺을 때 한국은 제3자의 동의 따위는 필요하지 않았는데, 설령 그 협정이 법적으로 인정된 외국인의 권익을 크게 훼손할지라도 상관없는 일이었다. 그 같은 제약은 한국의 독립과 심지어 영토 주권을 침해할 수도 있기 때문이다. 이 신성한 것을 보호한다는 명목으로 일본은 1904년 2월 23일의 협정문 제4조에서 무장 병력의 동원을 자임했을 정도이다.

게다가 제5조로 인해 한국은 일본인 고문에 반대하는 일을 제3국에 허용할 수도 없었다. 이는 조약의 기본 정신에 정면 배치되기 때문이다. 따라서 우를 범하지 않으려면, 일본 정부를 생각해서 그것이 어떤 성격의 것이든 아예 제3자와 독자적으로 조약을 체결할 권한을 포기하는 편이 나았다. 예를 들어 어느 음흉한, 다시 말해 일본인을 뺀 나머지 외국 상인이 한국의 독립과 영토 보전에 근거해서 계약 당사국인 한국의 자유재량권을 주장하며 납품 계약을 맺거나 이권을 따내려 한국 정부와 접촉을 시도하는 경우를 생각해 보

---

† 그 외국인은 임명 직후 일본인 조수 하나를 배정받았으니, 차라리 감시인이라 부르는 편이 더 어울렸을 것이다.

자. 그 상인은 한국과 제3국 사이에 성립된 법적으로 유효한 조약을 들고 나올 터인데, 양국이 틀림없이 체결한 그 조약이야말로 체약국인 한국 정부의 행동 자유권을 전제로 한 것이었다. 이 경우 한국 정부는 일단 일본 정부에 조언을 구할 것이다. 물론 일본은 흔쾌히 조언을 해 줄 것이고, 1904년 2월 23일자 협정문 제1조에 따라 한국 정부는 그 조언을 무조건 따를 의무가 있었다. 일본의 조언을 받은 한국 정부는 철두철미 자주적 자세로 — 물론 그 외국 상인을 상대로 그렇다는 말인데 — 독자적 조치를 취할 것이다. 이 같은 조치가 불가피한 이유는, 첫 번째 조약의 제2조에 명시된 한국 황실에 대한 일본 정부의 변함없는 '친의'를 기리기 위해서라도 납품권이나 이권의 올바른 임자를 찾아주어야 하기 때문이다. 그 임자는 두말할 것도 없이 일본인이었고, 일본인이라는 점 하나만으로도 주어진 권리를 악용해 한국의 독립과 영토 보전을 해치는 일이 없으리라는 확실한 보장이 되는 셈이었다.

하지만 한국과 열강 사이에 존재하는 외교 사안과 조약들을 감안한다면, 이야말로 한국의 독립과 영토 보전을 위협하는 최대의 적이 아닐 수 없었다. 러일전쟁 발발과 함께 한국은 러시아와 맺은 일체의 협정과 러시아인에게 제공한 권리들을 단숨에 무효화함으로써, 열강의 복수 따위는 아랑곳하지 않은 채 외교와 서양 법 정신의 원칙을 헌신짝 버리듯 하지 않았던가? 훗날 러시아 정부를 비롯해 권리를 빼앗긴 러시아 민간인들이 다시 나타나 자신들의 적법한 권리를 주장하고 나선다면 이 또한 위험천만한 것이기는 마찬가지이다. 이들의 권리는 법적 유효성을 잃지 않은 조약에 근거한 것으로, 이는 평화 관계에 있던 두 독립국 사이의 조약인 데다, 외교 관례상 어느 한쪽이 일방적으로 파기할 성질의 것이 아니었다. 더욱이 러시아 이외의 다른 나라들도 한국의 '독립'을 내세우며 자국민의 조약상의 권리를 인정하라고 한국 측에 요구할지 모를 일이었다. 하지만 현재로서는 일본만이 그 권리를 주장할 자격이 있기 때문에 한국으로서는 그 같은 요구를 들어주기가 곤란한 처지이다. 결국 이 모든 골칫거리들을 떠올린다면 한국은 차라리 외교 전반을 일본에게 넘겨주는 편이 나을지도 몰랐다. 물론 일본한테서 '독립'된 상태에서 내린 한국의 조치를 두고서 그 책임을 일본 정부에 물을 수는 없는 노릇이다. 책임은 한국이 지는 것이다. 그렇다고 외국의 권리를 모른 체하는 한국을 상대로 제3국이 보복 조치를 취해도 좋다는 말은 아니다. 그 같은 보복은 곧바로 한국의 독립과 영토 보전을 위협하는 일이 되고, 조약에 따라 일본은 이를 지키기 위해 군대를 동원해야 한다는 식의 결론이 나오기 때문이다. 우리로서는 이런 식의 '논리적 비논리'의 미로에 빠져 허우적거리고 싶지는 않다. 일단 그 미로의 모서리에 걸리면 심지어 아리아드네의 실*이라고 해도 그리고 설령 그 실에 국제법과 외교상의 밀랍을 발라 놓는다 하더라도 끊어지게 마련이었다.

그런데 제3자의 권리를 명백히 침해한다는 점에서 이 조약보다 더 큰 우려를 불러일으킨 것이 있었으니, 바로 일본이 한일 양국의 두 번째 협약을 실행하기 위해 마련한 '개혁안'이었다. 이는 1904년 9월 12일 서울 주재 일본 대리공사 하야시를 통해 공식 각서 형식으로 한국 황실에 전달되었다. 관영지 「니시니시西西신문」은 25개조의 개혁 방안을 이렇게 전하고 있다.**

1. 한국의 탁지부는 재정고문에 일본인 1인을 고용해 재정 개혁을 실시한다.
2. 일본은 한국이 재정 개혁을 추진하게끔 필요한 기금을 대여하되 제1 차분으로 300만 엔을 제공한다.

* 그리스 신화에 등장하는 아리아드네Ariadne는 크레타 섬의 왕 미노스의 딸이다. 크레타에 잡혀 온 테세우스가 괴물이 갇힌 미로에서 죽게 될 위험을 맞자, 아리아드네는 테세우스에게 실타래를 던져 줌으로써 괴물을 죽인 뒤 무사히 미로를 빠져나오게 도와준다. 이로써 '아리아드네의 실'은 난제를 푸는 수단이라는 뜻을 갖게 되었다.
** 이와 흡사한 내용의 조항들이 매켄지F.A. Mckenzie가 1908년 쓴 『대한제국의 비극The Tragedy of Korea』(신복룡 역주, 1999 집문당) 부록에 이른바 '한일협약'이란 이름으로 실려 있다. 하지만 그 책에서 1904년 8월에 조인된 것으로 언급하고 있는 전문 21조의 협약은 실제로는 한일 두 나라가 체결한 바 없기에, 역주자는 이를 당시 한일 간 합의된 모든 것을 조문화한 것으로 추정하고 있다.

3. 다카기 분페이_{Takaki Buhpei}가 한국의 황실과 맺은 1,000만 엔 대출 계약
   은 서울 주재 일본 공사의 재가 없이 이루어졌으므로 무효로 선언
   한다.

4. 통화 제도를 재편한다. 현 화폐와 유통 중인 황동화를 회수한다.

5. 한일 양국이 통화 연합을 결성하고, 일본 화폐를 한국에 자유로이
   유통시킨다.

6. 한국에 중앙은행을 설치해 세입과 화폐 유통을 관리한다.

7. 내정 개혁, 새 지방행정, 과세 등을 위한 첫 단계로 (서울 부근의) 경기도
   에 시범 행정을 도입하고, 성공적으로 운영될 때 이를 다른 도로 확
   대한다.

8. 대외 관계 개선을 위해 미국인 1인† 을 외부_{外部}의 고문으로 임명한다.

9. 한국은 외교 업무와 교민 보호를 일본 정부에 위임하는 즉시, 해외의
   자국 공사 및 영사를 소환한다.

10. 한국의 공사와 영사가 해외에서 소환됨과 동시에 서울 주재 외국
    공사들도 함께 철수하고, 한국 각지에 주재한 영사들만 잔류한다.

11. 재정상 한국 군대를 감축한다. 현재의 2만 명을 1,000명으로 줄이
    고, 서울을 제외한 지방의 모든 수비대는 해산한다.

12. 한일 간 연합군을 결성해 한국에 일본의 군사 제도를 도입한다.

13. 한국 황실의 권위를 지키기 위해 점쟁이 및 기타 미신으로 돈을

---

† 수십 년간 워싱턴 주재 일본 공사관 관리로 근무해 온 스티븐스_{D. W. Stevens}를 언급하는
것으로, 그는 일본인보다도 더 일본인 같다는 평을 받는 자이다.

버는 무리들을 황제 주위에서 몰아낸다.

14. 지방 관청을 통폐합한다.

15. 불필요한 관리는 모두 해임한다.

16. 계층과 문벌에 상관없이 모든 백성에게 관직을 개방한다.

17. 매관매직을 금하며 능력 있는 인물을 등용한다.

18. 책임감을 고취시키기 위해 대신과 기타 관리들의 봉급을 인상한다.

19. 교육 제도를 정비하고, 기존의 여러 외국어 학교를 공동 관리한다.

20. 교육 장려를 위해 대학, 중학교, 소학교로 구분된 일본의 제도를 도입한다.

21. 직업 능력 향상을 위해 기술학교를 설립한다.

22. 황실과 정부 간의 구분을 명확히 하고, 양 기관을 점진적으로 개혁한다.

23. 지방 관직의 통폐합과 함께 현 외국인 고문의 수도 감축한다.

24. 한국 정부의 최고 고문직은 당분간 공석으로 둔다.

25. 황무지를 개간하고 천연 자원을 개발함으로써 농업을 발전시킨다.

이 세목들은 내용상 더는 놀라울 게 없다. 정작 탄복할 만한 것은, 외국 열강들이 스스로 일본의 '개혁안'을 수용하고 또 자신들이 한국 땅에서 불필요한 존재라는 확신을 갖도록 밀어붙이는 일본인들의 후안무치함이었다. 제10조가 바로 그 내용이었는데, 한국 정부는 해외 공관을 폐지하는 것은 물론이고 서울에 주재한 – 물론 일본을 제외한 – 외국 공관 역시 폐쇄시킬 의무를 졌다.

그럼 여기서 잠시 한국 '독립'의 과정을 되돌아보도록 하자. 그것은 대략 다음과 같은 단계들을 거쳐 왔다.

1단계. 한국은 청과 조공 관계에 있다.

2단계. 청에 자문을 구해 한국 내정에 대한 책임을 거부한다는 사실을 확인한 일본은 청의 관여 없이 한국의 독립을 인정하는 조약을 직접 한국과 체결한다.

3단계. 청일 양국은 상호 협정을 통해 한국에서 분란이 발생할 경우 군사적으로 개입할 권리, 또 이를 위해 상대국과 같은 수의 병력을 동원할 권리를 확보한다.

4단계. 전쟁에서 승리한 일본은 시모노세키 강화를 통해 청에게 한국의 독립을 인정하도록 한다.

5단계. 한국에서 러시아의 영향력이 커질 것을 우려한 일본은 러시아와 수차례 협정을 맺음으로써 양국이 한국에서 동등한 영향력을 갖게끔 노력한다.

6단계. 일본은 한국의 독립과 영토 보전, 또 한국에 대한 일본의 우월적 이익을 인정하고, 한국이 러시아의 이익 범위 밖임을 선언하도록 러시아에게 요구한다.

7단계. 일본은 한국을 군사 기지로 이용하고, 무기력한 한국 정부에게 합병이나 다름없는 조약에 서명하도록 한다. 하지만 한국의 독립과 영토 보전이 유지되는 것처럼 교묘히 포장함으로써, 국제법상 두 자주국 사이의 조약이 그 합법성을 부여받은 것처럼, 일본이 한국 정부의 업무를 인수하는 것 또한 합법적임을 주장할 구실을 마련한다.

8단계. 일본은 한국 정부가 조약을 통해 다른 열강과의 외교 업무를 일본에 양도했다는 이유를 내세워, 열강들에게 한국에서 공관을 철수할 것과 앞으로 한국과 관련한 외교 업무를 도쿄 주재 공관을 통해 직접 일본과 처리할 것을 요구한다.

이는 서울 공관을 철수시킴으로써 한일 간 조약에 명시된 양국의 새 관계를 조약 열강들도 인정했다는 주장을 하려는 속셈이다.

이 과정들 이면에 흐르는 기조를 어느 정도 파악했다면 우리는 어렵지 않게 그 정책의 귀착점을 점쳐 볼 수 있을 것이다. 그리하여 일본 정부에게 – 물론 이들의 속셈이 딴 데 있지 않다는 가정 아래 – 다음과 같은 조약안을 제안해 보는 것은 어떨까?

완전한 자주 독립과 영토 보전을 향유하는 한국 정부는 일본 정부와 다음과 같은 조약에 합의한다.

1. 한국 정부는 그동안 일본 정부가 신실히 지켜 준 독립과 영토 보전을 일본 정부에 양도한다.

　　2. 한국 정부도 동의하는바, 일본 제국 정부는 확실한 친의로써 대한제국 황실을 안전 강녕하게 한다는 언약을 지키기 위해 한국 황실 일가에 종신 연금을 지급해 국사에서 물러나게 한다.

　　3. 대한제국의 대신들은 ― 재정 절약을 위해 연금 없이 ― 퇴직시킨다. 단, 이 조항은 기왕에 시행 중인 사항을 명문화한 것이다.

　　4. 일본 제국 정부는 기존하는 대한제국 정부를 인수한다.

　　5. 기한이 정해지지 않은 본 조약의 체결 이후에도 일본 정부의 친교와 친애는 영원히 보장되는바, 이에 대한 징표로서 아직은 독립국 지위를 유지하는 대한제국의 영토가 그 유서 깊고 신성한 이름을 세계사에 길이 간직하도록 할 것이다. 하지만 공식 명칭은 일본 제국의 속주로서 '조선성Cho sen sein'이라 부르고, 이 점은 제3국에 대해서도 똑같이 적용된다.

　　6. 양 체약국은 본 협정의 취지에 반하는 어떤 협정도 제3국과 맺지 않는다.

　　유럽에서 외교관 수업을 받은 이라면 이 같은 협정의 적법성에 감히 의문을 달지 못할 것이다. 한국처럼 각국이 그 독립과 영토 보전을 인정한 나라인 경우 자국의 정당한 주권 행사를 방해받아서는 안 될 터, 여기서 한국은 자국의 주권을 근거로 체결한 적법한 국가 조약을 통해, 바로 그 근거가 된 주권 자체를 자발적으로 타국에 이양한 셈이었다. 여태 단 한 나라도 이 같은 일본의 행보를 막을 생각을 못 했던 만큼, 일본이 끝까지 그 길을 가기로 마음먹을 경우, 과연 어느 나라가 이를 막으려 들지 의심스러울 따름이다.

물론 일본은 한국에서 차지한 조약상의 특권들을 예의 그 추진력으로 속속들이 이용해 먹었다. 일본이 자행한 일을 모두 열거하기란 어려운 만큼, 중요한 몇 가지만 언급하기로 한다. 대표적인 예로, 일본 정부가 추천한 일본인 재정고문 메가타 다네타로*가 1904년 10월 15일 한국 정부와 맺은 계약이 있다. 그 주요 규정은 다음과 같다.

제1조. 메가타 다네타로는 대한제국 정부의 재정을 정리 감독하고 재정상 제반 문제에 관해 최대한 성실히 심의 기안할 책임을 맡는다.
제2조. 대한제국 정부는 재정에 관한 일체의 사무를 메가타 다네타로의 동의를 얻은 후 시행할 것. 메가타 다네타로는 재정에 관한 사항을 논의하는 의정부회의에 참여해, 그에 관한 의견을 탁지부대신을 경

---

* 메가타 다네타로(1853 ~ 1926) : 한국 정부의 재정고문으로 내한하기 전 일본 대장성 주세국장을 역임.

유해 의정부에 제출할 수 있다. 의정부의 결의 및 각부의 사무 중 재정에 관계되는 사항은 황제에게 아뢰기 전에 메가타 고문의 동의와 날인을 요한다.

제3조. 메가타 다네타로는 재정 문제에 관해 알현을 청하고 아뢸 수 있다.

제4조. 본 계약은 그 기한이 정해지지 않았으나, 계약 당사자 중 한쪽이 필요성을 제기할 경우, 상호 합의와 서울 주재 일본 공사의 승인을 통해 해제된다.

메가타의 월급은 800엔이고 관사비로 월 100엔이 추가된다.

이곳에서 언급된 월급의 가치가 실감나지 않는다면 일본에서 대학 교수의 평균 월급이 30~40엔이라는 사실을 참고하길 바란다.

하지만 이를 두고 우리가 일본에 왈가왈부할 수는 없는 노릇이다. 그만큼 일본은 한국을 상대로 단호한 조처를 취하는 데 선수였던 것이다. 하긴 맥없고 비호전적인 이 나라 백성들을 생각할 때 그것은 그다지 힘든 일도 아니었다. 개혁안은 그 속도는 더뎠지만 전쟁 중임에도 하나하나 실행에 옮겨졌다. 1905년 3월 24일자 일본 제국 관보에는 다이이치은행이 한국 정부의 재정 업무를 떠맡고 한국에서 화폐를 발행한다는 내용의 시행령이 발표되었다. 이를 위해 다이이치은행 한국 지점이 한국의 외부대신과 탁지부에 귀속되었다. 뿐만 아니라 일본의 압력을 못 이긴 한국이 재외 공관을 철수하기로 결정했다. 먼저 베이징 공사관이 철수하면서, 일본이 그곳에서 한국의 권익을 대변하게 되었다. 화폐 제도의 개편과 더불어 한국의 통신원과 일본의 우체국이 통합되었다. 이에 관한 조약에는 뒷날 흑자가 발생할 '경우' 일부를 한국에도 송금해야 한다는 이색적인 문구가 포함되어 있었다. 또 한국의 재정이 흑자로 돌아서서 양국이 합의할 '경우' 한국이 다시 그 업무를 떠맡는다는 조항도 있었다. 물론 이는 빈말에 지나지 않았다. 한국 우표가 폐지되면서 일본 우표로 대체되었다. 군대도 총 1,000명으로 감축되었다. 전국이 세 군사 지역으로 분할되었고 지역별로 한 개 대대만이 주둔했다. 수도의 경우 세 개의 '근위병' 대대를 보유했다. 사정이 이럴진대 각 대대의 병력이 어느 정도인지는 쉽게 계산이 될 것이다.

6월 1일 새 화폐가 발행되었다. 이와 함께 시중에 유통 중인 백동화 전량이 수거되었으니, 엄청난 양의 백동화가 위조품임을 감안할 때 적절한 조치라 할 만했다. 물론 일본은 백동화 소지자들에게 적절한 보상을 해 줄 생각은 꿈에도 하지 않았다. 이밖에도 일본은 여러 일본인 어부들에게 한국 해역의 어업권을 배부했고, 목화 재배권을 얻도록 일본 단체를 후원하기도 했다. '기치로 쿠라Kih chiroh kura'라는 일본인은 광산 채굴권을 따냈다. 벨기에와 독일의 광산 채굴권이 취소되었는가 하면, 잡은 고래를 가공하기 위해 러시아 민간인들이 취득한 토지 이용권이 밀린 지대로 소멸되었다는 통지가 서울 주재 프랑스 공사에게 전달되기도 했다. 또 1905년 8월에 체결된 한일 두 나라의 조약에 따라 한반도 전역의 연안 및 내륙의 선박 운항권이 일본인들에게 허가되었다. 하지만 뭐니 뭐니 해도 일본이 가장 역점을 둔 것은 두 인물을 한국에서 추방시키는 일이었다. 그 두 사람은 가난한 황제국의 독립을 떠받쳐 온 실질적인 기둥이나 다름없는 존재였다. 그중 하나는 한국의 탁지부대신과 내장원경을 역임한 이용익李容翊*이었고, 다른 이는 한국판 로버트 하트Robert Hart 경,** 즉 청국이 관리하던 시절부터 한국 해관을 책임져 왔던 맥리비 브라운McLeavy Brown***이었다.

재정고문을 겸하는 등 한국 정부를 위해 일해 온 맥리비 브라운은 그럼에도 불구하고 영원한 영국인이었다. 한국 같은 나라에서 영국

---

* 이용익(1854~1907) : 황실재산을 관리하는 내장원경內藏院卿, 탁지부대신 등을 역임하였으며 친러파의 핵심으로 줄곧 반일정책을 폈다. 1904년 러일전쟁이 시작되자 정부의 엄정중립을 선언하게 했고, 한일의정서 체결에도 반대하였다. 그 결과 일본으로 압송되기도 하였으며, 1905년 귀국해 고려대학교의 전신인 보성전문학교를 설립했고, 이후 구국운동을 계속하다 블라디보스토크에서 객사하였다.
** 로버트 하트 경(1835~1911) : 1863년부터 1907년까지 중국 해관의 총세무사를 역임한 영국인.
*** 맥리비 브라운(1835~1926) : 1893년 한국 해관의 총세무사로 부임한 영국인 브라운은 이후 해관 및 탁지부 운영에 큰 영향력을 행사했다. 하지만 영국과 일본에 우호적이었던 브라운은 한국 관리들과 마찰이 잦았고, 러시아와 친러파 측은 두 차례나 브라운의 퇴출을 시도했으나 모두 일본과 영국의 압력으로 실패하고 말았다.

인이 고위직에 있다는 것은, 예컨대 동일한 지위에 독일인이 있는 경우와 그 의미가 전연 달랐다. 로버트 하트 경은 중국화된 영국인으로 알려져 있지만 동시에 그가 진정한 영국인이라는 것도 아무도 의심하지 않는다. 지브롤터의 영국 주둔군 장교 출신인 맥린Caid Mc. Lean도 비록 현재는 모로코 술탄의 충직한 부하라지만, 영국의 모로코 내 영향력도 일차적으로는 술탄에 대한 맥린의 영향력에 힘입은 바 컸고, 지금도 그렇다는 것은 널리 알려져 있는 사실이다. 맥리비 브라운과 한국 내 영국의 위상도 비슷한 관계였다. 영국은 한국에서 단 한 차례도 정치성을 띤 중대한 요구 사항을 들고 나온 적이 없었다. 하지만 한국 황실에서 벌어지는 암투, 특히 러시아와 프랑스의 입김에 맥리비 브라운의 자리가 위태로울 때가 있었다. 그때마다 영국은 신속히 개입했고 심지어는 몇 차례 군함까지 대동했는데, 제물포항에 영국 군함이 상륙 부대를 대기시킨 가운데 맥리비 브라운의 요구가 관철된 경우가 종종 있었다. 이처럼 영국은 크게 두드러지지는 않지만 그렇다고 무시할 수도 없는 영향력을 한국에 행사해 왔고, 이로써 무역과 이권 취득에서 도움을 받았다. 하지만 러시아의 입김에 위축된 탓인지 그동안 영국의 무역과 자본은 한국에서 적극적 활동을 펼치지 못한 게 사실이다. 어쨌거나 한국에 있는 영국의 이권에 관해서라면 맥리비 브라운은 절대 무시할 수 없는 요소였던 것이다.

그러나 누차 언급했듯이, 동아시아에 대한 영국의 영향력은 지난 수십 년 사이에 현저히 약화되어 있었다. 한국에 대해서는 동맹국 일본을 고려한 점이 크게 작용했을 테지만, 정작 일본은 한국 문제라면 영국에게조차 양보하는 법이 없었다. 이를 입증한 것이 바로 맥리비 브라운을 동서양 동맹의 제단에 희생양으로 바친 사건이었다. 1905년 여름, 톈진의 독일어 신문 「화북일보Das Tageblatt für Nordchina」는 사건의 경위를 이렇게 전했다.

당시 맥리비 브라운은 일본인으로 교체될 예정이었다. 마침내 후임이 도착했는데, 그 일본인은 전혀 다른 속셈에서 해관 업무에 투입된 것으로 알려졌다. 7월 31일자로 퇴임할 예정이었던 브라운 씨는 영국 공사관을 통해 계약 연장을 시도해 보았지만 허사였다. 이윽고 임기 만료일이 다가왔고, 때마침 한 척의 영국 선박이 제물포항에 입항했다. 제라드 노엘Sir Gerard Noël 제독은 곧장 서울로 달려가 일본 공사와 비밀 담판을 벌였다. 한 시간 뒤 브라운 씨를 찾는 소리가 들리더니 계약이 5년 더 연장되었다. 즉시 본국으로 불려 간 그 일본인 후임자는 현재 다른 '한국 직장'을 위해 대기 중이다.

하지만 천천히 찧는 대신 그만큼 확실한 것이 바로 일본의 방아였다. 대영 제국도 그 앞에서는 두 손을 들 수밖에 없었다. 일본은 끝내 재무장관 격인 메가타 밑으로 한국 해관을 편입시켰고, 맥리비 브라운의 계약은 다시 해지되었다.* 한국에서 영국의 영향력을 유지시켜 주는 버팀목이었던 그는 아마도 퇴직위로금을 지급받았을 것이다. 후임으로 뽑힌 유호 사가Yuho Saga는 그동안 오사카 세관장을 역임한 자로, 이제는 한국 해관의 감독관 칭호를 달게 되었다. 그 사이에 영일동맹이 갱신되었고, 영국은 서울 공관을 철수함으로써 일본의 뜻에 부응하는 태도를 보였다. 이에 화답해 일본 공사 하야시는 영국 변리공사 존 조던John N. Jordan 경과 전직 총세무사 맥리비 브라운을 고별연에 초대했다. 참고로 하야시는 '공석' 중인 한국의 최고 고문직을 관장하고 있었다. 사흘 뒤, 효용이 다한 두 영국 고위 관리는 조사차 함께 뤼순으로 떠났다. 「야판포스트」가 적절히 지적했듯이, 뤼순에는 조사할 거리가 아무것도 없었고, 이 여행에 귀향 길에 잠시 다른 도시에 들러 가는 것 이상의 의미는 없었다.

이야기가 다소 앞서 나갔는데, 이전에 체결된 두 개의 주요 협정문을 이 자리에서 소개하고자 한다. 첫 번째 것은 이미 언급한 바 있는 영일 사이에 체결된 새 동맹조약이었다. 일본 신문이 전하는

---

* 브라운의 해임은 8월 31자로 이루어졌다.

조약의 내용은 다음과 같았다.

전문前文

일본국 정부와 대영 제국 정부는 1902년 1월 30일 체결된 양국 간 협정을 새 조약으로 바꾸기를 희망해 아래 조항들을 합의하였으며, 그 목적은 다음과 같다.

a) 동아시아와 인도 지역에서 전반적인 평화를 확보한다.
b) 청국의 독립과 영토 보전, 청국에서 각국의 상공업에 대한 기회균등주의를 보장함으로써 청국에서 열강의 공동 이익을 유지한다.
c) 동아시아와 인도 지역에서 양 체약국의 영토권을 유지하고, 이 지역에서 양 체약국의 특수 이익을 방호한다.

제1조. 일본 또는 대영국 측에서 이 조약 전문에 언급된 권리 또는 이익이 위험에 처했다고 인정할 경우, 양국 정부는 서로 충분히 그리고 격의 없이 의견 교환을 할 것이며, 침해당한 이익 또는 권리를 보호하기 위한 조치를 함께 강구한다.

제2조. 1개국 또는 수개국이 동맹국을 공격 또는 침략적 행동을 할 경우, 어느 지역에서 발생했는지를 불문하고, 영토권 또는 조약 전문에 기술한 특수 이익을 보호하기 위해 다른 한쪽도 참전해 즉시 동맹국을 원조하고 공동으로 전투를 벌여, 동맹국과 합의해 강화를 이룬다.

제3조. 일본은 한국에서 정치, 군사, 상업상 지배적 이익을 보유하므로, 영국은 상공업에 대한 각국의 기회균등주의에 위배되지 않는 한 일본이 그 이익을 보호, 증진하기 위해 정당하며 필요하다 인정되는 지도, 감리, 보호의 조치를 취할 권리를 승인한다.

제4조. 영국은 인도 국경의 안전에 관계되는 일체의 사항에 관해 특수 이익을 가지므로, 일본은 영국이 이 국경 부근에서 인도 영토를 보호하기 위해 필요하다고 인정하는 조치를 취할 권리를 승인한다.

제5조. 양 체약국은 어느 쪽도 다른 한쪽과 협의 없이는 타국과 본 조약 전문에 기술한 목적을 해할 협정을 맺지 않기로 약정한다.

제6조. 현재의 러일전쟁에 대해서 영국은 계속 엄정 중립을 지킨다. 만일 다른 1개국 또는 수개국이 일본에 적대 행위를 개시하는 경우, 영국은 일본을 원조하며 함께 전투를 벌이고 일본과 합의해 강화를 체결한다.

제7조. 양 체약국의 한쪽이 본 협정의 규정에 따라 다른 한쪽에 군사적 원조를 제공하는 조건 및 원조의 실행 방법은 양 체약국의 육해군 당국자가 협정할 것이며, 상호 이익의 문제에 관해 서로 충분히 그리고 격의 없이 수시 협의해야 한다.

제8조. 본 조약은 제6조를 고려해 조인한 날로부터 시작해 10년 동안 효력을 가진다.

체약국의 어느 쪽도 이 10년이 종료되기 12개월 전에 조약의 폐기

의사를 통고하지 않을 경우, 본 조약은 양 체약국의 한쪽이 폐기 의사를 표시한 당일부터 1년 동안 계속 효력을 유지한다. 그러나 종료 기일에 도달해 동맹의 한쪽이 현재 교전 중일 경우 동맹은 당연히 강화가 성립될 때까지 계속된다.

이로써 일본은 마침내 한국 문제에서 원하던 바를 이루게 되었다. 일본 주도로 재편된 한일 관계를 한국에 이해관계가 있는 열강 중 하나에게 정식으로 인정받은 것이다. 물론 다른 여러 수확들이 있겠지만 일단 우리 논의와는 상관없는 것들이다. 무엇보다도 일본이 한국에 대해 주장한 권리들이 제3조에서 분명히 인정되었을 뿐만 아니라, 러시아에 대한 종전의 요구, 즉 한국의 독립과 영토 보전을 중국의 그것과 함께(전문 b) 분명히 인정하라는 요구에 매달릴 필요도 이제 없어졌다. 오히려 제2조를 근거로 영국에 군사적 원조를 청할 수 있는 길이 열렸는데, 이는 한국에 관한 일본의 특수 이익을 지키기 위해(전문 c 참조) 제3국의(예컨대 한국도 포함됨) 공격 혹은 침략 행위에 대항할 필요가 있을 경우에 해당했다. 영국이 제3조에서 각국의 상공업상 기회 균등에 부합하는 이익과 조치만을 인정한다고 단서를 단 것은 현 상황에 비추어 공허한 약속에 지나지 않았다. 이곳 동아시아인들의 표현대로 '체면치레'용인 이 약속은 자유

무역에 관한 영국의 양심을 달래 주고, 한국에 이해를 가진 기타 관련국들의 비난을 잠재우려는 것이었을 뿐이다. 이 규정이 상공업 분야에서 자행될 일본의 월권행위를 막아 주리라고 어느 누가 기대하겠는가. 하지만 그 같은 조건이 서구 열강과 일본 사이에 맺어진 조약에 명문화되었다는 것은 어쨌거나 다행스러운 일이었다. 이런 조약은 다른 나라와 조약을 맺을 때 으레 모범이 되기 마련인지라, 언젠가 다른 나라의 손에서 그 실질적 의미가 되살아날지 또 모를 일이었다.

1905년 11월 18일 체결된 한일 두 나라의 마지막 협정*은 그 자체로는 새로울 것이 없었다. 다만 일본의 권한이 좀 더 상세히 규정되면서 조약이라는 기초 위에 세워진 점이 차이라면 차이였다. 「고쿠민國民신문」**은 협정의 5개 조항을 이렇게 전했다.

제1조. 일본국 정부는 재동경 외무성을 경유해 금후 한국의 외국에 대한 관계 및 사무를 감리하고 지휘하며, 일본국의 외교 대표자 및 영사는 한국의 재외 신민 및 이익을 보호한다.†

---

* 11월 17일에 체결된 을사조약(제2차 한일협약)을 가리킨다.
** 군국주의적 성향의 일본 언론인 '도쿠토미 소호(1863~1957)'가 1890년 창간.
† 이는 한국의 외부를 폐지한다는 뜻으로, 외교고문이었던 스티븐스도 다른 임무를 맡게 되었다.

제2조. 일본국 정부는 한국과 다른 나라 사이에 현존하는 조약의 실행을 완수할 임무가 있으며, 한국 정부는 금후 일본국 정부의 중개를 거치지 않고는 국제적 성격을 가진 어떤 조약이나 약속도 맺지 않는다.

제3조. 일본국 정부는 그 대표자로서 한국 황제의 궐하에 1명의 통감을 둔다. 통감은 서울에 주재하며 외교에 관한 사항을 관리하고, 한국 황제를 친히 내알할 권리를 갖는다. 일본국 정부는 한국의 각 개항장과 필요한 지역에 이사관을 둘 권리를 갖고, 이사관은 통감의 지휘 아래 종래 주한 일본 영사에게 속하던 일체의 직권을 집행하고 협약의 실행에 필요한 일체의 사무를 맡는다.

제4조. 일본국과 한국 사이에 현존하는 조약과 약속은 본 협약에 저촉되지 않는 한 모두 그 효력이 계속되는 것으로 한다.

제5조. 일본국 정부는 한국 황실의 안녕과 존엄의 유지를 보증한다.†

---

† 이 책이 인쇄되기 직전에 도착한 소식에 따르면, 이토 후작이 한국의 통감으로 임명된 가운데 1905년 12월 14일 통감부 조직에 관한 황제의 칙령이 발표되었다. 이에 「야판포스트」는 다음 내용을 발췌 보도했다('통감부 및 이사청 관제 칙령안'은 12월 21일에 공포되었다 - 옮긴이).

제1조. 한국 서울에 통감부를 둔다.

제2조. 통감부에 통감을 두고 통감은 친임親任(최고 관직)으로 한다. 통감은 천황에 직속하고, 외교에 관해서는 외무대신과 내각 총리대신을 거쳐, 기타 사무에 관해서는 내각 총리대신을 거쳐 천황에게 보고한다.

제3조. 통감은 안녕질서를 유지하기 위해 필요하다고 인정될 때는 한국 수비군의 사령관에게 무력 사용을 명령할 수 있다(원문에서 제3조로 소개된 내용은 원래 제4조에 해당한다 - 옮긴이).

제5조. 한국의 시정 사무 중에 조약에 기초한 의무의 이행을 위해 필요한 것은, 통감이 한국 정부에 이첩해서 그 집행을 요구한다. 단, 급히 시행을 요하는 경우에는 바로 한국의 해당 지방 관헌에 이첩, 이를 집행하도록 하고, 후에 이를 한국 정부에 통보한다.

「도이체야판포스트」는 번역한 협정문에 다음과 같은 적절한 논평을 곁들였다.

이 협정이 공식적인 강점을 의미한 것은 아니나 실상은 그와 다를 바가 없었다. 일본 관리의 통치를 받게 될 한국은 재외 공관들마저 폐쇄되면서 독립국 진영에서 물러나게 되었다. 게다가 한국 황제는 영국령 또는 네덜란드령 인도의 토착 군주들처럼 일종의 국가연금생활자로 전락할 전망이다. 이러한 관계는 한국이 부강해져 일본이 그 국제적 지위를 재인정할 때까지 지속될 것이라고 한다. 하지만 우리 가운데 누가 과연 생전에 그 같은 일을 볼 수 있을 것인가?

제6조. 통감은 제국 관리 및 한국 정부가 고용한 관리들을 감독한다.
제8조. 통감은 소관 관청의 명령(또는 처분)이 조약 또는 법령에 위배된다고(위배되고 공익을 해치고, 또는 권한을 침범하는 것이 있다고) 인정할 때는 그 명령(또는 처분)을 정지 또는 취소할 수 있다(괄호 안 내용이 원문에서는 생략되어 있다 - 옮긴이).
제11조. 통감 외 통감부에 아래의 직원을 둔다.
총무장관 1인 칙임
농상공무총장 1인 칙임 또는 주임
경무총장 1인 칙임 또는 주임
비서관 전임 1인 주임
서기관 전임 7인 주임
경시 전임 2인 주임
기사 전임 5인 주임
통역관 전임 10인 주임
기타 경관, 서기 등 45인
상기 직원들의 활동 및 이사관들의 권한에 관해서는 제7조부터 제33조까지 언급한다. 이사관은 범위만 축소될 뿐 통감과 유사한 권한을 갖는다.

같은 신문은 앞서 이렇게 보도하였다.

일본 공사 하야시가 한국 정부에 영일조약 사본을 전달하자 외부대신 박제순이 한국 정부는 그 조약과 아무 상관이 없다며 불쾌한 반응을 보였다고 한다. 항간에 떠도는 소문에 따르면, 황제는 목이 달아날지언정 조약을 인정하지 않겠다고 대신들에게 말했다고도 한다. 이후 한국은 서울 주재 영국 공사관에 영국의 무례한 조처를 항의했다. 하지만 지난 며칠 사이 한국에 대한 일본의 정치적, 경제적 압박이 거세지면서 이들 한국인의 때늦은 영웅주의가 가져다준 유일한 소득이란, 늘 그랬듯이 한국의 내각이 재차 위기에 빠지게 된 것뿐이었다.

이 신문은 새 한일조약의 체결 순간을 다음과 같은 미려한 필치로 묘사했다.

가엾은 한국 황제는 최후의 저항을 펼쳤다. 황제는 병환에 걸렸고 일절 접견을 거부했다. 그러나 이토 후작은 전장에서 귀환 중인 7만 5000여 명의 일본군을 제물포에 상륙시켜 동맹국을 친선 방문하도록 했다. 이것이 주효했다. 수차례 밤늦도록 긴 회의가 열리더니 지난 토요일 새벽 2시 마침내 조약이 체결되었다. 물론 소동이 없지는 않았다. 총리대신이 면직을 당해 순 한국식으로 3년간의 귀양살이에 처해졌으나 이토의 개입으로 사면을 받게 되었다. 나머지 대신들도 자리에서 물러났고 그 가운데 한 명은 음독을 했다는 이야기도 들린다. 서울 거리에서 소란 이 발생했다는 미확인 소식이 일본으로 전해 오고 있다. 그러나 현장에 는 때마침 일본 군대가 주둔하고 있었다.

조약문이 실린 11월 21일자 「고쿠민신문」은 일본의 의중을 엿볼 수 있는 다음과 같은 해설을 싣고 있었다.

일본과 한국이 새 조약을 체결하고 양국 관계가 새롭게 규정되면서, 마침내 동양 평화도 확고히 보장되게 되었다. 뿐만 아니라 한국민에게는 내정 개선의 길이 열렸고, 우리로서도 오랜 숙원을 달성하게 되었다. 이에 우리는 일한 관계의 재편을 진심으로 환영하는 바이다.

왜 일한 관계의 재편이 동양 평화를 보장하는가? 이는 모든 극동 문제 의 시발점이었던 한국이 이 협정을 통해 그 자취를 감추기 때문이다. 전문가들도 하나같이 지적하고 있듯이, 동양 평화의 최대 위험 중 하나 는 그동안 한국 정부가 뚜렷한 외교 노선 없이 갈팡질팡하는 자세를 취했다는 점인데, 일본을 신의한 한국이 마침내 자국의 외교권을 양도하 기에 이른 것이다. 일본이 한국의 외교를 책임짐으로써 문제의 뿌리가 제거되고, 한국의 무기력에서 비롯된 외교적 혼란도 사라지게 되었다. 이로써 마침내 동양의 평화가 달성된 것이다.

왜 한국민은 내정 개선을 기대해도 좋은가? 일체의 외교적 고민을 일본에 맡긴 한국 정부는 이제 외교 문제로 고민할 필요가 없어졌다. 한국은 차분히 내정 개혁에 매진하면서 우리의 유용한 조언과 아낌없는 지원을 받으면 될 것이다. 또 개혁을 통해 국부의 원천이 열리고 실익이 장려됨은 물론, 한국민의 생명과 재산도 보장될 것이다.

왜 일본 국민은 일한 관계의 재편으로 오랜 숙원을 달성하게 되었는가? 한국의 보호권을 차지하는 것이 곧 우리의 독립을 위한 필수조건이었던 만큼 평화를 바라는 우리로서는 그 목표를 한시도 포기할 수가 없었다. 이제 한국의 외교권을 접수한 우리는 스스로의 보호권을 확립하게 되었다. 전쟁의 목적 하나가 새 조약을 통해 달성된 것이다.

일한 관계의 역사에 밝고 지난 10년간의 동양 정세 변화에 익숙하며 일본이 한국에서 누린 지위와 영향력을 보아 온 이라면, 이번 조약이 결코 놀랍지 않을 것이다. 1904년 8월 일한 양국 사이에 조약이 체결되었을 때, 아니 그에 앞서 1904년 2월에 의정서를 체결할 당시에 우리는 이미 이 같은 조약을 예견했다. 결국 예견은 들어맞았고, 이로써 일한 관계는 자연스럽게 그 최종 단계로 접어들게 되었다. 목표를 이루기 위해 일본이 얼마나 심혈을 기울였는지 지켜본 외국 열강이라면 결코 현재의 상황에 이의를 달기 어려울 것이다.

그러므로 거듭 강조하거니와, 우리는 일한 관계의 재편을 세 가지 점에서 환영하는 바이다. 다시 말하면 이를 통해, 첫째, 동양 평화가 새롭게 보장되었고, 둘째, 한국민에게는 성공적인 내정 개선을 위한 길이 열렸고, 셋째, 우리의 국가적 숙원이 달성되었기 때문이다.

유감스럽게도 나는 「고쿠민신문」의 기사를 이 같이 번역해 놓은 것에 동의할 수가 없다. 「도이체야판포스트」의 담당 번역가는 독일 독자들이 이 성명서에 깔린 유머를 이해하지 못 할까 봐 의역 대신 — 성실한 요시노가 여기서 그랬듯 — 어설픈 직역을 해 놓은 것이다. 일본은 이 기사를 통해 자신들이 한국에서 이룬 성과를 반공식적으로 전 세계에 알린 셈인데, 본뜻이 잘 드러나게끔 내 자신이 이 글을 새롭게 옮겨 보겠다.

강제 체결된 새 조약으로 한국은 일본의 절대적 지배를 받게 되었고, 이로써 동양 평화를 좌지우지하는 일본의 지배권도 확실히 보장된 셈이다. 한국민에게는 내정 개선을 고민할 필요가 없는 행복한 상황이 도래할 것이고, 우리 역시 마침내 오랜 숙원을 이루게 되었다. 이에 우리는 한국의 '독립'이 재편된 것을 진심으로 환영하는 바이다.

왜 일한 관계의 재편이 동양 평화를 보장하는가? 이 협정과 함께 일본이 한국을 집어삼키게 됨으로써, 모든 극동 문제의 시발점이던 한국이 일본 뱃속으로 그 자취를 감춰 버렸기 때문이다. 전문가들도 하나같이 지적하듯, 동양 평화의 최대 위험 중 하나는 그동안 한국 정부가 뚜렷한 외교 노선 없이, 우리에게 먹히지 않기 위해 가만히 있질 못하고 갈팡질

광하는 자세를 취한 점이다. 하지만 우리가 오래오래 반죽한 결과 한국은 마침내 자신들이 — 우리가 한국의 번영을 위해 예전부터 바라마지 않았던 수준으로 — 말랑말랑해졌음을 선포했고, 그 덕에 우리 뱃속으로 술술 미끄러져 내려간 한국은 자신을 꿀떡 삼킨 우리에게 생명 기능의 일부를 자동으로 양도하기에 이르렀다. 이렇듯 한국 외교가 일본 뱃속에 들어옴으로써 문제의 뿌리는 제거되었고, 한국의 무기력 탓에 외교적 혼란이 생길 일도 없어졌으니, 이는 한국이 사라지면서 자연히 한국의 무기력도 함께 사라졌기 때문이다. 무기력도 결국은 생명 전체에서 하나의 기능일 뿐, 그 전체는 이제 일본의 뱃속에만 존재하고 있다. 물론 지금까지는 완전한 독립과 영토 보전을 누리고 있거니와, 이는 아직 소화가 완전히 끝나지 않았기에 가능한 일이다.

왜 한국인은 내정 개선을 기대해도 좋은가? 일체의 외교적 고민을 일본에 넘긴 한국 정부는 외국 열강에 대한 계약상의 의무를 걱정할 일이 없어졌으니, 그 의무 따위는 이제 무시해도 좋기 때문이다. 여태까지는 외교 문제로 갈팡질팡하느라 공연히 힘을 뺐지만, 이제는 우리한테서 산 채로 개혁당한다는 생각에만 가만히 집중하면 될 것이다. 그럼 우리는 "내 개혁안이 싫다면 네 머리통을 박살내 버리겠다"라는 원칙에 따라 유용한 조언과 지원을 아끼지 않을 것이다. 이러한 조처로 국부의 원천이 우리 쪽에 유리하게 열리면서 우리의 진정한 이익이 장려될 터인데, 한국민의 생명과 재산도 물론 보장이 될 것이다. 다만 우리가 개혁 과정에서 최대한 관대한 자세를 취해 그들의 생명을 건드리지 않고 재산을 가로채지 않는 한 그렇다는 말이다. 이 모두가 한국민의 내정 개선을 위한 것임은 두말할 나위도 없다.

왜 일본 국민은 일한 관계의 재편으로 오랜 숙원을 이루게 되었는가? 우리를 괴롭혀 왔던 정복욕에서 벗어나려면 한국의 보호권을 차지하는 일이 꼭 필요했던 만큼, 우리는 마음의 평화를 얻기 위해서라도 그 목표를 한시도 단념할 수 없었다. 우리는 – 우리 자신조차 비웃었던 – 조약이라는 형식을 끌어다 한국으로 하여금 외교권을 넘기도록 강압했고, 이 무시무시한 조약문을 내세워 한국에 대한 우리의 권리를, ○○한 – 이 대목에서 열강을 모욕하는 단어가 등장하므로 그 번역을 생략한다 – 열강을 상대로 바로 열강 스스로가 닳고 닳을 대로 써먹은 외교적 술책을 동원해 – 이를 써먹는 우리도 스스로 웃지 않을 수 없었는데 – 관철시킬 수 있었다. 이 수법을 쓸 수밖에 없었던 게, 이번에 조약을 통해 확보된 한국에 대한 권리라는 것 자체가 전에는 아예 있지도 않았기 때문인데, 전쟁의 목적 하나가 이번에 새로운 조약을 통해 달성된 것이다.

일한 관계의 역사에 밝고 지난 10년간의 동양 정세 변화에 익숙하며 일본이 한국에서 누린 지위와 영향력을 보아 온 이라면, 이번 조약이 결코 놀랍지 않을 것이다. 1904년 8월 일한 양국 사이에 조약이 체결되었을 때, 아니 그에 앞서 1904년 2월에 의정서를 체결할 당시에 우리는 이 같은 조약을 예견했다. 결국 예견은 들어맞았고, 이로써 일한 관계는 자연스럽게 그 최종 단계로 접어들었다. 왜냐하면 한국에는 이제 조약의 대상이 될 만한 그 어떤 것도 남아 있지 않기 때문이다. 상상할 수 있는 모든 것이 이미 기존 조약에 충분히 포괄되어 있었다. 일본이 한국에 있는 자국의 권리를 하나하나 코앞에서 채 가는 것을 목격한 외국 열강이라면, 일본의 이 남다른 노고를 인정하고 보상해 주고픈 심정에서라도, 감히 새로운 상황에 이의를 달지 못하리라. 그러므로 거듭 강조하거니와……."

이 마당에 어찌 풍자하는 글을 쓰지 않고 배길 수 있으랴!*

이게 다 독일과 무슨 상관이냐고 묻는다면, 대답은 몇 마디로 족하리라. 한국 황제의 주치의가 독일인**이었으나 결국은 내쫓기는 신세가 되었다. 황실에서 집사 역할을 하며 외빈 접대를 담당하던 독일 여성***이 있었으나 역시 일본인들 손에 쫓겨나고 말았다. 독일의 광산권도 취소되었다. 철도 부설에 필요한 상당량의 자재가 미국과 영국, 일본 등지에서 한국으로 수입되었지만 독일에서는 전무했다. 서울에 독일 변리공사관이 있었으나, 공사는 '병'을 이유로 6개

---

* Difficile est satyram non scribere.
** 독일인 분쉬Richard Wunsch(1869~1911) 박사를 가리킨다. 1901년부터 1905년까지 고종의 주치의를 맡은 그는 한국을 떠난 뒤 당시 독일의 조차지였던 칭다오에서 병원을 운영하다 장티푸스에 걸려 생을 마친다.
*** 앙투아네트 손탁Antoinette Sontag : 1885년 러시아 공사로 부임하던 베베르를 따라 한국에 들어왔다. 베베르의 처제였던 손탁은 고종, 명성황후와도 친분을 맺으며 정계 이면에서 여러 활동을 했다. 고종에게서 정동에 땅을 하사받아 손탁호텔을 세우기도 했는데, 1909년 결국 한국 생활을 접고 프랑스로 떠난다.

월 예정의 휴가를 떠난 상태이다.* 한국 현지에서는 애당초 공사가 돌아오리라 기대도 하지 않았다. 대사관으로 격상된 도쿄의 독일 공사관이 이제는 한국에 관한 외교 업무도 — 물론 일본 외무성을 상대로 — 함께 처리하고 있었다. 동일한 조치를 취했던 영국은 적어도 조약상으로는 한국에서 상공업 이익에 관한 각국의 기회 균등을 일본에게 보장받고 있었다. 반면에 독일은 그렇지 못했다. 이제 일본에게 남은 일이란, 주한 외국 영사관 철수, 영사재판권 폐지, 주한 외국인의 일본 재판권 귀속 문제, 또 일본에서처럼 개인의 토지 매입권을 주한 외국인들한테서 영구히 박탈하는 조치 등을 열강에게 요구해 동의를 얻는 것뿐이다. 그때는 거만해진 일본인이 이렇게 소리치리라. 유럽인들이 동양에서 자국의 신성한 재산을 어떻게 지키고 있는지 그 꼴을 한번 보시게나!

(5) 무엇을 할 것인가?

열강의 권익을 싣고 가던 독립국 한국이라는 수레가 일본이라는 진창에 빠져 오도 가도 못 하는 신세가 되어 버렸다. 누가 그 수레를

---

* 1905년 12월 19일 독일 변리공사가 본국으로 철수함으로써 한독 두 나라의 외교 관계도 단절된다.

다시 움직일 것인가? 일단 영국은 제외하자. 일본과 동맹 관계인 영국은 일찍이 서울 주재 공관을 철수함으로써* 일본에 호의적인 조처를 단행하였다. 독일 역시 곧 영국을 뒤따를 태세다. 서울 변리 공사관의 폐쇄 조치가 완료된 것은 아니라지만, 1905년 12월 도쿄의 독일 공사관에 한국 관련 외교 업무를 처리하라는 지시가 떨어짐으로써 영국의 길을 따르는 첫발을 내딛게 되었다.

그러므로 더 늦기 전 이 마지막 순간에 다시 한 번 경고를 보내건대, 그 같은 독일의 결정은 눈에 띄는 강압이 없는데도 기왕에 도달한 유리한 고지를 스스로 포기하는 행위나 다름없는 것이다. 한국에서 손해도 불사한 채 일본에 호의를 베푸는 대가로 대체 일본은 독일에게 무엇을 선물한단 말인가? 아니면 피치 못할 정치적 이유라도 있어, 저들이 우리 동의 없이 멋대로 결정한 일들을 받아들이는 것인가? 도쿄의 아르코 백작이 전근한다는 소식이 신문에 실렸다. 실크해트를 쳐들고 공손히 인사하는 식의 외교를 펼쳤지만, 일본한테서 본인은 물론 독일 민족에 대해 감사는커녕 인정조차 받아 내지 못한 백작이 굳이 그 외교의 끝을 장기적으로 독일에 불리해질 조치로 장식해야만 했을까?

---

* 1905년 11월 30일 주한 영국 공사관 철수.

한국에 관한 독일 문헌들을 읽다보면 거듭 언급되는 일화 한 토막이 있다. 그것은 바로 독일 제국의회 예산 심의에서 서울 변리공사관 설치를 위해 예산이 요청되었을 때의 일이었다. 당시 이를 거부한 오이겐 리히터는(참고로 이 정치가는 수십 년간 경주마 등에 얹힌 납덩이 같은 존재였으며 그 말의 기수였던 독일이 대외 통상 및 식민정책에서 다른 열강에 뒤진 것은 당연한 일이었다) 독일의 통상 이익이 제물포에 있는 단 한 곳의 회사에 국한되어 있는 마당에 "그 유일한 마이어 상사 때문에 서울에 별도로 변리공사관을 설치하는 것은 낭비다"라며 거부 이유를 밝혔다. 그런데도 불구하고 당시 변리공사관 설치가 승인되었다.* 지금이야 식민지 쟁탈전에서 혼자만 자리를 비운 것이 얼마나 큰 실수였는지 독일 국민들이 깨닫게 되었지만, 그때만 해도 사정이 달랐다는 점을 유념할 필요가 있다. 물론 한국에는 지금도 규모가 큰 독일 상사라고는 그때 그 '유일한 마이어'가 전부다. 그러나

1. 그동안 우리는 해외에 보유한 우리의 권익을 평가하는 데에 새로운 안목을 갖게 되었다.

---

* 1903년 독일은 서울 주재 공관을 총영사에서 변리공사로 격상시켰고, 초대 변리공사로 콘라트 폰 잘데른Conrad von Saldern을 임명했다.

2. 최근 모로코 사태를 계기로 선언된 바에 따르면, 각국은 해외에 보유한 권익을 다른 나라가 아닌 자국의 판단에 따라 평가할 재량이 있다.*

3. 서울의 변리공사관 문제는, 이미 한국에서 확보한 독일의 권익을 지킨다는 차원을 넘어서 상공업적 권익 증진의 기회 자체를 보호한다는 데에 큰 의미가 있다. 한국에 독일의 권익이 확보되어 있는지의 여부는 별개의 문제다. 여하튼 그 같은 권익과 관련되어 있는 매출 및 활동 지역으로서 우리에게 미개척지나 다름없는 이 지역을 어느 한 나라가 독점하지 못하게 막는 것은 우리의 온당한 관심사가 아닐 수 없다. 하지만 어느덧 위험이 임박한 단계를 지나 위태로운 수준에까지 이르렀다. 독일 제국은 그럴수록 더욱더 현 상황에 동의한다는 인상을 주는 어떤 행보도 삼가야 한다. 그러나 독일의 서울 공사관 폐쇄 조치는 제3자의 눈에는 — 하물며 관심이 남다른 일본인들에게는 두말할 나위가 있으랴! — 독일이 한국에서 철수하는 것으로, 한국에 대한 경제 및 통상적 관심이 사라진 것으로 비칠 것이다.

독일인은 아직도 스스로를 냉철한 사상가의 국민으로 여기고 있

---

* 1905년 모로코에 대한 프랑스의 우월권 행사에 독일이 대항함으로써 제1차 모로코 사건이 발생한다. 즉, 1905년 3월 모로코의 탕헤르를 기습 방문한 독일 황제 빌헬름 2세는 각국이 모로코의 독립을 존중해야 한다며 '문호개방'을 주장했고, 이후 독일은 국제회를 통한 해결안을 제시했으나 1906년 1월부터 4월에 걸쳐 스페인의 알헤시라스에서 열린 국제회의에서 결국 영국의 지원을 받은 프랑스의 기득권에 밀리고 만다.

지만, 정치에 관해서라면 너무도 자주 낙관과 착각 속에서 살아왔다. 정부보다는 여론을 형성하는 식자층에서 더욱 그랬다. 다음 사실을 한번 떠올려 보자. 한때 광범위한 계층에서, 특히 경제적으로 밀접한 이해관계를 가진 층에서 독일이야말로 일본이 스승으로 여기는 나라 가운데 하나라는 착각에 빠져 있었으니, 이들이 나중에 맛본 실망감이란 얼마나 컸던가. 일본에 보인 우리의 호의가 정치경제적 이득으로 되돌아오리라 착각하는 순진한 사람들이 아직도 존재하는 형편이다. 이것이 헛된 망상이라는 것은 일찍이 영국이 몸소 경험한 바 있다. 특히 극동의 영국 언론들은 — 때로 격렬한 어조를 써 가며 — 동맹국인 자신들조차 일본의 조치에 실망했다는 것을 감추지 않았다. 맥리비 브라운 사건의 무대가 된 한국이 바로 그 좋은 예였다.

일본의 산업이 극동 지역에서 수단과 방법을 가리지 않고 우방국인 영국은 물론이고 독일을 비롯한 여타 열강을 압박하고 있는 중이라는 것은 영국과 독일 상인들 모두가 인정하는 사실이다. 이를 인정하지 않는 것은 오직 영국의 정치가들뿐이다. 그런데 특히 독일의 재외 공관들은 일본한테서 한 수 배우기를 부끄러이 여겨서는 안 될 것이다. 일본의 무역이 급신장하고 일본 상품이 동아시아 시장에 무서운 속도로 유입되고 있는 것은 무엇보다도 일본 외무성 영사들이 직접 발 벗고 나서서 뛰어다닌 결과이다. 동아시아의 사정을 직접 체험했다면, 다시 말해 중국 해안의 독일 영사관, 해군, 상인 등에게 접대를 받으며 소문으로만 들은 것이 아니라 현장에서 직접 식견을 쌓은 이라면, 그러한 사실을 잘 알고 있을 것이다. 내가 일찍이 만주를 여행하며 확인한 놀라운 사실은, 이 지역의 일본 밀사들이 장부나 정리하고 영사관 보고서나 작성하는 대신에, 전문가로서 자국의 상공업을 지원하고자 혼신의 힘을 다해 뛰고 있었다는 점이다. 뿐만 아니라 무역국의 근간인 재외 공관이 서구 국가들, 특히 독일의 경우에 얼마나 고루하고 관료적인 방식으로 운용되고 있는지 떠올리면서 일본이 택한 방식의 우수성을 새삼 확인할 수가 있었다. 우리의 원칙은 통상이 앞장서면 재외 공관이 그 뒤를 좇는 것이다. 거꾸로 일본인들은 일단 영사관을 세우고 통상이 뒤따르는 식이다. 우리가 공사관과 총영사관에 상무관 자리를 설치한 게 불과 엊그제 일이었다. 일본인들은 이들을 통상 활동과 영사관 모두가 전무한 지역에 파견해 이 둘을 위한 터전을 닦도록 했다. 한마디로 천양지차가 아닌가!

판매 시장의 개방, 특히 동아시아 시장의 개방이 독일 산업계의 시급한 과제라는 점은 부인하기 어렵다. 몰려드는 미국 상품이 독일 안방 시장에서 국내 산업을 위협하기 시작한 이래로 그 필요성은 한결 커졌다. 이 와중에 한국 시장을 포기하는 것이나 다름없는 독일의 현 정책은 비난받아 마땅할 뿐더러 명백한 실수로서, 만일 이 실수가 — 공식적으로 인정한 것은 아닐지라도 — 일본에 대한 양보 행위가 현실화된 것이라면 더욱더 심각한 일이 아닐 수 없다. 유감스럽게도 이 추측은 사실일 가능성이 높다. 하지만 누르는 힘이 커지면 반발력도 함께 세지는 법. 그렇게 되지 않으면 균형이 무너지면서 동아시아 시장에 진출한 독일에 치명적으로 작용하리라. 지난 수년간 독일의 대對중국 통상 증가율이 일본, 미국, 영국 등에 미치지 못한 점을 떠올린다면 사태의 심각성은 더욱 두드러지게 느껴진다. "영사들이여, 주의하시오"*라는 말이 이번만큼 시의적절한 경우가 또 있을까. 시모노세키 조약으로 랴오둥 반도 할양이 문제가 되었을 때 독일이 내렸던 판단은, 새로운 동아시아 정세 앞에서 다시 그 힘을 얻었으면 얻었지 결코 잃은 것이 아니다. 물론 쇠귀에 경 읽는 꼴이 되지 않을까 두려운 것도 사실이다. 그럼에도 불구하고 나는 지금까지 이야기한 것을 토대로 결론을 내려 보고자 한다.

분명한 것은 일본 말고도 숱한 열강들이 한국에 이해관계를 갖고

---

* Caveant consules. "집정관들이여, 공화국에 화가 미치지 않도록 주의하시오Caveant consules, ne quid detrimenti res publica capiat!"에서 인용한 구절로, 로마공화정 때 국가적 위기가 발생할 경우 원로원은 이 말과 함께 비상 사태를 선포하고 집정관들에게 전권을 위임했다.

있다는 점이다. 그 이해관계는 원칙상 국제적 성격을 띠며, 일차적
으로는 중국의 경우처럼 문호개방정책을 적용하는 문제와 관련된
다. 문호개방정책의 정당성은 바로 한국과 여러 통상국 사이에 체결
된 통상조약에 근거한다. 이 조약들 때문에, 한국에 대한 열강의 이
해관계와 일본이 이른바 국가 조약을 통해 한국에게 얻은 우월한
특권 사이에 불균형이 생긴 것이다. 이 불균형에는 다시 세 가지
원인이 작용하고 있었다.

1. 정치적으로 무력한 한국은 조약 성립의 근거가 된 독립과 자결권을
   스스로 지켜 내지 못했다.
2. 일본은 한국을 강압해 러시아에 대한 중립을 어기게 했고, 이어 한
   나라의 주권을 구성하는 정부 기능을 자국에 양도하도록 했다.
3. 한국에 이해관계를 가진 나머지 열강들은 자신이 한국과 맺은 조약들
   의 법적 근거, 즉 일본에 맞서 한국의 실질적 독립을 지키고, 조약에
   보장되어 있는 한국에서의 권리들을 한국의 새 주인에게 관철시키는
   일을 여태 소홀히 해 왔다. 오히려 '자유방임주의'에 만족하거나,
   1항과 2항이 초래한 상황들을 비록 유보 조건을 달기는 했지만 조약
   으로 인정하고 말았다.

그렇다고 완전히 절망적인 상황은 아니다. 왜냐하면, 다음과 같은

이유 때문이다.

1) 한국의 달라진 지위를 조약으로 인정한 나라는 러시아와 영국뿐이다. 러시아는 포츠머스 강화조약*을 통해 한국에서 일본의 '우월적 지위'를 인정했다. 영국도 일본과 제2차 공수동맹을 맺을 때 이를 인정하긴 했지만, "그 조치가 상공업에 대한 각국의 기회균등주의를 저해하지 않는다."는 단서를 분명히 달았다.
2) 나머지 열강은 아직 이 조약들에 구속받지 않고 있다.
3) 한국과 체결한 일체의 조약들이 여전히 존재하며, 특히 재한 외국인들의 권리 가운데 핵심인 외국인 치외법권, 영사재판권, 거주권 등을 보장하고 있다.

·여태껏 어느 열강도 이 권리들을 단념한 일이 없으므로, 한국에 이해관계가 있는 열강들로서는 한국의 주권을 양도받아 행사하는 일본에게 자국의 권리를 충분히 인정하고 배려할 것을 요구할 자격이 있다. 이로써 한국 문제는 원칙상 여전히 국제적 성격을 띤다는 점이 뚜렷해졌다. 아울러 일본도 그동안 한국과 맺은 조약을 내세워 마치 한일 양국만이 한국 문제의 해법을 쥐고 있는 양 굴 까닭이

---

* 러일전쟁이 일본의 승리로 종결된 뒤 양국은 1905년 9월 5일 미국의 주선으로 포츠머스에서 강화조약을 체결한다.

없어진 셈이다.

그러므로 위에 언급한 세 가지 긍정적 요인을 바탕으로, 한국의 정세 변화와 관련해 각 이해관계국의 거부권을 보장하면서, 불균형의 원인으로 지목된 사항들의 해결책까지도 이끌어낼 수 있다. 이 같은 대응책의 의미와 정당성은 위의 1)~3) 세 항목에서 논리적으로 도출된 것으로 다음과 같다.

제1항 관련. 한국과 조약국 사이에 체결된 조약은 이들 나라에 일정한 배타적 권리를 부여한다. 체약국들은 이 권리가 어떤 경우라도 유지되도록 요구할 수 있다. 이 조약들의 법적 효력에 전제가 되는 것은 한국의 독립과 자결권이다. 이것을 한국이 다른 나라에 양도하고 이로써 조약들의 전제가 무효화된다면, 조약 열강은 그 상태의 취소와 원상 복구를 요구할 권리가 있다.

제2항 관련. 러일전쟁 발발 이후 한국이 일본의 강압 아래 국가 조약을 체결했다는 점, 즉 한국의 주권과 자결권이 완전 소멸된 것은 아니더라도 심각한 수준으로 약화된 시점의 일이었다는 점을 인정해야 하며, 따라서 이 조약들은 형식적인 적법성을 띠었을망정 그 효력을 상실하게 된다. 그 같은 효력은 오로지 독립과 자결권을 분명하게 갖춘 국민 사이에 체결된 국가 조약일 때 발생하기 때문이다. 이 같은 이의는 특히 러시아 측에서 제기할 만한 것으로, 러시아 정부 및 민간인과 한국 정부 사이

에 체결된 일체의 조약들을 일본 정부의 영향 아래 놓인 한국 정부가 일방적으로 취소해 버렸기 때문이다.

제3항 관련. 헌법과 마찬가지로 국제법에도 소멸시효의 개념이 없다. 따라서 한일 양국이 맺은 조약들로 피해를 입은 열강들은, 이 조약에 관해 이미 견해를 밝히지 않은 경우라면 여전히 한국은 물론이고 제3국, 이 경우 일본에 대해 자국의 권리를 주장할 자격이 있다.

그간의 징후들로 미루어 볼 때 일본은 조약 열강의 이익을 무시한 채 한국에서 차지한 권력을 무기로 경제 및 통상 분야에서 자국만의 특수 이익을 장려할 게 뻔하다. 하지만 문호개방정책에 따라 각 통상국들이 활동하는 지역으로서 한국이 갖는 국제적 성격을 감안한다면, 모로코 회의 같은 국제회의를 열어 한국에 관련된 참가국들의 권익을 결정하고, 한국과 일본으로 하여금 이를 인정하게 하는 게 마땅하다. 그 회의에서는 다음과 같은 선언이 합의될 것이다.

한국은 변함없는 독립국으로서 각 통상국들이 공동의 이익을 보유하며 문호개방의 원칙이 적용되는 곳이다. 이에 조약국들의 공동 이익과 문호개방정책을 존중하는 의미에서, 한일 양국의 배타적 조약으로 확정된 일본 측 권리, 즉 한국에 대한 내정 개혁의 권리를 그 자체로 인정하면서, 동시에 그 권리를 위임통치권으로 전환하도록 한다.

이에 따라 기존 조약들은 그 효력을 그대로 유지하게 된다. 아울러 이 같은 형식은 과도한 요구들에 부담을 느낀 일본이 아예 회의에 불참할 사태를 막아 줄 뿐더러, 일본의 권익까지도 충분히 감안해 다른 열강의 이익과 합치되도록 한다. 그럼에도 불구하고 다음 기준에 맞는 일정한 보장책이 필요하다.

1. 일본은 한국이 내정 개혁을 통해 실질적 독립을 이루고 부강하도록 원조할 권한을 한시적으로 위임받을 뿐이다. 일본은 기한이 지나면 내치와 외교권을 한국에 완전히 반납한다.
2. 일본은 참여한 조약 열강의 공동 이익을 보장하기 위해 위임통치 중에 다음과 같은 의무를 진다.
   a) 일본은 한국에서, 한국이 맺은 기존 조약들에 규정된 외국인 치외법권, 영사재판권, 외국인의 거주권 등을 침해하는 어떤 조치도 취하지 않을 것을 약속한다.
   b) 일본은 위임통치 기간 중에 상업, 공업, 해운, 어업, 농업, 토지 취득, 광산 채굴권, 정부 사업, 기타 경제 활동에 필요한 이권 등과 관련해, 또 기타 분야에서 일본 국민에게 부여한 일체의 특혜를 동일한 수준으로 타국민에게도 부여할 의무가 있다. 특히 정부 사업 납품권은 타국민의 참여를 허용한 가운데 오로지 공개 입찰을 통해 분배한다.

c) 일본은 각국이 한국과 합의한 관세를 위임통치 중에도 유지하고, 한국과 외국 사이의 기존 통상조약들에 대해 절대 한일 양국의 교역을 우대하지 않으며, 또 한국과 외국 간 교역의 수출입 상품에 대해 내국세를 부과하지 않으며, 한일 정부와 외국의 권익을 대변하는 외교단 양측이 특별 협정을 통해 명백히 규정한 것을 제외하고는, 국내에서 활동하는 외국인에게 기타 세금이나 공과금을 물리지 않는다.

d) 일본은 한국과 체약국들 사이의 외교적 교류를 위해 도쿄에 독립 기관을 설치한다. 이 기관은 특히 일본 외무성에서 독립해 한일 양국 황제에 공동 직속된다. 또 일본은 한국에서 일본과 별개의 예산을 세운다. 한국 통치 중에 발생하는 세수입은 한국을 위해서만 사용하고, 매해 도쿄의 외교단에 지난해 한국의 국가 재정 수지와 다음 해 재정 계획을 상세히 보고한다.

3. 위임통치가 만료되면 일본은 한국에서 일본의 감독을 받는 사업들, 즉 공익사업, 특히 철도, 전신, 우편, 은행, 군대, 특정 용도로 점령된 토지 등을 한국이 사용하도록 하고, 일본이 그 대가로 지출한 비용이 증명되고 또 그 비용이 위임통치 기간에 발생한 세입으로 충당되지 않은 경우에 한해, 이에 관한 보상이 완료되는 즉시 한국에 반환한다. 이를 위해 한국에서 국채를 발행하기로 결정이 되면 필요한 경우에 모든 체약국은 일본과 공동으로 한국에 협조한다.

4. 일본을 비롯한 모든 체약국은 일본의 위임통치 기간과 그 이후에

한국의 독립과 영토 보전을 공동으로 보장하고, 한국의 향후 국내 정세에 어떠한 영향력도 행사하지 않는다. 또 일본의 위임통치가 끝나기 전에는 어떠한 형태의 통상 교섭도 직접 한국과 개시하지 않는다.

이 같은 보장책에 일본이 동의할 경우에 한해서만, 우리는 극동 평화를 염려하지 않고 일본 스스로 지고한 목표로 정한 과업을 그들에게 편히 맡길 수 있으리라. 그 목표는 바로 한국을 명실상부한 독립국으로 양성해 조약국들과 직접적으로 합의하여 주권을 지키고 유지하도록 하는 것이다. 따라서 일본에게 이 약속을 상기시켜 확답을 받아 내는 일이 시급하다. 그래야만 한국의 독립과 영토 보전을 구실로 일본이 자기만의 잇속을 챙길 위험이 사라질 것이다.

지금까지 나는 공개된 자료와 직접 입수한 자료들을 바탕으로 최근 극동에서 벌어진 사건들이 빚어낸 새로운 정세와 그 의미를 설명하고자 했다. 이로써 밝혀진 것은 여러 주요 현안들이 해결되지 않은 채로 남아 있으며, 무엇보다도 '황화'의 첨예화라 불릴 만한 상황이 대두했다는 사실이다. 다시 말해 일본이 한국에서 거둔 성공과 그 일방적 행동으로 말미암아 순수하게 경제적 차원에서 극동 정세에 관심을 갖고 있던 조약국들의 공동 이익이 심각한 위협을 받게 된 것이다.

예전에 어느 아시아인이 ─ 아마도 리훙장이었으리라 ─ 지금까지도 꼭 들어맞는 말을 했다.

"서양인들은 우리와 조약을 맺기 위해 군대를 파견하면서 정작 그 지휘는 공사와 그 사환에게 맡겨 버린다."

이제 조약국들은 그 책임이 작게는 러시아에, 크게는 일본에 있는 정세 재편에 직면하고 있다. 만약 이번에도 극동에 대한 경제 및 통상정책상의 중요한 권익을 위해 아무런 조치를 취하지 않는다면, 굳이 예언자 카산드라*가 아닐지라도 누구나 쉽게 어두운 미래를 점칠 수 있을 것이다. 이때 독일 제국이 최대 피해국의 하나가 될 공산이 크다. 독일의 여건은 대외무역에 쏟는 막대한 관심에도 불구하고 열강 가운데 최악이다. 그것은 무역 기지와 이를 지켜 줄 함대가 가장 적을 뿐더러, 해외시장을 상실했을 때 이를 가까운 시일에 대체할 식민지마저 갖고 있지 못하기 때문이다. 독일이 설령 눈앞의 위험을 물리칠 그 어떤 대책도 강구하지 않을지라도, 진실을 고한 내 영혼은 구원을 받으리라!**

---

* 그리스 신화에 나오는 카산드라는 트로이 왕 프리아모스의 딸이며 트로이의 멸망을 알렸던 예언가다.

** salvavi animam meam. 구약성서 「에제키엘서」 3 : 19의 "Dixi et salvavi animam meam."에서 유래한 말로 마지막 경고임을 뜻하는 관용구.

찾아보기

독일인 부부의 한국 신혼 여행 1904
저널리스트 차벨, 러일전쟁과 한국을 기록하다

펴낸날	**초판 1쇄 2009년 5월 20일**
	초판 3쇄 2021년 12월 31일

지은이	**루돌프 차벨**
옮긴이	**이상희**
펴낸이	**심만수**
펴낸곳	**(주)살림출판사**
출판등록 1989년 11월 1일 제9-210호	

주소	**경기도 파주시 광인사길 30**
전화	**031-955-1350 팩스 031-624-1356**
홈페이지	http://www.sallimbooks.com
이메일	book@sallimbooks.com

ISBN	978-89-522-1157-6 03910
	978-89-522-0855-2 03910(세트)

* 값은 뒤표지에 있습니다.
* 잘못 만들어진 책은 구입하신 서점에서 바꾸어 드립니다.